MUSIK ALS...

Ausgewählte Betrachtungsweisen

Herausgegeben von Rudolf Flotzinger

ÖSTERREICHISCHE AKADEMIE DER WISSENSCHAFTEN
PHILOSOPHISCH-HISTORISCHE KLASSE
SITZUNGSBERICHTE, 749. BAND

VERÖFFENTLICHUNGEN
DER KOMMISSION FÜR MUSIKFORSCHUNG
HERAUSGEGEBEN VON RUDOLF FLOTZINGER
HEFT 28

VERLAG
DER ÖSTERREICHISCHEN AKADEMIE DER WISSENSCHAFTEN
WIEN 2006

ÖSTERREICHISCHE AKADEMIE DER WISSENSCHAFTEN
PHILOSOPHISCH-HISTORISCHE KLASSE
SITZUNGSBERICHTE, 749. BAND

MUSIK ALS...

Ausgewählte Betrachtungsweisen

HERAUSGEGEBEN VON RUDOLF FLOTZINGER

VERLAG
DER ÖSTERREICHISCHEN AKADEMIE DER WISSENSCHAFTEN
WIEN 2006

Vorgelegt von k. M. RUDOLF FLOTZINGER
in der Sitzung am 23. Juni 2006

Die verwendete Papiersorte ist aus chlorfrei gebleichtem Zellstoff hergestellt, frei von säurebildenden Bestandteilen und alterungsbeständig.

ISBN-13: 978-3-7001-3673-6
ISBN-10: 3-7001-3673-0

Druck: Börsedruck Ges.m.b.H., 1230 Wien

http://hw.oeaw.ac.at/3673-6
http://verlag.oeaw.ac.at

INHALT

VORWORT

Die Kommission für Musikforschung hat zu vergangenen Komponisten-Jubiläen mehrere repräsentative Studienbände als Festgaben der Österreichischen Akademie der Wissenschaften herausgebracht. Bereits vor einigen Jahren aber beschloss sie, diesen Vorbildern im Mozartjahr 2006 nicht zu folgen, um die Wissenschaft nicht zusätzlich für Klischees vereinnahmen zu lassen. Sie stellte es damals dem Obmann frei, was er anstatt dessen der fachwissenschaftlich interessierten Öffentlichkeit vorlegen möchte.

Der Titel des Bandes sollte nicht verwirren, aber doch Aufmerksamkeit erregen. Die dahinter stehende Idee ist hoffentlich so spontan überzeugend, wie simpel: Es gibt nahezu unzählige Abhandlungen in Aufsatz- und Buchform mit dem Titelanteil *„Musik und ...“* (Sprache, Gesellschaft, Religion – der Phantasie sind kaum Grenzen gesetzt). Ihnen sollte keineswegs ein weiterer Band hinzugefügt werden. Vielmehr zielt das Wörtchen *„als“* anstelle von *„und“* auf die Vielzahl von Gesichtspunkten, unter denen das so schwer definierbare Phänomen *Musik* sinnvoll betrachtet werden kann. Es sollten jedoch keineswegs durch weitere Oberbegriffe neue Definitionsversuche angeregt werden; vielmehr galt es beispielhaft aufzuzeigen, welche Erkenntnismöglichkeiten allein in verschiedenen Blickrichtungen steckten. Aus deren Fülle konnten nur wenige realisiert werden, letztlich ist die Auswahl durchaus zufällig. Nicht alle Kollegen, die ich schon vor Jahren für dieses Projekt zu überzeugen trachtete, wollten oder konnten sich ihm unterwerfen. Einige sind erst nach einiger Zeit ausgestiegen; einige schlugen von sich aus die von ihnen behandelten Themen vor, andere griffen Wünsche von meiner Seite bereitwillig auf. Insgesamt dürfte die vorliegende Sammlung trotzdem einigermaßen repräsentativ sein. Nicht zuletzt zeigt sie, wie vielfältig sich Musikwissenschaft ohne Verrenkungen darstellt und wie traditionelle Fachgrenzen allein mit neuen Fragestellungen zu fließen beginnen.

Die AutorInnen gehören verschiedenen Generationen an, repräsentieren verschiedenste Teilgebiete ihrer Fachrichtungen, sind in diesen sozusagen unterschiedlich sozialisiert und sprechen wohl auch durchaus verschiedene Interessensgruppen an. Nach einigen Überlegungen entschloss ich mich daher, diese Unterschiede nicht durch editorische Maßnahmen einzuebnen, sondern sichtbar zu belassen – bis hin zu Zitierweisen, ja Fragen des Layouts. Wirklich Interessierte werden sich daran nicht stoßen oder gar an ihrer Rezeptionsweise behindert.

Allen BeiträgerInnen sei für ihre Mitarbeit sehr herzlich gedankt.

R. Flotzinger

Richard Parncutt & Annekatrin Kessler

Musik als virtuelle Person

1. EINLEITUNG

1.1. Definition und Ursprung der Musik

Wer das Phänomen Musik verstehen will – wer wissen will, was Musik eigentlich *ist* – stößt sofort auf zwei wesentliche Probleme. Erstens gibt es keine allgemein akzeptierte Definition von Musik. Zweitens und damit verbunden gibt es keine allgemein akzeptierte Theorie des Ursprungs bzw. der Funktion von Musik.

Beginnen wir mit dem Definitionsproblem. Bisher ist es niemandem gelungen, eine interdisziplinär, interkulturell und metahistorisch gültige Definition von Musik zu formulieren[1]. Allein der Umstand, dass die Vorstellungen von Dissonanz und Konsonanz, Melodie und Harmonie durch die Geschichte und die verschiedenen Kulturen hindurch variieren, würde eine allgemeine Definition von Musik auf ein solch abstraktes Niveau heben, dass sie keine Aussagekraft besitzen würde. Dazu kommt, dass viele Sprachen kein Wort für Musik in einem allgemeinen und übergreifenden Sinne haben, sondern lediglich Wörter für verschiedene musikalische Aktivitäten; aus dieser Sicht ist *Musik* ein Sammelbegriff, eine kulturspezifische Konstruktion. Die vielen Möglichkeiten werden in den wichtigsten Enzyklopädien dargestellt (z. B. „Musiké – musica – Musik" in *MGG*). In *Grove dictionary* (2001, S. 425) wird unter „Music" konstatiert: „Imposing a single definition flies in the face of the broadly relativistic, intercultural and historically conscious nature of this dictionary".

Trotz dieser Problematik wollen wir an dieser Stelle versuchen, eine vorläufige Definition von Musik zu formulieren – zumindest um klar zu machen, was wir im Kontext dieses Beitrags (nicht) unter dem Begriff verstehen und intendieren. Wir verstehen Musik als *Folge von Schallereignissen, deren Bedeutung nicht lexikalisch ist und von ihren Kombinationen und kulturellen Kontexten abhängt.*

Diese Definition ist insofern problematisch, als sie Termini enthält, die selbst nicht eindeutig definiert sind – wobei Definitionen im Allgemeinen mehr oder weniger unter diesem Problem leiden. Zu den definitionswürdigen Termini unserer Definition gehören:

- *Bedeutung:* Verständlichkeit? nachvollziehbare Organisation? Interesse? Ausdruck? Emotion? Schönheit? ästhetische Befriedigung?
- *lexikalisch:* im Sinne einer Wörterbuchdefinition? (selbst eine zirkuläre Definition?)

---

[1] Vgl. auch den Beitrag von Max Haas, 67–108.

- *Kombination:* Muster? Gliederung? Struktur oder Form in Tonhöhe und Zeit?
- *Kultur:* Gesamtheit bzw. Menge geistiger Produkte des Menschen (Ideen, Kunst …)?

Andere Versuche, Musik zu definieren, sind unseres Erachtens noch problematischer, weil ihre undefinierten Termini noch unklarer sind. Ein paar Beispiele:

- die Klänge musikalischer Instrumente (samt Gesang) – wobei die Frage offen bleibt, unter welchen Umständen die Klänge musikalischer Instrumente zur Musik werden und warum die Instrumente überhaupt gespielt werden
- Rhythmus, Melodie bzw. zeitliche Folge von Harmonien oder Klangfarben – aber wie werden Rhythmus, Melodie usw. definiert?
- eine künstlerische Form der auditiven Kommunikation – aber was ist eigentlich „Kunst"?
- klangliche Gestik – aber was ist Gestik?
- absichtvolle Organisation von Schallereignissen – aber können nicht auch unabsichtlich entstehende Klangstrukturen als Musik wahrgenommen werden?
- zwischenmenschliche Manipulation durch Klänge – aber was für Manipulation – und warum?

Vom hermeneutischen Ansatz ausgehend könnte Musik dadurch definiert werden, dass sie von ihren ErzeugerInnen (MusikerInnen, KomponistInnen, ImprovisatorInnen) als solche *intendiert,* von ihren EmpfängerInnen als Musik *interpretiert* oder in beiden Fällen als Musik *konstruiert* wird. Diese Art der Definition ist allerdings ebenfalls problematisch, da sie zirkulär ist, d. h. das Phänomen wird durch sich selbst erklärt anstatt etwa durch die Angabe seiner Zugehörigkeit zu einer höheren Kategorie und seinen Differenzen zu ähnlichen Phänomenen derselben Kategorie (nach Aristoteles). Musik wird auch nicht dadurch definiert, dass sie immer von Menschen für Menschen erzeugt wird, und dass musikalische Aktivitäten wie komponieren, spielen, improvisieren, interpretieren, rezipieren, genießen immer einerseits von der Psychologie der beteiligten Menschen und anderseits von der Soziologie des anthropologisch-kulturellen Kontexts abhängen, in dem Musik Gestalt und Funktion einnimmt; denn diese Aspekte unterscheiden Musik nicht von anderen Künsten oder Kommunikationsformen. Daraus wird aber klar, dass Definitionen von Musik auch von der wissenschaftlichen Perspektive, die beispielsweise naturwissenschaftlich, psychologisch oder historisch sein kann, abhängen (HÜSCHEN, 1961).

Zum zweiten eingangs erwähnten Problem: Die Ursprünge und damit die wesentlichen Funktionen der Musik sind noch geheimnisumwittert. Die Frage nach dem Ursprung der Musik wird durch die Beobachtung motiviert, dass Musik in allen Kulturen existiert – auch in Kulturen, die über sehr lange Zeiträume von anderen Kulturen getrennt waren. Zum Beispiel entwickelten die australischen Aborigines eigene, klanglich und gesellschaftlich komplexe Musikkulturen (BARWICK et al., 1995), während sie ca. 50.000 Jahre von allen anderen Kulturen der Welt vollständig isoliert waren. Da Musik in allen Kulturen existiert, gehen wir davon aus, dass es einen gemeinsamen Grund gibt, denn die Entstehung der Musik war offensichtlich kein Zufall. In diesem Beitrag fragen wir nach diesem Grund.

Während des 20. Jahrhunderts galt das Thema der Ursprünge der Musik in den relevanten Wissenschaften meistens als tabu, da im 18. (HEAD, 1997) und 19. Jahrhundert (REHDING, 2000) so viel offenbar Unsinniges darüber geschrieben wurde. Seit einigen Jahren wissen wir wieder etwas mehr über die Entstehung der menschlichen Sprache und somit über die Entstehung des menschlichen reflexiven Bewusststeins (CORBALLIS, 2004), was MusikwissenschaftlerInnen wieder ermutigt hat, noch einmal die Frage nach dem Ursprung der Musik zu stellen (z. B. HURON, 2003).

Dabei steht die Frage im Vordergrund, ob Musik eine *evolutionäre Adaptation* war bzw. ist oder nicht. Als evolutionäre Adaptation müsste Musik die Wahrscheinlichkeit des Überlebens durch erfolgreiche Fortpflanzung erhöhen. Dabei hat das Überleben zwei Aspekte: das Überleben des Individuums und das Überleben der Gruppe. Nach bekannten Theorien kann Musik die Fortpflanzung durch ihre Rolle im sexuellen Verhalten (PartnerInnenwahl) und das individuelle Überleben durch ihre Rolle in der Entwicklung motorischer Fähigkeiten (Tanz) und der kognitiven Entwicklung (Sprache) fördern. Musik kann auch das Überleben von Gruppen durch ihre Rolle im sozialen Zusammenhalt (kollektive Identität, Solidarität, Altruismus), in der Kommunikation über lange Distanzen (Stimmen, Trommeln), in der rhythmischen Arbeitskoordination *(entrainment)* und in der kollektiven Emotion (Spiritualität, Ritual, Magie) fördern. Musik kann aber auch als Nebenprodukt oder evolutionärer Schmarotzer anderer evolutionärer Adaptationen, also als *Exaptation* betrachtet werden (BUSS et al., 1998), was mit der Idee übereinstimmt, dass Kunst *per definitionem* eine Aktivität ohne praktische Funktion (d. h., ohne Überlebenswert) ist (vgl. DAVIES & SUKLA, 2003). Mögliche Adaptationen sind der Spieltrieb eines Kindes, die spielerische klangliche Kommunikation zwischen Säuglingen und Erwachsenen, die Kommunikation durch Gesten, die spielerische Nachahmung der natürlichen Umwelt (Vogel- und Tiergesang, um Jagdtiere zu verwirren) und das Sehnen nach Genuss (Musik als Droge).

Obwohl Theorien über den Ursprung der Musik in letzter Zeit komplexer und glaubwürdiger geworden sind, haben sie noch den wissenschaftlichen Stellenwert von Sammlungen interessanter Ideen, die nicht direkt (d. h. empirisch) überprüft werden können. Eine klare, einheitliche Antwort auf die Frage des Ursprungs und der Funktion der Musik, die ihre Universalität zufrieden stellend erklärt, bleibt noch aus.

Die Probleme der Definition, des Ursprungs und der Funktion von Musik sind stark miteinander verknüpft. Im 18. Jahrhundert war „the question of origin […] inseparable from questions of nature and essence, beauty, ownership and pleasure“ (HEAD, 1997, 3). Auch heute würde eine allgemein akzeptierte Theorie des Ursprungs und der (evolutionären?) Funktion von Musik dazu führen, dass Musik besser und einheitlicher definiert werden könnte. Deswegen lohnt es sich, sich spekulativ mit dieser Problematik zu befassen.

1.2. Unsere These

In diesem Beitrag versuchen wir, Licht auf dieses Problem zu werfen, indem wir eine etwas gewagte These aufstellen, die sowohl zur Definition von Musik als auch zu den Theorien ihres Ursprungs und ihrer Funktion beitragen soll. Unsere These lautet: *Musik ist eine virtuelle Person, zu der man während des Musikhörens oder -spielens in einer virtuellen Beziehung steht.* Wir werden in unserem Beitrag diese These aus verschiedenen wissenschaftlichen Standpunkten begründen sowie kritisch hinterfragen.

Virtuelle Personen sind nichts Unübliches, sondern gehören zum Alltag. Kleinkinder reden mit ihren Kuscheltieren und Erwachsene mit ihren Haustieren, als hätten Kuschel- und Haustiere ein reflexives Bewusstsein. Wenn ein Mensch stirbt, sterben nicht gleichzeitig die sozialen Beziehungen, in welchen er zeitlebens stand; vielmehr haben seine FreundInnen und seine Familie z. T. noch das Gefühl, mit ihm zu kommunizieren.

Ein ähnliches Gefühl von Kommunikation und Beziehung existiert auch in Verbindung mit Musik. Zum Beispiel sind die meisten Poplieder Liebeslieder (Kreutz, 2000), aufgrund derer man – ähnlich wie in Kommunikation mit einer geliebten Person – in eine romantische Stimmung versetzt werden kann. Musik kann sogar sexy sein; die sexuellen Konnotationen von Musik spielen im Rahmen der musikalischen Kulturwissenschaften eine wichtige Rolle (Kramer, 1995; McClary, 1991). Musik kann aber auch wie ein Kind oder ein/e alte/r Weise wirken.

Unsere These soll grundsätzlich interkulturelle Gültigkeit haben. Da wir aus dem abendländischen Kulturraum stammen und ihn gut kennen, gehen wir von diesem Raum aus und fragen in diesem Rahmen nach den Bedingungen, welche die Annahme der Möglichkeit, Musik als eine virtuelle Person zu betrachten, rechtfertigen könnten. Dabei nehmen wir signifikante interkulturelle Unterschiede im Personenbegriff in Kauf. Es wird z. B. behauptet, dass der moderne abendländische Personenbegriff eher durch Unabhängigkeit und Eigeninteresse, die morgenländische durch Altruismus und gemeinsame Verantwortung (Lee, 2001) und die afrikanische durch Gruppenzugehörigkeit und Konsens (Uyanne, 1997) geprägt ist. Egal, was man in verschiedenen Kulturen unter dem Personenbegriff versteht, sind wir der Meinung, dass Musik in allen Kulturen als virtuelle Person betrachtet werden kann.

Wir betrachten Musik als *virtuelle Person* und nicht als *virtuellen Menschen*, weil der Begriff *Mensch* stärker mit der Biologie verbunden ist. Die Personen und Beziehungen, die wir meinen, sind nicht biologisch, sondern Teile von Gesellschaften, oder anders herum: eine Gesellschaft besteht im Wesentlichen aus Personen und ihren Beziehungen. Unsere These stimmt mit der Annahme überein, dass Musik stets ein kulturelles Phänomen ist.

Wir bevorzugen in diesem Zusammenhang den Begriff *Person* gegenüber Begriffen wie *Geist, Seele, Ich* und *Selbst,* da *Person* eher mit sozialer Interaktion und Gesellschaft assoziiert wird, und Musik als kulturelles Phänomen immer innerhalb einer Gesellschaft entsteht bzw. rezipiert wird. Die *Person* ist insofern objektiv, als sie von außen betrachtet wird; Begriffe wie Geist, Seele und Selbst werden dagegen eher mit Introspektion oder einem metaphysischen Kontext assoziiert. Außerdem *hat* man – der Alltagssprache zufolge – einen Geist, eine Seele usw., man *ist* dagegen eine Person. Abgesehen davon meinen alle diese Begriffe im Wesentlichen das Gleiche. Die Idee der Seele als Prinzip des Lebens (auch von Tieren) liegt außerhalb unserer Fragestellung.

Die Person, von der wir in unserer gewagten These sprechen, ist entsprechend der Definition von *virtuell* nach Wahrig (2000) „nicht echt, nicht wirklich vorhanden, [sondern] in der Art einer Sinnestäuschung“. Im Wikipedia (http://de.wikipedia.org) heißt es, „Als virtuell gilt die Eigenschaft einer Sache, die zwar nicht real ist, aber doch in der Möglichkeit existiert; Virtualität spezifiziert also ein konkretes Objekt über Eigenschaften, die nicht physisch, aber doch in ihrer Funktionalität vorhanden sind.“ Brockhaus Enzyklopädie (www.brockhaus.de) definiert *virtuell* als „der Kraft oder Möglichkeit nach vorhanden; anlagemäßig; simuliert, künstlich, scheinbar“. In diesem Sinn kann *virtuell* auch irreal, scheinbar, fiktiv und fähig zu wirken (von lat. *virtus*: Tugend, Tauglichkeit) bedeuten.

Wir wollen also behaupten, dass Musik *der Möglichkeit nach als Person interpretiert werden kann*, oder dass Musik *eine Person in der Art einer Sinnestäuschung ist.* Diese Varianten haben im Wesentlichen die gleiche Bedeutung in dem Sinne, dass ihre Unterschiede keine praktischen Folgen haben. Aus pragmatischen Gründen werden wir nicht versuchen, solche Variante voneinander zu unterscheiden.

Ist Musik eine *virtuelle* Person, muss es immer eine *wirkliche* Person oder Personengruppe geben, für die Musik *wie eine Person wirkt* oder scheint. Wir gehen davon aus, dass Virtualität nicht objektiv oder unabhängig von menschlicher Wahrnehmung beschrieben oder verstanden werden kann. Im Folgenden werden wir die Möglichkeiten untersuchen, die eine solche Betrachtuns- bzw. Erscheinungsweise zulassen.

1.3. Die virtuelle Person in verschiedenen Wissenschaften

Die Idee einer virtuellen Person spielt in zahlreichen wissenschaftlichen Fachbereichen eine bedeutende Rolle. Einleitend stellen wir drei dieser Disziplinen – Künstliche Intelligenz, Recht und Kunstwissenschaft – vor mit dem Ziel, eine genauere Vorstellung von dem Begriff *virtuell* im Zusammenhang mit *Person* zu bekommen.

AI. In den Computerwissenschaften und insbesondere im Bereich der *Artificial Intelligence* (AI) hat die Idee einer virtuellen Person immer eine zentrale Rolle gespielt. Erstens sind Computer einfacher zu bedienen und daher effizienter, wenn sie sich wie Personen verhalten. Zweitens ist die Idee, einen Mensch zum Teil durch eine Maschine zu ersetzen, wegen ihrer weit reichenden Implikationen sowohl faszinierend als auch Furcht erregend. Neuere multimediale Projekte im Bereich der künstlichen Intelligenz versuchen, virtuelle Personen zu bauen, die wie Menschen aussehen, sich bewegen und sprechen. Den Eindruck, man kommuniziere mit einer wirklichen Person statt mit einer Maschine entsteht insbesondere, wenn das Verhalten der Maschine durch Emotionen beeinflusst zu sein scheint (HUBAL et al., 2000; PAUL et al., 1998; STRICKER et al., 2000).

Die Häufigkeit, mit der Computer mit menschlichen Eigenschaften in der *Science Fiction* vorkommen, spiegelt das öffentliche Interesse an dieser Frage wider. Allerdings kommt die eigentliche AI-Forschung nicht so schnell voran wie ursprünglich erwartet, denn die künstliche Intelligenz ist zu Beginn des 21. Jahrhunderts offenbar noch nicht so weit wie der Computer „Hal" in Stanley Kubriks Spielfilm *2001: A Space Odyssey* aus dem Jahr 1968. In der Psychologie wird Intelligenz gewöhnlich als Fähigkeit verstanden, bestehendes Wissen in unvorhersehbaren Situationen erfolgreich zu adaptieren und anzuwenden (STERNBERG, 1985). Turing (1950) meinte, eine Maschine sei erst als intelligent oder denkend zu bezeichnen, wenn sie – etwa in einer Situation, in der Mensch und Maschine über ein Terminal die Fragen einer Jury beantworten – nicht vom Menschen unterschieden werden kann. Vor diesem Hintergrund ist die am häufigsten verwendete Software auf modernen persönlichen Computern kaum intelligent – obwohl eine solche Intelligenz zumindest denkbar ist (COLE, 1991). Es ist daher nicht überraschend, dass ComputerbenutzerInnen bisher selten den Eindruck haben, mit einer virtuellen Person statt mit einer Maschine zu kommunizieren.

Sollte dem Anschein nach eine Person in einem Computer stecken, ist diese insofern virtuell, als das Erscheinungsbild der Maschine bei den Menschen, die sie bedienen, eine Sinnestäuschung erzeugt. Die Implikationen für den Begriff der virtuellen Person sind bereits entscheidend, denn man wird einem Computer wie Hal in *2001* – so täuschend seine Ähnlichkeit mit einem Menschen auch sein mag – keine *Menschenrechte* zubilligen. Wird ein Computer defekt („krank"), so leidet nicht er selbst, sondern maximal die Personen, die getäuscht wurden und nun das Gefühl haben, eine ihnen nahe stehende bzw. für sie wichtige Person verloren zu haben.

Jus. Der Begriff *virtuell* kommt auch (indirekt) im Rechtswesen vor. Ein Verein oder eine Gesellschaft kann als *juristische Person* betrachtet werden. Juristische Personen sind Personenverbände und Vermögensgesamtheiten mit Widmungszweck, denen durch die Rechtsordnung Rechtsfähigkeit verliehen wird (RIEDLER, 2004). Im Rechtswesen hat jede Person – auch solche virtuellen Personen – in der Regel Rechte und Pflichte; eine *moralische Person* (wie z. B. eine Erbgemeinschaft) hat dagegen keine direkt zuordenbaren Rechte und Pflichten, da ihre Interessen noch nicht objektiviert sind. Interessanterweise steckt die Idee der *Intention* (Widmungszweck), die auch für die Musik von zentraler Bedeutung ist, in der Definition einer juristischen Person.

Musik wird oft mit der Intention gespielt, den emotionalen Zustand von realen Person(en) zu beeinflussen. Im Recht hat nicht die virtuelle Person Intentionen, obwohl diese ihr zugeschrieben werden können, sondern die realen Mitglieder der Personenverbände oder BesitzerInnen eines Vermögens. Analog dazu hat die Musik selbst keine Intentionen (sollte sie als virtuelle Person betrachtet werden), sondern nur ihre KomponistInnen, InterpretInnen und ImprovisatorInnen.

Ein Personenverband ist eine konstruierte Idee und kein empfindsames, menschliches Wesen. Dass solche Ideen (zu bestimmten Zwecken) entstehen können, ist auf das Abstraktionsvermögen des Menschen zurückzuführen. Dennoch sollte man sich auch hier nicht dazu verleiten lassen, von dem in diesem Zusammenhang verwendeten Begriff der virtuellen Person auf ein menschliches Wesen zu schließen. Ethische Implikationen sind daher nur zulässig, wenn virtuelle Personen für reale Personen von existentieller Bedeutung sind.

Kunst. Die Darstellung von Menschen nimmt in allen Künsten eine zentrale Stellung ein. Dies wirft die Frage auf, welche Rolle die Darstellung von Menschen in einer Definition der Kunst spielen soll:

- Die Mehrheit aller künstlerischen Bilder stellen Menschen dar. Zum Beispiel enthält die *Oxford History of Western Art* (BRIGSTOCKE, 2000) 40 Abbildungen, von denen 39 Menschen abbilden. Nur in der modernen abendländischen Kunst, in der Themen wie Industrialisierung, Verfremdung, Abstraktion und konkrete Formensprache erforscht werden, kommen Bilder, in denen keine Person/en im Vordergrund stehen, häufiger als andere Bilder vor (aus den ca. 413 Abbildungen in LUCIE-SMITH [1996] stellen nur ca. 168 in erster Linie Person/en dar). Landschaften und Stillleben haben immer eine *wichtige* Rolle in der bildenden Kunst gespielt, nicht aber die *zentrale* Rolle der Darstellung von Menschen. Nun weichen künstlerische Darstellungen absichtlich von der Wirklichkeit ab – sie stellen eine willkürliche Deutung der Wirklichkeit dar. Nach Husserl (1980) konstituiert sich die künstlerische Darstellung einer Person in der Interaktion zwischen einem physikalischen Ding (Farbe auf Leinwand), einem Bildobjekt (das, was man sieht) und einem Bildsubjekt (die dargestellte Person). So können Personen, die in der bildenden Kunst (wie auch in der Bildhauerei) dargestellt werden, als virtuell betrachtet werden – auch wenn die Darstellung nicht abstrakt ist.
- In der darstellenden Kunst (Theater) und in der Literatur werden in erster Linie menschliche Situationen, Persönlichkeiten und Emotionen dargestellt. Wie in der bildenden Kunst weichen die dargestellten Persönlichkeiten in der Regel von den spielenden Persönlichkeiten ab.
- Wenn Musik eine virtuelle Person ist oder virtuelle Personen darstellt, unterscheidet sie sich diesbezüglich nicht von anderen Künsten.

Unsere Beispiele aus den Informations-, Rechts- und Kunstwissenschaften sollen den Unterschied zwischen einer virtuellen Person und einem realen, empfindsamen, menschlichen Wesen darlegen. Der Zusatz „virtuell“ deutet auf ein höheres

Abstraktionsniveau hin, das Aspekte des Personseins auf eine Nicht-Person oder auf eine Darstellung einer Person überträgt. Virtuelle Personen existieren daher *nur für reale Personen* bzw. in deren abstrakter Vorstellung. Unabhängig von diesen abstrakten Vorstellungen und (realen, konkreten) Zwecken würden virtuelle Personen nicht existieren. (Analog dazu existiert Musik *als Musik* nur für Menschen, die sie *als Musik* wahrnehmen.) Die virtuelle Person ist also eine abstrakte Idee, die dann zustande kommt, wenn ein Phänomen (wie z. B. das eines Computers, einer rechtlichen Kategorie oder einer künstlerischen Darstellung) personenähnlich erscheint, anmutet, handelt oder behandelt werden soll. Wir bewegen uns hier mehr im Bereich der menschlichen Vorstellungskraft als in dem realer, physikalischer Vorkommnisse.

1.4. Gliederung des restlichen Beitrags

Im Folgenden führen wir eine Reihe von Argumenten auf, die für eine Interpretation der Musik als virtuelle Person sprechen sollen. Die Argumente erheben nicht den Anspruch, unsere These zu sichern. Vielmehr geht es darum, Perspektiven zu beleuchten, die eine solche Betrachtungsweise grundsätzlich ermöglichen. Daher wird man z. B. kein Experiment durchführen können, anhand dessen Ergebnisse die These bestätigt oder verneint werden könnte. Vielerlei Indizien deuten jedoch indirekt darauf hin, dass die Theorie durchaus ernst zu nehmen ist.

Indizien dafür, dass Musik eine virtuelle Person ist, gehören einer Vielzahl an verschiedenen Fachgebieten an. Dementsprechend wird der Rest unseres Beitrags nach Fachgebiet geordnet sein. Zum Schluss werden wir zum Problem des musikalischen Ursprungs zurückkehren. Die Theorie von Musik als virtuelle Person bietet eine neue, überraschende Lösungsmöglichkeit an.

2. MUSIKTHEORIE, MUSIKANALYSE UND SEMIOTIK

Musikalische Strukturen wie melodische Floskeln, Rhythmen oder Akkordfolgen in spezifischen Klangfarben haben oft Symbolcharakter, d. h. sie werden mit außermusikalischen Objekten assoziiert, die ihnen Bedeutung verleihen. Die Geisteswissenschaft, die sich mit diesen Assoziationen beschäftigt, ist die *Semiotik* (oder nach Nattiez 1990, die *Semiologie*). In der Semiotik wird die Bedeutung spezifischer musikalischer Symbole für gegenwärtige HörerInnen – oder auch im Rahmen der Rezeptionsgeschichte für HörerInnen früherer Epochen – aufgrund der Musikgeschichte, der musikalischen Hörerfahrung der infrage kommenden HörerInnen, relevanter Zeichentheorien und psychologischer Wahrnehmungstheorien rekonstruiert. Insbesondere in der Oper und im Film werden unabhängig von der Absicht der/des Komponistin/en musikalische Strukturen mit Handlungsinhalten assoziiert. In der europäischen Operntradition kommen z. B. Marschfiguren im 2/4-Takt, die vorwiegend mit Blech und Schlagzeug und in einem mäßigen Tempo gespielt werden, wiederholt in Zusammenhang mit Szenen über das Militär vor. So werden Assoziationen geschaffen, die dazu führen, dass ähnliche Figuren in der absoluten Musik der gleichen Epoche ähnliche Bedeutungen hervorrufen. Die *Symphonie Fantastique* von Berlioz bietet viele solche Assoziationen, die zum Teil durch das Programm und zum Teil durch schon bestehende Assoziationen bestimmt sind.

Anhand solcher Assoziationen kann Musik den Eindruck oder das Gefühl erwecken, eine Geschichte zu erzählen: ihr werden narrative Qualitäten zugeschrieben. So kann eine Symphonie oder Klaviersonate von Beethoven mit einem Schauspiel von Shakespeare verglichen werden. Die zwei Hauptthemen in der Sonatenhauptsatzform sind wie die zwei Hauptcharaktere eines dramatischen Schauspiels mit ihren kontrastierenden Charakterzügen. Während des Stücks entwickeln sich nicht nur die einzelnen Charaktere, sondern auch deren Beziehung. Diese kann zwischen positiven Extremen wie Liebe, Freude und Begeisterung und negativen Extremen wie Konflikt, Hass, Verzweiflung und Eifersucht variieren.

Musik kann nicht *direkt* eine Geschichte erzählen, weil sie keine grammatikalische Vergangenheitsform hat (CUMMING, 1997; NATTIEZ, 1990). Wenn zudem in der Musik Menschen angedeutet werden, wissen wir nicht, um welche Menschen es sich handelt. Nach Tarasti (1994) kann Musik trotzdem auf einer abstrakten Ebene narrativ sein. Seine Theorie geht von der *sémiotique narrative* und *logique actantielle* von Greimas (1966) aus. Für Greimas zählen *vouloir, savoir, être, devoir, pouvoir* und *faire* zu den *modalités* oder Handlungsmöglichkeiten eines Subjekts. Tarasti untersucht Verbindungen zwischen diesen Modalitäten und Eigenschaften musikalischer Strukturen wie Spannung/Entspannung, Hierarchie und Energie (vgl. KURTH, 1931).

Erzählungen enthalten oft stereotype Momente oder Archetypen. Zu jeder Erzählung gehören eine Ausgangslage, eine Entwicklung und ein Ausgang. Dazu kommt oft ein Konflikt zwischen zwei ProtagonistInnen vor – wobei der/die Hörer/in sich in der Regel mit einer/einem Protagonistin/en identifiziert und diese/n als moralisch überlegen betrachtet. Darüber hinaus besteht wenig Konsens zu den typischen oder wesentlichen Vorbedingungen, Quellen und Eigenschaften einer Erzählung (ALMÉN, 2003).

Im Rahmen der musikalischen Semiotik wird unsere These, die Musik sei eine virtuelle Person, durch folgende Beobachtungen gestützt:

- Wenn Musik einen narrativen Charakter hat, kann die Idee einer virtuellen Person auf zwei verschiedenen Ebenen eine Rolle spielen. Erstens bezieht sich die erzählte Geschichte auf Personen (vgl. die Besetzung eines Schauspiels). Zweitens wird die Geschichte von einer Person erzählt (ErzählerIn, SprecherIn, NaratorIn; InterpretIn, KomponistIn). In beiden Fällen kann eine Art Person in der Musik wahrgenommen werden.
- Der Begriff der *Gestik* spielt in der Semiotik eine wichtige Rolle. Nach Lidov (1987) und Clynes (1977) ist die Bedeutung eines musikalischen Symbols eng mit der Gestik verknüpft (Cumming, 1997). Angenommen, dass Gesten *mensch-*

liche Bewegungen sind, muss auch musikalische Bedeutung im Allgemeinen mit Menschen verbunden sein.

- Assoziationen zwischen musikalischen Strukturen und außermusikalischen Bedeutungen kommen offenbar leichter und häufiger zustande, wenn sie personenbezogen sind. In Anlehnung an Ratner (1980) führte Agawu (1991, 30, Figure 2 „The Universe of Topic") die 27 seines Erachtens wichtigsten *Topics* (*topoi*) der klassischen abendländischen Musik auf. Elf der von Agawu aufgeführten Topics erinnern direkt an Menschen, menschliche Qualitäten und menschliches Sozialverhalten: *amoroso, brilliant style, Empfindsamkeit, fantasy, fanfare, hunt style, learned style, ombra* (Furcht erregende Opernszenen mit Geistern, Orakeln, Dämonen), *opera buffa, sigh motiv* (Seufzer) und *Sturm und Drang* (im Sinne eines kräftigen oder schockierenden emotionalen Ausdrucks). Sieben Topics haben mit Tanz oder menschlicher Bewegung zu tun: *alla zoppa* (hinkend), *bourée, gavotte, march, minuet, musette, sarabande.* Drei Topics beziehen sich auf Singen, die Gesangsstimme oder Gesangsformen: *aria, recitativ, singing style.* Fünf betreffen in erster Linie musikalische Strukturen und Konventionen: *alla breve, cadenza, French overture, Mannheim rocket, Turkish music.* Nur ein Punkt aus Agawus Liste, *pastoral,* bezieht sich direkt auf die natürliche Umwelt – aber auch in diesem Fall handelt es sich in der Musik oft auch um Menschen (Hirten, Bauern usw.). Zählen wir die Topics zusammen, die direkt oder indirekt mit Menschen zu tun haben (Menschen 11 + Tanz 7 + Singen 3), kommen wir auf 21 von 27. Ob oder inwiefern die Personenbezogenheit der europäischen klassischen Musik kulturspezifisch sein könnte, sei dahingestellt.

3. PHILOSOPHIE

Die Frage, ob Musik eine virtuelle Person ist oder nicht, ist insofern als philosophisch zu betrachten, als sie nur schwer empirisch untersucht werden kann. Aus diesem Grund widmen wir einen großen Teil unseres Beitrags einer Auswahl der relevanten philosophischen Literatur.

3.1. REALITÄT UND EXISTENZ

Fragen danach, was existiert und was nicht, sind so alt wie die Philosophie selbst und können oft nicht klar beantwortet werden. Daher vermeiden wir es, in diesem Beitrag solche Fragen zu stellen. Vielmehr versuchen wir klarzustellen, was wir im Rahmen dieses Beitrags für existent halten und was nicht.

Erstens halten wir aus pragmatischen Gründen alle drei Welten von Popper und Eccles (1977) für existent. Obwohl man selbstverständlich nicht beweisen kann, dass Poppers drei Welten existieren oder sogar existentiell gleich wichtig sind, gewinnt man bei Erklärungen des Gesamtphänomens der Musik durch diese Annahme eine gewisse Klarheit.

- Welt 1 ist die physikalische Welt; sie schließt z. B. alle Aspekte der Anatomie und Physiologie des menschlichen Gehirns ein.
- Welt 2 ist die Welt der Erlebnisse und besteht aus Empfindungen und Emotionen.
- Welt 3 ist die Welt der Information und des Wissens und enthält alle tradierten Aspekte einer Kultur, z. B. die nachgelassenen Musikmanuskripte von KomponistInnen.

Da wir in erster Linie das Musik*erleben* untersuchen wollen, halten wir die Welt 2 für zentral und einen *phänomenologischen* Zugang für adäquat. Allerdings behandelt die Phänomenologie nach Husserl (z. B. 1952) nicht nur Empfindungen und Emotionen, sondern sämtliche Bewusstseinszustände – auch Reflexionen und intentionale Beziehungen zu Objekten, die nach Popper zur den Welten 1 und 3 gehören.

Hält man an Poppers 3-Welten-Modell fest, müsste die Person als weiteres Wesen definiert werden, das getrennt von den drei Welten existiert, jedoch auch eng und direkt mit ihnen in Kontakt steht. Aus phänomenologischer Perspektive ist dies nicht notwendig, da das Bewusstsein stets auf alle drei Welten bezogen ist bzw. sie konstituiert. Zudem ist die Annahme, dass die Person alle drei Welten direkt beeinflusst und von allen drei Welten direkt beeinflusst wird, mit der Phänomenologie vereinbar.

Dennoch sei an dieser Stelle festgehalten, auf welche Weise sich unser Personenbegriff von Poppers drei Welten unterscheidet:

- Personen *agieren,* d. h. sie können als *AgentInnen* bezeichnet werden. Während im europäischen Mittelalter die individuelle Person noch über ihre Beziehung zu einem über den Menschen stehenden Gott definiert wurde, gilt in der modernen Philosophie die Person in erster Linie als der Mensch des Handelns und des sozialen Umgangs, der fähig ist, am aktuellen Diskurs teilzunehmen. In der Philosophie der Stoa zeichnete sich die Person zunächst durch die Fähigkeit aus, ihr Leben frei und vernünftig zu gestalten und ihm dadurch eine Einheit zu verleihen. Die Person stand hier aber auch stets im Zentrum zwischenmenschlicher Beziehungen und Rollenspiele, d. h. das erscheinungsmäßige Auftreten (in einer bestimmten Rolle) war auch hier ein wesentliches Merkmal der Person.
- Personen *reflektieren,* d. h. sie besitzen ein *reflexives Bewusstsein.* Es ist nicht nur so, dass Personen Wissen besitzen, denn das tun auch Computer – der Unterschied ist, dass Personen wissen, *dass* sie wissen. Es ist nicht nur so, dass die Sprache von Personen – wie auch die „Sprache" von Bienen oder Affen – Symbole enthält; Personen wissen auch, dass es so ist. Dieser Unterschied macht die Reflexivität des menschlichen Bewusstseins aus. Obwohl reflexives Bewusstsein als unabhängig von den drei Welten betrachtet werden kann, scheint es erst durch eine Interaktion zwischen der Person und den Welten 2 und 3 zu entstehen: die Empfindungen und Emotionen der Welt 2 werden bewusst, indem sie mit den Wörtern oder Begriffen der Welt 3 etikettiert werden. In der Sprache der modernen Psychologie entstand (oder entsteht) das reflexive Bewusstsein sowohl

phylogenetisch als auch ontologisch parallel zur Sprache (CORBALLIS, 2004; NOBLE & DAVIDSON, 1996).

- Personen *projizieren* ihr reflexives Bewusstsein auf andere Personen: sie *vermuten,* dass andere Personen existieren. Direkt kann eine Person nur sich selbst, nicht aber andere Personen beobachten. Dass andere Personen existieren, wird aufgrund ihres Aussehens und Verhaltens, das dem eigenen Aussehen und Verhalten ähnelt und auf die Existenz eines reflexiven Bewusstseins hindeuten, schweigend angenommen. In der Sprache der modernen Psychologie entwickelt jede Person schon als Kleinkind eine *theory of mind* über andere Personen (GARFIELD et al., 2001) und konstituiert somit ihre Intersubjektivität. Etymologisch betrachtet stammt der Begriff der Person aus der *Persona* des antiken Theaters und bedeutet „das, was durch die Maske durchtönt" (lat. *personare* = durchtönen); dies könnte im Übrigen auf eine sehr alte Verbindung zwischen den Begriffen *Musik* (im Sinne von Tonkunst) und *Person* hindeuten. Diese ursprünglich theatralische Bedeutung der Person legt nahe, dass die Person etwas ist, was BeobachterInnen aufgrund der Maske, d. h. der Worte, der Gesten, des Gesichtsausdruckes, erst erschließen müssen. Es lässt sich fragen, inwieweit diese Bedeutung weiterhin für den Personenbegriff eine Rolle spielt. Die Postmoderne verkürzt schließlich den Begriff: nicht mehr das, was durch die Maske hindurch tönt, ist die Person, sondern die Maske selbst. In diesem Sinne lässt sich also sagen, dass die Idee der Maske und der Rollenspiele für den Begriff der Person durchwegs von Bedeutung geblieben ist (vgl. ZIMA 2000).

Aus der Sicht der *theory of mind* ist ein neugeborenes Kind noch keine Person, weil es noch kein reflexives Bewusstsein besitzt. Vermutlich hat es auch keinen Geist, keine Seele, kein Ich und kein Selbst. Säuglinge und Kleinkinder erwerben Sprache, Reflexion und ein Selbstkonzept durch Nachahmung im Umgang mit Erwachsenen. Dieser Vorgang beginnt um den ersten Geburtstag und setzt sich noch einige Jahre fort (ASENDORPF, 2002; LEWIS & RAMSAY, 2004; SLOBODCHIKOV & TSUKERMAN, 1992). Auch für die Phänomenologie sind reflexives Bewusstsein, Intersubjektivität und soziale Interaktion für den Personenbegriff zentral.

Der mit dem Personenbegriff eng verwandte Begriff der *Seele* ist insofern *paradox*, als er als alles, nichts oder beides zugleich betrachtet werden kann – ähnlich wie die imaginäre Zahl Unendlich in der Mathematik, die durch Division durch Null entsteht:

- Aus subjektiver Sicht ist das Selbst oder die Seele die ganze Welt. Für Anaxagoras war der Geist *(Nus)* die treibende Kraft und das ordnende Prinzip des Universums und des Unendlichen; hier wird nicht zwischen Geist und Gott unterschieden. Im *Baghavad Gita* lehrte Krishna, dass das *Atman* (Sanskrit: Seele, Hauch) der unvergängliche Wesenskern der Person und eins mit der Weltseele, der alles durchdringenden Lebenskraft, ist (vgl. Platon); das Atman ist zugleich Brahman, das kosmische Selbst und Ordnungsprinzip, also das ganze Universum. Das *kollektiv Unbewußte* nach Jung (1960) gehört nicht einer Person an, sondern der ganzen Menschheit und äußert sich auch in Mythen oder religiösen Bildern. Die von Oskar Schindler geretteten Juden/Jüdinnen gaben ihm einen Ring mit dem Talmudspruch eingraviert: „Wer auch nur ein einziges Leben rettet, rettet die ganze Welt".

- Aus objektiver Sicht ist die Seele nicht beobachtbar, so dass ihre Existenz nicht nachgewiesen werden kann. In der Geschichte der europäischen Philosophie (Aristoteles, Descartes, Spinoza, Leibniz, Locke, Kant …) wurde immer wieder über den Bezug zwischen Existenz, Substanz und Seele spekuliert; für Descartes z. B. war die Seele eine Art nicht ausgedehnte Substanz – ein Widerspruch in sich. In der modernen Psychologie sind seelische Vorgänge untrennbar vom Materiellen – aber auch nicht reduzierbar auf Materielles.
- Das Paradoxon des Selbst wurde von verschiedenen DenkerInnen zu verschiedenen Zeiten erkannt. Buddha lehrte in seiner metaphysischen These, dass alle Dinge ohne ein Selbst und dauerhafte Substanz sind. Der Glaube an ein eigenes, göttliches Selbst sei die Ursache allen Leides; das Leid verschwindet erst, wenn das Selbst, das sowieso nur eine Illusion ist, im Laufe der Meditation verschwindet. Zugleich lehrte Buddha, dass die Seele dem ewigen Kreislauf der Wiedergeburten unterworfen ist; dieser Kreislauf hört erst auf, wenn Nirvana erreicht wird. Die Technik der Zen-Meditation kann als Intuition durch Paradoxon bezeichnet werden: Zen ist nichts und doch alles. In der Mystik von Meister Eckart war die Erfahrung des Seelengrundes ähnlich wie im Buddhismus die Erfahrung der absoluten Leere (nichts); doch gerade diese Erfahrung führt zur Vereinigung des Menschen mit Gott (alles).

Betrachten wir eine Person als eine von außen betrachtete Seele, ist der Personenbegriff auf die gleiche Weise paradox. So gesehen wird der Begriff der virtuellen Person fast tautologisch: Eine virtuelle Person ist nicht nur bloß vorgestellt (virtuell), sondern auch zugleich alles und nichts.

3.2. Die Musik als Person

Die Frage, wer oder was Emotionen *ausdrücken* kann, hat zwei mögliche Antworten:

- Wer: Tiere, insbesondere Menschen
- Was: Kunst, insbesondere Musik

Aufgrund von empirischen Studien zu starken musikalischen Erlebnissen (z. B. Gabrielsson & Lindström Wik, 2003) liegt es nahe anzunehmen, dass Musik erheblich stärkere Emotionen hervorrufen kann als andere Künste. Aus objektiver Sicht ist es merkwürdig, dass Musik Gefühle ausdrücken kann, obwohl sie keine Person ist und diese Gefühle nicht selbst empfinden kann. Die kognitive Musikpsychologie der 1980er Jahre hat keinen zufrieden stellenden methodischen Zugang zu dieser Frage finden können. Auch die Wiedergeburt des Forschungsthemas „Musik und Emotion" in den letzten Jahren (JUSLIN & SLOBODA, 2001) hat keinen Durchbruch mit sich gebracht. Obwohl wir inzwischen viel darüber wissen, gilt die Frage nach wie vor als rätselhaft.

In philosophischem Kontext lässt sich nach diesem Umstand auf folgende Weisen fragen:

- In welchem Sinne lässt sich von einer Person (oder *persona*) in der Musik bzw. von der Musik *als* Person sprechen?
- Inwiefern könnte Musik als ein frei und vernünftig handelndes Wesen betrachtet werden, das durch eine Maske hindurch mit anderen Wesen aktiv kommuniziert?
- Inwiefern „tönt" durch die Maske der Musik etwas „hindurch", das als Person interpretiert werden könnte?

Davis (2001) begegnet dieser Fragen im Zusammenhang mit dem Problem des Ausdrucks von Emotionen, das einen wesentlichen Gesichtspunkt sowohl musikalischer Erfahrung als auch zwischenmenschlicher Beziehungen darstellt, und stellt drei Möglichkeiten einander gegenüber. Allerdings muss vorweggenommen werden, dass Davis um eine Definition der Musik auf der Basis ihres expressiven Charakters bemüht ist, d. h. er prüft, ob die Person in der Musik als ein *wesentliches* Charakteristikum der Musik angesehen werden kann. In Anlehnung an Davis gliedern wir die Frage nach der virtuellen Person in drei Möglichkeiten:

- Die erste Möglichkeit nennen wir *Musik als virtuelle/r Komponist/in.* Davis' „expression theory" zufolge hängt der Ausdrucksgehalt eines musikalischen Werkes von den Empfindungen der/des Komponistin/en ab, welche diese/r durch die Musik ausdrückt. Davis hält dieser Theorie entgegen, dass wir erstens die Musik selbst als expressiv und nicht als Produkt eines expressiven (Kompositions-)Aktes erleben und zweitens, dass man von einer Komposition keinesfalls so eindeutig auf die Empfindungen der/des Komponistin/en schließen könne wie etwa von deren/dessen Verhaltensweisen und die Theorie deshalb „empirically false" (ebd. 32) sei. Interessanterweise fallen KomponistInnen als KandidatInnen für die Persona in der Musik für Davis ausgerechnet deshalb weg, weil sie ihre Gefühle „not directly, but by making a mask that wears an appropriate expression" (ebd.) zum Ausdruck bringen; also mittels eines zum Begriff der Person durchaus zugehörigen Merkmales. Schließlich kann ein Musikstück neu interpretiert werden und dabei auch Neues ausdrücken, was von einer/m Komponistin/en nicht vorhergesehen werden kann; in diesem Sinne kann die Theorie der Musik als virtuelle/r Komponist/in höchstens nur zum Teil stimmen.
- Die zweite Möglichkeit nennen wir *Musik als virtuelles Subjekt.* Hier soll Musik eine Art Spiegel sein: sie stellt die Person, die die Musik wahrnimmt, selbst dar. Die „arousal theory" hält Musik für expressiv aufgrund ihres Potentials, Gefühle bei der wahrnehmenden Person zu verursachen („causal power", ebd. 33). Nicht weit entfernt von dieser Theorie meint Walton (1988), Musik sei expressiv, wenn die wahrnehmende Person ihre eigenen Gefühle in der Musik zu erkennen glaubt, d. h. sich selbst in ihr wahrnimmt. Cumming (1997) bietet ein spezi-

fisches Beispiel: „It is my contention that Bach makes full use of the potentiality of the listener's identification with this ‚subject' in the violin's introduction to ‚Erbarme Dich', opening up a space for the listener to become involved in the drama" (17). Später bespricht sie die „potential fusion of the listener as subject with the work's persona" (36). Dagegen argumentiert Davis (2001, 33), dass hier nicht mehr vom expressiven Charakter der Musik selbst die Rede sein könne, da es nicht nachvollziehbar sei, inwieweit die Gefühle der Person mit der Musik verbunden seien.

- Die dritte und zugleich am häufigsten postulierte Möglichkeit, eine Person in der Musik wahrzunehmen, ist die Theorie von *Musik als narratives Subjekt* (ebd. 34, vgl. auch TARASTI, 1994). In diesem Fall wird Musik als eine *andere* Person empfunden, die sich in der Musik bewegt: „Any instrumental composition, like the instrumental component of a song, can be interpreted as the symbolic utterance of a virtual persona" (CONE, 1974, 94; zit. in CUMMING, 1997, 11). Zu diesem Punkt schrieb Cumming: „Vocality, gesture and agency may be drawn together to motivate a synthesis that forms the experience of an active agent or 'persona' in a musical work" (11). In Bezug auf *Erbarme Dich* aus der *Matthäus-Passion* von J. S. Bach schrieb sie noch spezifischer: „The violin is heard as a voice; the figure as a gesture, a tonal resolution as the fulfilment of causal agency" (15). Jedoch geht auch diese Theorie, so Davis, an der Musik selbst vorbei, da man sich zwar durchaus vorstellen könne, die Musik repräsentiere oder *sei* sogar diese Person, jedoch nur aufgrund des schon vorhandenen expressiven Charakters musikalischer Merkmale. Das heißt, auch in diesem Fall kann Davis zufolge die Person in der Musik nicht als wesentliches Konstitutivum musikalischer Expressivität angesehen werden.

Davis lehnt also alle drei Möglichkeiten ab, weil alle drei Annahmen einer Person in der Musik (Komponist/in; die Musik wahrnehmende Person; narratives Subjekt) in Zusammenhang mit der musikalischen Expressivität zu wenig plausibel sind, um aus ihnen eine Theorie der Musikwahrnehmung zu formulieren. Seine Einwände laufen stets darauf hinaus, dass es der Musik an sich einen Abbruch täte, würde man in ihr eine Person konstatieren. Uns geht es hier allerdings nicht darum, ob die virtuelle Person in der Musik eine *notwendige,* sondern bloß darum, ob sie eine *mögliche* Bedingung musikalischen Erlebens sein kann.

Eine Schwäche von Davis' Konzept ist im Übrigen seine abendländische Kulturbezogenheit. Sein Konzept kann aber auch interkulturell umformuliert werden. In Kulturen, die keine KomponistInnen im westlichen Sinne kennen, könnte im 1. Punkt die Idee der/des Komponistin/en durch andere Schöpfer wie Vorfahren (mündliche Überlieferung), aber auch Götter, Naturgeister oder Dämonen ersetzt werden.

3.3. Der phänomenologische Ansatz

Die drei von Davis erwähnten Möglichkeiten haben den Nachteil, dass sie direkt nach der Person in der Musik selbst bzw. den musikalischen Merkmalen, die diese repräsentieren oder verursachen, fragen. Indem sie nach dem Wesen der Musik fragen, wird das kulturelle Wissen, das unsere Wahrnehmung mitkonstituiert, vernachlässigt. Es wäre aber auch möglich, nach den *kulturellen Bedingungen der Wahrnehmung einer Person in der Musik* zu fragen.

Zunächst stellt sich die Frage, in welchem Sinne eine Person in der Musik überhaupt wahrgenommen werden kann, d. h. um welche Art von Gegenstand es sich hier handelt. Denn freilich ist die Person *in* der Musik keine reale, sondern eher eine phantasierte, bloß vorgestellte. Auf welcher psychokulturellen Grundlage wird diese Person vorgestellt und was könnte uns dazu motivieren, dies zu tun?

Versuchen wir, uns dieser Frage phänomenologisch zu nähern. Phänomenologie ist die Lehre von der (intentionalen) Entstehung und Form der Erscheinungen im Bewusstsein; diese sollen unter Ausklammerung der Frage nach ihren physikalischen Korrelaten rein in ihrer Wesenheit veranschaulicht werden (*Meyers Großes Taschenlexikon*, 2001). Unter *Bewusstsein* verstehen wir das oben definierte *reflexive Bewusstsein.*

Aus folgenden Gründen halten wir einen phänomenologischen Ansatz, die Musik als virtuelle Person zu verstehen, für viel versprechend:

- In der phänomenologischen Betrachtungsweise werden Objekt und Subjekt nicht klar voneinander getrennt. Eine phänomenologische Definition von Musik schließt daher die Art und Weise ihrer Erfahrung und den erfahrenden Menschen mit ein; d. h. ein Gegenstand ist immer zugleich ein erfahrener Gegenstand. So bezeichnet etwa Clifton (1983) Musik als „the actualization of the possibility of any sound whatever to present to some human being a meaning which he experiences with his body – that is to say, with his mind, his feelings, his sense, his will, and his metabolism" (vgl. Bowman, 1998, 267f.).
- In der Phänomenologie ist es unwesentlich, ob ein Gegenstand der Erfahrung in der physikalischen Welt existiert oder nicht. In diesem Sinn ist ein Einhorn oder ein Gespenst (in gegebenem Erfahrungskontext) ebenso ein Erfahrungsgegenstand wie ein Tisch. „Die Differenz von Illusionen, Halluzinationen, Träumen zur Erfahrung wirklicher Dinge wird von Husserl in der ‚Sphäre absoluter Position' des Erlebens, für die alles konkret Gegenständliche selbst zufällig ist, aufgehoben" (Herzog, 1992, 231).
- Phänomenologische Betrachtungen streben keine objektiven Definitionen wie etwa „Musik ist gleich virtuelle Person" an. Wahrnehmung ist in der Phänomenologie immer *Konstitution,* d. h. in gewissem Sinn immer *Interpretation* – ein weiterer aber auch nicht beliebiger Begriff. Die Frage ist also, auf welche möglichen Weisen der kulturelle Gegenstand Musik konstituiert wird. „Musik als virtuelle Person" ist eine dieser möglichen Weisen.

- Zuletzt liefert die phänomenologische Konstitution der Intersubjektivität möglicherweise ein Modell der Konstitution der Person in der Musik, da Intersubjektivität quasi über die *Maske* des alter ego konstituiert wird. Wir werden versuchen, hier Analogien zur Musikwahrnehmung zu ziehen.

3.4. Phänomenologie, Intentionalität, Einfühlung

Nach Husserl (1952) sind Relationen zwischen (erlebten) physikalischen Objekten und anderen Erfahrungsgegenständen wie Empfindungen und Emotionen teils *real,* teil *intentional.* Reale Relationen wirken *kausal,* intentionale Relationen *motivational* auf das Subjekt. In letzterem Fall geht es nicht darum, ob das Erfahrungsobjekt in physikalischem Sinne existiert; die Interaktionen werden ausschließlich innerhalb der Erlebniswelt erklärt.

Zu den realen Relationen gehören körperliche Empfindungen wie etwa Wärme oder Schmerz, die kausal verursacht werden. Zu den intentionalen Relationen gehören alle Relationen, die sich auf Bewusstseinszustände beziehen und bei denen die Personen interpretativ tätig sind. Ein Gespenst beispielsweise kann einer Person keinen physischen Schmerz zufügen (real), aber man kann sich davor fürchten (intentional). Wenn eine andere Person mir etwas auf den Kopf wirft, wirkt sie auf mich nicht nur kausal (das Objekt verursacht Schmerz), sondern auch intentional (ich vermute sofort, dass die Person eine böse Absicht hat).

Auf die Musik übertragen stehen wir zu den Schallwellen, die auf unser Ohr treffen in realer, aber zur Musik als kulturellen Gegenstand in intentionaler Relation. Das bedeutet jedoch nicht, dass Musik selbst Intentionen hätte, sondern dass sie interpretiert werden muss, um sie als solche – d. h. als kulturelles Phänomen – wahrnehmen zu können.

Personen stehen in intentionalen Relationen zueinander. Um eine andere Person wahrzunehmen und zu verstehen, mit ihr zu kommunizieren und sozialen Umgang mit ihr haben zu können, muss man immer wieder Vermutungen über die Motive, die ihre Handlungen, Aussagen, Gestiken etc. führen, anstellen und diese interpretieren: „attribution of rhetorical intentionality [...] consists in an explanation of others' discursive moves in terms of [...] construing and presenting reality as a function of the speaker's point of view, perspective and interests, in order to affect the listener's mental state (belief, knowledge, intention) or action“ (Bonaiuto & Fasulo, 1997, abstract). Husserl (1952) gebraucht hierfür den Terminus der *Einfühlung,* auf welchem die Erfahrung bzw. die Konstitution von Intersubjektivität aufbaut.

Aus phänomenologischer Sicht sind virtuelle Gegenstände ein anschauliches Beispiel für intentionale Objekte, da ihre Existenz von der Betrachtungsweise einer Person bzw. Personengruppe abhängt. Wird in der Musik eine virtuelle Person erlebt, hat man eine *virtuelle Beziehung* zu einem musikalischen Werk oder Ereignis. Man erahnt die Intentionen, die hinter den virtuellen Taten stehen, die in der Musik abgebildet werden. Nach Husserl vollzieht sich die Konstitution der Intersubjektivität folgendermaßen: Zunächst sehe ich[2] einen Körper, der sich bewegt und verschiedene Gesten sowie Mienenspiele aufweist. Aufgrund der Erfahrungen mit meinem eigenen Körper „fühle" ich nun der anderen Person eine Geistes- und Gemütshaltung „ein". D. h. ich impliziere aufgrund ihres Erscheinungsbildes zunächst, dass dieser Körper ein Bewusstsein hat und folglich – per definitionem – eine Person ist und schließe daraufhin auf ihre momentane Stimmung. Ein freudestrahlendes Gesicht sagt mir etwas über den momentanen Zustand der Person, weil ich aus eigener Erfahrung weiß, wie sich Freude anfühlt. Ohne Freude selbst schon einmal erlebt zu haben, würde ich die Tatsache, dass ein freudestrahlendes Gesicht in anderen Menschen mit Freude in Zusammenhang steht, nicht verstehen.

Könnte der Begriff der *Einfühlung,* also die Konstitution der anderen Person auf Basis der Erfahrung mit meinem eigenen Leib und Bewusstsein, ein Argument und eine Erklärung dafür bieten, dass es möglich ist, in der Musik eine Person wahrzunehmen? Zunächst könnte man sagen, nein, denn ich sehe in der Musik kein physikalisches Ding, das wie ein Körper aussieht. Allerdings braucht für eine intentionale Relation das Erfahrungsobjekt, in diesem Fall die Person, nicht tatsächlich zu existieren. Da ich bereits weiß, was eine Person ist und wie sie ihre Gefühle ausdrückt, kann ich sie mir, sofern mich etwas dazu motiviert, auch einfach nur vorstellen. Die These lautet nun: Um eine (andere) Person in der Musik wahrnehmen zu können, muss es – da ich keinen Körper sehe – grundsätzlich möglich sein, aus der beschriebenen Konstitution der Intersubjektivität die „Maske" zu abstrahieren, die mich dazu motiviert, mir eine Person vorzustellen, d. h. ich weiß oder stelle mir vor, dass mein musikalisches Erlebnis (nur) Ausdruck einer (anderen) Person sein kann.

Zusätzlich kann mich mein kulturelles Wissen (um die/den Komponistin/en oder das Werk) dazu motivieren. Phänomenologisch betrachtet kann das Wissen, das ich um meine (kulturelle) Umwelt, meine *Lebenswelt* (Husserl) habe, nicht aus der alltäglichen Erfahrung und Wahrnehmung ausgeschlossen werden, sondern ist – ganz im Gegenteil – für sie mindestens genauso konstitutiv wie die physikalischen Reize, die bei der Wahrnehmung kausal auf mich wirken.

Betrachten wir unter dem Gesichtspunkt der Einfühlung und der Intention noch einmal die zwei der oben angeführten Möglichkeiten der „Person in der Musik", nämlich die der/des Komponistin/en und des narrativen Subjekts, in denen von Intersubjektivität die Rede sein kann. In beiden Fällen verlieren Davis' Einwände an Überzeugungskraft:

- *Der/die Komponist/in als virtuelle Person in der Musik:* Wenn es möglich sein soll, KomponistInnen in der Musik zu erfahren, muss es etwas geben, das mich als HörerIn dazu motiviert. Dies ist zum einen mein Wissen um die Tatsache, dass musikalische Werke von KomponistInnen geschaffen werden, die damit –

[2] Hier und im Folgenden bezieht sich das „Ich" nicht auf eine/n Autor/in, sondern ist als „man" zu verstehen.

zumeist – etwas Bestimmtes auszudrücken versuchen. Zum anderen muss ich entweder ein Wissen darum haben, wie man Gefühle in der Musik ausdrückt bzw. diese Gefühle am eigenen Leib erfahren, um sie der Person einfühlen zu können. Beispielsweise kann ich wissen, dass ein bestimmtes Motiv – etwa eine absteigende Sekunde – ein Zeichen für Trauer ist bzw. ich habe eine Empfindung dieser Trauer. Das eine ist vom anderen nicht unbedingt abhängig. Sind diese beiden Aspekte gegeben, ist die Konstitution der/des Komponistin/en in oder mittels der Musik durchaus plausibel. Der/die Hörer/in erlebt seine/ihre eigens empfundenen bzw. (quasi als Zeichen) gehörten Gefühle als Empfindungen der/des Komponistin/en, die/der diese in Musik ausgedrückt hat, und „fühlt" diese Gefühle der/dem Komponistin/en als deren/dessen Intention „ein".

- *Das narrative Subjekt als virtuelle Person in der Musik:* Die erlebten Empfindungen und wahrgenommenen Emotionen werden (wieder) einer virtuellen Person eingefühlt, die nun durch die Musik selbst repräsentiert wird. Ein paar europäisch-bürgerliche Beispiele: Berlioz' Symphonische Dichtung, Bruckners Beschreibungen von Motiven seiner Symphonien, Schumanns *Eusebius und Florestan.*[3] Ausgangspunkt der Einfühlung sind wiederum einerseits Empfindungen, andererseits Bewegungen und Melodieverläufe, die der Hörer aufgrund seiner eigenen Erfahrungen in die Musik und auf die Bewegungen einer virtuellen Person projiziert. Hier erscheint uns die oben angesprochene Motivation, die das menschliche Streben und Handeln bestimmt, das entscheidende Moment zu sein. Um eine Person wahrzunehmen, reagiert man auf eine Art Maske, d. h. das Verhalten und das Mienenspiel eines Körpers. Man schließt aufgrund dieser auf eine Person samt ihrer Empfindungen und Handlungsmotive. Was das personale Leben charakterisiert und bestimmt, sind nicht kausale Relationen, sondern *Motivationen,* welche über die Einfühlung verständlich werden können. Die melodischen und rhythmischen, d. h. *motivischen* Fortschreitungen in der Musik werden nicht als beliebig, aber auch nicht als kausal im naturwissenschaftlichen Sinne erfahren. Vielmehr ist die musikalische Logik am ehesten mit personaler Motivation vergleichbar. D. h. wir verstehen die Entwicklung eines Motivs oder der Harmonik aufgrund unserer Kenntnis des Stils, vielleicht des Komponisten und bestimmt aufgrund des in unserem Kulturraum üblichen Tonsystems. Analog dazu verstehe und interpretiere ich das Handeln (im weitesten Sinne, also die „Maske") einer Person. Ich kenne die Person oder versuche, sie – beispielsweise als meinem Kulturraum oder einer bestimmten gesellschaftlichen Gruppe zugehörig – einzuschätzen, interpretiere die Situation, in der sie sich momentan befindet, und erwarte mir einen gewissen Spielraum an wahrscheinlichen Hand-

---

[3] Hier ist die Frage, ob die Wahrnehmung von diesen Personen in der Musik auch ohne das Wissen, das sie konstituiert, möglich sei, insofern unerheblich, als es ja gerade um dieses Wissen geht, und virtuelle Gegenstände stets durch ein (kulturelles) Wissen mitkonstituiert werden.

lungsmöglichkeiten. Vor dem Hintergrund dieser Erwartungen kann ich entweder die Handlungsmotive der Person nachvollziehen oder ich werde von eben diesen Motivationen überrascht. Im Nachhinein können mir die vorerst unerwarteten Motivationen verständlich werden. Auch in der Musik besteht das Interpretieren in erheblichem Ausmaß aus Erwartungen und deren Erfüllung bzw. Nicht-Erfüllung, d. h. aus einem vor- und rückläufigen Verstehensprozess (vgl. MEYER, 1956). Von daher erscheint die Möglichkeit, den musikalischen Motiven personale Motivationen einzufühlen, plausibel.

Aus philosophischer Sicht lässt sich für die virtuelle Person in der Musik demnach argumentieren, wenn auch weder deren Notwendigkeit bewiesen noch existentielle Gründe hierfür angeführt werden konnten. Im Folgenden versuchen wir aus empirischer Sicht, die Frage neu zu stellen.

4. EMPIRISCHE MUSIKPSYCHOLOGIE UND -SOZIOLOGIE

Die empirische Musikforschung bietet viele Indizien für die These, Musik sei eine virtuelle Person, mit der man während des Musikhörens in einer virtuellen Beziehung steht. Im Folgenden überblicken wir eine Auswahl der relevanten empirischen Studien.

4.1 PERSÖNLICHE EIGENSCHAFTEN VON MUSIK

Geht man von der Annahme aus, Musik sei eine virtuelle Person, müsste es möglich sein, in ihr persönliche Eigenschaften ausfindig zu machen, die auch unserer Beziehung zur Musik Qualitäten einer persönlichen Beziehung verleihen können. Diese These wurde von Watt und Ash (1998) im Rahmen einer psychologischen Studie bestätigt. Watt und Ash haben auch den Begriff der *virtual person* in Zusammenhang mit Musik geprägt.

Studierende ohne musikalische Ausbildung hörten kurze, ihnen nicht bekannte Musikbeispiele, die u. a. aus Wagners *Siegfried* und Stockhausens *Kontakte 12* entnommen wurden. Sie sollten dann anhand von 14 Begriffspaaren die Musik beschreiben. Die Begriffspaare waren *female/male, good/evil, young/old, joyful/sad, angry/pleased, gentle/violent, stable/unstable, leaden/weightless, bright/dull, prickly/smooth, sweet/sour, narrow/wide, dry/moist* und *day/night*. Diese Begriffe eignen sich zur Beschreibung von drei Kategorien von Gegenständen: Personen (*traits* und *states*, also ständige und variable Eigenschaften), Bewegungen und nicht menschlichen Objekten. Im 1. Experiment wurden 4 kurze Musikbeispiele so analysiert, im 2. Experiment 24. Nach jedem Musikbeispiel wurden die Begriffspaare in einer neuen zufälligen Reihenfolge dargeboten. Die TeilnehmerInnen wurden gebeten, zu jedem Paar den Begriff zu wählen, der zur Musik am besten passt. In einem parallelen, methodisch identischen Experiment haben TeilnehmerInnen anstelle von einem Musikbeispiel etwas zu essen bekommen. Sie haben dann das Essen anhand der gleichen Begriffspaare beurteilt. Das Ergebnis: Die Übereinstimmung zwischen TeilnehmerInnen war höher für die Musik als für das Essen – aber nur für personenbezogene Begriffe wie z. B. Geschlecht und Alter *(traits)* und Emotionen *(states)*. Die Schlussfolgerung: „music is perceived as if it were a person making disclosure" (47) und „Loosely speaking, music creates a virtual person" (49).

Eine weitere Studie, deren Ergebnisse die Annahme stützt, Musik sei eine virtuelle Person, wurde von Gabrielsson & Lindström Wik (2003) durchgeführt. Neunhundert TeilnehmerInnen haben das stärkste Musikerlebnis, woran sie sich erinnern konnten, identifiziert und frei beschrieben. Die von den Autoren zitierten Ausschnitte beziehen sich oft direkt oder indirekt auf personenähnliche Eigenschaften der Musik. Es kommt z. B. in den Texten wiederholt vor, dass TeilnehmerInnen eine Beziehung zur Musik empfanden, z. B. „I feel addressed by the music" (175) oder sogar „I felt in love with the music" (179). Einige MusikerInnen berichteten, dass sie während eines Auftritts das Gefühl hatten, eine andere Person steuere die Bewegungen ihrer Stimme oder ihrer Finger (176). Einige TeilnehmerInnen berichteten über personenbezogene Gefühle wie Bewunderung, Ehrfurcht und Dankbarkeit aber auch von Einsamkeit. Aus dieser und ähnlichen Studien geht hervor,

- dass die Emotionen, die von Musik ausgelöst werden, Emotionen ähneln, die in persönlichen Beziehungen vorkommen; und
- dass Emotionen dieser Stärke meistens nur von anderen Menschen ausgelöst werden.

Zum Schluss möchten wir auf die Forschung von Juslin & Persson (2002) zur emotionalen Kommunikation zwischen SpielerIn und EmpfängerIn hinweisen. In einer Reihe von Studien hat Juslin die genauen musikstrukturellen Parameter untersucht, die die Kommunikation spezifischer Emotionen zwischen InterpretInnen und HörerInnen ermöglichen. Zum Beispiel wird Glück durch „fast tempo, small tempo variability, staccato articulation, large articulation variability, high sound level, bright timbre, fast tone attacks, small timing variations, increased durational contrasts between long and short notes, rising micro-intonation, small vibrato extent" übertragen. Da diese emotionalen Signale *(cues)* für Sprache und Musik im Wesentlichen gleich sind, ist es nicht überraschend, dass HörerInnen auf die Musik reagieren, als wäre sie eine Person.

4.2. Musik als Mittel gegen Einsamkeit

In modernen westlichen Gesellschaften hört man Musik, um sich zu entspannen, um beim abendlichen Weggehen gut gelaunt zu sein und um während der Hausarbeit oder des Autofahrens im Hintergrund unterhalten zu werden (Sloboda, O'Neill & Ivaldi, 2001). Dass alle solchen Funktionen auch von Personen erfüllt werden können, ist kein eindeutiger Beweis dafür, dass Musik eine virtuelle Person ist; doch stimmt diese Beobachtung mit der Annahme überein.

Wenn Musik eine virtuelle Person wäre, würden einsame Menschen weniger einsam werden, wenn sie Musik hörten. Schwache Unterstützung für diese These bietet die Beobachtung, dass Einsamkeit häufig in Verbindung mit Musik gebracht wird. In der Popularmusik ist Einsamkeit ein häufiges Thema (ELICKER, 1997). Die Einsamkeit hat offenbar auch im Schaffensprozess von Komponisten wie Brahms (OSTWALD, 1990) und Schönberg (GERVINK, 1996) eine wichtige Rolle gespielt, was darauf hin deutet, dass Komponieren Einsamkeit lindern kann. Doch wenn MusikliebhaberInnen berichten, dass sie weniger einsam sind, wenn sie sich musikalisch betätigen, ist es unklar, ob der Effekt direkt oder indirekt ist. Im indirekten Fall wird die Einsamkeit nicht durch die Musik selbst gelindert, sondern durch Kontakte mit anderen Personen, die die gleiche Musik hören.

Wenn Musik eine virtuelle Person wäre, sollte es möglich sein, eine Beziehung mit Musik aufzubauen, die Eigenschaften einer persönlichen Beziehung hätte. So attraktiv diese Idee anfangs klingen mag, ist sie freilich durch die Tatsache begrenzt, dass die Musik selbstverständlich nicht *aktiv* an einer solchen Beziehung teilnehmen kann. Die Musik hat selbst keine Intentionen, passt sich nicht an, ist nicht gut- oder böswillig. Trotzdem kann man offenbar das Gefühl haben, eine Beziehung zur Musik zu haben. Es ist jedenfalls möglich, eine Musik zu lieben oder zu hassen. Musik kommuniziert insbesondere Gefühle, die auch in zwischenmenschlichen Beziehungen kommuniziert werden. Musik kann erfahrungsgemäß sogar das Gefühl vermitteln, dass das Leben einen Sinn hat, auch wenn das Leben – objektiv betrachtet – sinnlos ist. Diese Behauptung wurde durch die schon angesprochene Studie von Gabrielsson und Lindström Wik (2003) weit gehend bestätigt.

Musik ist ein wichtiger wirtschaftlicher Faktor (GEMBRIS, 2004): In den meisten Ländern der Welt werden enorme Geldmengen sowohl für örtliche als auch internationale Popularmusik ausgegeben. „MusikkonsumentInnen" verbringen sehr viel Zeit damit, Musik zu hören. Was treibt Menschen dazu, Geld für Musik statt für offenbar lebenswichtigere Dinge wie Unterkunft, Essen und Kleidung auszugeben?

Eine allgemeine Antwort auf diese Frage müsste von einer allgemeinen psychologischen Theorie der Motivation ausgehen. Zu den berühmtesten solcher Theorien gehört diejenige von Maslow (1954/1987). Er nahm an, dass Menschen in erster Linie durch die Befriedigung von Bedürfnissen motiviert werden und stellte eine pyramidenförmige Struktur menschlicher Bedürfnisse auf. Auf der tiefsten Ebene in Maslows Pyramide stehen *körperliche Grundbedürfnisse* wie Essen, Trinken, Atmen, Schlaf, Wärme und Fortpflanzung. Wenn diese Bedürfnisse befriedigt sind, sehnt sich der Mensch nach Befriedigung der Bedürfnisse der nächsten Ebene – die Ebene der *Sicherheit.* Dazu gehören z. B. Unterkunft, Einkommen, Gesundheit und Religion.

Interessant für unsere These ist Maslows (dritte) Ebene der *sozialen Beziehungen.* Ein Mensch, dessen körperliche Grundbedürfnisse erfüllt sind und der mit relativer Sicherheit sein Leben planen kann, strebt vor allem nach Gemeinsamkeit. Er will Gruppen mit klarer Identität angehören, wodurch er selbst eine Identität erlangt.

Gelingt dies nicht, wird er einsam, was auch gravierende Folgen haben kann. Einsame Menschen sind psychologisch und physiologisch gestresster, schlafen weniger gut und neigen häufiger zu Selbstmord (MARANO, 2003). Einsame Jugendliche konstruieren ihre Zukunft anders als Jugendliche mit sozialer Einbettung (SEGINER & LILACH, 2004). Vieles an menschlichem Verhalten (wie z. B. Essstörungen: ROTENBERG & FLOOD, 1999) kann als Flucht vor Einsamkeit (oder umgekehrt als soziale Abgrenzung, um sich nicht verletzen zu lassen) verstanden werden.

Die negativen Emotionen, die mit der Einsamkeit verbunden sind, können als eine Art emotionale Strafe betrachtet werden. Menschen, die in ihrem Streben nach Gemeinsamkeit nicht erfolgreich sind, empfinden Emotionen wie Frust, Traurigkeit und Depression, die sie weiterhin motivieren, Gemeinsamkeit zu suchen. Sie geben viel Geld für Kleidung, Frisur und Schönheitsbehandlungen aus. Sie richten ihre alltäglichen persönlichen Interaktionen und Aktivitäten weit gehend nach dem bewussten oder unbewussten Ziel aus, den/die richtigen Partner/in anzuziehen. Ein solches Verhalten kann aus einer evolutionär-psychologischen Sichtweise verstanden werden (siehe z. B. CARTWRIGHT, 2000). Konstruktives Gruppenverhalten fördert nicht nur die Fortpflanzung. Die Vorgeschichte des Menschen war auch von Konkurrenz und Konflikt zwischen Gruppen charakterisiert – wie auch die Gegenwart. Es ist für das Überleben einer Gruppe vorteilhaft, wenn die Mitglieder der Gruppe motiviert sind, miteinander statt gegeneinander zu arbeiten. So sind im Laufe der Evolution Mechanismen entstanden, die die Kooperation innerhalb einer Gruppe fördern. Offenbar gehören die mit der Einsamkeit verbundenen Emotionen zu diesen Mechanismen.

Wenn Musik – in Ihrer Eigenschaft als virtuelle Person – Einsamkeit lindert, nimmt sie den Charakter einer/s *virtuellen Therapeutin/en* ein. TherapeutInnen wissen, dass einsame Menschen ihre Einsamkeit eher offen und ehrlich mit anderen Menschen besprechen, wenn folgende Bedingungen erfüllt werden:

- Ein entsprechender emotionaler Ausdruck soll erlaubt und evtl. auch gefördert werden, weil dies eine starke kathartische Wirkung haben kann.
- Der einsamen Person soll Vertraulichkeit versprochen werden und sie soll auch guten Grund haben, daran zu glauben, denn sie fühlt sich in der Regel diesbezüglich verletzlich (MATSUSHIMA & SHIOMI, 2001).

Wenn Musik eine virtuelle Person ist, erfüllt sie beide Kriterien. Während man allein Musik hört, kann man weinen, schreien oder tanzen. Nachher fühlt man sich auch besser. Die Musik verrät niemandem, was passiert ist.

Musikpsychologische und -soziologische Forschung hat wiederholt angedeutet, dass Musik Einsamkeit lindern kann, wobei die genaue Ursache des Effekts freilich noch unklar bleibt:

- Musik ist ein wichtiger Bestandteil jeder persönlichen Identität (MACDONALD, HARGREAVES & MIELL, 2002). Musik spielt insbesondere in der Pubertät, aber auch während der ganzen Lebensspanne bei der Identitätsbildung eine große Rolle (OERTER & MONTADA, 1995).

- Musik besitzt eine stark anziehende Kraft, die Gruppen vereinen kann; beim Anhören der Musik empfinden die Gruppenmitglieder ähnliche Emotionen und haben das Gefühl, diese zu teilen. Musik ist auch in der Lage, Gruppen durch Ideologien zu vereinen (Studentenlieder, politische Lieder, Nationalhymnen, Musik und Krieg). Diesbezüglich ähnelt die Musik einer führenden, charismatischen Persönlichkeit; doch sind aber auch wirklich führende Persönlichkeiten oft involviert, wenn Musik diese Funktion hat.
- Im Allgemeinen tendieren wir dazu, Musik zu bevorzugen, die unserer Persönlichkeit oder Stimmung entspricht. Zum Beispiel neigen jüngere Menschen dazu, schnelle, Energie geladene Musik zu bevorzugen. Menschen, die immer wieder neue, aufregende, stimulierende Erlebnisse suchen *(sensation seekers),* bevorzugen, anstrengende, komplexe, neuartige, dissonante Musik (ZUCKERMAN, 1994). Einsame Männer genießen Liebeslieder weniger als nicht einsame Männer, einsame Frauen dagegen mehr als nicht einsame Frauen (GIBSON et al., 2000) – eventuell weil Männlichkeit mit Stärke und Unabhängigkeit, Weiblichkeit mit Zärtlichkeit und Beziehungen verbunden wird. Darüber hinaus tendiert man unabhängig vom Geschlecht dazu, Musik zu wählen, die seiner momentanen Stimmung entspricht.

Solche Phänomene können dadurch erklärt werden, dass (i) Musik eine virtuelle Person ist und (ii) ähnliche Personen sich gegenseitig anziehen (vgl. LAPRELLE et al., 1990).

4.3. MUSIKTHERAPIE

In der Musiktherapie hat Musik mindestens zwei verschiedene Funktionen, die mit unserer These, Musik sei eine virtuelle Person, im Einklang stehen:

- Auf der einen Seite verhält sich Musik wie eine Art Freund/in, der/die der/dem Klientin/en während der Therapie zur Seite steht. In der Musiktherapie wird Musik eingesetzt, um ein Gefühl der Geborgenheit zu erzeugen. Der durch Musik geschaffene Raum schützt und unterstützt die/den Klientin/en beim Entfalten der eigenen Persönlichkeit und Probleme. In einem Interview mit dem Bayrischen Rundfunk (POELCHAU, 2005) beschrieb der Musiktherapeut Tonius Timmermann den beruhigenden Effekt von Musik, die auf einem Monochord gespielt wird „bis schwebende Obertöne zu hören sind", folgendermaßen: „Es kann anscheinend ein Gefühl von Einssein vermitteln, das an die Geborgenheit im Mutterleib erinnert."
- Auf der anderen Seite verhält sich die Musik wie ein Spiegel zur/zum Klientin/en selbst. Sie hilft der/dem Klientin/en, Kontakt mit sich selbst aufzunehmen und sich selbst zu verstehen. Nach Decker-Voigt (2000, 135–151) steht im Unterschied zur *funktionellen* Musiktherapie, welche die biologische Wirkung von Musik auf die menschliche Psyche ausnutzt, in der *als Psychotherapie verstandenen* Musiktherapie eine andere Fähigkeit der Musik im Zentrum; nämlich die,

Emotionen durch Assoziationen an frühere Erlebnisse, Personen, Situationen etc. hervorzurufen. Auf diese Weise erlebt der/die Klient/in die eigene Vergangenheit, und damit einen Teil der eigenen Person, quasi *in* der Musik. Durch ein anschließendes Gespräch mit der/dem Therapeutin/en kann der/dem Klientin/en die eigene (problematische) Sichtweise auf sich selbst und seine Vergangenheit ins Bewusstsein gebracht werden.

5. THEOLOGIE

Nach unserer These ist Musik eine virtuelle Person, zu der man während des Musikhörens oder -spielens in einer virtuellen Beziehung steht. Man kann aber auch Gott als virtuelle Person bezeichnen, zu dem man während des Betens in einer virtuellen Beziehung steht. Deutet das auf eine konkrete Beziehung zwischen Musik und Gott hin? Obwohl wir entgegnen müssen, dass dieser Schluss freilich nicht ohne weiteres zulässig ist, da sonst auch zwischen Gott und einem Computer eine Beziehung bestehen würde, wollen wir die Möglichkeit nicht gleich zur Seite schieben.

Bevor wir diese Frage aber näher betrachten, möchten wir den Gottesbegriff mit dem Personenbegriff sowie mit Begriffen wie *Geist*, *Seele*, *Ich* und *Selbst* vergleichen. Vieles deutet darauf hin, dass der Gottes- und der Personenbegriff dem Wesen nach ähnlich oder sogar identisch sind:

- Beschreibungen von Gott sind meistens *anthropomorph* (menschengestaltig) in dem Sinne, dass Menschen sich Gott als Person (oder sogar als Mann) mit menschlichen Eigenschaften wie Großzügigkeit, Liebe, Zorn usw. vorstellen. Explizit nicht menschliche Gottesbegriffe (wie z. B. Spinozas Pantheismus) kommen relativ selten vor. In verschiedenen Religionen wird auch betont, dass eine Beziehung zu Gott einen persönlichen Charakter hat (oder haben soll); so kann Spiritualität Einsamkeit abbauen (WALTON et al., 1991).
- Etymologisch hängt der deutsche Gottesbegriff mit der *Sprache* zusammen: Gott wird durch das (Zauber-) Wort angerufen. Auch der Personenbegriff hängt mit der Sprache zusammen: das reflexive Bewusstsein, das nach unserer vorigen Diskussion eine Person ausmacht, entsteht nach neuesten psychologischen Erkenntnissen sowohl phylogenetisch als auch ontogenetisch parallel zur Sprache (CORBALLIS, 2004).
- Sowohl die Person als auch Gott können als *Agent* bezeichnet werden. Beide schöpfen, zerstören, lenken, regieren, üben Macht und Kraft aus, sind gutwillig oder zornig usw. Nach Aristoteles ist Gott der „unbewegte Beweger“; wenn aber eine Person einen freien Willen hat, kann auch sie als „unbewegter Beweger“ betrachtet werden. Aufgrund dieser starken Verbindung haben die AtheistInnen des 19. Jahrhunderts sogar vermutet, dass Gott eine Selbstprojektion des Menschen ist: der Mensch schuf Gott nach seinem eignen Ebenbild und nicht umgekehrt (FEUERBACH, 1841).

- In vielen Religionen ist nicht nur Gott, sondern auch die menschliche Seele (und damit die Person als nach außen gerichteter Aspekt der Seele) *transzendent* über Raum und Zeit, Leben und Tod. Die Begriffe *Person* und *Gott* unterscheiden sich beide klar von anderen Formen der Realität sowie von allen drei Welten von Popper und Eccles (1977) und gehören somit zu einer anderen Kategorie.
- Sowohl der Personen- als auch der Gottesbegriff sind *paradox.* Obwohl Gott in allen monotheistischen Religionen selbstverständlich das allerwichtigste Wesen und Prinzip darstellt, ist es immer problematisch, dieses Wesen und Prinzip zu beschreiben. Beispiel: Im Rahmen des jüdischen Glaubens kann und soll man sich kein Bild von Gott machen.

Die These, dass die Begriffe *Gott* und *Musik* dem Wesen nach ähnlich sind, wird durch die Beobachtung unterstützt, dass in den meisten Kulturen der Welt Musik und Religion stark miteinander verbunden sind:

- Religionen, die zum Teil ohne Musik oder auch ohne Gott auskommen (wie z. B. einige buddhistische und puritanische Traditionen) sind selten und werden als Ausnahmen betrachtet.
- Wenn die TeilnehmerInnen religiöser Ritualien glauben, dass sie mit Gott kommunizieren oder sich in der Anwesenheit Gottes befinden, spielt in der Regel auch Musik eine wichtige Rolle. Denn: „not conceptual speech, but music rather, is the element through which we are best spoken to by mystical truth" (JAMES, 1902).
- Sowohl westliche MusikerInnen (von Hildegard von Bingen über J. S. Bach bis Messiaen) als auch nicht westliche MusikerInnen (BARAN, 1993; SPICKARD, 1991; SUTTER, 1996) komponieren und spielen Musik als Geschenk an Gott oder als Mittel zur besseren gemeinsamen Anbetung und Verehrung Gottes. Interkulturell wird Musik oft als Spiegel Gottes Herrlichkeit, als Ausdruck der Harmonie des Universums und als heilende Kraft betrachtet.
- In religiösen Texten und Skripten wird Musik häufig mit theologischen Themen verbunden. Ein Beispiel: Im Qur'an (Islam) berichtet Muhammad wiederholt, dass die Stimme Gottes musikalische Qualitäten hat. Das religiöse Musikerlebnis *(sama)* spielt eine zentrale Rolle in muslimischen Ritualien (GROVE, „Middle East").
- Wenn Musik eine wichtige Rolle im Leben eines Individuums spielt, wird sie oft auch in Verbindung mit Spiritualität gebracht (HAYS & MINICHIELLO, 2005). Musik hat „the capacity to embody meaning and to provide a mirror of our inner world" (LIPE, 2002, 217) und ist „a means toward reviving, sustaining, and nurturing the life spirit" (217).
- In einem religiösen Kontext verstärkt Musik (Hören, Singen, Musizieren) das Gefühl, mit Gott in Kontakt zu sein oder mit ihm zu kommunizieren. Dies kann erklären, warum christliche Musikwissenschaftler wie z. B. Calvisius, Mersenne und Calvin bis ins frühe 18. Jahrhundert glaubten, die Musik sei göttlichen Ursprungs und habe göttlichen Charakter (GROVE, „historiography").

- Sowohl Musik (mit oder ohne Tanz) als auch Gott sind in verschiedenen Kulturen und Subkulturen mit Emotion, Heilung und geänderten Bewusstseinszuständen (Spiritualität, Trance, Besessenheit, Ekstase, Transzendenz) verbunden (BRANDL, 1993; DEL SORDO, 1998; JAUREGUI, 1997; KATZ, 1977; MAUSS, 1922).

6. MUSIK, GOTT UND DIE PRÄNATAL WAHRGENOMMENE MUTTER

Wenn die Begriffe Musik und Gott so viele Verbindungen, Gemeinsamkeiten und Ähnlichkeiten aufweisen und beide als virtuelle Person betrachtet werden können, läge es nahe, diese Person zu identifizieren oder zu erklären, wie und warum sich eine Person, die zumindest in unserer Vorstellung existiert, irgendwie in Musik oder Gott umwandelte (oder umgekehrt, Musik oder Gott in eine Person). Eine Möglichkeit, die freilich sehr spekulativ ist, ist, dass diese Person die Mutter eines jeden Menschen ist, so wie sie in den letzten Schwangerschaftsmonaten vor der Geburt wahrgenommen wurde.

Gleich vorweg: In diesem Zusammenhang verwenden wir das Wort *wahrgenommen* anstelle von *erlebt,* weil der Fötus im alltäglichen Sinne vermutlich nichts erleben kann. Denn *Erleben* setzt ein reflexives Bewusstsein voraus, das sich erst im Alter von 1–2 Jahren zu entwickeln beginnt (LEWIS & RAMSAY, 2004). Auch wenn der Fötus kein reflexives Bewusstsein hat, ist er aber sehr wohl in der Lage, auditive Ereignisse und Muster wahrzunehmen, zu speichern und wieder zu erkennen (LECANUET, 1996). Das heißt, dass der Fötus vermutlich auch über kognitive Assoziationen und Repräsentationen verfügt (SALLENBACh, 1993), wie auch das Kleinkind (PIAGET, 1936). Diese Leistungen sind nicht verwunderlich, denn sie weichen nicht von den Wahrnehmungskapazitäten von Tieren (wie z. B. von Pawlows Hund) ab.

Vor der Geburt kann der Fötus viele der internen Klänge und Geräusche des mütterlichen Körpers wahrnehmen. Dazu gehören die Stimme, das schlagende Herz, das Atmen, die Verdauung, die Bewegungen und die Schritte der Mutter (LECANUET, 1996). Alle diese Klangmuster hängen vom physischen und emotionalen Zustand der Mutter ab (MASTROPIERI & TURKEWITZ, 1999). Da der Zustand der Mutter für das Überleben des Fötus wichtig ist, liegt es aus evolutionärer Sicht nahe anzunehmen, dass der Fötus Assoziationen zwischen Klangmustern und den emotionalen Zuständen seiner Mutter lernt – ebenso wie Pawlows Hunde konditioniert wurden, die bevorstehende Ankunft von Essen mit dem Klang einer Glocke zu assoziieren. Es ist auch für das Überleben nach der Geburt sicherlich von Vorteil, wenn ein Kind schon vor der Geburt gelernt hat, den Zustand der Mutter zu registrieren; nur so kann das Kind wissen, welche bzw. wie viele Forderungen an seine Mutter zumutbar sind.

6.1. Pränatale Psychologie und der Ursprung der Musik

Die Idee, dass Musik einen pränatalen Ursprung hat (Parncutt, 1989, 1993), kann zu einer Erklärung folgender Phänomene beitragen:

- *Säuglinge* sind erstaunlich sensibel für musikalische Parameter wie z. B. Phrasierung (Krumhansl & Jusczyk, 1990) und Emotion: „The mother's messages to her prelinguistic infant are primarily affective, delivered in rich emotional tones" (Trehub & Nakata, 2001–02, 52).
- Kultur übergreifend werden *Wiegenlieder* eingesetzt, um Säuglinge und kleine Kinder zum Schlafen zu bringen. Wenn die Aufmerksamkeit eines Kindes auf die Tonhöhenkontur einer ruhigen Singstimme gelenkt und es gleichzeitig hin und her bewegt wird, könnte eine pränatal konditionierte Assoziation zwischen Klang, Bewegung und Schlaf ausgelöst werden. In diesem Szenario erinnert die Melodie an die pränatal hörbare Stimme der Mutter, deren höhere Teiltöne dem Fötus im Übrigen nicht hörbar sind. Die Bewegung erinnert an die fötalen Bewegungen, die beim Gehen der Mutter erfolgen. Nun spricht und geht die Mutter nur, wenn sie wach ist, während dessen der Fötus meistens schläft (Reppert & Weaver, 1998). Die Kombination von Stimme/Bewegung und Schlaf (in dieser zeitlichen Reihenfolge) wird vermutlich genauso vom Fötus gelernt wie die Kombination von Glocke und Essen von Pawlows Hund.
- Musikalische Emotionen weichen von alltäglichen *Emotionen* ab: „das musikalisch geprägte Gefühl, die ‚tönende Innerlichkeit', ist zwar ein anderes, aber kein schlechthin anderes Gefühl als das alltäglich reale" (Dahlhaus, 1975, 163). In einer Studie von Scherer, Zentner und Schacht (2001–02) kamen Emotionen wie *nostalgisch, bezaubert, bewegt* und *erregt* häufiger in Musik als Basisemotionen wie *Traurigkeit, Zorn, Freude* oder *Angst* vor. Da Emotionen meistens Reaktionen auf Situationen sind, weichen auch pränatal wahrgenommene Emotionen von den Emotionen Erwachsener ab. Darüber hinaus können musikalische Emotionen oft kaum sprachlich erfasst werden – sie sind „ineffable" (Raffman, 1993). „Dass sich Ausdruckscharaktere, die an einem musikalischen Gebilde haften, nicht zulänglich in Sprache übersetzen lassen, ist ein – entweder apologetisch benutzter oder polemisch gewendeter – Gemeinplatz" (Dahlhaus, 1975, 162).
- Analog zum Mutterleib kann ein musikalisches *Werk* wie eine vom Rest der Welt abgeschlossene Einheit mit immanenter emotionaler Qualität wahrgenommen werden. „Stimmung ist, als ästhetisches Moment, eine Gefühlslage, die man zu erreichen sucht, damit man Musik als ‚abgesonderte Welt für sich selbst' (Ludwig Tieck) zu erfassen vermag; sie gleicht einer Hülle, mit der sich die musikalische Wahrnehmung umgibt, um sich gegenüber der Außenwelt abzuschirmen und das musikalische Gebilde als ‚isoliertes, abgeschlossenes Werk' – nach Walter Benjamin das ‚höchste Wirkliche der Kunst' – zu erfahren" (Dahlhaus, 1975, 160).

- In den Mythen vieler Völker zum Ursprung der Musik spielt *Wasser* eine Rolle (GROVE, „Marsyas"). In der Aymarakultur von Chile wird Musik mit Wasser in Verbindung gebracht (GROVE, „Chile"). Das Wort Rhythmus stammt aus dem Griechischen *fließen,* das noch heute regelmäßig in Verbindung mit Musik gebracht wird. Dahingestellt bleibt, ob dabei Fruchtwasser eine Rolle gespielt hat sowie die Frage, wie eine solche Verbindung zustande kommen könnte.
- Auch in der Philosophie wurde eine Verbindung zwischen den Begriffen *Mutter* und *Musik* festgestellt. Nach Kristeva (1969) beruht alles *Symbolische* (Sprache) auf einer Verwerfung der Mutter. Hingegen repräsentiert jede Art der Kommunikation, in der das Präverbale (von Kristeva das *Semiotische* genannt) hervorbricht, wie etwa Musik und Poesie, den Körper der Mutter durch Rhythmus, Assonanzen, Lautspiele und Wiederholungen.
- Die in der Musik erlebte Person kann nicht genannt werden. Sie „can be found in answer to some rhetorical questions that appear when subjective qualities are attributed to music: ‚whose voice?', ‚whose gesture?', ‚whose will?' The rhetoric does not ask for an answer, but points to a subject who seems to emerge with specific sensuous, emotional and wilful qualities, and yet not to have a name" (CUMMING, 1997, 12). Eine mögliche Erklärung: die Übertragung pränatal entstandener Assoziationen ins postnatale Leben erfolgt – anders wie bei anderen Gedächtnisformen – ohne Sprache.

An dieser Stelle möchten wir über den genauen Vorgang spekulieren, wodurch pränatal entstandene Assoziationen in die menschliche Kultur einfließen und sich als Musik und Religion manifestieren könnten:

- Vor der Geburt entstehen nach dem bekannten Muster der klassischen Konditionierung eine Vielfalt an Assoziationen zwischen Reizen, die wiederholt, gleichzeitig oder zeitlich leicht versetzt vorkommen (z. B. zwischen Klangmustern und Emotionen). Dass der Fötus nicht reflektieren kann (d. h. nicht über ein reflexives Bewusstsein verfügt), ist kein Hindernis, denn reflexives Bewusstsein stellt keine Vorbedingung für klassische Konditionierung dar. Vielmehr entstehen die meisten Assoziationen in Tieren wie auch in Menschen in der Abwesenheit von Reflexion (oder unabhängig von ihr).
- Chamberlain (1988) nahm an, dass Kinder sich an die eigene Geburt oder sogar an pränatale Ereignisse erinnern können. Eine solche Annahme ist für unsere Theorie nicht nötig und wir lehnen sie auch ab. Im alltäglichen Sinne meint das Wort „erinnern", dass man über eine vergangene Episode erzählen kann. Dies scheint nur möglich zu sein, wenn der Mensch zur Zeit des Ereignisses darüber reflektiert hat – was vermutlich der Grund dafür ist, dass Tiere kein episodisches Gedächtnis im gängigen Sinne haben (HAMPTON & SCHWARTZ, 2004).
- Während der Kindheit (wie auch später) kommen Reizkombinationen gelegentlich und unvorhersehbar (zufällig) vor, die pränatalen Reizkombinationen ähneln. Diese postnatalen Reizkombinationen, die alle fünf Sinne einbeziehen können, können pränatal entstandene emotionale Assoziationen auslösen. Höre ich

z. B. eine Singstimme, die der Sprechstimme meiner Mutter – wie ich sie immer wieder vor der Geburt unbewusst gehört habe – ähnelt, können die damit verbundenen Emotionen ausgelöst werden. Obwohl ein solches Erleben vor der Geburt nicht möglich war, gehen wir davon aus, dass Emotionen pränatalen Ursprungs in der Kindheit (wie auch später) erlebt werden können, da beiden Fällen eine ähnliche Neurophysiologie zugrunde liegt.

- Pränatale Reizkombinationen und daraus entstehende Assoziationen sind für verschiedene Menschen ähnlich oder gleich, insbesondere wenn ihre Mütter zur gleichen gesellschaftlichen Gruppe gehörten, die gleiche Sprache sprachen bzw. einen ähnlichen Lebensstil hatten. Wenn mehrere solche Menschen sich in derselben Situation befinden – was auch häufig der Fall ist –, erleben sie nicht nur die gleichen Reizkombinationen, sondern auch die gleichen damit verbundenen pränatalen Assoziationen.
- Wir gehen davon aus, dass pränatale Emotionen mit Geborgenheit verbunden und daher eher positiv sind, während postnatale bzw. erwachsene Emotionen teils positiv und teils negativ sind. Wenn pränatale Emotionen postnatal ausgelöst werden, werden sie in der Regel rückwirkend-vergleichend als positiv erlebt. „So wie man sich im kirchlichen Ritus und im Gebet an einen mächtigen, fernen und doch nahen Gott wendet, von dem man sich angenommen und sicher gehalten fühlt, so fühlt sich der Fötus von der mächtigen, fernen aus einer anderen Welt herüberklingenden und doch so nahen Person, in der er enthalten ist, sicher aufgehoben und geborgen. Dass diese Person eine Sprache beherrscht macht sie mächtig, dass sie aus einem Jenseits des uterinen Milieus spricht macht sie mythisch und transzendent und lässt sie mit magischen und omnipotenten Kräften ausgestattet erscheinen“ (OBERHOFF, 2005). Wir möchten an dieser Stelle bekräftigen, dass der Fötus im gängigen Sinne nichts erlebt; vielmehr behaupten wir, dass die in diesem Zitat angesprochenen Gefühle indirekt und allmählich über den Weg der pränatalen klassischen und der postnatalen operanten Konditionierung in menschliche Kulturen einfließen können.
- Im Rahmen von Skinners (1938) Theorie der *operanten Konditionierung* können postnatal ausgelöste pränatale Emotionen als *Belohnung* betrachtet werden. Nach Skinner kann ein Verhalten durch eine entsprechende Belohnung verstärkt werden: Tiere und Menschen tendieren dazu, durch ihre Verhaltensweise die Wahrscheinlichkeit von Belohnungen zu erhöhen. In unserem Fall entsteht die Frage, ob ein Tier in der Lage wäre, die relativ spezifischen und komplexen Situationen zu rekonstruieren, die im postnatalen Leben pränatale Emotionen auslösen können – eine Handlung, die das Überleben des Tieres nicht fördern würde. Nun sind Menschen seit mindestens 50.000 Jahren in der Lage zu *reflektieren,* was die Entstehung von Kultur bzw. die *cultural explosion* oder *human revolution* in diesem Zeitraum erklären kann (CORBALLIS, 2004). Ruft z. B. eine Singstimme ein schönes Gefühl hervor (d. h. wenn sie als „schön“ empfunden wird), ist ein reflektierender Mensch in der Lage, den Klang noch einmal zu erzeugen und die

damit verbundene Emotion noch einmal zu genießen. Im Übrigen hat der Mensch in diesem Szenario weder die Möglichkeit noch das Bedürfnis, zu wissen, woher die angesprochenen Emotionen stammen bzw. was sie verursacht hat.

- Allmählich über viele Generationen und unzählige situative Auslöser hinweg entstehen tradierte Verhaltensweisen, die die Häufigkeit der Auslösung pränataler Emotionen erhöhen. Nach unserer These sind diese Verhaltensweisen nichts anderes als Musik und Religion.

Wir gehen weiterhin davon aus, dass der Fötus durch Wahrnehmung der internen Klänge und Geräusche des mütterlichen Körpers eine *kognitive Repräsentation der Mutter* entwickelt, die (wie ein *Schema* nach PIAGET, 1936) aus einer Vielzahl von verschiedenen Assoziationen besteht. Eine solche Repräsentation, sollte sie tatsächlich existieren, kann freilich noch nicht empirisch-psychologisch untersucht werden. Aus folgenden Gründen ist aber zu erwarten, dass sie existiert und sogar relativ *sophisticated* ist. Erstens können Neugeborene die Stimme ihrer Mutter von den Stimmen anderer neuen Mütter unterscheiden – eine erstaunliche Fähigkeit, die kaum genetisch übertragen, sondern nur vor der Geburt gelernt werden kann (DECASPER & FIFER, 1980). Zweitens ist die Fähigkeit, die Mutter wiederzuerkennen, für das Überleben des Fötus und der/des Neugeborenen von Vorteil, und zwar nicht nur nach Gehör (Stimme), sondern anhand von allen Sinnen inkl. z. B. dem Geruch (DOTY, 1992). Letzteres könnte auch ein Grund für das fötale Interesse an der ständig ändernden biochemischen Zusammensetzung des Fruchtwassers sein (HEPPER, 1992). Säuglinge lernen auch, kurz nach der Geburt das Gesicht ihrer Mutter zu erkennen (SLATER & QUINN, 2001). Da eine multimodale kognitive Repräsentation der Mutter offenbar kurz nach der Geburt existiert und für das Überleben wichtig ist, liegt es nahe anzunehmen, dass sie auch – zumindest in Ansätzen – vor der Geburt existiert und nach der Geburt lediglich ergänzt wird. Vor der Geburt spielt unter den Sinnen das Gehör die wichtigste Rolle, weil relativ viele Informationen über diese Modalität ins Gehirn des Fötus gelangen und dort verarbeitet werden; daher ist weiterhin anzunehmen, dass bei der Bildung einer pränatalen kognitiven Repräsentation der Mutter das Gehör im Vordergrund steht.

Sollte eine pränatale kognitive Repräsentation der Mutter existieren, welche Eigenschaften würde sie haben? Da der Fötus selbstverständlich keine Ahnung von Geschlecht hat, kann diese Repräsentation nicht mit Weiblichkeit in irgendeiner Form verbunden sein; im Rahmen unserer These heißt das, dass weder Musik noch Gott als weiblich zu betrachten sind – auch wenn die Mutter den Ursprung von beiden darstellt. Höchstens wäre sie mit groben Eigenschaften wie z. B. *groß* und *beweglich* zu verbinden. Aus diesem Grund beschrieb Oberhoff (2005) die vom Fötus wahrgenommene Mutter als die „große Bewegende“ und stellte die Frage, ob nicht nur Musik, sondern auch religiöse Erfahrungen wie z. B. das Gefühl, mit Gott zu kommunizieren, durch eine postnatale Assoziation mit der pränatalen Wahrnehmung der Mutter erklärt werden können.

Unsere These hat das Potenzial, nicht nur den virtuell-*persönlichen,* sondern auch den virtuell-*räumlichen* Charakter von Musik zu erklären. Phänomenologisch betrachtet scheint Musik sich in einem großen Raum zu bewegen, deren Dimensionen sowie ihre Bedeutung unklar sind (KURTH, 1931; JAUK, 2000). Die Idee eines pränatalen Ursprungs mag das anscheinend Magische an diesem virtuellen musikalischen Raum erklären. „Zum Magischen des musikalischen Raumes gehört aber, dass er von nur unvollständig individuierten Protowesen bevölkert wird, von schemenhaften Protodingen, die ineinander fließen, sich ineinander auflösen, manchmal verschmelzen und sich manchmal abrupt voneinander abgrenzen." (BÖHLER, 2005). In diesem Zitat geht es vielleicht um die ersten, primitiven Versuche des Fötus, kognitive Repräsentationen von Objekten außerhalb der Mutter zu konstruieren.

Wenn Musik einen virtuellen Raum hervorruft, was sind die Dimensionen dieses Raumes? Aufgrund empirischer Daten kamen Eitan und Granot (2004) zum Schluss, dass alle musikalischen Parameter (wie z. B. Tonhöhe, Dynamik, Einschwingvorgang, Artikulation) mit allen Dimensionen des imaginären musikalischen Raums verbunden werden können. Der Grund dafür könnte sein, dass alle Parameter, die für den Fötus klar wahrnehmbar sind, bei der Entstehung der kognitiven Repräsentation der Mutter (und eventuell anderer Klangkörper) eine Rolle spielen können.

- Tonhöhe und physikalische Höhe: Das Gleichgewichtsorgan des Fötus beginnt ca. zur gleichen Zeit wie die Cochlea zu funktionieren (LAI & CHAN, 2002) und zwar ab ca. der 20. Schwangerschaftswoche (HEPPER, 1992). Dies bedeutet, dass der Fötus ab diesem Zeitpunkt zwischen oben und unten unterscheiden kann. Allerdings hat der Fötus aus rein akustischen Gründen keine Möglichkeit, die Richtung einer externen Schallquelle (auch z. B. von internen Klängen des mütterlichen Körpers wie z. B. die Stimme) wahrzunehmen (PARNCUTT, im Druck).
- Lautstärke: Zahlreiche Studien beweisen, dass der Fötus zwischen verschiedenen Lautstärken unterscheidet. Er reagiert stärker durch Körperbewegungen und Änderungen in der Herzrate auf lautere als auf leisere Klänge (LECANUET, 1996).

Aufgrund dieser Überlegungen können wir unsere These wie folgt umformulieren: *Die virtuelle Person, die der Musik entspricht, entspricht der pränatal existierenden kognitiven Repräsentation der Mutter.* Allerdings werden die im fötalen Gehirn gespeicherten Informationen zur Klangwelt des Mutterleibs und des Mutterkörpers vermutlich durch die nicht sprachliche (oder vorbewusste) Übertragung im Gedächtnis sowie durch die kulturelle Entwicklung der Musik so verformt, dass die Verbindung zwischen den Begriffen *Mutter* und *Musik* im erwachsenen Leben kaum erkennbar ist. Wenn unsere These stimmt, könnte Musik dementsprechend als *kulturell bedingte Verformung nicht sprachlicher Erinnerungen an die pränatale kognitive Repräsentation der Mutter* betrachtet werden.

6.2. Pränatale Psychologie und der Ursprung der Religion

Analog zu unserer These zum Ursprung der Musik könnte man folgende theologische These aufstellen: *Die virtuelle Person, die Gott entspricht, entspricht der pränatal existierenden kognitiven Repräsentation der Mutter.* Doch kann eine solche These auf nur eines der vielen gängigen Argumente für die Existenz Gottes Licht werfen, nämlich das Argument des religiösen Erlebnisses. Nach diesem Argument glauben wir an die Existenz Gottes, weil viele Menschen bezeugen, Gott direkt erlebt zu haben und weil die meisten Menschen aus eigener Erfahrung das Gefühl der göttlichen Anwesenheit direkt kennen. James (1902) hat dieses Gefühl mit den Begriffen „sense of presence", „sense of higher control" und „sense of reality of a higher power" – damit verbunden auch „peace of mind",„equanimity" und „fortitude" – umschrieben. Folgende Argumente stützen die These, dass dieses Gefühl einen pränatalen Ursprung hat:

- Vor der Geburt befindet sich der Mensch in *fötaler Stellung.* Die Knie sind angewinkelt, die Beine liegen übereinander, die Hände sind miteinander sowie mit dem Gesicht (Lippen, Nase, Stirn) in Kontakt und der Kopf ist geneigt (wie deutlich in den dreidimensionalen Fotografien von Tsiaras, 2002 zu sehen ist). Ähnliche Stellungen werden interkulturell bei religiösem Verhalten eingenommen, wenn es darum geht, mit Gottheiten bzw. mit höheren Wesen zu kommunizieren oder – wie in der Meditation – veränderte Bewusstseinszustände (auch „transmarginal or subliminal consciousness" oder „mystic states": James, 1902) zu erreichen. Da solche Körperhaltungen und Gesten auch durch gesellschaftliche und pragmatische Faktoren bestimmt sind, manifestieren sie sich interkulturell in vielen Varianten wie z. B. christliches Beten im Stehen mit geneigtem Kopf, muslimisches Beten im Knien mit sich niederwerfenden Bewegungen und buddhistische Meditation im Schneidersitz mit geradem Rücken. In vielen religiösen Ritualien und Bräuchen werden die Hände gefaltet oder sonst miteinander in Kontakt gebracht – wie auch mit dem Gesicht.
- Diese Körperhaltungen werden oft mit liturgischem *Gesang* oder mit Chant kombiniert, was die Verbindung zur fötalen Situation noch eindeutiger macht. In der europäischen Tradition hört man oft die Stimme einer Pfarrerin oder eines Pfarrers, die in einem großen Raum widerhallt. Der erhebende Effekt religiöser Lieder wird durch die Kombination von Musik und Text weiter verstärkt.
- Die Ergebnisse von Untersuchungen zu *starken Musikerlebnissen* stützen die These eines pränatalen Ursprungs vom Gottesbegriff, wenn auch indirekt. Die TeilnehmerInnen der Studie von Gabrielsson & Lindström Wik (2003) berichteten über Erlebnisse, die kaum in Worten erfasst werden können (170); ein Gefühl der Einheit mit der Welt im Hier und Jetzt (174); Frieden, Sicherheit, Wärme, Liebe (178–179); geänderte Bewusstseinzustände und Ekstase (174, 179); Sinn der Existenz, Gefühl des reinen Seins, Transzendenz, *out-of-body experience* (181); Kommunikation mit Gott (182); Heilung, Katharsis (183) und Bestätigung der Identität, Selbstwert (184).

- SchamanInnen singen *(chant),* spielen Trommeln und führen rituelle Tanzbewegungen aus. Bei minimaler Variation und vielfachen Wiederholungen in einem engen Tonumfang machen sie stundenlang weiter, bis ein geänderter Bewusstseinszustand induziert wird (BRANDL, 1993; HARVEY, 2003). Diese pränatalen Andeutungen sind nur als solche zu interpretieren, weil sie oft und systematisch vorkommen und keine andere plausible Erklärung ihres Ursprungs vorliegt. Eine Erklärung für den geänderten Bewusstseinszustand könnte erstens sein, dass der Bewusstseinszustand des Fötus sehr weit von dem eines Erwachsenen entfernt liegt. Zweitens werden mithilfe der Musik geänderte Bewusstseinszustände nur unter spezifischen Bedingungen erreicht, die an die Welt des Fötus erinnern. Dies sind z. B. viele Wiederholungen der gleichen vertrauten Klangmuster, Körperlichkeit und die Bereitschaft, sich auf geänderte Bewusstseinszustände einzulassen. Drittens haben die geänderten Bewusstseinszustände selbst einen quasipränatalen Charakter: die Person hört auf, mit anderen zu kommunizieren, verengt ihre Aufmerksamkeit auf einzelne Aspekte der Umwelt und hat das Gefühl, mit ihren eigenen Emotionen, mit der Musik bzw. mit Gott zu verschmelzen (BRANDL, 1993). Und dieses Gefühl scheint von außen zu kommen: „Besessenheit ist ein Zustand, bei dem das Ich einer Person, wenigstens erlebnismäßig, von einer übernatürlichen Macht oder einem Geist besetzt oder ausgelöscht wird, so dass der Geist oder die Macht die Stelle des Ichs einnimmt“ (HIRSCHBERG, 1988; zit. n. BRANDL, 1993, 600). Diese Mächte sind „vor allem Ahnengeister, Naturgeister und Fetische, die besessen machen, in den neuen synkretistischen Religionen sind es Gott, Engel, Geister und Heilige (HIRSCHBERG, 1988; zitiert nach BRANDL, 1993, 602–603). „Im Umfeld des Schamanismus, aber auch in Afrika, im Pazifik [...] und im Orient [...] gilt vielfach die traditionelle Melodiefindung (Komposition) als von übernatürlichen Wesen (Gottheiten, Geistern) eingegeben“ (BRANDL, 1993, 605).
- Offenbar tragen auch die Größe und die Architektur *religiöser Gebäude* (Kathedralen, Synagogen, Moscheen, Tempel, Kloster ...) zur Förderung des religiösen Erlebnisses durch Manipulation des Bewusstseinszustands der Gläubigen bei. Kirchliche Gebäude können als Symbole für den mütterlichen Körper aus der „Sicht“ des Fötus betrachtet werden. Für den Fötus ist der Körper der Mutter vor allem groß (vgl. OBERHOFF, 2005). Dazu kommt, dass nur die tieferen Teiltöne der Mutterstimme für den Fötus hörbar sind: die Mutterstimme in uterinen Aufnahmen klingt dumpf und unklar. In großen Gebäuden werden tiefe Frequenzen akustisch verstärkt und die Verständlichkeit der Sprache durch den Nachhall eingeschränkt. SprecherInnen (ob elektronisch verstärkt oder nicht) klingen als wären sie weit entfernt und quasi überall; wo genau sie sich befinden, ist unklar, weil die Richtungswahrnehmung durch den Nachhall beeinträchtigt wird. Um das religiöse Erlebnis der Transzendenz zu fördern, wird in Kirchen mehr Nachhall als in Konzert- oder Hörsälen toleriert – auch wenn die Verständlichkeit der Sprache und die Klarheit und Koordination musikalischer Aufführungen darun-

ter leiden (BLAUKOPF, 1968). Auch außerhalb von Kirchen werden besonders nachhallende Säle für religiöse Musik bevorzugt: man „lobt Gott mit Schall“ (Psalm 117, Heinrich Schütz).

- Dieser Argumentationslinie folgend ist sogar eine Analogie zwischen der Geburt aus der Sicht des Fötus und dem Tod aus der Sicht eines Erwachsenen möglich. Für den Fötus ist die Geburt das Ende des pränatalen Lebens und der Beginn eines neuen, anderen Lebens. Diese Analogie kann nicht nur den Mythos der Vertreibung aus dem Paradies, sondern auch den interkulturell verbreiteten Glauben an das Leben nach dem Tod bzw. der Reinkarnation erklären.

Sollte der Gottesbegriff zumindest zum Teil auf eine pränatale kognitive Repräsentation der Mutter zurückgeführt werden können, würden viele der Eigenschaften, die Gottheiten in monotheistischen Religionen zugeordnet werden, verständlich. Dazu gehört, dass Gott menschlich (mit Emotionen, Persönlichkeit, Willen ausgestattet), groß (allgegenwärtig, unendlich, nicht räumlich begrenzt), unsterblich (ewig, ohne Beginn oder Ende, nicht zeitlich begrenzt), allmächtig (allwissend; fähig, alles zu schöpfen oder auch zu zerstören), liebend (fürsorglich, vergebend, moralisch), perfekt (gut, unveränderlich), geheimnisvoll (unergründlich) und einheitlich (zumindest im Monotheismus) ist. So weit man über eine fötale kognitive Repräsentation der Mutter sprechen kann, ist es vorstellbar, dass in einem kulturell-historischen Kontext solche Eigenschaften ihr nachträglich, unbewusst und allmählich (über viele Generationen) zugeordnet werden.

Von der oben formulierten These bleiben im Übrigen alle anderen gängigen Argumente für die Existenz Gottes unberührt. Dazu gehören, dass die Existenz eines Gottesbegriffes als Beweis für die Existenz Gottes angesehen wird; dass es eine Schöpfung gegeben haben müsse, sonst gäbe es keine Welt; dass die offenbare Ordnung des Universums nur mit Absicht hätte geschaffen werden können (*intelligent design*); dass die Moralität einen maßgeblichen Ursprung haben müsse; und dass die in der Bibel berichteten Wunder direkt auf die Existenz Gottes hinwiesen. Außerdem hängt der Glaube an Gott offenbar nicht immer von gängigen Argumenten für die Existenz Gottes und nur selten von Vorwissen über psychologische oder soziologische Theorien zum religiösen Verhalten ab.

7. ZUSAMMENFASSUNG UND IMPLIKATIONEN

In diesem Beitrag haben wir die These aufgestellt und verteidigt, dass Musik eine Art virtuelle Person ist, mit der man während des Musikhörens in eine virtuelle Beziehung tritt. Für diese These sprechen vor allem folgende Punkte:

- HörerInnen, MusikerInnen und MusikwissenschaftlerInnen schreiben der Musik routinemäßig menschliche Qualitäten zu. Musik kann alt, jung, weiblich, männlich, sexy, langweilig, ruhig, majestätisch, jammernd, wütend, liebend, halsstarrig oder voller Freude sein. Abgesehen von lexikalischen Inhalten scheint Musik alles ausdrücken zu können, was ein Mensch mit seiner Stimme und mit seinen Bewegungen ausdrücken kann.

- Abgesehen von Musik werden Emotionen in erster Linie nur von Personen und von ihrer Sprache ausgedrückt. Musik drückt stärkere Emotionen als andere Künste aus.
- Im antiken Theater wurde eine „Person" nicht direkt wahrgenommen, sondern sie „tönte durch eine Maske durch", was auf eine indirekte Verbindung zwischen den Begriffen *Person* und *Tonkunst* hindeutet.
- Wenn Musik als Diskurs betrachtet und analysiert wird, ähneln musikalische Handlungen meist menschlichen Handlungen (Tarasti). Musikalische Topics (Agawu) sind meist personenbezogen.
- Notierte Musik drückt die Emotionen der/des Komponistin/en indirekt aus und ist in diesem Sinne für sie/ihn stellvertretend.
- Musik baut Einsamkeit ab und wird bevorzugt, wenn sie der Persönlichkeit, der Stimmung oder der Identität der Hörerin oder des Hörers entspricht – als wäre die Musik eine Art Freund/in. Menschen widmen sehr viel Zeit, Geld und Energie der Musik und scheinen damit ihr Bedürfnis nach Gemeinsamkeit zu befriedigen.
- In der Musiktherapie verhält sich Musik in zwei Punkten wie eine virtuelle Person: Sie schafft ein Gefühl der Sicherheit und unterstützt die/den Klientin/en bei der Arbeit mit sich selbst.
- Die Darstellung von (virtuellen) Personen scheint allen Künsten gemeinsam zu sein und den Kunstbegriff sogar mitzubestimmen.
- In den Weltreligionen steht Musik gewöhnlich in der Theorie sowie in der Praxis in enger Verbindung mit der virtuellen Person „Gott".
- Eine Person existiert nicht auf der gleichen Ebene wie ein physikalisches Objekt, eine Emotion oder eine Information (Poppers drei Welten), sondern sie wird erst konstituiert, wenn andere Personen ihr reflexives Bewusstsein auf sie projizieren bzw. sich in sie „einfühlen" (Husserl). Dies gilt für wirkliche als auch für virtuelle Personen sowie für Personen, die wir in der Musik wahrnehmen.
- Die strukturellen und emotionalen Eigenschaften von Musik können dadurch erklärt werden, dass die fötale kognitive Repräsentation der Mutter den Ursprung der Musik (wie auch von Gottheiten) darstellt.

Wenn unsere These stimmt, dass Musik eine virtuelle Person ist zu der man während des Musikhörens und -spielens in einer Beziehung steht, hat sie folgende Implikationen:

- Musik spielt eine zentrale Rolle in allen menschlichen *Kulturen.* In ihrer Rolle als virtuelle Person stellt die Musik offenbar ein grundsätzliches psychologisches Bedürfnis dar. Wird dieses Bedürfnis erfüllt, nehmen die Lebensqualität und die Produktivität von Menschen zu. Dies hat Implikationen für die finanzielle Unterstützung von musikalischen Einrichtungen und Aktivitäten.

- Wenn Musik eine virtuelle Person ist, kann sie unter Umständen als nicht weniger wichtig betrachtet werden, als eine wirkliche Person. Demzufolge kann Musik für mich genauso wichtig sein wie ein/e Freund/in oder ein Familienmitglied. Dagegen kann die Zerstörung einer musikalischen Kultur mit der Zerstörung von Menschen – sogar mit Völkermord – verglichen werden und somit als eine Art Menschenrechtsverletzung betrachtet werden. Wir haben betont, dass eine virtuelle Person keine Menschrechte hat. Trotzdem: Wer seine Musik verliert, verliert einen Teil von sich selbst, nachdem die Musik bei der Identitätsbildung jedes einzelnen Menschen eine zentrale Rolle spielt.
- Alle Menschen haben das Recht, andere Menschen auszusuchen, mit denen sie *Beziehungen* haben wollen sowie das Recht, mit diesen anderen Menschen zusammen die Natur ihrer Beziehungen zu bestimmen. Zu den Ausnahmeerscheinungen gehören z. B. der Nationalsozialismus und die noch geltenden diskriminierenden Gesetze gegen Homo-Ehe, die hoffenlich bald der Vergangenheit angehören werden. Wenn Musik eine virtuelle Person ist, haben alle das Recht zu wählen, welche Musik sie spielen oder hören sowie die Art und Weise, wie sie diese Musik genießen. So müsste man z. B. das Recht haben, den Stil von Hintergrundmusik in Kaufhäusern zu bestimmen oder solche Musik auch zu verbannen. Auf diese Weise hätte man gegen das Verbot von Jazz im osteuropäischen Kommunismus argumentieren können. Heute kann man auf diese Weise z. B. gegen die Unterdrückung von Popularmusik an traditionellen Musikakademien argumentieren.
- Wenn Musik eine virtuelle Person ist, hat die *Musiktherapie* den gleichen Status wie andere Therapieformen – oder sogar einen höheren Status. Diese Idee bietet eine neue Möglichkeit, die wichtige Rolle und das erhebliche Potenzial von Musiktherapie hervorzuheben und gegen die Unterschätzung der Musiktherapie in konservativen therapeutischen und medizinischen Kreisen vorzugehen.
- Wenn Musik eine virtuelle Person ist, gehört die Musikpsychologie zu den zentralen musikwissenschaftlichen Fächern. Um Menschen zu verstehen, braucht man das Fach Psychologie. Um die virtuelle Person „Musik" aus geistes-, natur- oder sozialwissenschaftlicher Sicht zu verstehen, braucht man das Fach Musikpsychologie.
- Wenn Musik eine virtuelle Person ist, kann sie als Strategie gegen die zerstörerische und bisher weit gehend vernachlässigte Volkskrankheit der *Einsamkeit* eingesetzt werden. Moderne Kommunikationstechnologien wie z. B. E-Mail trennen Menschen voneinander und einsame Menschen verwenden das Internet als eine Unterhaltungsform (MATANDA et al., 2004). Immer häufiger kommunizieren Menschen mit Maschinen statt mit anderen Menschen. Dass Einsamkeit ein ernstzunehmendes Problem in modernen Gesellschaften ist, geht aus der wachsenden Menge an psychologischer Forschung zu diesem Thema hervor (z. B. HUGHES et al., 2004). Die psychologischen und physiologischen Symptome von Einsamkeit werden in der Regel durch langfristige Beziehungen gelindert oder

verhindert: so leben verheiratete Menschen in der Regel länger, sind glücklicher und gesünder und haben sogar mehr Geld (WAITE & GALLAGHER, 2001). Musik kann eine ähnliche Funktion übernehmen (z. B. HAYS & MINICHIELLO, 2005), was auch evolutionär-psychologisch erklärt werden kann (HURON, 2003). Als virtuelle Person bietet Musik nicht nur einen Ersatz für andere Personen, sondern auch ein Mittel, mit anderen Personen in Kontakt zu treten – z. B. beim Chorsingen, beim Konzertbesuch, in der eigenen Rockband.

- Unser Überleben im darwinistischen Sinne hängt von unserer Fähigkeit ab, uns erfolgreich im Bezug auf die physikalische Welt sowie auf die Gesellschaft zu *orientieren.* So wird ein Zustand erfolgreicher, stabiler Orientierung als zufrieden stellend erlebt und mit Zufriedenheit assoziiert. Wenn Musik nicht nur eine virtuelle Person, sondern auch einen virtuellen Raum darstellt, könnte sie in beiden Fällen eine Art Orientierungsfunktion haben. Wenn Musik als virtueller Raum erlebt wird, spielt das Subjekt mit seiner Fähigkeit, sich in einer komplexen dreidimensionalen Welt zu orientieren; hier verwenden wir „spielen" im Sinne von Kinderspiel, also von lustvollem Üben, Trainieren und Lernen. Dies könnte erklären, warum räumliche Fähigkeiten mit musikalischen Fähigkeiten korrelieren (RAUSCHER, 1999; SCHELLENBERG, 2001). Wenn wir Musik als virtuelle Person/en erleben, spielen wir vielleicht mit unserer Fähigkeit, uns in einem Netzwerk menschlicher Beziehungen zu bewegen. In beiden Fällen könnte Musik eine Trainingsfunktion haben (vgl. ROEDERER, 1984). So könnte auch der Epochen und Kultur übergreifenden Erfolg der stark hierarchisch gegliederten westlichen Dur-Moll-Tonalität zum Teil erklärt werden – wobei selbstverständlich nicht vergessen werden darf, dass ein großer Teil dieses Erfolgs auf internationale Machtverhältnisse zurückzuführen ist.
- Ein konkreter Zusammenhang zwischen Musik und der fötalen kognitiven Repräsentation der Mutter hätte auch Konsequenzen für den Status der *Frau* in der Musik und der Musikwissenschaft. Der Genderdiskurs in der historischen Musikwissenschaft wäre nicht mehr auf Komponistinnen und Musikerinnen beschränkt, deren Fähigkeiten aufgrund von Sozialisation und sozialen Bedingungen nicht vollständig entwickelt werden konnten (PENDLE, 2001). Der Genderdiskurs in der Musikethnologie wäre nicht mehr auf Themen wie Musik in der Familie und im Alltag sowie die getrennten Repertoires, die unterschiedlichen musikalischen Zugänge und die wachsende öffentliche Partizipation und Akzeptanz von Musikerinnen in verschiedenen Kulturen beschränkt (JONES, 1991). Vielmehr wäre die Frau als die *ultimative Quelle aller Musik* zu betrachten, denn ohne die Frau gäbe es weder eine Phylogenese noch eine Ontogenese der Musik. Nach unserer These stellt die Klangwelt des Fötus die Phylogenese der Musik dar. Nach Papousek (1996) und zahlreichen anderen musikpsychologischen ForscherInnen stellt *motherese,* die musikalisch-sprachliche Kommunikation zwischen Kleinkindern und Erwachsenen, eine wichtige Grundlage für die Entwicklung musikalischer Fähigkeiten und somit die Ontogenese der Musik dar.

LITERATUR[4]

AGAWU, V. KOFI (1991). *Playing with signs: A semiotic interpretation of classic music.* Princeton, NJ: Princeton University Press.

ALMÉN, BYRON (2003). *Narrative archetypes: A critique, theory, and method of narrative analysis,* in: *Journal of Music Theory* 47, 1–39.

ASENDORPF, JENS B. (2002). *Self-awareness, other-awareness, and secondary representation,* in: W. Prinz & A. N. Meltzoff (Hg.), *The imitative mind: Development, evolution, and brain bases* (63–73). New York, NY: Cambridge University Press.

BARAN, K. (1993). *Seeing the divine through music in Hinduism and early Christianity,* in: *Humanity and Society* 17 (4), 467–487.

BARWICK, LINDA, MARETT, ALLAN, & TUNSTILL, GUY (Hg.) (1995). *The essence of singing and the substance of song: Recent responses to the Aboriginal performing arts and other essays in honour of Catherine Ellis.* Sydney: University of Sydney.

BLAUKOPF, KURT (1968). *Probleme der Raumakustik und des Hörverhaltens,* in: *Musikalische Zeitfragen* 13, 61–71.

BÖHLER, WOLFGANG (2005). *Prolegomena zu einer künftigen Musikpsychologie,* in: *Codex Flores* (Onlinemagazin für Musikästhetik und kognitive Musikpsychologie). www.codexflores.ch/rezensionen_ind3.php?art=171. Eingesehen am 26.05.05.

BONAIUTO, MARINO, & FASULO, ALESSANDRA (1997). *Rhetorical intentionality attribution: Its ontogenesis in ordinary conversation,* in: *British Journal of Social Psychology* 36, 511–536.

BOWMAN, WAYNE D. (1998). *Philosophical perspectives on music.* Oxford: University Press.

BRIGSTOCKE, HUGH (Hg.) (2001). *Oxford companion to Western art.* Oxford: Oxford University Press.

BRANDL, RUDOLF MARIA (1993). *Musik und veränderte Bewußtseinszustände,* in: H. Bruhn, Rolf Oerter & Helmut Rösing (Hg.), *Musikpsychologie. Ein Handbuch,* 599–610. Reinbek: Rowohlt.

BUSS, DAVID M., HASELTON, MARTIE G., SHACKELFORD, TODD K., BLESKE, APRIL L., & WAKEFIELD, JEROME C. (1998). *Adaptations, exaptations, and spandrels,* in: *American Psychologist* 53, 533–548.

CARTWRIGHT, JOHN (2000). *Evolution and human behaviour.* Basingstoke: MacMillan.

CHAMBERLAIN, DAVID (1988). *Babies remember birth.* Los Angeles: Jeremy P. Archer.

CLIFTON, THOMAS (1983). *Music as heard. A study in applied phenomenology.* Yale: University Press.

CLYNES, MANFRED (1977). *Sentics: The touch of the emotions.* Bridport, Dorset: Prism.

COLE, DAVID J. (1991). *Artificial intelligence and personal identity,* in: *Synthese* 3, 399–417.

CONE, EDWARD T. (1974). *The composer's voice.* Berkeley: University of California Press.

CORBALLIS, MICHAEL C. (2004). *The origins of modernity: Was autonomous speech the critical factor?,* in: *Psychological Review* 111, 543–552.

CUMMING, NAOMI (1997). *The subjectivities of 'Erbarme Dich',* in: *Music Analysis* 16, 5–44.

DAHLHAUS, CARL (1975). *Fragmente zur musikalischen Hermeneutik,* in: Carl Dahlhaus (Hg.), *Beiträge zur musikalischen Hermeneutik,* 159–172. Regensburg : Bosse.

[4] Wir danken Margit Painsi und Manuela Marin für nützliche Anregungen und Hinweise.

DAVIES, STEPHEN, & SUKLA, ANATA (Hg.) (2003). *Art and essence.* Praeger : Westport.

DAVIS, STEPHEN (2001). *Philosophical perspectives on music's expressiveness,* in: P. N. Juslin & J. A. Sloboda (Hg.), *Music and emotion. Theory and research.* Oxford: Oxford University Press.

DECASPER, ANTHONY J., & FIFER, WILLIAM P. (1980). *Of human bonding: Newborns prefer their mothers' voices,* in: *Science,* 208, 1174–1176.

DECKER-VOIGT, HANS-HELMUT (2000). *Aus der Seele gespielt. Eine Einführung in Musiktherapie.* München: Wilhelm Goldmann.

DEL SORDO, FEDERICO (1998). *Society, music, church. Religious membership through the new liturgical musical praxis,* in: *Critica Sociologica* 128, 35–62.

DOTY, RICHARD L. (1992). *Olfactory function in neonates,* in: D. G. Laing, R. L. Doty & W. Breipohl (Hg.), *The human sense of smell,* 155–165. Berlin: Springer-Verlag.

EITAN, ZOHAR, & GRANOT, RONI Y. (2004). *Musical parameters and spatio-kinetic imagery,* in: S. Lipscomb et al. (Hg.), *Proceedings of the 8th International Conference on Music Perception and Cognition.* www.nici.kun.nl/mmm/courses/muscog05/imagery/Eitan.pdf

ELICKER, MARTINA (1997). *Semiotics of popular music: The theme of loneliness in* mainstream *pop and rock songs.* Tübingen: Gunter Narr.

FEUERBACH, LUDWIG (1841). *Das Wesen des Christentums.* Leipzig.

GABRIELSSON, ALF, & LINDSTRÖM WIK, SIV (2003). *Strong experiences related to music. A descriptive system,* in: *Musicae Scientiae* 7, 157–217.

GARFIELD, JAY L., PETERSON, CANDIDA C., & PERRY, TRICIA (2001). *Social cognition, language acquisition and the development of the theory of mind,* in: *Mind and Language* 16, 494–541.

GEMBRIS, HEINER (2004). *The impact of musicality on human development,* in: M. Kaasch & J. Kaasch (Hg.), *Science and music – The impact of music,* 147–159. Stuttgart: Wissenschaftliche Verlagsgesellschaft.

GERVINK, MANUEL (1996). *Einsamkeit und Isolation: Interpretationsansätze für die Innovationen im Werk Arnold Schönbergs,* in: *Archiv für Musikwissenschaft* 53 (2), 160–176.

GIBSON, RONDA, AUST, CHARLES F., & ZILLMANN, DOLF (2000). *Loneliness of adolescents and their choice and enjoyment of love-celebrating versus love-lamenting popular music,* in: *Empirical Studies of the Arts* 18 (1), 43–48.

GREIMAS, ALGIRDAS JULIEN (1966). *Sémantique structurale.* Paris: Larousse.

HAMPTON, ROBERT R., & SCHWARTZ, BENNETT L. (2004). *Episodic memory in nonhumans: What, and where, is when?,* in: *Current Opinion in Neurobiology* 14 (2), 192–197.

HARVEY, GRAHAM (Hg.) (2003). *Shamanism: A reader.* London: Routledge.

HAYS, TERRENCE, & MINICHIELLO, VICTOR (2005). *The meaning of music in the lives of older people: A qualitative study,* in: *Psychology of Music* 33, 437–451.

HEAD, MATTHEW (1997). *Birdsong and the origins of music,* in: *Journal of the Royal Musical Society* 122, 1–24.

HEPPER, PETER G. (1992). *Fetal psychology: An embryonic science,* in: Nijhuis, J. G. (Hg.), *Fetal behaviour,* 129–156. Oxford, England: Oxford University Press.

HERZOG, MAX (1992). *Phänomenologische Psychologie. Grundlagen und Entwicklungen.* Heidelberg: Asanger.

HIRSCHBERG, WALTER (Hg.) (1988). *Neues Wörterbuch der Völkerkunde.* Berlin: Reimers.

HUBAL, ROBERT C., KIZAKEVICH, PAUL N., GUINN, CURRY I., MERINO, KEVID D., & WEST, SUZANNE L. (2000). *The virtual standardized patient. Simulated patient-practitioner dialog for patient interview training,* in: *Studies in Health Technology and Informatics* 70, 133–138.

HUGHES, MARY ELIZABETH, WAITE, LINDA J., HAWKLEY, LOUISE C., & CACIOPPO, JOHN T. (2004). *A short scale for measuring loneliness in large surveys: Results from two population-based studies,* in: *Research on Aging* 26, 655–672.

HURON, DAVID (2003). *Is music an evolutionary adaptation?,* in: I. Peretz & R. Zatorre (Hg.), *The cognitive neuroscience of music,* 57–75. Oxford, England: Oxford University Press.

HÜSCHEN, HEINRICH (1961). *Musik,* in: Friedrich Blume (Hg.), *Musik in Geschichte und Gegenwart,* Bd. 9, 959–1000. Basel: Bärenreiter Kassel.

HUSSERL, EDMUND (1952). *Ideen zu einer reinen Phänomenologie und phänomenologischen Philosophie. II. Phänomenologische Untersuchungen zur Konstitution.* Den Haag: Martin Nijhoff.

HUSSERL, EDMUND (1980). *Phantasie, Bildbewusstsein, Erinnerung.* Berlin: Springer-Verlag.

JAMES, WILLIAM (1902). *The varieties of religious experience.* New York: Longman.

JAUK, WERNER (2000). *The auditory logic: An alternative to the „sight of things",* in: Helga Nowotny, Martinia Weiss & Karin Hänni (Hg.), *Jahrbuch Collegium Helveticum ETH,* 321–338. Zürich: Hochschulverlag AG.

JÁUREGUI, JESÚS (1997). *El concepto de plegaria musical y dancística,* in: *Alteridades* 7 (13), 69–82.

JONES, L. JAFRAN. (1991). *Women in non-Western music,* in: Karin Pendle (Hg.), *Women and music: A history,* 314–330. Bloomington: Indiana University Press.

JUNG, CARL G. (1960). *Gesammelte Werke,* Bd. VI. Zürich: Rascher.

JUSLIN, PATRIK N., & PERSSON, ROLAND S. (2002). *Emotional communication,* in: Richard Parncutt & G. E. McPherson (Hg.), *Science and psychology of music performance,* 219–236. New York: Oxford University Press.

JUSLIN, PATRIK N., & SLOBODA, JOHN A. (Hg.) (2001). *Music and emotion: Theory and research.* Oxford: Oxford University Press.

KATZ, RICHARD (1977). *Heilung und Ekstase,* in: *Psychologie Heute* 4 (8), 54–59.

KRAMER, LAWRENCE (1995). *Classical music and postmodern knowledge.* Berkeley: University of California Press.

KREUTZ, GÜNTER (2000). *Basic emotions in music,* in: C. Woods et al. (Hg.), *Proceedings of the Sixth International Conference on Music Perception and Cognition* (CD-Rom). Keele, England.: University of Keele.

KRISTEVA, JULIA (1969). *Semeiotike: Recherches pour une sémanalyse,* Paris: Éditions du Seuil.

KRUMHANSL, CAROL L., & JUSCZYK, PETER W. (1990). *Infants' perception of phrase structure in music,* in: *Psychological Science* 1, 70–73.

KURTH, ERNST (1931). *Musikpsychologie.* Berlin.

LAI, C. H., & CHAN Y. S. (2002). *Development of the vestibular system,* in: *Neuroembryology* 1, 61–71.

LAPRELLE, J., HOYLE, RICK H., INSKO, C. A., & BERNTHAL, PAUL (1990). *Interpersonal attraction and descriptions of the traits of others: Ideal similarity, self similarity, and liking,* in: *Journal of Research in Personality* 24, 216–240.

LECANUET, JEAN-PIERRE (1996). *Prenatal auditory experience,* in: I. Deliège & J. Sloboda (Hg.), *Musical beginnings,* 3–25. Oxford: Oxford University Press.

LEE, KWANG-SAE (2001). *Justice from an Eastern perspective: Field and focus,* in: S. Dawson (Hg.), *Proceedings of the Twentieth World Congress of Philosophy* 12, 173–180. Charlottesville: Philosophy Document Center.

LEWIS, MICHAEL, & RAMSAY, DOUGLAS (2004). *Development of self-recognition, personal pronoun use, and pretend play during the 2nd year,* in: *Child Development* 75, 1821–1831.

LIDOV, DAVID (1987). *Mind and body in music,* in: *Semiotica* 66, 69–97.

LIPE, ANNE W. (2002). *Beyond therapy: Music, spirituality, and health in human experience: A review of literature,* in: *Journal of Music Therapy* 34 (3), 209–240.

LUCIE-SMITH, EDWARD (1996). *Die moderne Kunst: Malerei – Fotografie – Grafik – Objektkunst.* München: Südwest-Verlag.

MACDONALD, RAYMOND A. R., HARGREAVES, DAVID J., & MIELL, DOROTHY (Hg.) (2002). *Musical identities.* Oxford: Oxford University Press.

MARANO, HARA ESTROFF (2003). *The dangers of loneliness,* in: *Psychology Today.* http://www.psychologytoday.com/articles/pto–20030821-000001.html. Eingesehen am 13.12.2005.

MASLOW, ABRAHAM H. (1954/1987). *Motivation and Personality.* 3. Aufl. New York: Harper & Row.

MASTROPIERI, DIANE, & TURKEWITZ, GERALD (1999). *Prenatal experience and neonatal responsiveness to vocal expressions of emotion,* in: *Developmental Psychobiology* 35, 204–214.

MATANDA, MAONA, JENVEY, VICKII B., & PHILLIPS, JAMES G. (2004). *Internet use in adulthood: Loneliness, computer anxiety and education,* in: *Behaviour Change* 21, 103–114.

MATSUSHIMA, RUMI, & SHIOMI, KUNIO (2001). *The effect of hesitancy toward and the motivation for self-disclosure on loneliness among Japanese high school students,* in: *Social Behavior and Personality* 29, 661–670.

MAUSS, MARCEL (1922). *Revue d'Histoire des Religions.* Paris.

MCCLARY, SUSAN (1991). *Feminine endings. Music, gender, and sexuality.* Minneapolis: University of Minnesota Press.

MEYER, LEONARD B. (1956). *Emotion and meaning in music.* Chicago: University of Chicago Press.

NATTIEZ, JEAN-JAQUES (1990). *Music and discourse: Toward a semiology of music.* Princeton, NJ: Princeton University Press.

NOBLE, WILLIAM, & DAVIDSON, IAIN (1996). *Human evolution, language and mind.* Cambridge, England: Cambridge University Press.

OBERHOFF, BERND (2005). *Das Fötale in der Musik. Musik als „Das Große Bewegende" und „Die Göttliche Stimme",* in: Bernd Oberhoff (Hg.), *Die seelischen Wurzeln der Musik. Psychoanalytische Erkundungen,* 41–63. Gießen: Psychosozial-Verlag.

OERTER, ROLF, & MONTADA, LEO (Hg.) (1995). *Entwicklungspsychologie.* 3. Aufl. München: Beltz.

OSTWALD, PETER (1990). *Johannes Brahms – Music, loneliness, and altruism,* in: R. L. Karmel & S. Feder (Hg.), *Psychoanalytic explorations in music,* 291–320. Madison, CT: International Universities Press.

PAPOUSEK, MECHTHILD (1996). *Intuitive parenting: A hidden source of musical stimulation in infancy,* in: I. Deliège & J. Sloboda (Hg.), *Musical beginnings,* 88–112. Oxford: Oxford University Press.

PARNCUTT, RICHARD (1989). *Harmony: A psychoacoustical approach.* Berlin: Springer-Verlag.

PARNCUTT, RICHARD (1993). *Prenatal experience and the origins of music,* in: T. Blum (Hg.), *Prenatal perception, learning, and bonding,* 253–277. Berlin: Leonardo.

PARNCUTT, RICHARD (im Druck). *Prenatal development,* in: G. E. McPherson (Hg.), *The child as musician: Musical development from conception to adolescence.* Oxford, GB: Oxford University Press.

PAUL, SOUMYADEEP, SINHA, SUDIPTA N., & MUKERJEE, AMITABHA (1998). *Virtual kathakali: Gesture-driven metamorphosis,* in: M. Sasikumar, D. D. Rao, P. R. Ravi-Prakash & S. Ramani (Hg.), *Proceedings of Knowledge-Based Computer Systems (KBCS98),* 345–356. Mumbai, India: National Centre for Software Technology.

PENDLE, KARIN S. (2001). *Women and music: A history.* Bloomington: Indiana University Press.

PIAGET, JEAN (1936). *La naissance de l'intelligence chez l'enfant.* Paris: Delachaux & Niestle.

POELCHAU, SUSANNE (2005). *Musik macht klug – kann sie auch heilen?,* in: *Bayrischer Rundfunk Online,* http://www.br-online.de/umwelt-gesundheit/thema/musiktherapie/arten.xml. Eingesehen am 31.12.05.

POPPER, KARL R., & ECCLES, JOHN C. (1977). *The self and its brain.* Berlin: Springer.

RAFFMAN, DIANA (1993) *Language, music, and mind.* Cambridge, MA: MIT Press.

RATNER, LEONARD G. (1980). *Classic music: Expression, form, and style.* New York: Schirmer.

RAUSCHER, FRANCIS H. (1999). *Music exposure and the development of spatial intelligence in children,* in: *Bulletin of the Council for Research in Music Education* 142, 35–47.

REHDING, ALEXANDER (2000). *The quest for the origins of music in Germany circa 1900,* in: *Journal of the American Musicological Society* 53, 345–385.

REPPERT, S. M., & WEAVER, D. R. (1988). *Maternal transduction of light-dark information for the fetus.* in: W. P. Smotherman & S. R. Robinson (Hg.), *Behaviour of the fetus,* 119–139. Telford, England: Caldwell.

RIEDLER, ANDREAS (2004). *Privatrecht I.* Linz: Universität Linz Multimediale Studienmaterialen.

ROEDERER, JUAN G. (1984). *The search for a survival value of music,* in: *Music Perception* 1, 350–356.

ROTENBERG, KEN J., & FLOOD, DARLENE (1999). *Loneliness, dysphoria, dietary restraint, and eating behaviour,* in: *International Journal of Eating Disorders* 25 (1), 55–64.

SALLENBACH, WILLIAM B. (1993). *The intelligent prenate: Paradigms in prenatal learning and bonding,* in: T. Blum (Hg.), *Prenatal perception, learning and bonding,* 61–106. Berlin, Germany: Leonardo.

SCHELLENBERG, E. GLENN (2001). *Music and nonmusical abilities,* in: *Annals of the New York Academy of Sciences* 930, 355–371.

SCHERER, KLAUS R., ZENTNER, MARCEL R., & SCHACHT, ANNEKATHRIN (2001–02). *Emotional states generated by music: An exploratory study of music experts,* in: *Musicae Scientiae (Special Issue),* 149–171.

SEGINER, RACHEL, & LILACH, EFRAT (2004). *How adolescents construct their future: the effect of loneliness on future orientation,* in: *Journal of Adolescence* 27, 625–43.

SKINNER, BURRHUS FREDERIC (1938). *The behaviour of organisms.* New York: Appleton.

SLATER, ALAN M., & QUINN, PAUL C. (2001). *Face recognition in the newborn infant,* in: *Infant and Child Development* 10 (March–June), 21.

SLOBODA, JOHN A., O'NEILL, SUSAN A. & IVALDI, ANTONIA (2001). *Functions of music in everyday life: An exploratory study using the Experience Sampling Method,* in: *Musicae Scientiae* 5, 9–32.

SLOBODCHIKOV, V. I., & TSUKERMAN, G. A. (1992). *The genesis of reflective consciousness at early school age,* in: *Journal of Russian and East European Psychology* 30 (1), 6–27.

SPICKARD, JAMES V. (1991). *Experiencing religious rituals: A Schutzian analysis of Navajo ceremonies,* in: *Sociological Analysis* 52 (2), 191–204.

STERNBERG, ROBERT J. (1985). *Beyond IQ: A triarchic theory of human intelligence.* Cambridge: Cambridge University Press.

STRICKER, DIDIER, FROHLICH, TORSTEN, & SOLLER-ECKERT, CLAUDIA (2000). *The augmented man,* in: *Proceedings of International Symposium on Augmented Reality (ISAR–2000), München,* 30–36. Piscataway, NJ: IEEE.

SUTTER, JACQUES (1996). *Musique et religion: L'emprise de l'esthétique,* in: *Archives de sciences sociales des religions* 94, 19–44.

TARASTI, EERO (1994). *A theory of musical semiotics.* Indiana University Press.

TREHUB, SANDRA E., & NAKATA, TAKAYUKI (2001–02). *Emotion and music in infancy,* in: *Musicae Scientiae (special issue),* 37–61.

TSIARAS, ALEXANDER (2002). *Wunder des Lebens: Wie ein Kind entsteht.* München: Knaur.

TURING, ALAN M. (1950). *Computing machinery and intelligence,* in: *Mind* 49, 433–460.

UYANNE, FRANCIS U. (1997). *African consensus democracy revisited,* in: H. Kimmerle (Hg.), *Philosophy and democracy in intercultural perspective,* 175–183. Amsterdam: Rodopi.

WAHRIG, GERHARD, & WAHRIG-BURFEIND, RENATE (2000). *Wörterbuch der deutschen Sprache.* München: Deutscher Taschenbuch Verlag.

WAITE, LINDA, & GALLAGHER, MAGGIE (2001). *The case for marriage: Why married people are happier, healthier and better off financially.* New York: Broadway.

WALTON, C. G., SHULTZ, C. M., BECK, C. M., & WALLS, R. C. (1991). *Psychological correlates of loneliness in the older adult,* in: *Archives of psychiatric nursing* 5 (3), 165–170.

WALTON, KENDALL (1988). *What is abstract about the art of music?,* in: *Journal of Aesthetics and Art Criticism* 46 (spring), 351–364.

WATT, R. J., & ASH, R. L. (1998). *A psychological investigation of meaning in music,* in: *Musicae Scientiae* 1, 33–53.

ZIMA, PETER (2000). *Theorie des Subjekts. Subjektivität und Identität zwischen Moderne und Postmoderne.* Tübingen: Francke.

ZUCKERMAN, MARVIN (1994). *Behavioral expressions and biosocial bases of sensation seeking.* New York: Cambridge University Press.

Christian Kaden

Musik als Agens von Geschlechterwandel

Anthropologische Perspektiven

Geschlechterforschung entwirft eigene Doktrinen. Einflussreich wurde in jüngster Zeit der Gedanke, dass das Bewusstsein von biologischer Geschlechtlichkeit eine Erscheinung erst westlicher Moderne sei. Antike, Mittelalter und frühe Neuzeit hätten Weibliches als defizitäre Version des Männlichen begriffen[1], ihr Augenmerk lediglich auf soziale Gender Roles[2] gelenkt, nicht auf sexuelle Unterschiede. Auch setzt sich die Überzeugung durch, dass von einer physisch-bipolaren Sexualität keine Rede sein könne[3], eher von einem Kontinuum, einer Mannigfaltigkeit der Abstufungen, auf denen – gesellschaftlich motiviert – die jeweilige Definition einer Verfassung als „weiblich" oder „männlich" stattfände. Im Folgenden soll, vermutlich überraschend, ein abweichender Ansatz umrissen werden. Ich will an der Unterscheidung von Sex und Gender, biologischem und sozialem Geschlecht festhalten[4]. Das Modell mutet überholt an. Indes hat es Vorzüge. Zum einen, und entgegen der eingangs zitierten These, ist es weithin kompatibel mit dem, was auch vormoderne Kulturen und Kulturen jenseits europäischer Überlieferung als „natürliche" und „soziale" Ausprägung des Geschlechts auffassen: explizit in der Reflexion, implizit in Verhaltensnormierungen. Ferner löst das Modell, zur zweidimensionalen Matrix aufgefaltet, die simple Gegenüberstellung von „weiblich" und „männlich" sehr wohl ab, nämlich durch vier idealtypische Geschlechterdispositionen:

---

1 Vgl. Thomas Laqueur, *Auf den Leib geschrieben. Die Inszenierung der Geschlechter von der Antike bis Freud.* München 1996, 145ff., 183ff.

2 Zum Begriff „Gender" vgl. Judith Butler, *Das Unbehagen der Geschlechter*. Frankfurt/M. 1991.

3 Regine Gildemeister / Angelika Wetterer, *Wie Geschlechter gemacht werden. Die soziale Konstruktion der Zweigeschlechtlichkeit und ihre Reifizierung in der Frauenforschung,* in: Gudrin-Axeli Knapp / Angelika Wetterer (Hg.), *Traditionen-Brüche. Entwicklungen feministischer Theorie.* Freiburg/Br. 1992, 209.

4 Vgl. Christina Lutter / Markus Reisenheimer, *Cultural Studies. Eine Einführung.* Wien 1998; Rebecca Grotjahn / Freia Hoffmann (Hg.), *Geschlechterpolaritäten in der Musikgeschichte des 18. bis 20. Jahrhunderts.* Herbholzheim 2002; Sabine Vogt, *The Making of ABBA. Bilder zwischen Fiktion und Wirklichkeit.* Mag.-arb. Berlin (Humboldt-Univ.) 1998; dies., *„The Girl with the Golden Hair" ABBAcadabra: Gedanken über ein „Mini-Musical" der schwedischen Pop-Gruppe ABBA,* in: Christian Kaden / Volker Kalisch (Hg.), *Musik und Urbanität.* Essen 2002, 207–221.

		Gender	
		♀	♂
Sex	♀	♀♀	♀♂
	♂	♂♀	♂♂

Abb. 1

Es handelt sich um die Typen der weiblichen Frau (♀♀), der männlichen Frau (♀♂), des weiblichen Manns (♂♀) und des männlichen Manns (♂♂)[5]. Schließlich können dergestalt, wie zu zeigen bleibt, Übergänge und Transformationen im Geschlechterverständnis sinnfällig abgebildet werden – und Musik spielt dabei eine markante Rolle. Geschichtliche und kulturelle Eigendynamiken werden mithin plastischer greifbar nach ihrer „emischen" Struktur, ihrer Selbstbeschreibung[6], als kraft einer theoretischen Vorab-Nivellierung von Sex und Gender – selbst wenn diese „objektiv", nach naturwissenschaftlichem Befund stimmen sollte. Allerdings wird es im Weiteren auch gar nicht primär um die Divergenz von Natur und Kultur, vielmehr um die doppelte Dimensionierung des Geschlechtlichen als solche gehen[7]. Drei Beispiele sollen den Sachverhalt erläutern helfen.

I.

An und für sich ist das skizzierte Schema bloß „abgeschrieben". Der Substanz nach könnte es einem spätantiken Traktat entstammen, aus der Feder des neuplatonischen Philosophen *Aristides Quintilianus*, mit der pauschalen Titulatur *De musica*[8]. Über den Autor ist wenig bekannt, selbst seine Lebensdaten sind nur vage lokalisierbar: zwischen dem 1. und 4. nachchristlichen Jahrhundert. Der Text seinesteils darf als erstes „Handbuch der Musikwissenschaft" überhaupt gelten; präziser: er liefert eine voluminöse Zusammenfassung antiker Kenntnisse über musiké (μουσική). Was wir als Zweidimensionalität von biologischem und sozialem Geschlecht fest-

5 Skaliert man die Dimensionen nicht nominal (wie in Abb. 1), sondern metrisch, lassen sich natürlich auch kontinuierliche Merkmalsausprägungen berücksichtigen. Idealtypik nach Max Weber bedeutet ohnehin, dass kategoriale Setzungen nur selten in reiner Form auftreten.

6 Zum Begriffspaar „emisch – etisch" vgl. das Heft *Emics and Etics in Ethnomusicology*, in: *The World of Music* 35 (1) (1993) 1–95.

7 Ich setze also voraus, dass Biologisches im Sozialen aufgehoben sei, aber minder „konstruktionistisch" überformbar als das Gesellschaftliche sensu stricto; die terminologische Differenzierung bleibt, zumindest arbeitsbegrifflich, von Nutzen.

8 Aristides Quintilianus, *De musica*, engl. in: ANDREW BARKER (Hg.), *Greek Musical Writings* 2. Cambridge 1989, 399ff.

gemacht haben, ist bei Aristides die Dualität aus Genos (γένος) und Ethos (ἦθος), aus Naturgeschlechtlichem und Geschlechtlich-Sittlichem[9]. Durchdekliniert wird das Paradigma an Zentralfiguren griechischer Mythologie, speziell der Musikmythen. Athene, welche der Legende nach den Aulos, ein phallisches Doppelrohrblatt-Instrument, erfunden haben soll[10], erscheint als „weiblichen Geschlechts", „jedoch diszipliniert und kriegerisch nach ihrem Charakter"[11]. Sie vertritt männliche Tugenden, bei unbeschädigt weiblicher Genitalausstattung. Ihr reziprokes Gegenüber ist der Silen Marsyas, der als ritueller Penisträger sein biologisches Geschlecht buchstäblich aller Welt vor Augen zwingt, jedoch dem hermaphroditischen Dionysos dient – sowie der Urmutter Kybele[12]. Seine Gender Role definiert sich als weibliche. Marsyas repräsentiert mithin den nach femininen Maßstäben handelnden Mann, nicht etwa den Androgynen oder Homoëroten. Dennoch verfällt er auf ethischer Dimension der Abwertung, während Athene wegen eben ihrer „zweiten", geschlechtlich-sittlichen Zuordnung normativ erhöht und bekanntlich zur Schutzpatronin Athens auserkoren wurde. Das biologische Geschlecht ist in der Tat also manifest: bei Athene wie bei Marsyas. Aber es gibt einen geringeren Wert-Ausschlag als das Ethisch-Geschlechtliche. Die Kombinationen männlich-männlich und weiblich-weiblich, auf dass die Matrix lückenlos „erfüllt" werde, verbleiben dann, Aristides zufolge, für ungemischte Gottheiten: die Muse Euterpe, die ebenfalls den Aulos zu protegieren wusste, sowie für Hermes, der, gemeinsam mit Apoll oder auch neben ihm, Lyra und Kithara in die Welt setzte[13].

Ethos (Gender)

Genos (Sex)		♀	♂
	♀	Euterpe	Athene
	♂	Marsyas	Hermes Apoll

Abb. 2

[9] Quintilianus (wie Anm. 8), 2, 19.

[10] Ibid.; vgl. FRIEDER ZAMINER, *Musik im archaischen und klassischen Griechenland,* in: ALBRECHT RIETHMÜLLER / FRIEDER ZAMINER (Hg.), *Die Musik des Altertums*. Laaber 1989, 169.

[11] Vgl. CHRISTIAN KADEN, *Musik (musiké, musica),* in: KARLHEINZ BARCK et al. (Hg.), *Ästhetische Grundbegriffe* 4. Stuttgart–Weimar 2002, 267, dort auch der Nachweis im griechischen Original.

[12] Quintilianus (wie Anm. 8), 2, 19; vgl. ALBRECHT RIETHMÜLLER, *Musik zwischen Hellenismus und Spätantike,* in: DERS. / FRIEDER ZAMINER (wie Anm. 10), 230.

[13] Quintilianus (wie Anm. 8), 2, 19.

Bemerkenswert ist nun dies: Die mythischen Akteure verkörpern, in voller Bandbreite, die denkbaren Sex-Gender-Kombinationen. Sie formieren ein gleichsam fixes Personal, eine perfekte Rollenbesetzung. Zugleich aber erzählt Aristides eine – seit altersher diskutierte – Transformations-Geschichte: sie betrifft nicht die Götter und Helden, sondern die Musikinstrumente. Diese (wenn wir uns auf die genannten konzentrieren: Aulos und Lyra/Kithara) sind keineswegs geschlechtslos. Sie werden jedoch *ausschließlich ethisch* qualifiziert, nach der Gender-Zuweisung. Männliches gilt in diesem Zusammenhang als das schlackenlos Positive, Weibliches, unter Berufung auf eine vorgebliche Devise des Pythagoras[14], als die schlechtere Seite menschlicher Existenz an und für sich (Abb. 3). Lyra und Kithara: Saiteninstrumente, zu denen man singen, denen man den Logos hinzufügen konnte, ordnen sich dem Guten zu; das Blasinstrument, wortlos tönend, mit orgiastischem Schall, dem Minderwertigen. Freilich stand der Aulos nicht von Anbeginn, er *kam* auf die „falsche“ Seite. Der Wertwandel korrelierte mit einem athenischen Staatsmythos, den der Bildhauer Myron bereits um 450 v. Chr. in einer auf der Akropolis postierten Figuren-Gruppe zur Darstellung brachte (Tafel 1)[15]. Athene galt – wie gesagt – als Inventorin der Doppeloboe. Das war eine aus dem ländlichen Böotien stammende Sage, mit der Pindar um 500 die Stadtbürger von Athen vertraut machte[16]. Man empfand das als

Tafel 1

[14] Ibid., auch 2, 10ff.

[15] Vgl. CHRISTIAN KADEN, *Das Unerhörte und das Unhörbare. Was Musik ist, was Musik sein kann.* Kassel 2004, 77ff.

[16] Vgl. ZAMINER (wie Anm. 10), 170.

schockierend – und reagierte mit einer Umdichtung. Da zum Spielen des Blasinstruments eine die Wangen stärkende Mundbinde, die Phorbeia, benötigt wurde, habe Athene sehr bald ihr Gesicht aufgeblasen, ganz und gar entstellt gefunden – und das selbst erzeugte Gerät verworfen, weggeworfen. Aufgehoben habe den Aulos dann aber Marsyas, der Dionysos- und Kybele-Jünger. In seiner Sphäre der Doppel-Wertigkeit, Zweideutigkeit sei das Instrument schlussendlich auch verblieben[17]. Am Aulos vollzieht sich ein Geschlechter-, ein Gender-Wechsel. Dieser ist sogar irreversibel, kann nicht mehr abgeändert werden. Und er trägt sich zu allein auf der (dem engeren Sinn nach) sozialen, der Ethos-Ebene. Das bedeutet beträchtliche Einschränkungen.

Aristides tut indes einen weiteren Schritt, mit brisanten Auswirkungen. Als Neuplatoniker (möglicherweise unter Plotins Einfluss stehend) setzt er all sein argumentatives Bemühen für das Absterben des Leiblichen ein, d. h. für die Überwindung des Körperlichen zugunsten der Ideen, des ätherisch Geistigen, Unsterblichen[18]. Bezüglich der Matrix aus Ethos und Genos heißt dies, dass Genos nicht nur unwichtig, subdominant werde, sondern gegenstandslos, existentiell hinfällig. Man könnte sagen, Ethisches *und* Biotisches seien ins Feld geführt, damit just das Letztere zur Liquidation freigegeben werde. Denn was realiter mit sexuellen Momenten modelliert ist, etwa Athenes Doppelcharakter, erfährt idealiter eine De-Sexualisierung. Auch musiké wird, dem Ideal nach, aus dem Körperlichen herausgenommen. Aristides sieht sie sogar als Helferin der Philosophie, die von der Leiblichkeit ablenke. Freilich ist dazu nur die ethisch gute musiké fähig; als Sublimationsinstrumente werden Lyra und Kithara, und allein sie, in Betracht gezogen. Am Ende, wenn man das weibliche Ethos sowie die körperlich-generative Dimension ganz allgemein ausscheidet (Abb. 3), bleiben füglich die apollinischen Saiteninstrumente – so Aristides wörtlich – ganz auf sich gestellt, bleiben sie per se übrig[19]. Die Erlösung der Welt und des Menschen, durch die aus der Geschlechtermatrix herausgelösten Lyra/Kithara, ist nichts als der Sieg des absoluten, ebenfalls aller Sexualität enthobenen Männlichen. Unsterblichkeit wird gewonnen in radikal geistiger Konstruktion, in freiem, willkürlichem Willen. Sie wird aber auch gewonnen durch Missachtung des Weiblichen, nach Genos *und* Ethos.

---

[17] Vgl. KADEN, *Das Unerhörte* (wie Anm. 15), 93ff., dort die weitergehende Deutung der Marsyas-Figur als eines Musik-Virtuosen und fremdstämmigen Metoikos, dem in Athen die Bürgerrechte verweigert wurden.

[18] QUINTILIANUS (wie Anm. 8), 2, 19 und 2, 92; vgl. die Wurzeln zu diesem Denktopos bei PLATON, *Phaidros* 61a–68b, dt. in: WALTER F. OTTO (Hg.), *Platon, Sämtliche Werke,* übersetzt von Friedrich Schleiermacher. Hamburg 1957ff.

[19] QUINTILIANUS (wie Anm. 8), bes. 2, 92.

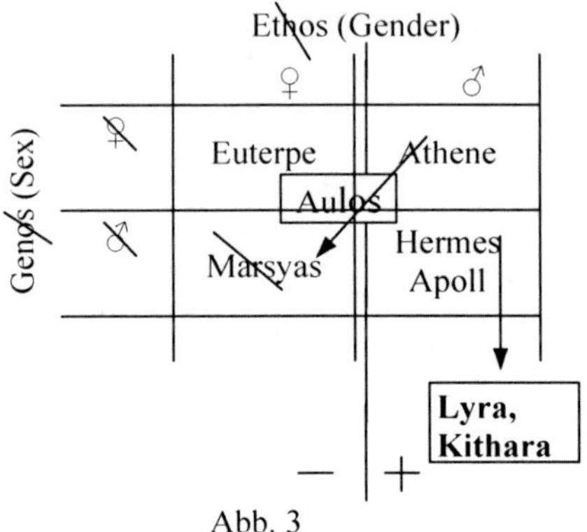

Abb. 3

Was Aristides Quintilianus kartographiert, ist mithin ein antikes Weltbild *samt seiner Steigerung zu letzten Konsequenzen.* Unzweifelhaft enthält es die – offenbar auch in der griechischen Ritualgeschichte ausgelebten – Dimensionen von Genos und Ethos, und zwar beidseitig, zusammen mit der Vielheit einschlägiger Geschlechteroptionen. Diese Vielheit jedoch, und ausdrücklich sie, wird selektiv beschnitten: zulasten des Genos, des Körperlich-Lebendigen, aber auch der weiblichen Geschlechterrolle. Abwertung des Körpers und die Abwertung der Frau – für die Philosophie der Alten Welt ein konstitutives, wenn auch nicht unumstrittenes Webmuster – verdichten sich zum System: zum System des Antik-Endzeitlichen. Bekanntlich sollte es zum Ausgangspunkt für das christliche Abendland und seine Visionen werden. Indes ist das zur Vereinzigung emporgetriebene Männliche nicht das Apriori einer Kulturerfahrung, sondern deren Folgeglied: Die Ausgrenzung muss das Erlebnis von Fülle zur Vorbedingung gehabt haben. Und obwohl Musik das Paradigma der Restriktion abgibt, erscheint sie gleichzeitig als Vehikel von Geschlechtertransformation: dem ethisch Guten zu durch Negation des Leiblichen. Noch im Verlust von Geschlechterdynamik bleibt sie Plattform des Geschlechterwandels. Auf ihr wird das Problem, wenn auch für die Antike ex negativo, ausgetragen. Man kann daher mit des Aristides Modell in zweierlei Hinsicht Maß nehmen. Verstehen lässt sich, was „nach ihm", in abendländischer Kultur zu herrschender Norm werden sollte. Erahnen lässt sich aber auch, was jenseits solcher Kulturierung, prall lebenswirklich, zu existieren weiß und wusste. Aristides Quintilianus bezeichnet insoweit eine Wasserscheide.

II.

Überschreitet man diese Wasserscheide in Richtung von Gesellschaften, die sich außerhalb europäischer Zivilisationsgeschichte oder zumindest relativ unabhängig von ihr entwickelten, ändern sich denn auch die Verhältnisse schlagartig. Einen ersten Einstieg in die Materie mögen uns religiös fundierte „Kommunen“ im sog. Recôncavo von Bahia (Nordostbrasilien) bieten. Sie stellen Siedlungszusammenschlüsse ehemaliger Sklaven dar, deren Vorfahren aus Westafrika verschleppt worden waren. Und obwohl sie keine „authentischen“ Tribalstrukturen ausbilden, lehnen sie sich in ihren Zeremonien, ihren Glaubensvorstellungen so intensiv an Bantu- und Yoruba-Traditionen an, dass man sie ohne Zwang mit naturnahen Sozialisierungsformen vergleichen darf, ja zu ihnen in Analogie setzen. Ganz besonders gilt dies für den Kult des *Candomblé*[20], der gerade nicht eine Einschnürung von Geschlechterrollen erstrebt, sondern deren Ausweitung. In der Literatur findet man ihn, zuweilen abschätzig[21], als Possessions-, als Besessenheits-Ritual beschrieben, bei dem in der Regel weibliche „Medien“ von einschlägigen Yoruba-Göttern spirituell heimgesucht und überwältigt werden. Weder der Begriff „Possession“ jedoch noch die Vorstellung einer Unterwerfung von „Medien“ durch überirdische Geistmächte sind zutreffend. Denn obgleich entsprechende Frauen für je spezielle Gottheiten, für *„orixás“*, initiiert werden, erlangen sie in Tranceritualen alterierte Bewusstseinszustände[22] – und verändern darin *ihre eigenen* personalen Identitäten. Nur während einer ersten, transitorischen Phase des Zeremoniells werden die „Medien“ von den Gottheiten, wie man formuliert, *„geritten“*, in unverstellter Anspielung auf biotische Sexualkontakte[23]. Sehr bald jedoch können sie die Rolle des *„cavalo“* abstreifen. Und die entscheidende Transformation besteht darin, dass die possedierten Frauen vollgültig zu orixás *werden*. In Trance gehen sie umher, frei nach den Bewegungsräumen, suchen Teilnehmer des Rituals auf, namentlich minder aktive „Zuschauer“, um sie in die Arme zu schließen und ihnen, gottgleich, Kraft zu spenden. Die zeremonielle Verwandlung, auf die es ankommt und ohne die keine Zelebration des Candomblé gelingen würde, besteht also darin, dass weibliche Akteure sich zu (auch) männlichen Göttern umwandeln, mythische Kraft, *„axé“* in sich aufnehmen – *und weiter-*

---

20 Vgl. TIAGO DE OLIVEIRA PINTO, *Capoeira, Samba, Candomblé*. Berlin 1991 (dieser Studie verdanken die nachfolgenden Ausführungen alle wesentlichen Sachinformationen); zur Vertiefung ELISABETH A. KASPER, *Afrobrasilianische Religion*. Frankfurt/M. 1988; RALPH M. BECKER, T*rance und Geistbesessenheit im Candomblé in Bahia (Brasilien)*. Münster 1995; ROBERT A. VOEKS, *Sacred Leaves of Candomblé: African Magic, Medicine and Religion in Brazil*. Austin 1997.

21 Vgl. die besonders drastische Fehlinterpretation bei UMBERTO ECO, *Das Foucaultsche Pendel*. München 1989, 252f. (die sich allerdings auf den dem Candomblé verwandten Kult der Umbanda bezieht).

22 Im angloamerikanischen Sprachgebrauch als „Altered States of Consciousness“ (ASC) bezeichnet; vgl. ERIKA BOURGUIGNON, *Altered states of consciousness, myths and rituals*, in: BRIAN M. DU TOIT (Hg.), *Drugs, rituals and altered states of consciousness*. Rotterdam 1977, 7–23; auch RUDOLF M. BRANDL, *Musik und veränderte Bewußtseinszustände*, in: HERBERT BRUHN et al. (Hg.), *Musikpsychologie. Ein Handbuch*. Reinbek 1993, 599–610.

23 PINTO, *Capoeira* (wie Anm. 20), 163.

geben; kosmische Energie nicht nur empfangen, sondern „zeugungsmächtig“ kommunizieren, verteilen, austeilen. Die „Medien“ entschlagen sich demnach ihrer Vermittlerrolle, erhöhen sich zu „eigentlich“ Handelnden. „Gerittene“ mutieren zu „Reitenden“, Input-Elemente (um es kybernetisch auszudrücken) zu Output-Elementen. Und aus Trägern weiblicher Gender Roles wachsen Persönlichkeiten, die eine Art mythischer Sexualität ausüben, bifunktional, in femininen und maskulinen „Stellungen“. Zu kurz nämlich griffe, wer die Rituale als lediglich performative, symbolische Aktionen deutete. Die Wandlungen werden von den Partizipanten des Candomblé als physisch-wirklich gefasst; anders wären sie nicht wirkmächtig. *Axé* ist keine „spirituelle“ Kraft nach europäischem Maß, in körperlicher Sublimation und Ausdünnung. Sie macht sich energetisch, als „power“ geltend, um nicht zu sagen: sie sei auch stofflich greifbar und anwesend. Der Beweis: *Axé* wird der Regel nach einer legendären Seinsschicht, einer eigenen Atmosphäre zugewiesen. Aber sie kann auch in den Göttern und den Menschen wohnen. Und allem voran steckt sie in den großen Candomblé-Trommeln, in deren Klängen, deren Schlagrhythmen. Diese übrigens sind so laut und aktivieren durchaus niedere Frequenzbereiche, dass sie den Tänzern und Zuhörern buchstäblich in den Leib fahren. Mehr noch: Die Trommeln konstituieren, neben „Medien“ und Gottheiten, eine dritte rituelle Personal-Ebene. Keine Gegenstände sind sie, sondern Lebe-Wesen: mit eigenem Namen, der durch eine Taufe erworben wurde. Und immer wieder muss man sie, z. B. mit dem Blut von ihnen geschätzter Opfertiere, tränken, nähren, wie ein Baby füttern[24].

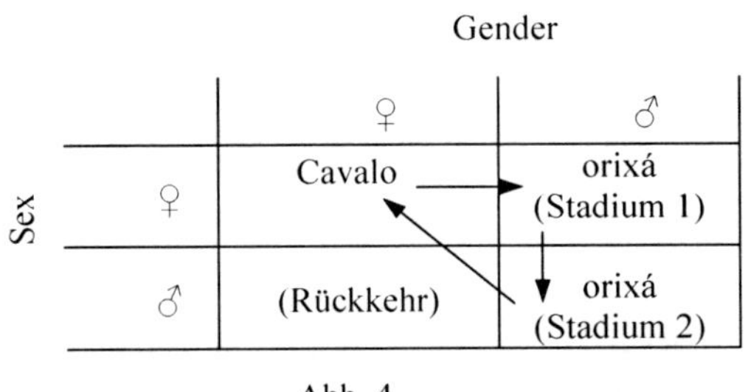

Abb. 4

Was wir „Musik“ zu nennen pflegen, ist im Candomblé weitgehend also mit *axé* identisch bzw. mit deren Erzeugung und Kommunikation, Kommunion. Darüber hinaus ist es das Lebens-Element, in dem massive existentielle Verzauberungen sich ereignen, auch und zuvörderst des Geschlechtlichen. Dabei darf man das Überwechseln vom *„cavalo“* zum *„orixá“* (Abb. 4) als eine „horizontale“, eine Gender-Transformation auffassen, den anschließenden Übergang in die Funktion des Kraftspenders hingegen als einen Quasi-Sexual-Wandel. Vielleicht wäre es sogar nützlich, der biotischen Vertikale eine dritte, eine Tiefendimension hinzuzufügen: die der mythischen Sexualität – was hier aber ausgespart bleiben möge.

---

[24] PINTO, *Capoeira* (wie Anm. 20), 179.

Jedenfalls, und nur darum geht es hier prioritär, erfolgen die Transformationen gleichzeitig auf mehreren Daseins-Achsen. Sie sind „doppelt genäht", vielfach abgesichert. Und wer einmal *orixá* war (siehe den Pfeil der Rück-Verwandlung), wird auch wieder zum realen Menschen. Er *muss* sogar, zur rechten Zeit, den Rückweg einschlagen[25]. Frauen, die männliche Gottheiten inkorporierten, können sehr wohl dann, und trotz allem, Kinder gebären, säugen, aufziehen. Aber sie können auch, neuerlich dem zum Trotz, im rituellen Kontext sich als *orixá* wiederfinden. Kreislauf der Verwechslungen – und ein Stoffwechsel. Pointiert: Was für abendländische Kultur, und expressis verbis bei Aristides Quintilianus, mehrdimensional ausgegrenzt wird und abgegrenzt, durch Musik, mit Hilfe von Musik, gelangt in Systemen wie dem Candomblé zu multipler *Entgrenzung*. Geschlechterrollen, Geschlechterpositionen werden nicht klassifikatorisch behandelt, tendenziell eindeutig, vielmehr „unordentlich" und übergängig – auf dass sie sich, auch und gerade für das individuelle Erleben, zu ergänzen vermöchten, in korrigierendem Miteinander, kompensatorischer Wechselwirkung[26].

III.

Ein soziales Gefüge mit wohl größtmöglicher Entropie in den Geschlechterrelationen – zum System „Aristides" liefert es die exakte Kontrastfolie – hat Gregory Bateson untersucht: bei dem auf Neuguinea lebenden Stamm der Iatumul. Sein Buch, mit dem lapidaren Titel *Naven* (und einem an Charles Darwin erinnernden pedantischen Untertitel)[27], zählt zu den ethnologischen Klassikern. Und obwohl es 1958 in einer berühmten Zweitauflage ediert wurde, garniert mit umfangreichen Kommentaren, Berichtigungen und Selbstzweifeln des Verfassers, fußt es faktisch auf Feldforschungen der 1930er Jahre, darf mithin nicht als Analyse eines etwa heute noch vorfindlichen Status quo missverstanden werden. Allerdings ist mir auch nicht an einer streng historischen Einordnung des Falls als vielmehr an seiner Beschreibung eo ipso gelegen; wir erzählen also von den Iatumul gleichsam im Präsentischen.

---

[25] Zu den einzelnen Stadien des alterierten Zustandes ibid. 196; zur Rückkehr des Schamanen aus der Ober- oder Unterwelt, die eine ähnliche Wiederherstellung psychischer Ausgangslagen leistet, ROGER N. WALSH, *Der Geist des Schamanismus*. Olten 1992; auch MIRCEA ELIADE, *Schamanismus und archaische Ekstasetechnik* (1951), Frankfurt/M. 1991.

[26] Zu den Begriffen „kompensatorische" und „kumulative Rückkoppelung" und den daraus resultierenden Denk- und Verhaltensmustern s. KADEN, *Das Unerhörte* (wie Anm. 15), 25ff.; vertiefend CLAUDE LÉVI-STRAUß, *Das wilde Denken*. Frankfurt/M. 1967.

[27] GREGORY BATESON, *Naven. A Survey of the Problems suggested by a Composite Picture of the Culture of a New Guinea Tribe drawn from Three Points of View* (1936). Stanford 1958.

Auffällig wurde der Tribe durch – wie Bateson schreibt – ausladend transvestitische Zeremonien[28], summarisch als „Naven“ gekennzeichnet. Gemeinsam ist ihnen, dass Frauen sich als Männer, Männer sich als Frauen kleiden und entsprechend inversen Handlungsweisen frönen. Ihren Platz haben die Rituale stets in kritischen Lebenssituationen aufwachsender Jugendlicher, für Knaben beispielsweise, die infolge einer strikt patrilinearen Organisation besondere Beachtung finden[29], sobald sie zum ersten Mal bestimmte Werkzeuge herstellen, eine Palme fällen, Vögel erlegen, mit dem Speer Fische fangen – oder (die Iatumul sind ehrgeizige Kopfjäger) ihren ersten Kriegsgefangenen töten[30]. In all diesen Lebenslagen tritt der junge Mann in Rivalität zu seinem Vater, zu dem er ohnedies ein emotional distanziertes Verhältnis unterhält[31]. Durchaus im Gegenzug wird folglich die subdominante mütterliche Abstammungslinie ins Spiel geworfen – und fühlen sich die mütterlichen Verwandten zu rituellen Responsen, in Gestalt des Naven, aufgefordert. Eine zentrale Bedeutung wächst namentlich dem ältesten Bruder der Mutter zu, der in matrilinearen Gesellschaften oft wichtiger für den jungen Mann ist als der leibliche Vater selber[32], bei den Iatumul indes, zeremoniös, als Mutter des Knaben in Erscheinung treten kann. Auf die Beziehung des „Onkels“ zu seinem „Neffen“, des „wau“ zum „laua“, wie die Iatumul-Terminologie lautet[33], soll hier folglich der Fokus gelegt werden; der Leser mag zusätzlich imaginieren, dass auch alle möglichen Tanten, Cousins, Cousinen etc. verwandtschaftliche Transvestiten-Rollen im Naven einnehmen[34]. Skandalträchtig rezipiert wird freilich in der Tat der „wau“, der wiederum auf mehreren Ebenen seine Geschlechtsidentität umgestaltet. Als altes Weib kostümiert, beginnt er, sein Baby, eben den „laua“, in Busch und Feld zu suchen und, wenn er fündig geworden, ihm regelrecht nachzustellen: meist zu des lauas nachhaltigem Missver-

---

28 Ibid., Inhaltsverzeichnis, XI; Nachwort von 1936, 257ff.

29 Ibid., 4, 10.

30 Ibid., 6ff.

31 Ibid., 38ff.

32 In der Ethnologie hat sich dafür der Begriff „Avunkulat“ eingebürgert; vgl. ALFRED R. RADCLIFFE-BROWN / DARYLL FORDE (Hg.), *African systems of kinship and marriage* (1950). London 1962.

33 BATESON (wie Anm. 27), 35–53, 74–85.

34 Zu deren Terminierung s. Batesons Glossar, 307ff. Für den westlichen Leser erschwerend tritt hinzu, dass Abstammungsverhältnisse in naturnahen Kulturen vielfach nicht nach konkreten Personen, sondern nach den Angehörigen von Verwandtschafts-Klassen, „klassifikatorisch“ definiert werden; wer „Onkel“ ist, muss also nicht buchstäblich Onkel sein, sondern einer Altersklasse und lineage angehören, für die diese Rolle typisch und wahrscheinlich ist (vgl. die mustergültige Darstellung entsprechend hochkomplexer Systeme bei FREDERICK ROSE, *Classification of kin, age structure and marriage amongst the Groote Eylandt aborigines*. Berlin 1960); diese Feinheiten sollen im Weiteren nicht berücksichtigt werden.

gnügen[35]. Hat sich der wau an das „Kind" herangemacht, offeriert er sich diesem sogar als Frau und Sexualpartner (sic), indem er das Gesäß an den Beinen des Knaben scheuert[36]. Eine Horde johlender Jugendlicher kommentiert das Treiben[37]. Auf dem Gipfel des Anzüglichen dann, um zu beweisen, dass er ernstlich weibliche Geschlechtsteile am Leibe trage, kann der wau die eigene Frau (zeremoniell: die „mbora")[38] zum Sexualakt anstiften, wobei sie die männlichen, er die weiblichen Handlungsimpulse gibt: neuerlich coram publico[39]. Gewiss hat solches Überkreuz nützliche Effekte. Der Mann in der Sexualrolle der Frau wechselt körperlich, wenn auch nur zeitweilig, in deren Clan über; für sie trifft das gleiche zu in der Umkehrung. Zudem dürfte es kein Schaden sein, sich in praxi die Grenzen der eigenen Sexualausrüstung zu vergegenwärtigen – und mithin in die physische Lage des Partners einzufühlen. Da all das aber vor den Augen des laua geschieht – und vor den Augen amüsierter Stammesbrüder –, hat es, nach Bateson, höchst prekäre Folgen. Der Knabe, dem Onkel und Tante so verdreht aufwarten, versinkt in Scham; seine Schwester beginnt zu weinen[40]. Das „Unrichtige" der biologischen Inversion wird für beide offenbar thematisch. Und nur Geschenke an den wau, die ihrerseits das soziale Gleichgewicht zwischen väterlichem und mütterlichem Clan restaurieren helfen, erlösen den laua aus den Peinlichkeiten[41]. Vielleicht ja auch sollen der betroffene Knabe und seine Schwester durch den verkehrten Sex auf das normativ Akzeptable erst recht hingeleitet werden; sollten die eigenen Eltern ihnen einen invertierten Koitus darbieten, wäre es für das soziale Empfinden unerträglich[42]. Die Geschlechtswandlung des wau und der Seinen hat daher, gerade im Verstehenshorizont der Iatumul, etwas Abenteuerliches. Und nicht völlig verfehlt scheint es, ihr eine buffoneske Attitüde zuzuschreiben[43].

Dennoch ist das nur die halbe Wahrheit. In anderem Kontext erfährt man die Transformation des wau als todernste, oder sagen wir: als lebensernste Aufgabe. Vor allem hier auch ist das Modell einer Doppeldimensionierung von Geschlechterrollen sinnträchtig. Es handelt sich schlicht um eine andere, neue Konstellation, in der wau und laua einander nun begegnen. Die Rede ist von Initiationsriten, bei denen den Knaben schwere Wunden zugefügt werden[44]. Selbstverständlich sind sie, unter patrilinearem Dach, pure Männersache. Auch der wau darf daran teilnehmen, denn,

---

35 BATESON (wie Anm. 27), 12ff.
36 BATESON (wie Anm. 27), 12ff.
37 Ibid., 12.
38 Ibid., 309.
39 Ibid., 20.
40 Ibid.
41 Ibid., 19.
42 Ibid., 36.
43 Ibid., 259.
44 Ibid., 129ff.

der Natur nach, ist er Mann. Zugleich gestattet ihm die Gender Role, in Bezug auf seinen laua als Mutter zu agieren. *Und er verkörpert diese Mutter*, indem er den Initianden tröstet (Tafel 2): Ihn auf seinem Schoß haltend, begleitet er die operativen Eingriffe[45]. Mitleid zu haben, tiefes Mitgefühl zu zeigen, bliebe dem jeweiligen Vater unerlaubt, wäre ihm strukturell unmöglich. Also steht eine männliche Mutter dem Initianden bei: in der großen, angesichts von Infektionsrisiken bedrohlichen Passage. Das erhöht des jungen Mannes Überlebenschancen. Der wau ist für ihn existentiell unverzichtbar, daseinswichtig.

Tafel 2

IV.

Was beim Candomblé bereits diagnostiziert wurde: eine horizontale *und* eine vertikale Verschiebung des Geschlechtlichen, reproduziert sich also in der Kultur der Iatumul: sofern nicht alles täuscht, sogar mit divergierenden Wertbezügen. Auf der einen Seite, in der sexualbetonten Vertikale, das Buffoneske, zu Heiterkeit und Scham Anreizende. Auf der anderen Dimension, horizontal, der Geschlechterwandel als Moment von Trost, Lebens-Begleitung, Lebens-Erhaltung. Was Musik für diesen Prozess leiste, en détail und im Einzelnen, bleibt in Batesons Bericht unscharf. Fest steht, dass sie immer dabei ist, durch Gesang, Tanz und Trommelschlagen. Vermutlich sollte man die Aufmerksamkeit auch gar nicht auf klangliche Aktionen als solche richten. Es ist die Aura des Rituals an sich, des welterschließenden Verhaltens, der Umwertung alles Wertigen, die dem Alltagsleben gegenübertritt. Und die dem

[45] Ibid., 77, auch Plate XI.

EINEN das ANDERE hinzugibt, dem Rohen das Gekochte[46], dem Profanen das Heilige[47]. Musik und Ritual, Musik als Ritual, das Ritual als Musik[48]: Sie sorgen dafür, dass auch Welt sich verdoppele – zu einer Struktur der Selbstregulation, der Selbstberichtigung, des Gegen-Halts im Seienden.

Warum aber jener gewaltige, fast schon gewaltsame Unterschied zwischen dem Modell „Aristides" und den naturnahen Kulturkonzepten? Warum Transformationsverzicht hier, Vervielfältigung des Seins dort, mehrdimensionale Vervielfältigung?

Mit wenigen Strichen möchte ich einen Erklärungsansatz von Bateson selbst aufnehmen. Für ihn stellt der Geschlechtertausch der Iatumul eine Methode dar, um der „Schismogenese" des Stammes vorzubeugen[49]. Gemeint ist damit zunächst ganz unvermittelt das Auseinanderdriften von Clans. Rigoros patrilineare Orientierungen, auch in der Vererbung von Gütern und Fähigkeiten, schließen die Gefahr ein, dass väterliche Familienzweige überbewertetet würden, sich verselbständigten, mütterliche Verwandtschaften dagegen in den Hintergrund gerieten und sozusagen dem Vergessen anheim fielen. Sofern jedoch eine Kooperation mit diesen lineages nötig ist, um bestimmte Aufgaben in Jagd und Feldbau, bei der Errichtung von Häusern, aber natürlich auch bei der Bewahrung des sozialen Friedens und der kriegerischen Abgrenzung des Eigenterritoriums überhaupt zu bewältigen, etabliert der Geschlechtertausch eine soziale Gegen-Strebung. Er wirkt einer Sozialversicherung ähnlich – und überkreuzt alle Tendenzen zu Vereinseitigung, Aufsplitterung und Entsolidarisierung im Stammesleben[50]. Schismogenese dagegen steht, vom Prinzip her und in umfassenderer Sinngebung, für ein kumulatives Auseinanderwachsen. Sie bedeutet Ausdifferenzierung verschiedener Linien, Entfremdung, zunehmendes Fremd-Werden. Und so, wie Bateson sie darstellt, geht sie einher auch mit Spezialisierungen. In gewissem Maße charakterisiert sie durchaus den Trend moderner Leistungsgesellschaften, einschließlich ihrer Rollen- und Arbeitsteilung, einschließlich daraus resultierender Diskursbehinderungen[51].

---

46 Vgl. CLAUDE LÉVI-STRAUß, *Das Rohe und das Gekochte* (Mythologica 1). Frankfurt/M. 1983.

47 MIRCEA ELIADE, *Das Heilige und das Profane: Vom Wesen des Religiösen.* Frankfurt/M. 1998.

48 Vgl. TIAGO DES OLIVEIRA PINTO, *Musik als Text und Kontext im candomblé (Brasilien),* in: HERMANN DANUSER / TOBIAS PLEBUCH (Hg.), *Musik als Text.* Kassel 1998, 233.

49 Bateson (wie Anm. 27), 171–197; vgl. dazu den Kommentar des Wissenschaftshistorikers MORRIS BERMAN, *Wiederverzauberung der Welt. Am Ende des Newtonschen Zeitalters.* Reinbek 1985, 219ff.

50 BATESON (wie Anm. 27), 107, wörtlich: "These links form a network which runs *across* the patrilineal systems of clans, moieties, and initiatory groups and thereby ties the conflicting groups together."

51 Zur funktionalen Ausdifferenzierung moderner Gesellschaften vgl. NIKLAS LUHMANN, *Soziale Systeme*. Frankfurt/M. 1984, passim.

Geschlechtertausch, Rollentausch in non-schismatischen Gesellschaften, wäre mithin als Korrelat einer Systembildung zu verstehen, welche sich um die Bewahrung von Ganzheitlichkeit und Zusammenhalt müht, ohne Rückgriff auf bürokratische oder juristische Regularien; nicht zufällig hält Bateson fest, dass die Iatumul weder einen Staat noch law and order hätten[52]. Was Zusammenhang stiftet, ist vielmehr Interaktionserfahrung – und die je individuelle Erfahrung des So-Seins und auch Anders-Sein-Könnens. Differenzierung fände wesentlich statt auf der Ebene des Individuellen, *innerhalb* des je Persönlichen. Tatsächlich sind Angehörige von Naturvölkern – das lehrt eine naiv-unvoreingenommene Beobachtung, entgegen kolonialistischer Klischeesetzung[53] – eminent vielseitige Charaktere und erlangen eben in der Verwandlungsfähigkeit ihre Konturenschärfe.

Schismogenetische Gesellschaften demgegenüber vollzögen die soziale Differenzierung vornehmlich *zwischen* den Individuen, die in persona keine großen Spielräume auszuloten hätten und deren Charakterprägung sich assoziierte mit Spezialistentum, fokussierter Erfahrung, zielstrebigen Vereinseitigungen. Wichtig für sie wäre, dass jeder an seinem gesellschaftlichen Ort sich aufhielte, klassifikatorisch zuverlässig. Und sollte die Ausdifferenzierung zu groß werden, den sozialen Diskurs zum Kollabieren bringen, hätten eigene Ordnungsmechanismen, Gesetz, Recht, Verwaltung, Platz zu greifen. Oder – das ist die Pointe des Modells „Aristides" – die Eindämmung schismogenetischer Entropie: durch Denunziation sozialer Optionen, etwa der des Weiblichen. Ich rege also an, den Umgang mit Geschlecht und Geschlechterrollen nach seiner Abhängigkeit vom Komplexitätstypus einer Gesellschaft[54] sowie dem (Ideal-)Typ sozialer Ausdifferenzierung in den Blick zu nehmen. Dass auch Musik innerhalb der jeweiligen Prozesse unterschiedlichen Zielen zuarbeite: hie klassifikatorischer Ein-Ordnung, der Bekräftigung sozialer Distinktionen, da einem „Drunter und Drüber" im Rollentausch – für das Ekstasen oder Trancen gar nicht intensiv genug sich ausleben lassen –, liegt als Hypothese auf der Hand, bedarf allemal indes empirischer Ausforschung. Vermutlich wird sich dabei einmal mehr zeigen, dass vom Singular *der* Musik keine Rede sein könne und wir mit diametral entgegengesetzten Musik*en* rechnen müssen. In einer Zeit globaler Vernetzungen verdienen diese erst recht, erkannt und anerkannt zu werden.

---

52 BATESON (wie Anm. 27), 98.

53 Vgl. die sprechenden Charakterporträts brasilianischer Indios bei dem sonst eher belletristisch orientierten Reiseschriftsteller ERICH WUSTMANN (*Abschied von den Indianern*. Leipzig 1981; *Hrenki: geboren im indianischen Dschungel*. Halle 1986; *Arapú: ein Indianer vom Xingú*. Halle 1988), auch die berühmte Schilderung des Tupi-Häuptlings Taperahi durch CLAUDE LÉVI-STRAUß, *Traurige Tropen*, Leipzig 1988, 403ff. (dazu das Foto in der Bildeinlage).

54 Zum Problem großer (sozialer) Systeme sowie zur Unterscheidung einer auf Elemente und einer auf Relationen bezogenen Komplexität (n-, m-Komplexität) s. KADEN, *Das Unerhörte* (wie Anm. 15), 35ff.

MAX HAAS

Musik als Form des Denkens

Anmerkungen zu einer Problemstellung zwischen Aristoteles und Leibniz

1. VORBEMERKUNGEN[1]

Die geläufige Konzeption der Musikgeschichtsschreibung ist im deutschen Sprachbereich gerade in Handbüchern und Übersichtsdarstellungen von Kriterien des 18. und 19. Jahrhunderts geprägt. Dabei scheint die Frage, wonach gefragt wird, wenn es um „Musik als Form des Denkens", also um „musikalisches Denken" geht, gerade mitbeantwortet. Kernstück wird dann zum Beispiel die mit Kriterien wie „Werk", „Rationalität" oder „Form" vermessene „Musik im Abendland" oder die mit Ausdrücken wie „Nachahmung", „Realismus", „Autonomie", „Schönheit", „Wahrheit", „Ausdruck", „das Erhabene" und „das Charakteristische" emphatisch inszenierte und ästhetisch bestimmte „abendländische Kunstmusik".[2]

Solche mit dem „Erleben" verknüpfte Denkformen des 18. und 19. Jahrhunderts gelten als Sonderfall. Ihm gegenüber scheinen heute Überlegungen, die Denker und

---

[1] Vor diesem Aufsatz schrieb ich mein Buch *Musikalisches Denken im Mittelalter. Eine Einführung*. Bern etc. 2005. Der vorliegende Aufsatz ist keine Zusammenfassung des Buches, sondern eine Verdichtung der Frage nach dem „musikalischen Denken" anhand zweier Grundfaktoren mittelalterlicher Lehre, nämlich „Quantität und Qualität" einerseits sowie „Opus" andererseits samt der dazu notwendigsten Umschreibung der Voraussetzungen. Mehr bibliographische oder sachorientierte musikwissenschaftliche Hinweise und Materialien finden sich im Buch. – Meine stilistischen Möglichkeiten haben nicht ausgereicht, um Leserinnen und Leser gleichzeitig anzusprechen. Leserinnen mögen es mir nachsehen, wenn ich grammatikalisch maskuline Bezeichnungen in jenem Neutrum professionale denke, vor dem wir manchmal gleich sind. – An Abkürzungen, die in der Musikwissenschaft nicht üblich sind, verwende ich: *RUB*: Reclams Universal-Bibliothek; *stw*: suhrkamp taschenbuch wissenschaft; *utb*: Uni-Taschenbücher.

[2] Zum Stichwort *Abendland*: RÉMI BRAGUE, *Europe. La voie romaine*, Paris 1992; dt. *Europa. Eine exzentrische Identität* (Edition Pandora 13). Frankfurt/M. etc. 1993; ALAIN DE LIBERA, *Penser au Moyen Âge*, Paris 1991; dt. *Denken im Mittelalter*, München 2003. Zum Stichwort *Rationalität*: Als *pars pro toto*-Hinweis erwähne ich den von WOLFGANG SCHLUCHTER herausgegebenen Sammelband *Max Webers Sicht des okzidentalen Christentums. Interpretation und Kritik* (stw 730). Frankfurt/M. 1988. Musikwissenschaftlich vor allem wichtig ist darin der Beitrag von BRIAN STOCK, *Schriftgebrauch und Rationalität im Mittelalter*, 165–183. – Bei der Sammlung wegleitender Ausdrücke half mir die Rezension von RALF VON APPEN: *Helga de la Motte-Haber (Hg.): Musikästhetik (Handbuch der Systematischen Musikwissenschaft Band 1), Laaber: Laaber, 2004*, in: *Frankfurter Zeitschrift für Musikwissenschaft* 8 (2005), 5.

Denkformen vom späten 19. Jahrhundert an mit der mittelalterlichen Philosophie zusammenführen, angemessener. Man kann demnach mit dem Thema „musikalisches Denken" eine Schwierigkeit nicht umgehen. Sie besteht darin, dass wir heute vielleicht nicht notwendigerweise auf mittelalterliche Philosophie angewiesen sind. Doch benötigen wir heutige, manchmal als angelsächsisch bezeichnete philosophische Fragestellungen und nicht jene, die im deutschen Idealismus gipfeln, um an Denkvorgänge im Mittelalter heranzukommen. Darum wird hier nebenbei eine gängige musikgeschichtliche Planung zum Problem, soweit sie idealtypisch von Errungenschaften des deutschen Idealismus geprägt ist.

In dieser musikwissenschaftlich prekären Situation scheint es mir angebracht, so gut es einem (Musik-)Historiker eben möglich ist, anhand meiner Materialien zu zeigen, welche Ausgangspunkte zum „musikalischen Denken" in Frage kommen, was sich mit ihnen in einer ersten Lesart machen lässt und welche Schwierigkeiten im Einzelnen sich eine von Überlegungen des 18./19. Jahrhunderts ausgehende Musikgeschichtsschreibung eingehandelt hat.

2. ÜBER „MUSIKALISCHES DENKEN"

Unsere Ohren unterscheiden recht flink zwischen verschiedenen Klassen von akustischen Ereignissen. Wir versorgen die Geräusche eines bremsenden Autos oder eines zusammenbrechenden Büchergestells in der Begriffskiste „Lärm", während die Geräusche, die sich mit einer Nasenflöte, einer Geige oder einer Maultrommel erzeugen lassen, wie auch jene, die ein Popstar oder eine „Königin der Nacht" aus sich selber hervorbringen, zielsicher dem Begriff „Musik" zugeordnet werden.[3] Dieser Gebrauch von „Musik" ist schwierig analysierbar, da er durch mannigfache Gewohnheiten zu Stande gekommen ist. Davon abgehoben ist der begriffsgeschichtliche Ausschnitt, der mit den Namen Aristoteles (384–322) und Leibniz (1646–1716) begrenzt ist[4], wobei nach der Antike das Mittelalter etwa mit Boethius (um 500) beginnt. Diese Zeitspanne ist darum immer wieder von Bedeutung, weil „Musik" darin nicht eine bestimmte Klasse akustischer Ereignisse, sondern die Reflexionsform bezüglich dieser Klasse anzeigt.

Das Wort Musik verweist als in den drei Schriftreligionen Judentum, Christentum und Islam zu mittelalterlicher Zeit üblicher Graezismus – lat. *musica*; arab.,

---

[3] Es geht um Akte der Identifizierung – vgl. PETER FREDERICK STRAWSON, *Einzelding und logisches Subjekt (Individuals). Ein Beitrag zur deskriptiven Metaphysik*, Kap. 2: *Geräusche* (RUB 9410). Stuttgart 1972.

[4] Zu dieser überlieferungs- und wissenschaftsgeschichtlich gebräuchlichen Zeitangabe: INGEMAR DÜRING, *Von Aristoteles bis Leibniz. Einige Hauptlinien in der Geschichte des Aristotelismus,* in: PAUL MORAUX (Hg.), *Aristoteles in der neueren Forschung* (Wege der Forschung 61). Darmstadt 1968, 250–313; orig. in: *Antike und Abendland: Beiträge zum Verständnis der Griechen und Römer und ihres Nachlebens* 4. Hamburg 1954, 118–154.

hebr. *musiqi/musiqa* – auf einen bestimmten Hintergrund. Wer im Rahmen dieser Religionen von „Musik" spricht, meint den Modus der Reflexion gegenüber Klingendem, wie er sich im griechischen Schrifttum ausgebildet und in verschiedenen Rezeptionsverfahren transformiert hat. Nicht in Betracht kommen damit reflexive Verfahren gegenüber autochthonen Formen der Klanggestaltung, im Hebräischen etwa mit *ne'ima*, im Lateinischen manchmal mit *cantus* oder im Arabischen mit *ghina* angezeigt.

In diesem Aufsatz geht es um die Frage, wie Musik zwischen Aristoteles und Leibniz als Reflexionsform, als Anschauungs- und Denkform funktioniert.[5] Um die Doppelbedeutung von „Musik" – ehemals: Reflexionsform, heute: Klasse von akustischen Ereignissen – zu entwirren, verwende ich den Begriff „Musik" im Folgenden nur im Sinne einer Reflexionsform und gebrauche für „Musik" im Sinne akustischer Ereignisse den ungewohnten, aber aussagekräftigen Ausdruck „organisierte Klanggestaltung". Ausnahmen von dieser Regel gibt es dann, wenn sie im Kontext offensichtlich sind. Berichtet wird aus Platzgründen nur über einige Aspekte dieser Reflexionsform im mittellateinischen Schrifttum.[6]

3. PROBLEME MIT DEM „MUSIKALISCHEN DENKEN"

Der Ausdruck „Musik als Form des Denkens" hat mit dem Thema „musikalisches Denken" zu tun. Da ich darunter das Denken in Bezug auf Musik verstehe und weiß, dass diese Lesart der üblichen widerspricht, berichte ich zunächst über eine gängige Auffassung und Schwierigkeiten, die aus ihr erwachsen.

Eine Internetsuchmaschine wie „Google" stöbert „musikalisches Denken" derzeit fast 500-mal auf, ohne dass aus den Belegen allein klar würde, was das Thema meint. So ist an einer Stelle vom „musikalischen Denken" eines Komponisten die

---

5 Die Begriffe „Anschauungsform" und „Denkform" gehen auf Kants *Kritik der reinen Vernunft* zurück und sind im 20. Jahrhundert vielleicht auch durch ihre Funktion in der *Philosophie der symbolischen Formen* Ernst Cassirers – „Der Mythos als Denkform" bzw. „Der Mythos als Anschauungsform" – geläufig. Fritz Reckow hat sie für eine Reihe von Symposien als Leitbegriffe genutzt, um die scheinbare Einheit des „Denkens" oder der „Anschauung" in heuristisch fruchtbarer Weise aufbrechen zu können. Bei der Ausarbeitung der Beiträge hat sich dann Michael Fend ganz besonders um die Begriffe gekümmert: *Die Haut oder der Hut? Zur Geschichtlichkeit musikalischer ‚Anschauungs- und Denkformen'*, in: MAX HAAS / WOLFGANG MARX / FRITZ RECKOW (†) (Hg.), *Anschauungs- und Denkformen in der Musik*. Bern etc. 2002, 69–117. Reckows Ansatz ist sehr viel umfassender als das, was ich hier versuche: *Anschauungs- und Denkformen in kunstwissenschaftlicher und speziell musikologischer Sicht*, a. a. O., 9–17.

6 Eine ausgedehntere Berichterstattung liefert mein in Anm. 1 erwähntes Buch sowie mein Beitrag *Griechische Musiktheorie in arabischen, hebräischen und syrischen Zeugnissen*, in: THOMAS ERTELT / FRIEDER ZAMINER (Hg.), *Vom Mythos zur Fachdisziplin. Antike und Byzanz* (Geschichte der Musiktheorie 2). Darmstadt 2006, § 65 Anm. 135.

Rede, wozu man sich analog das „sprachliche Denken“ eines Dichters oder das „künstlerische Denken“ eines Malers vorstellen mag. An anderer Stelle wird betont, das „musikalische Denken“ des berühmten Dirigenten *X* sei „in Bewegung“, was sich daran zeige, dass „er in einem Werk immer wieder neue Schichten freilegen“ könne. Eine Musiklehrerin meint, die „Musik für Kinder erlebbar zu machen, musikalisches Denken und die künstlerische Phantasie zu entwickeln“, sei „ein beglückendes Erlebnis“. Man mag den drei nach Belieben vervielfältigbaren Beispielen entnehmen, dass musikalisches Denken eine begehrenswerte Sache ist. Sie zeigt die besondere Fertigkeit des Komponisten als eines Schöpfers wie des Dirigenten als eines Interpreten der Schöpfung. Und sie zeigt an, was Kinder zu entwickeln haben, bevor sie Schöpfer oder Interpreten werden.

Was eine solche Verwendung des Ausdrucks „musikalisches Denken“ intendiert, wird klarer, wenn man den Begriff der Kognition anvisiert. Er umfasst „alle intellektuellen Leistungen im Gegensatz zu Emotion und Imagination“[7]. Im Gegensatz dazu dürfte der Ausdruck „musikalisches Denken“ die Hoffnung nähren, die Intellektualität sei von Emotion und Imagination nicht ganz getrennt.[8] Wer einem Hegel-Zitat mehr traut, mag solches Denken als „das gestaltlose Sausen des Glockengeläutes oder eine warme Nebelerfüllung“ auffassen.[9] Wohl mehr um Verständigung bemüht wäre heute die Ansicht, „musikalisches Denken“ werde dann wichtig, wenn die Angst umgeht, die Sachlichkeit eines Arguments allein beglaubige dessen Tauglichkeit.

Im Zusammenhang mit dem Ausdruck „musikalisches Denken“ ist eine Facette bemerkenswert, die sein alltäglicher Gebrauch aufwirft. Menschen gelten oft als reif, wenn sie nicht zu einseitig sind, sondern eine Opposition überbrücken und daher das rechte Maß zwischen Herz und Verstand oder Seele und Geist vertreten. Was heute im Gebrauch einer solchen Opposition als Vorrang des Gefühls gegenüber dem Intellekt figuriert, entspricht vielleicht der Charakterisierung, mit der Heinrich Heine vom Vater erzählt: „Er witterte mit seinen geistigen Fühlhörnern, was die Klugen

---

[7] Gebhard Rusch, *Kognition,* in: Ansgar Nünning (Hg.), *Metzler Lexikon Literatur- und Kulturtheorie. Ansätze–Personen–Grundbegriffe*. Stuttgart–Weimar [3]2004, 326b.

[8] Darum verschickt der Musikalienhändler eine Werbebroschüre für Weihnachtseinkäufe mit dem Titel *Zeit für Emotionen – Zeit für klassische Musik.*

[9] Bei G. W. F. Hegel heißt es in der *Phänomenologie des Geistes* IV. B. aus dem Jahre 1807: Eine besondere Art des Bewusstseins „*verhält* sich daher in dieser ersten Weise, worin wir es als *reines Bewusstsein* betrachten, *zu seinem Gegenstande* nicht denkend, sondern indem es selbst zwar *an sich* reine denkende Einzelheit und sein Gegenstand eben dieses, aber nicht die *Beziehung aufeinander selbst reines Denken* ist, geht es sozusagen nur *an* das Denken *hin* und ist *Andacht*. Sein Denken als solches bleibt das gestaltlose Sausen des Glockengeläutes oder eine warme Nebelerfüllung, ein musikalisches Denken, das nicht zum Begriffe, der die einzige immanente gegenständliche Weise wäre, kommt.“ In der von Eva Moldenhauer und Karl Markus Michel herausgegebenen Suhrkamp-Werkausgabe. Frankfurt 1970, findet sich das Zitat in Bd. 3 auf S. 168.

erst langsam durch die Reflexion begriffen. Er dachte weniger mit dem Kopfe als mit dem Herzen und hatte das liebenswürdigste Herz, das man sich denken kann."[10]

Die Tauglichkeit der Opposition für Charakterstudien sei hier nicht besprochen. Fraglich wird sie, wenn Musik mit ihrer Hilfe ausgemessen wird. Hans Heinrich Eggebrecht, der die derzeit meistgelesene Musikgeschichte verfasste, schreibt von einer Musik, die „nie anders gedacht worden ist (und somit wohl nicht anders gedacht werden kann), als ein Ineinander-Sein von *Gefühl und Ratio*, *Empfindungsausdruck und Zahlhaftigkeit*, *Emotion und Mathesis*, so dass diese durch alle Geschichte hin konstante Aussage ein Wesensmerkmal der Musik zeitlos zu benennen vermag".[11] Damit wird sinngemäß eine Ansicht vertreten, die der in musikalischen Belangen vielfach beschlagene Eduard Hanslick in einem auch heute noch gern zitierten Satz formulierte. Es heißt bei ihm: „Der Componist dichtet und denkt. Nur dichtet und denkt er, entrückt aller gegenständlichen Realität, in Tönen."[12] Hängt der Musikästhetiker und -kritiker, der meiner Lesart zufolge die Seele dichten und den Geist denken lässt, hier der erstmals im dritten Band des *Phantasus* (1816) erschienene Glosse Ludwig Tiecks nach – „Süße Liebe denkt in Tönen, / Denn Gedanken stehn zu fern, / Nur in Tönen mag sie gern / Alles, was sie will, verschönen"[13] – deren Genealogie sich vielleicht von Petrarcas Einleitungssonnett zum *Canzoniere* herleitet und deren Sprachklang auch einem Wackenroder nicht fremd ist?[14]

Meine Probleme mit solchen Sätzen ist die scheinbare Vereinfachung, tatsächlich aber Verfälschung, mit der „Musik" als zeitloser Begriff von einem zeitlosen Menschen verstanden wird.[15] Musik und Menschen sind nicht unveränderlich, sind

---

[10] HEINRICH HEINE, *Memoiren*, in: *Dichterische Prosa. Dramatisches.* München 1969, 826.

[11] HANS HEINRICH EGGEBRECHT, *Musik im Abendland. Prozesse und Stationen vom Mittelalter bis zur Gegenwart.* München–Zürich 1996, 272/273 (Kursive M. H.).

[12] EDUARD HANSLICK, *Vom Musikalisch-Schönen.* Leipzig 1854, 102/103.

[13] Siehe zur Glosse und zum parodistischen „Kommentar" von Ludwig Uhland *(Der Rezensent)* zu diesem Thema: WOLFGANG KAYSER, *Kleine deutsche Verslehre* (utb 1727). Tübingen–Basel [24]1992, 60.

[14] Man lese den Kommentar zur *Glosse* Tiecks von PAUL GERHARD KLUSSMANN, *Bewegliche Imagination oder Die Kunst der Töne. Zu Ludwig Tiecks ‚Glosse'*, in: WULF SEGEBRECHT, *Gedichte und Interpretationen* 3: *Klassik und Romantik* (RUB 7892). Stuttgart 1984, 343–357.

[15] Es geht hier natürlich um die Zweifel an einer entwicklungsgeschichtlichen Lesart der Musikgeschichte, in der „Dinge" sich darum entwickeln können, weil die „Sache" wie die „Menschen", die diese „Sache" betreiben, gleich bleiben. Man hat dann immer ein zeitloses Wesensmerkmal der Musik und kann sich den Kleinigkeiten zuwenden. In letzter Zeit stellte Andreas Haug diese Geschichtsbetrachtung mit der „ökonomischen" Bilanzierung von „Verlust und Gewinn" in Frage, wodurch klar wird, dass Verlust in einer üblichen entwicklungsgeschichtlichen Betrachtungsweise eben nicht vorkommen kann (darf), da die essentialistische Optik mit maximalem Gewinn ohne Verlust rechnet – siehe ANDREAS

nicht „aus Stahl“.[16] Wir reden von „der Musik“ wie „vom Menschen“, weil das alltagssprachlich meist eine taugliche Verständigung ist, glauben aber weder an *den* Menschen noch an *die* Musik[17]. Wie soll in einer solchen Situation das Denken bezüglich der Menschen und ihrer Musik, die Frage also, wie in historischer Optik Menschen mit dem Phänomen Musik umgehen, befragbar werden? Der Fragebereich sei im Folgenden, wie angekündigt, auf einen historischen Raum begrenzt, in dem Musik als eine eigene Reflexionsform gedacht wird, als Anschauungs- oder Denkform gegenüber den Klangverarbeitungen, die wir heute der Konvention nach „Musik“ nennen. Dem Material nach, das wir neben den Schriften von Aristoteles vor allem heranziehen, befinden wir uns jetzt im Mittelalter, also in der Zeit ungefähr zwischen Boethius (um 500) und Leibniz.

4. WORUM GEHT ES, WENN MIT „MUSIK ALS FORM DES DENKENS“ DAS DENKEN ÜBER MUSIK GEMEINT IST?

Ernst Tugendhat und Ursula Wolf schreiben in einem kleinen Büchlein, einer Einführungsschrift für Gymnasien und philosophische Proseminare, von einer in der Geschichte der Logik unglücklichen Zeitspanne zwischen 1662 und 1879[18]. Die Zeitangaben sind nicht wörtlich, sondern als Chiffren, als Hinweise zu verstehen. Sie zielen auf die so genannte „Logik von Port-Royal“, welche die Vermischung von Psychologie und Logik förderte, und auf das Jahr 1879, in dem die Begriffsschrift des Mathematikers und Logikers Gottlob Frege erschien. Er bereinigte das Problem, das durch solche Vermischung dann entsteht, wenn angenommen wird, die „Bestandteile eines Urteils seien Vorstellungen“. Das führt zu Schwierigkeiten, da „mathematische Aussagen […] logisch gesehen Urteile“ sind, „in denen Zahlen als ‚Bestandteile‘ vorkommen.“[19] Frege konzipierte daher nach mühseligen Anfängen eine reine, ohne Konzessionen an andere Gebiete etablierte Logik. Was er gedacht

---

HAUG, *Gewinn und Verlust in der Musikgeschichte*, in: *Schweizer Jahrbuch für Musikwissenschaft*. N. F. 23 (2003), 15–33.

16 „Aus Stahl“: siehe JAKOB TANNER, *Historische Anthropologie zur Einführung*. Hamburg 2004, 97.

17 Vgl. die Ausführungen zum Menschenbild, das eben dann ein Problem wird, wenn das emphatische Sprechen „vom Menschen“ aufgegeben wird, bei Tanner (wie Anm. 16).

18 ERNST TUGENDHAT / URSULA WOLF, *Logisch-semantische Propädeutik* (RUB 8206). Stuttgart 1983, 7/8. Ähnlich pessimistisch äußert sich der schwedisch-finnische Philosoph GEORG HENRIK VON WRIGHT in: *Erklären und Verstehen*, aus dem Englischen von Günther Grewendorf und Georg Meggle. 4Berlin 2000, 22.

19 VERENA MAYER, *Gottlob Frege* (Beck'sche Reihe Große Denker 534). München 1996, 71. Zum Psychologismus: ANDREAS GRAESER, *Positionen der Gegenwartsphilosophie. Vom Pragmatismus bis zur Postmoderne* (Beck'sche Reihe Große Denker 1455). München 2002, Kap. 2: *Die sprachliche Wende*.

hat, fand im Spektrum der alltäglich akzeptierten Philosopheme während Jahrzehnten wenig Platz. Recht bekannt dürften seine als Beispiel gedachte Unterscheidung zwischen dem Objekt „Venus", dem Planeten, und den Meinungen (den „Arten des Gegebenseins") zu diesem Objekt in Form der Ausdrücke „Morgenstern" und „Abendstern" sein[20]. Dafür sind heute Oppositionspaare wie Extension – Intension, Bedeutung – Sinn, *meaning* – *reference* oder Denotation – Konnotation geläufig, deren Interpretation nicht einheitlich ist. Doch geht es immer um die Frage, wie sprachliche Ausdrücke verwendet werden.

Als sich die Überlegungen eines Gottlob Frege, dann auch die eines Bertrand Russell durchzusetzen begannen, kam es zu einem Bruch gegenüber herkömmlichen Fragestellungen. Andreas Graeser umschreibt ihn so[21]:

> „Der eigentliche Schnitt – und zugleich *point of no return* – ist hier wohl durch das Aufkommen der modernen Logik und in ihrem Gefolge der sog. analytischen Methode bestimmt, die Gottlob Frege in Jena sowie George E. Moore und Bertrand Russell in Cambridge praktizierten. Damit veränderte sich auch der Stil des Philosophierens. Denn fortan war eine bestimmte Präzision verlangt. Weder konnte man nun weiterhin alles mögliche behaupten noch so leichthin schreiben wie bis dahin. Natürlich blieb dieser Wandel weithin unbemerkt. Namentlich im deutschsprachigen Bereich nahm man ihn zunächst nicht zur Kenntnis oder unterdrückte ihn sogar erfolgreich."

Nehmen wir einen weiteren Aspekt hinzu. Der französische Mediaevist und Philosophiehistoriker Alain de Libéra weist darauf hin, dass die mittelalterliche Philosophie von der Leibnizzeit an in Vergessenheit geriet. Sie wurde im 20. Jahrhundert durch Mediaevisten sowie durch Vertreter der Analytischen Philosophie wieder entdeckt.[22] Dabei entsprechen die oben genannten sprachanalytischen Oppositionen dem im Mittelalter üblichen Gegensatz zwischen *significatio* und *suppositio*; die einschlägigen Versuche der Mittelalterlichen sind als Suppositionstheorie bekannt geworden. Der in ihrer Qualität bezüglich der Lehre von der Logik sehr zweifelhaften Zeit zwischen 1662 und 1879 folgt demnach eine Periode, deren philosophische Interessen mit denen des hohen und späten Mittelalters vielfach kompatibel sind.[23]

---

[20] GOTTLOB FREGE, *Über Sinn und Bedeutung* in: *Zeitschrift für Philosophie und philosophische Kritik*, N. F. 100 (1892), 25–50; Ndr. in: DERS., *Funktion, Begriff, Bedeutung. Fünf logische Studien*, hg. und eingeleitet von Günther Patzig. Göttingen [3]1969, 40–65.

[21] GRAESER, a. a. O. (wie Anm. 19), 22.

[22] Siehe dazu ALAIN DE LIBERA, *Penser au Moyen Âge*, Paris 1991; dt. *Denken im Mittelalter*. München 2003, mit ersten Literaturhinweisen S. 269, Anm. 3. Eine heute etwas überholte, aber gut lesbare Einführung bietet JAN PINBORG, *Logik und Semantik im Mittelalter: ein Überblick*. Stuttgart 1972. Das Handbuch zum Thema: NORMAN KRETZMANN et al. (Hg.), *The Cambridge History of Later Medieval Philosophy From the Rediscovery of Aristotle to the Disintegration of Scholasticism 1100–1600*. Cambridge etc. 1982.

[23] Die Voraussetzungen für eine Suppositionstheorie werden allerdings weit früher, nämlich durch die semantischen Differenzierungen bei BOETHIUS, *Liber de trinitate*, und dann

Es scheint demnach die drei Perioden *A*, *B* und *C* zu geben, wobei *A* und *C* in zentralen Anliegen aufeinander zu beziehen sind, während *B* ein interessantes Eigenleben führt.[24]

Was nun Alain de Libéra herausarbeitet, ist die Vermutung, dass eine zwischen 1662 und 1879 wesentliche Konzeption, nämlich „eine Konzeption der Sprache, die in ihr vor allem die expressiven und ästhetischen Werte betonte, das Vermögen, das Schöne in all seiner Vielfalt auszudrücken", dafür gesorgt hat, „dass der Begriff 'Supposition' geopfert und mit Gewalt aus der Geschichte der Philosophie vertrieben wurde. Im 17. Jahrhundert ist so gut wie nichts mehr von ihm da – höchstens bei Hobbes oder Leibniz findet sich hier und da eine Spur von ihm. Dieses philosophische Verschwinden der Lehre von der Referenz hat sie jedoch nicht daran gehindert, in einem Diskurs zu überleben, der nichts mit ihr anfangen konnte oder, genauer gesagt, der ihr Wesen und Ziel nicht begriff, obwohl er vorgab, auf sie zu rekurrieren."[25] Bezüglich der Sprachregelungen, mit denen das Phänomen „Musik" angegangen wurde und wird, fragt sich demnach, wie weit eine Kontinuität zwischen der Zeit vor 1662 und dem 20./21. Jahrhundert, also zwischen *A* und *C* besteht und wie weit sich das 18. und 19. Jahrhundert (Periode *B*) in dieser Beziehung als Sonderfall darstellen. Sind also Sprachregelungen, auf die einige Vertreter der Philosophie wie der Philosophiegeschichte hinweisen, ebenfalls wichtig für die Vertreter einer Kunstdisziplin? Ich rechne damit, dass in einem Zeitraum, in dem die Bezugnahme sprachlicher Äußerungen intensiv durchdacht wird, eine Sensibilität dafür besteht, worauf sich die Ausdrücke für Einzelfaktoren der organisierten Klanggestaltungen genau beziehen.

Wenn das Verstehen von Musik sich wandelt, weil die Menschen sich verändern, verändert sich auch die Musik, die die Menschen verstehen. „Dass das Mittelalter uns so fern ist, erklärt sich zweifellos zunächst daraus, dass wir dort nichts von dem wiederfinden, was uns an der Wiege gesungen wurde", schreibt Alain de Libéra.[26] Ich unterstelle hier, dass im deutschen Sprachbereich Überlegungen zum „Erleben" in den philosophischen Sprechweisen der Hermeneutik wie in anderen Sprechweisen eben auch darum Konjunktur haben und hatten, weil sie dem Klang nach unseren Wiegenliedern entsprechen.[27] Suchen wir nach den anderen Wiegenliedern.

---

durch Gilbert de la Porrée als Kommentator geschaffen – vgl. ALAIN DE LIBÉRA, *Die mittelalterliche Philosophie* (utb 2637). München 2005, 46–48.

[24] Wer für Sprachklang empfänglich ist, mag zur Konstruktion von B bei ALFRED BAEUMLER Aufschluss finden: *Das Irrationalitätsproblem in der Ästhetik und Logik des 18. Jahrhunderts bis zur Kritik der Urteilskraft.* Darmstadt 1974; orig.: *Kants Kritik der Urteilskraft. Ihre Geschichte und Systematik* 1. Halle/Saale 1923.

[25] DE LIBERA, a. a. O. (wie Anm. 22), 56.

[26] a. a. O. (wie Anm. 22), 53.

[27] Näheres dazu findet sich unten ab S. 99.

5. KOMPONENTEN DER MITTELALTERLICHEN MUSIKLEHRE

Das „mittelalterliche Musiklehre“ genannte Schrifttum besteht aus hunderten von Texten, die wiederum unterschiedlichen Kontexten angehören. Der Verständlichkeit wie der Übersichtlichkeit wegen sei hier versucht, nur einige wenige Schriften des 13. und 14. Jahrhunderts im Umkreis der Pariser Artistenfakultät als Einheit zu behandeln und in jeder für eine Verständigung tauglichen Vergröberung zentrale Themen zu umschreiben. Wir berücksichtigen dabei verschiedene Faktoren wie *philosophia*, „Kommentar“, „Notwendigkeit und Kontingenz“, „Mathematik und Physik“ und „Subalternationstheorie“. Sie sind für die Formatierung des Kontextes, in den solche Texte gehören, maßgebend und liefern die Voraussetzung, um im nächsten Abschnitt Sachthemen zu besprechen, die sich aus diesen ersten Bemerkungen ergeben.

Philosophia. Zwischen Boethius und Leibniz rezipiert und kommentiert man antike Autoren sehr eingehend. Was aufgrund solcher Texte und der Kommentare dazu möglich wird, sei hier unter dem Begriff *philosophia* subsumiert. *Philosophia* ist nicht Philosophie, sondern Wissen, das erlernt wird und woraus Wirklichkeiten geschaffen werden.

Dazu einige Bemerkungen. Die Soziologen Peter L. Berger und Thomas Luckmann vertreten die in diesem Zusammenhang wichtige Auffassung, dass es eine gesellschaftliche Konstruktion der Wirklichkeit gibt, weil Menschen in einer Gesellschaft durch Akte einer Sozialisation das Wissen erlernen, das den Bereich konstituiert, den eine Person als Wirklichkeit kennt. Damit ist die Funktion von *philosophia* nicht erschöpfend dargestellt, aber angesprochen. Das meint auch, Wissenssoziologie, deren Ziel die Untersuchung der „gesellschaftlichen Konstruktion der Wirklichkeit“ ist, müsse sich „mit allem beschäftigen“, „was in der Gesellschaft als ‚Wissen‘ gilt. […] Sobald man an dieser Ausgangsthese festhält, wird man gewahr, wie unglücklich der geistesgeschichtliche Zugang gewählt ist – mindestens dann, wenn er ins Zentrum zu führen glaubt. Theoretische Gedanken, ‚Ideen‘, Weltanschauungen, sind so wichtig nicht in der Gesellschaft. Obwohl auch diese Phänomene in sie hineingehören, sind sie doch nur ein Teil dessen, was ‚Wissen‘ ist.“[28] Ich ent-

---

[28] PETER L. BERGER / THOMAS LUCKMANN, *Die gesellschaftliche Konstruktion der Wirklichkeit. Eine Theorie der Wissenssoziologie*, Frankfurt/M. [17]2000 [1966], 16. Das Buch gehört zu der Reihe der Bücher die „im ‚année lumière’ des Strukturalismus in Frankreich“, also 1966, erschienen (dazu: PHILIPP SARASIN, *Geschichtswissenschaft und Diskursanalyse,* in: DERS., *Geschichtswissenschaft und Diskursanalyse* (stw 1639, 12). Frankfurt/M. 2003. Das Buch ist seiner (vereinfachenden) leserfreundlichen Darstellungsform, aber auch seiner Grundlegung wegen kritisiert worden. Natürlich gibt es bei einem solchen Titel auch den Gegenentwurf. Er stammt von JOHN R. SEARLE: *Die Konstruktion der gesellschaftlichen Wirklichkeit. Zur Ontologie sozialer Tatsachen* (rohwolts enzyklopädie 55587). Hamburg 1997. Ich möchte solche Kritik nicht ins Abseits stellen, halte aber Bergers und Luckmanns Buch nach wie vor für eine Aufklärungsschrift, die einem eine

nehme die Befunde, welches Wissen von welchen Wirklichkeiten vorliegt, der Musiklehre. Damit wird diese als Auskunft über die Reflexionsform Musik wie als direkte Hinführung zu organisierter Klanggestaltung aufgefasst. Es gilt, einen Diskurs oder eine diskursive Ordnung auszumachen und zu verstehen, also nicht nach den Dingen zu suchen, denen wir unsere Namen geben, sondern in der Annahme zu operieren, dass „erst das Spiel der sprachlichen und nicht-sprachlichen Regeln [...] in gegebenen Situationen das Erscheinen von Gegenständen möglich" macht.[29]

Wissen und Wirklichkeiten werden samt einem bestimmten sprachlichen Inventar dadurch geschaffen, dass mit Hilfe vor allem der unter dem Namen des Aristoteles bekannten Texte Muster für propädeutische Stadien der Ausbildung gefunden werden. Dabei ergibt sich ein für die weitere Darstellung nützliches Beispiel, wenn wir unterschiedliche Tätigkeiten vergleichen. Ein Haus wird gebaut, wobei (a) der Architekt plant, (b) ein Handwerker Ziegel formt und (c) einer Ziegel herumkarrt. Wenn wir die Tätigkeiten verallgemeinern, kommen wir zu Beispielen wie (a) „nachdenken", „wollen" und „sehen", also zu Verben, die wie „planen" keine (in der Außenwelt) sichtbare Tätigkeit anzeigen. Zu (b) analog sind Ausdrücke wie „Haus bauen" und „Gerät herstellen". Sie zeigen einen (in der Außenwelt) sichtbaren Akt der Herstellung an. Analog zu (c) sind „singen" und „reiten" (in der Außenwelt) sichtbare Handlungen. Mit Aristoteles nennen wir (a) Paradigmen für die Theorie, finden in (b) Beispiele für die Poietik (Lehre vom Herstellen: *téchne*, *ars*, übersetzt mit „Kunst", gemeint ist ursprünglich wie auch zu mittelalterlicher Zeit „Fähigkeit"[30]), und weisen (c) der Praxis (Lehre vom Handeln) zu. Ebenfalls mit Aristoteles stellen wir fest, dass (a) und (c) ihr Ziel als Tätigkeit erfüllen (*indem* ich singe, erfüllt sich das mit „singen" gesetzte Ziel), während im Falle (b) das Ziel erst mit Abschluss des Tätigseins erreicht ist.

Man mag eine solche Aufstellung problematisieren. So ist einer etwa mit dem Schubkarren beschäftigt und plant während des Karrens, seine Ziegel auf einem Haufen anzuordnen und dann weiter zu karren. Während er (c) tut, beschäftigt er sich also mit (a) und plant (b).

Theorie, Praxis und Poietik sind *Typen von Tätigkeiten (opera)*: bei jedem Tätigkeitswort lässt sich fragen, welcher Klasse (welchem Werktyp: *opus*) – der theoreti-

---

Checklist dafür liefert, was im deutschen Sprachbereich gerne mit der Ontologie statt mit der Sozialisation verrechnet wird.

[29] Willibald Steinmetz, *Diskurs*, in: Stefan Jordan (Hg.), *Lexikon Geschichtswissenschaft. Hundert Grundbegriffe*. Stuttgart 2002, 58. Meine Überzeugung, nach langen Jahren einer als sehr schwierig erlebten Foucault-Lektüre doch von Diskurs zu reden, wuchs bei der Lektüre von Philipp Sarasins in Anm. 28 zitierter Arbeit.

[30] Siehe Anselm Winfried Müller, *Praktisches Folgern und Selbstgestaltung nach Aristoteles* (Praktische Philosophie 14). Freiburg–München 1982, 357. Ursula Wolf hebt in ihren Überlegungen vor allem den Faktor des „Könnens" im Wort *téchne* hervor: *Aristoteles' „Nikomachische Ethik"*. Darmstadt 2002, 25, Anm. 3.

schen, der poietischen oder der praktischen – es zugehört. Es ist klar, dass diese Tätigkeiten auf einer anderen Ebene anzusiedeln sind, wenn etwa in einem Plan Handlungs- und Herstellungsakte erwogen werden. Die drei Klassen der Tätigkeiten sind heute eher unter dem Oberbegriff der Handlung bzw. des Handelns zusammengefasst, wobei natürlich nicht jedes Tätigkeitswort für eine Handlung in Frage kommt. „Gähnen" oder „niesen" bezeichnen keine Handlung, sondern bloßes Verhalten[31].

Wer zwischen Boethius und Leibniz propädeutisch geschult wird, kann ein solches Muster nicht philosophisch adäquat behandeln, versteht es aber, in der eigenen Lebenswelt weitere Muster zu bilden, die sich auf dieses erste stützen, und sich daran im Denken üben. Von einem solchen Beispiel aus werden andere Arten der Tätigkeit in der Triade Theorie, Poietik und Praxis verständlich. Auch für den Fall der Musik ist es wichtig, dass im Bedenken möglicher organisierter Klanggestaltungen wie deren Elemente nicht das (End-)*Produkt* im Vordergrund steht, sondern das *Produzieren.* Auch wenn das Produkt das Ziel ist, wird der Prozesscharakter betont.

Kommentare bilden eine eigene literarische Gattung. Man kann sie am ehesten als generative Literatur bezeichnen. Viele Tradenten haben nicht so sehr das, was wir heute den Urtext nennen, gelesen oder sich mit Aristoteles in Übersetzung befasst. Im universitären Kontext ist es üblich, dass ein *magister* im Rahmen einer Vorlesung *(lectio)* einen einzelnen vorgeschriebenen Text *(textus)* kommentiert, wobei vor allem der Kommentar und weniger der *textus* im Gedächtnis der Studierenden haften bleibt. Der Kommentar wurde manchmal niedergeschrieben und macht uns heute mit der Meinung des Magisters vertraut. Dabei kommt es vor, dass wir vom *textus* aus auf Probleme schließen können, die der Magister behandelt. Durch das Überprüfen möglichst vieler Einzelfälle – möglichst vieler noch erhaltener Kommentare – können wir nicht nur herausfinden, dass *De anima* II,8 ein Kapitel über Tontheorie enthält, sondern wir stellen fest, dass dieser Textteil regelmäßig kommentiert wird. Gehen wir in diesem Fall der Sache nach, finden sich mehr als 400 einschlägige Kommentare. Demnach sind mehr als 400 Meinungen zu diesem Thema erhalten. Der Umkehrschluss gilt nicht: eine für uns wichtige und interessante Textstelle muss vom Kommentator nicht berücksichtigt sein.[32]

---

[31] Man vergleiche dazu die Ausführungen von PETER JANICH, *Logisch-pragmatische Propädeutik. Ein Grundkurs im philosophischen Reflektieren.* Weilerswist 2001, 39 u. ö. Zur Klassifikation der Tätigkeiten: GISELA HARRAS, *Handlungssprache und Sprechhandlung. Eine Einführung in die handlungstheoretischen Grundlagen* (Sammlung Göschen 2222). Berlin–New York 1983; zur Klassifikation möglicher Tätigkeitswörter: GÖTZ HINDELANG, *Einführung in die Sprechakttheorie* (Germanistische Arbeitshefte 27). Tübingen [3]2000.

[32] Aufgrund der Durchsicht einer möglichst großen Menge an Kommentaren ergeben sich für Klingendes folgende relevanten Texte bzw. Textstellen:
PLATONISCHE UND NEO-PLATONISCHE TEXTE: PLATON, *Timaios*; MARTIANUS CAPELLA, *De nuptiis Philologiae et Mercurii*; BOETHIUS, *De consolatione Philosophiae* (neben dem *tex-*

Es gibt enorme Mengen von Kommentaren, wobei sich die Zahl der zwischen Boethius und 1500 entstandenen Texte dieser Art zwischen 1500 und 1650 verdoppelt, was es hier aufgrund der an der Antikenrezeption und -transformation orientierten Fragestellung überflüssig erscheinen lässt, die mit Ausdrücken wie Humanismus, Renaissance oder Barock anvisierten Tendenzen zu mustern[33]. Dass die Kommentararbeit bei der Konzeption der Lehrtexte zur Klanggestaltung ihren Niederschlag findet, ist sicher.

Was die Philosophie des Mittelalters betrifft, lässt sie sich von der *philosophia* aus angehen, auch wenn es dann natürlich um mehr als um das Bereitstellen von Wissen geht. Kommentare stellen Zusammenhänge zwischen *textus* her. Um sich die Belange von Musik klar zu machen, muss man jeweils diese Kontextgebundenheit der Lehre sehen. Der Punkt mag deutlicher werden, wenn man beachtet, welche *textus* um 1250 an der Pariser Artistenfakultät nachgewiesen sind:

---

tus des Faches, der *Institutio musica*); MACROBIUS (Anfang d. 5. Jh.), *Commentarium in somnium Scipionis*. Erstinformationen: PAUL OSKAR KRISTELLER, *Catalogus translationum et commentariorum: mediaeval and Renaissance latin translations and commentaries : annotated lists and guides*. Washington (D.C.) 1960ff.

ARISTOTELISCHE TEXTE: *De anima* II,8 (419b4–421a6): Tontheorie; *De sensu et sensato* I (437a4–437a17) und VII (448a20–448b17) als Teil der so genannten *Parva naturalia:* Tontheorie; *De caelo et mundo* II,9 (290b12–291a28): Sphärenharmonie; *Politik* VIII (VIII, 5–7: 1339a11–1342b34): Musik im Staatswesen; *Problemata* 11 (898b27–906a20): Laute *(De voce)* und 19 (917b19–923a4): Tontheorie *(De sono).* Die Problemata stammen in der überlieferten Form nicht von Aristoteles. Erstinformationen: Artikel *Aristoteles* in *NGrove* und *MGG*.

33 Siehe CHARLES H. LOHR, *Renaissance Latin Aristotle Commentaries: Authors A–B,* in: *Studies in the Renaissance* 21 (1974), 228. Der Grundstock der Bemühungen von CHARLES LOHR, die entsprechenden Handschriften und Editionen anzuzeigen, bildet eine Reihe von Aufsätzen: *Medieval Latin Aristotle Commentaries: Authors A–F,* in: *Traditio* 23 (1967), 313–413; *Authors G–I,* in: a. a. O. 24 (1968), 149–245; *Jacobus – Johannes Juff,* in: a. a. O. 26 (1970), 135–216; *Johannes de Kanthi – Myngodus,* in: a. a. O. 27 (1971), 251–352; *Narcissus – Richardus,* in: a. a. O. 28 (1972), 281–396; *Robertus – Wilgelmus,* in: a. a. O. 29 (1973), 93–197; *Supplementary Authors,* in: a. a. O. 30 (1974), 119–144, sowie: *Renaissance Latin Aristotle Commentaries, Authors A–B,* in: *Studies in the Renaissance* 21 (1974), 228–289; *Authors C,* in: *Renaissance Quarterly* 28 (1975), 689–741; *Authors D–F,* in: a. a. O., 29 (1976), 714–745; *Authors G–K,* in: a. a. O. 30 (1977), 681–741; *Authors L–M,* in: a. a. O. 31 (1978), 532–603; *Authors N–Ph,* in: a. a. O. 32 (1979), 529–580; *Authors Pi–Sm,* in: a. a. O. 33 (1980), 623–734; *Authors So–Z,* in: a. a. O. 35 (1982), 164–256.

Theoretische Philosophie:

- Metaphysik: Aristoteles, *Metaphysik*; Proklos: *Liber de causis.*
- Mathematik (Quadrivium): a. Astronomia: Ptolemaios, *Almagest*; b. Geometria: Euklid, *Elementa*; c. Arithmetica: Boethius, *Institutio arithmetica*; d. Musica: Boethius, *Institutio musica.*
- Physik: Aristoteles: *Physik, De caelo, De generatione, Meteora, De plantis, De animalibus, De anima, Parva naturalia; De motu cordis.*

Praktische Philosophie:

- Cicero, *De officiis.*
- *Leges et decreta.*
- Aristoteles, *Nikomachische Ethik;* Platon, *Timaios;* Boethius, *De consolatione philosophiae.*

Trivium (sprachorientierte Philosophie):

- Rhetorik: Cicero, *De inventione.*
- Grammatik: Priscianus, *Institutiones grammaticales;* Donatus, *Barbarismus.*
- Logik: Aristoteles, *Kategorien, De interpretatione (Periermeneias), Analytica priora, Analytica posteriora, Topik, Sophistici elenchi;* Porphyr, *Isagoge*; Boethius, *De syllogismo categorico, De syllogismo hypothetico, De differentiis topicis, De divisione; Liber sex principiorum.*

Musik als Reflexionsform bewegt sich im Kontext dieser Texte. Nur mit ihrer Hilfe lassen sich – explizit oder implizit – die Aspekte dieser Disziplin darstellen. Dies betrifft Ansichten auf dem Niveau der Artistenfakultät. Praxisbezogene Musiklehre aber, die den Hauptteil der von der Musikwissenschaft untersuchten Zeugnisse ausmacht, gehört in ein elementares, der Artistenfakultät vorgeordnetes Curriculum, das sich propädeutisch auf Lehrinhalte des artistischen Curriculums bezieht[34].

---

[34] Zum Ort der Musiklehre im 13. Jahrhundert hat OLGA WEIJERS einen ausführlichen Forschungsbericht vorgelegt: *La place de la musique à la faculté des arts de Paris,* in: MAURO LETTERIO (Hg.), *La musica nel pensiero medievale. Atti del IX Congresso della Societ à Italiana per lo Studio del Pensiero Medievale. Ravenna, 10–12 dicembre 1999.* Ravenna 2001, 245–261. Ich bin mit ihren Schlussfolgerungen nicht einverstanden. Sie bezieht sich, unterstützt durch Claire Maître, auf institutionshistorische Indizien, geht aber auf Inhalt und Machart der Texte – das entscheidende Kriterium – nicht ein. Wie eine auf den *textus* von Boethius unbezogene, insgesamt praxisorientierte Schrift wie die *Musica mensurabilis* von Johannes de Garlandia einer Artistenfakultät zugewiesen werden kann, bleibt daher nach wie vor ein Rätsel. – In die Artistenfakultät dagegen gehören die mathematischen *quaestiones*, die FRANK HENTSCHEL edierte: *Quaestiones mathematicales. Eine Textgattung der Pariser Artistenfakultät im frühen 14. Jahrhundert* (unter Mitarbeit von MARTIN PICKAVÉ), in: JAN A. AERTSEN et al. (Hg.), *Nach der Verurteilung von 1277: Philosophie und Theologie an der Universität von Paris im letzten Viertel des 13. Jahrhunderts. Studien und Texte* (Miscellanea mediaevalia 28). Berlin 2001, 618–634. Unklar

Für Aussagen über Kontextbildungen innerhalb oder im Umkreis der Artistenfakultät sind alle Schriften, die Übersichten über die Verknüpfungen innerhalb der Texte zeigen, also alle Wissenschaftsklassifikationen und Studienübersichten, wichtige Quellen geworden[35]. Sie orientieren nicht nur über die Verknüpfung der *textus,* sondern oft auch über die einfachsten Inhalte der Fächer. Dabei ist zu vermuten, dass bestimmte Fächer zwar in den Lehrplänen aufgelistet sind, aber zeitweise oder überhaupt nicht gelehrt wurden. Die Angaben in der Wissenschaftsklassifikation repräsentieren dann gerade das zu lernende Fachmaterial.

Zur Liste der *textus* gibt es eine überaus interessante Quelle. Es handelt sich um die 1927 von Martin Grabmann entdeckte, bislang noch nicht endgültig edierte Handschrift Barcelona, Arxiu de la Corona d'Aragó, Ripoll 109. Sie enthält auf den fol. 134ra–158va eine Studienübersicht. Erklärend sagt der anonyme Kompilator zu Beginn, es habe Schwierigkeiten bei den Examina gegeben – gemeint ist wohl das Lizentiatsexamen an der Pariser Artistenfakultät – und darum versuche er, die üblichen Fragen mit den entsprechenden Antworten zusammenzustellen. Dazu gibt der Anonymus auch noch gerade die Liste der eben aufgezählten Textbücher.[36]

Die Zusammenhänge werden deutlicher, wenn wir uns dieses kontextgebundene Wissen anhand einzelner Komponenten vergegenwärtigen, welche die Lehre von der Musik als einem Teil der *philosophia* direkt oder indirekt prägen:

1. *Notwendigkeit und Kontingenz*. Töne haben zueinander ein Verhältnis innerhalb sukzessiver oder simultaner Anordnung. Wir sprechen von Intervallen. Sie ge-

---

ist für mich Gattung und Ort einer Lehre, wie sie die von ULRICH MICHELS edierten *quaestiones* anzeigen: *Der Musiktraktat des Anonymus OP. Ein frühes Theoretiker-Zeugnis der Ars nova,* in: *AfMw* 26 (1969), 49–62.

[35] Neuere Materialien, denen sich auch Hinweise zum Elementarunterricht entnehmen lassen, bieten heute – nach der Edition von *De ortu scientiarum* von ROBERT KILWARDBY: ALBERT G. JUDY O. P. (Hg.), *Robert Kilwardby O. P. De ortu scientiarum* (Auctores Britannici Medii Aevi IV). Toronto 1976. – CLAUDE LAFLEUR, *Quatre introductions à la philosophie au XIIIe siècle. Textes critiques et étude historique* (Université de Montréal. Publications de l'institut d'études médiévales 23). Montréal–Paris 1988. Eine ausführliche Übersichtsdarstellung stammt von EVA HIRTLER, *Die Musik als scientia mathematica von der Spätantike bis zum Barock* (Europäische Hochschulschriften XXXVI.137). Frankfurt/M. 1995. Vgl. auch Anm. 36.

[36] CLAUDE LAFLEUR / JOANNE CARRIER, *Le ‚Guide de l'étudiant' d'un maître anonyme de la faculté des arts de Paris au XIIIe siècle.* Édition critique provisoire du ms. Barcelona, Arxiu de la Corona d'Aragó, Ripoll 109ff. 134ra–158va (Publications du laboratoire de philosophie ancienne et médiévale de la Faculté de Philosophie de l'Université Laval 1). Québec 1992. Über den Text orientiert ein Symposiumsbericht: CLAUDE LAFLEUR (Hg.), *L'enseignement de la philosophie au XIIIe siècle. Autour du ‚Guide de l'étudiant' du ms Ripoll 109.* Actes du colloque international édités, avec un complément d'études et de textes (Studia artistarum. Études sur la Faculté des arts dans les Universités médiévales 5). Turnhout 1997.

hören zu den ganz wenigen Faktoren, die einen theoretischen Status beanspruchen, da die Bedingungen, unter denen sie notwendigerweise „so und nicht anders sind", in Form von Proportionen angegeben werden können, die sich wiederum auf die Saitenteilungen anwenden lassen.

Anders steht es mit den *Folgen* von Intervallen. Sie unterliegen dem Prinzip der Kontingenz, können also „so, aber auch anders sein".[37] (Dass eine Oktave in eine Sexte übergehen möge, ist keine *theoretische* Forderung). Im Mittelalter fällt auf, dass die Folgemöglichkeiten kontingenter Daten durch Regeln bestimmt werden. Es scheint auch möglich, solche Regeln als Teil einer Koordinationsübung einzusetzen, in der Spielzüge nicht „von der Sache" gegeben sind, sondern von Personen gesetzt werden. Die Schwierigkeiten der Interpretation liegen darin, die Komponenten zu bestimmen, die durch Regeln geregelt oder geordnet werden. Es ist bislang kaum versucht worden, die unterschiedlichen, vor allem auch unterschiedlich starken Logiken vom 12. bis zum 14. Jahrhundert mit der sich herausbildenden Kontrapunktlehre in Zusammenhang zu bringen. Diese lehrt ja eine Art von „Folgerichtigkeit", die durchaus an Logiken erinnert.[38]

Wie es um solche Nachweise auch immer stehen mag, dürfte die Attraktivität solcher Lehre darin bestehen, dass sie sich formulierten Bedingungen einer Theorie unterstellt und dadurch den Bereich der Kontingenz explizit freistellt. Damit gewinnt auch der notwendige, aber notwendig unheilvolle Begriff „Improvisation" wieder an dringend benötigter Nüchternheit.

Wir beachten, dass „Notwendigkeit" der Theorie, Kontingenz der Poietik wie der Praxis zugeordnet sind.

2. *Mathematik und Physik.* Der Gegenstandsbereich der Musik wird oft formelhaft als *numerus relatus ad sonos* definiert. Musik beschäftigt sich demnach mit jener Zahl *(numerus),* die sich auf die Töne *(soni)* bezieht. Damit man mit diesen Aspekten arbeiten kann, wird näheres Wissen darüber benötigt, was eine Zahl oder ein Ton ist und wie man bei der Herstellung organisierter Klanggestaltung mit diesen

---

[37] Die genannten Kurzanzeigen von Notwendigkeit und Kontingenz finden sich so bereits bei CASSIODOR, *Institutiones* II,20, und ISIDOR, *Etymologiae* I,i. Sie stammen aus der *Nikomachischen Ethik* und werden dann nach Bekanntwerden dieses Textes (1. Hälfte 13. Jh.) im Rahmen der Ethik behandelt. Dass für kompositorische Überlegungen das durch Notwendigkeit und Kontingenz bestimmte Raster gilt, ergibt sich nicht aus der Terminologie der Texte, sondern aus der Art der Darstellung.

[38] Die Situation hat sich für uns Außenseiter stark verbessert, seit KLAUS JACOBI das folgende Buch herausgegeben hat: *Argumentationstheorie. Scholastische Forschungen zu den logischen und semantischen Regeln korrekten Folgerns* (Studien und Texte zur Geistesgeschichte des Mittelalters 38). Leiden–New York–Köln 1993. In nach Kapiteln geordneten Abschnitten verschiedener Verfasser werden mehrere logische Verfahren untersucht. Jacobi gibt pro Kapitel eine kurze, sehr lesbare Einführung.

Komponenten handelt. Dieses Wissen wird in verschiedenen Disziplinen erarbeitet; *numerus* ist ein mathematischer, *sonus* ein physikalischer Term.

Was meint in einer Definition, die den Fachbereich von Musik festlegt, der Umstand, dass ein mathematischer und ein physikalischer Term miteinander verbunden sind? Platon hielt eine Theorie des Veränderlichen für unmöglich, sah also keine Möglichkeit, eine Theorie der Natur zu begründen. Aristoteles aber realisierte eine solche Möglichkeit mit der Folge für die Musik, dass sie die Töne als ihre veränderliche Grundlage mitbedenken konnte. Anlass zu entsprechenden Überlegungen bilden im Mittelalter immer wieder Stellen aus dem *Liber de trinitate* von Boethius.[39] Darin wird zwischen Theologie (Metaphysik), Mathematik und Physik unterschieden. Die Physik betrachtet Form in der Materie, also zum Beispiel die Materie „Holz" in der bestimmten, abgemessenen Form der Tischplatte. Die Materie unterliegt dem Prinzip von Erzeugung *(generatio)* und Vergehen *(corruptio),* während die Masse der Platte, die Zahlen, vor der *generatio* und auch nach der *corruptio* Bestand haben. In dieser Formenlehre von Boethius untersucht dann die Mathematik die aus der Materie abstrahierte Form, die Metaphysik schließlich die Form als solche.

Die Floskel von der Musik zwischen Mathematik und Physik meint demnach, dass die Musik die Opposition zweier Komponenten untersucht: das Veränderbare (den Ton) gegenüber dem Unveränderbaren (der Zahl). Da der Oberbegriff der Physik die Bewegung *(motus)* ist, lässt sich auch sagen, es stehe das Bewegliche gegen das Unbewegliche oder das Bewegbare gegen das Unbewegbare oder das Vergängliche gegen das Unvergängliche. Was es mit dem Veränderbaren und dem Unveränderbaren auf sich hat, wird in der Metaphysik, in den physikalischen Schriften sowie in mathematischen Texten behandelt. Man nennt in der Scholastik eine Wissenschaft zwischen Mathematik und Physik eine „mittlere Wissenschaft", eine *scientia media.*

Wir können nun das oben S. 80 mit den Faktoren „Notwendigkeit" und „Kontingenz" umschriebene Layout der organisierten Klanggestaltung besser umschreiben. Alle Elemente der Klanggestaltung sind mit den Faktoren des Unbeweglichen oder Unvergänglichen definierbar. Das gilt aber nicht für alle Überlegungen zu den *Folgen* solcher Elemente. Die Folgen unterliegen strikt der Kontingenz, können also so (z. B. Oktave → Sexte) oder anders (z. B. Oktave → Quinte) sein.

3. *Subalternationstheorie.* Wissenschaften haben zwar ihre eigenen Bereiche, aber damit sie funktionieren können, benutzen sie auch das Wissen anderer Fächer. Sie etablieren nicht nur Wissen, sondern sie teilen es auch mit anderen Disziplinen, tauschen es aus und kritisieren es. Die physikalischen Disziplinen benötigen den mathematischen Begriff „Zahl", den die Musik auch gebraucht. In der Grammatik spricht man vom „Wort" und benutzt diesen Begriff auch in der Logik oder in der

---

39 Bequem zugänglich und mit englischer Übersetzung versehen: HUGH FRASER STEWART et al. (Hg.), *Boethius. The Theological Tractates.* London–Cambridge [Mass.] ²1973, 2–31.

Metaphysik. Was ein Logiker unter „Beweis" versteht, muss nicht das sein, was der Theologe mit dem gleichen Begriff meint.

Der für jeden Wissenschaftsbetrieb notwendige Mehrfachgebrauch von Begriffen und Ausdrücken könnte zu Schwierigkeiten führen. Wie soll man miteinander reden, wie sich verstehen, wenn in der Metaphysik ein anderer Begriff von „Zahl" gebraucht wird als in der Arithmetik? Was macht man mit einer Arithmetik, deren Zahlbegriff nichts mit dem in der Musik verwendeten zu tun hat? Die Lösung des Problems liegt in der Etablierung einer Subalternationstheorie *(subalternatio).* Sie besagt, dass ein jedes Fach die Grundelemente, die es zur Arbeit benötigt, im Sinne von unbezweifelbaren Grundsätzen von einer übergeordneten Disziplin erhält. Das untergeordnete Fach diskutiert solche Grundsätze nicht, sondern wendet sie nur an. (Das übergeordnete Fach *subalterniert* das untergeordnete, das *subalterniert* wird). Im Falle der Musik heißt das (siehe Abb. 1):

- Der mathematische Begriff „Zahl" wird in der Arithmetik behandelt, wobei die Arithmetik ihrerseits von den Diskussionen um den Zahlbegriff in der Metaphysik abhängig ist sowie, in sprachphilosophischer Hinsicht, von den Kommentaren zur Kategorienschrift von Aristoteles. Die Musik wird demnach von der Arithmetik unmittelbar und von zwei anderen Disziplinen mittelbar subalterniert.[40]
- Die Musik ihrerseits subalterniert nur die *ars metrica*, die einen Teil der Grammatik bildet.[41]
- Was der physikalische Begriff „Ton" impliziert, übernimmt die Musiklehre aus den physikalischen Schriften.
- Und bezüglich der Handlungen, die im Rahmen organisierter Klanggestaltung im Schnittpunkt zwischen Notwendigkeit und Kontingenz zu gestalten sind, liefert die *Nikomachische Ethik* die notwendige Lehre. Sie befasst sich mit den drei Werken (oben S. 76), also mit den theoretischen, poietischen und praktischen Faktoren.

---

[40] ROGER BRAGARD (Hg.), JACOBUS VON LÜTTICH, *Speculum musicae* I, c. 8 (CSM III.1). [Rom] 1955, widmet dem Problem ein ganzes Kapitel mit dem Titel *Cui parti philosophiae musica supponatur* – hier also *supponatur* statt *subalternatur.*

[41] Bei JACOBUS VON LÜTTICH heißt es dem entsprechend: *Illa enim grammaticae pars, quae prosodia nuncupatur, musicae subalternatur* – BRAGARD (Hg.), a. a. O. (wie Anm. 40), 24.

Subalternationen für die Fälle „Zahl“, „Ton“ und „Tätigkeiten“ *(opus)* sowie *ars metrica*

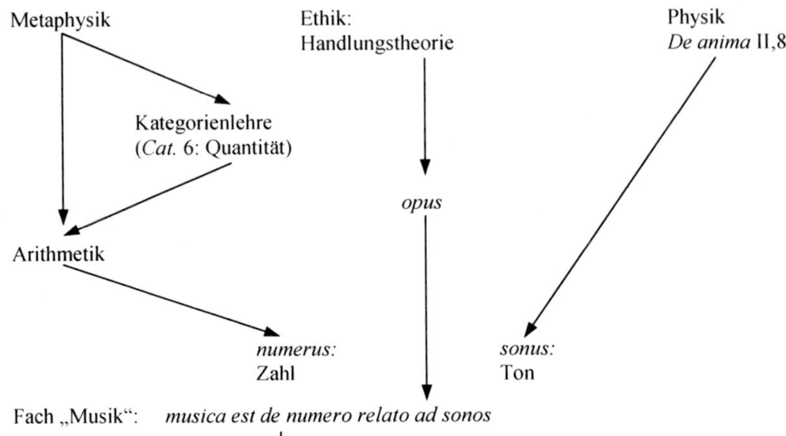

ars metrica (Metrik als Teil der Grammatik)

Abb. 1: Die Subalternationsverhältnisse der Musik

Es ist wichtig, diese Aspekte der Subalternationstheorie zu verstehen. Eine Subalternationstheorie ist ein Teil des Regelwerks innerhalb einer diskursiven Ordnung.[42] Sie umfasst die Wissenschaften und ermöglicht es festzustellen, welche Begriffe in welchem Fach ihre Gültigkeit erhalten. Gültig ist dabei nicht ein bestimmter Text, sondern der Bezug. Festgelegt ist zum Beispiel der Bezug zwischen Arithmetik und Musik, aber nicht die Definition der Zahl. So kann der Bezug bleiben, während der Inhalt sich verändert.

Für unsere heutigen Lektüreversuche meint das, dass jeder „werkimmanent“ gelesene Text uninteressant ist, da der Kontext ausgeblendet wird, auf den er sich

---

[42] Zur Subalternationstheorie grundlegend: ULRICH KÖPF, *Die Anfänge der theologischen Wissenschaftstheorie im 13. Jahrhundert* (Beiträge zur historischen Theologie 49). Tübingen 1974. Das Gebiet ist wenig ebenmäßig untersucht. Gut bekannt sind die Kapitel der 2. Analytik, die zum Thema beitragen, sowie die beweistheoretischen Probleme. Neben diesen theoretischen Erörterungen innerhalb der Kommentare zur 2. Analytik wichtig sind die Textstellen, an denen eine Subalternation festgestellt wird (siehe Anm. 40 und 41). In der Regel wird allerdings nur eine einzige Subalternation festgestellt, nämlich die zur nächsten abstrakteren Disziplin – die Arithmetik untersucht nur den Formalaspekt *numerus*. Andere Subalternationen ergeben sich nur aus dem Zusammenhang. Im Falle der Musiklehre lässt sich nach meinen Lektüreversuchen Subalternationstheorie weniger als beweistheoretisches Verfahren verstehen denn als Möglichkeit, durch (meist wohlbekannte) Begriffe: *sonus*, *numerus*, *motus* etc. Zeiger auf Wissensstoffe und Wissensorte zu setzen.

bezieht, in dem seine Formulierung sinnvoll ist und seine Begriffe zu Sachgebieten werden.[43]

Es ist klar, dass das Phänomen „Subalternationstheorie“ eines der wichtigsten Kennzeichen mittelalterlicher Musiklehre vom ausgehenden 12. Jahrhundert, vom Bekanntwerden der 2. *Analytik* an, bis in die Leibnizzeit ist. Selbstverständlich können wir alle Objekte unserer Forschungsarbeit – Noten, Texte – unserer Reflexion unterstellen und diese nach Bedarf ausdehnen. Der Subalternationstheorie aber ist die Komponente eigen, dass sie auf ein im Text impliziertes Feld der Reflexion als Vorlage für unsere exegetischen Untersuchungen verweist. Wer beim expliziten Gehalt der Texte bleibt, wird Mühe haben, in ihnen jene Gedanken zu finden, die in ihnen mit der ganzen Prägnanz eines solchen Verweissystems impliziert sind.

4. Numerus *subalternationstheoretisch betrachtet.* Die *artes liberales* werden im Mittelalter kaum gelehrt, haben aber die Bedeutung eines Modells. Das Quadrivium vertritt den Teil der Vernunft *(ratio, sapientia),* dem die Beredsamkeit (*eloquentia*) in Form des Triviums gegenübersteht. Für das Modell wesentlich ist die Funktion der beiden Gruppenbezeichnungen. Das Quadrivium fungiert als *black box*. In ihr wird in unbekannter Weise gedacht. Inhalte zeigen sich erst mittels der trivialen Fächer Grammatik, Logik und Rhetorik, welche dafür besorgt sind, dass Gedachtes in korrekten Sätzen, in argumentativ triftiger Form und gut gegliedert gesprochen wird. Zuweilen ist dazu der Prozess, mit dem organisierte Klanggestaltung zum Tönen kommt, im Sinne einer Analogie aufgefasst worden: Konzeption und Denkleistung entsprechen dann dem Quadrivium, der Prozess des Hervorbringens dem Trivium.[44]

Dass nun ein „Bestandteil“ wie die Zahl in die Aussage kommt, gehört zu dem Teil der Logik, der die Aussageformen, also die *Kategorien* regelt.[45] Womit haben wir es zu tun, wenn wir an die Kategorien geraten? „Der Anfang des Kategorienproblems ist nicht identisch mit dem Anfang der Philosophie. Erst als das Denken sich selbst als Gegenstand entdeckte und sich der Beziehungen zwischen Sein, Denken und Sprechen bewusst wurde, begann die Untersuchung der Formen des Logos, der in der für griechisches Welterleben charakteristischen Weise beides ist: Sprache

[43] Heutige Hinweise in Übersichtsdarstellungen vermerken oft das triviale Fakt einer Bedeutung der Zahl, als würde dieser Umstand für sich etwas bedeuten. Man geht dabei so weit, wie HERMANN ABERT in seinem beliebten Buch über *Die Musikanschauung des Mittelalters und ihre Grundlagen* aus dem Jahre 1905 auch schon gekommen ist. – Da sich gerade an diesem Beispiel zeigen lässt, was auch heute noch als interessant gelten mag und es dabei um „Denken“ geht, sei näher darauf eingegangen; weitere Aspekte finden sich ab S. 86.

[44] Davon berichtet HANS HEINRICH EGGEBRECHT, der ältere Ansätze von Wilibald Gurlitt aufnimmt: *Ars musica. Musikanschauung des Mittelalters und ihre Nachwirkungen,* in: *Die Sammlung. Zeitschrift für Kultur und Erziehung* 12 (1957), 306–322. Ich habe auf 69–74 meines unter Anm. 1 genannten Buchs Material dazu zusammengestellt.

[45] Zum „Bestandteil“ vgl. S. 72 und Anm. 19.

und Gedanke“, schreibt Klaus Oehler.[46] Dass die mittelalterliche Musiklehre in durchaus eigenständiger Weise antike Vorgaben benutzt, um die Kategorien der Quantität und der Qualität als Basis für die Erörterung organisierter Klanggestaltung einzusetzen, bezeichnet den Ort, an dem nach Sicht dieser Lehre die Denkakte einsetzen. Wichtig für den Moment ist nur der Umstand, dass wir den Ort dieser Denkakte – den Ort, den die Mittelalterlichen einsetzen, um das „musikalische Denken“ zu bestimmen – nur dann finden, wenn wir die Sprache der Musiklehre daraufhin untersuchen, welche Instanzen subalternationstheoretisch für den Bau der Argumente zuständig sind.

Gleichzeitig stoßen wir auf eine Einseitigkeit unserer Untersuchungspraxis. Wir berücksichtigen mittellateinische Sprachregelungen, lesen aber eben von der „Untersuchung der Formen des Logos, der in der für *griechisches* Welterleben charakteristischen Weise beides ist: Sprache und Gedanke“. Dem entspricht es, dass in den Kommentaren zu den Kategorien Eigenheiten der eigenen Sprache gegenüber dem Grundtext vorgebracht werden. Wir finden dies zum Beispiel im Kategorienkommentar des arabisch schreibenden Philosophen al-Farabi.[47]

6. SACHTHEMEN, DIE SICH AUS DIESEN VORAUSSETZUNGEN ERGEBEN

QUANTITÄT UND QUALITÄT

Mit den Kategorien Quantität und Qualität und dem Begriff *opus* werden zwei Problembereiche angesprochen, deren Voraussetzungen im vorherigen Abschnitt klargelegt wurden. Es soll nun nach den Ausführungen auf S. 73 auch um die Frage gehen, wie nicht auf Aspekte des „Schönen“ konzentrierte Sprachregelungen zu Zeiten einer Suppositionstheorie funktionieren.

Die Kategorienschrift von Aristoteles ist für die mittelalterliche Musiklehre eine unerlässliche Grundlage zur Benennung des eigenen Gegenstandes. Denn für das mittelalterliche Verständnis ist die unveränderbare Komponente „Zahl“ keine unhinterfragbare Größe. Als grundlegende Instanz benutzt man die Kategorie der Quantität, die die Aussagen zur Frage nach „wie viel?“ umfasst. Neben der kontinuierlichen Quantität (etwa: Linien) wird die Subkategorie der diskreten Quantität gebildet. Aristoteles exemplifiziert sie durch eine diskrete Einheit wie „Zahl“ oder „Rede“.[48] „Zahl“ wird, idealtypisch betrachtet, in der Metaphysik, in der Kategorienleh-

[46] KLAUS OEHLER, *Aristoteles. Kategorien* (Aristoteles Werke in deutscher Übersetzung I.1). Darmstadt 1984, 37.

[47] Siehe MAX HAAS, *Griechische Musiktheorie in arabischen, hebräischen und syrischen Zeugnissen,* in: THOMAS ERTELT / FRIEDER ZAMINER (Hg.), *Vom Mythos zur Fachdisziplin. Antike und Byzanz* (Geschichte der Musiktheorie 2). Darmstadt 2006, § 65 Anm. 135.

[48] *Cat.* 4b20–25. Zahl als diskrete Quantität: es geht um natürliche Zahlen > 0. Dabei wird angenommen, dass in der Addition 5 + 5 zwischen den beiden Zahlen eine Grenze be-

re und in der Arithmetik behandelt. In der Musiklehre beziehen sich die mannigfachen Nennungen von *quantitas* auf diesen kategorialen Aspekt.

Die Kategorie der Quantität erlaubt es, ein Ganzes als Ansammlung von Teilen aufzufassen, die zueinander in einem proportionierten Verhältnis stehen. Anders steht es um Töne *(soni).* Sie gelten als Qualitäten, deren Quantifizierung durch die Rezeption der physikalischen Schriften von Aristoteles vorab seit dem 14. Jahrhundert thematisiert wird.[49] Damit ist neben der Kategorie der Quantität eine zweite kategoriale Ebene angezeigt. Qualitäten benutzen Quantitäten als Träger. Die unmittelbare Anwendung des qualitativen Prinzips auf eine Quantität besagt, dass eine bestimmte Einheit um ein Mehr oder Weniger (*secundum magis et minus*) gedehnt oder gestaucht wird.[50] Damit kommt gegenüber der Denkform, wonach es um das Verhältnis von Ganzem und Teil geht, die Skalierung als eine ganz andere Denkform zum Zug. Sprechen wir etwa von einem Farbverlauf von Weiß nach Rot, dann entzieht sich dieser skalierbare Verlauf der Quantifizierung, so wie sich zwischen den Polen „kalt" und „heiß" oder „nass" und „trocken" die Skalierbarkeit der Extreme der Quantifizierung entzieht. Das entspricht der Überlegung, dass sprachliche Ausdrücke kategorial bestimmt sind. Man kann sinnvoll sagen, ein bestimmter Mensch sei „1 Meter 80" groß. Es ist auch sinnvoll zu sagen, in einem Verlauf verändere sich „weiß" in Richtung auf „rot" hin. Aber die „Menschlichkeit" eines Menschen nimmt weder ab, wenn ein Mensch „90 Zentimeter" groß ist, noch ist in diesem Fall die „Menschlichkeit" nur halb so groß wie im Falle von „1 Meter

---

steht. In der naiven Anschauung gelten fünf Schafe oder fünf Steine als fünf diskrete Einheiten, die abgezählt eine 5 ergeben. Zur Rede: die Rede *(oratio)* besteht aus Silben, die ebenfalls als diskrete Einheiten gedacht werden. Eine lange Silbe hat den Wert von zwei kurzen Silben, umfasst also eine *longa*, die zwei *breves* enthält. Darin ist die Metrik der Musik subalternationstheoretisch unterstellt.

49 Sonus als Qualität: FR. ANGELI M. PIROTTA (Hg.), THOMAS AQUINAS, *In octo libros De physico auditu sive Physicorum Aristotelis commentaria l.* VII, lect. 4, c. 2, Neapel 1953, 397 Nr. 1830: *sonus* [...] *est qualitas in aere consequens aliquem motum localem* [...]; NICOLAUS ORESME, *De configurationibus qualitatum et motuum* p. II, c. 15: *Omnis sonus est qualitas successiva consequens et causata ex motu et pulsu corporum aliquorum*, in: MARSHALL CLAGETT (Hg.), *Nicole Oresme and the Medieval Geometry of Qualities and Motions*, Madison etc. 1968, 304. 2/3. Weitere Belegstellen findet man leicht im *Thesaurus musicarum latinarum* sowie im Internet (Suche nach qualitas und sonus). Man beachte, dass neben der Musiklehre die physikalischen Kommentare und Monographien ergiebig sind, aber auch die grammatikalischen Texte, so immer wieder Priscian-Kommentare, sofern in ihnen vox und damit die Gattung sonus untersucht wird. – Zum generellen Aspekt der Quantifizierung von Qualitäten vgl. die programmatischen Arbeiten von ALISTAIR CAMERON CROMBIE, *Quantification in Medieval Physics,* in: *Isis* 52 (1961), 143–160, und EDITH D. SYLLA, *Medieval quantifications of qualities: the ‚Merton school',* in: *Archive for History of Exact Sciences* 8 (1971), 9–39.

50 *Cat.* 10b26.

80". Ebenso ist es unsinnig zu sagen, die Zahl 3 könne (innerhalb der natürlichen Zahlen) vermindert werden. Man kann aus „3" nicht eine kleinere „3" machen.

Man vergegenwärtige sich, dass das quantitative Prinzip in einer Mensuralnotation im Vordergrund stehen muss, da die Ordnungsverhältnisse zwischen sehr großen und sehr kleinen Noten ohne Quantifizierung gar nicht darstellbar sind. Die explizite Wertekoordination zwischen einer sehr langen Note wie der Maxima und deren kleinstem Teil, der Minima, wie die Koordination der Ebenen überhaupt *(maximodus, modus, tempus, prolatio),* basiert daher zunächst auf rein quantitativen Prinzipien.

Von *secundum magis et minus* im Sinne einer Skalierung von Tondauern dagegen spricht in der Musiklehre vielleicht erstmals der Anonymus 4 (um 1280) bei der Umschreibung der besonderen Verfassung der nicht-modalen, also nicht rein quantitierenden Organumpartien im so genannten *organum purum*, deren Eigenheit ja bereits Fritz Reckow festgestellt hat.[51] Der Anonymus stellt den Sachverhalt so dar, dass es ein Entweder-Oder zwischen *organum purum* und *discantus* gibt: dieser ist streng quantitierend, jene Satzweise dagegen befolgt irreguläre, einem Mehr oder Weniger unterliegende modale Muster. Statt etwa *longa* und *brevis* im Sinne von 2:1 oder 3:1 aufzufassen wie im *discantus*, kennt das *organum purum* eine *etwas* mehr oder weniger lange oder kurze *longa* bzw. *brevis*.[52] Final gesehen muss der Faktor „gemäß einem Mehr oder Weniger" auch später immer dann eintreten, wenn nicht proportionierte Maße zusammenkommen – implizit etwa bei Mensurunterschieden innerhalb der Stimmen und dann explizit aufgrund der Mensurangaben in der Musik des französischen 14. Jahrhunderts.

Wer mit diesen Hinweisen nichts anfangen kann, mag eine Kürzestfassung nützlich finden.[53] Die Ausgangslage stellt sich so dar. Die *ars metrica* wird, wie bereits oben S. 83 erwähnt, von der Musik subalterniert. Das heißt, dass das von der Metrik traditionell behauptete Verhältnis von *longa* zu *brevis* = 2:1 von der Musiklehre auch modifiziert und erweitert wer-

---

[51] Bei Anonymus 4 heißt es: Sunt quaedam aliae longae et significant longitudinem temporum *secundum maius et minus,* prout in libris puri organi plenius inveniuntur; FRITZ RECKOW, *Der Musiktraktat des Anonymus 4* I: Edition (BzAfMw 4). Wiesbaden 1967, 44. 16–18. Mit den Folgerungen, die sich aus dem Begriff *organum purum* ergeben, beschäftigt sich RECKOW im zweiten Band seiner Ausgabe (BzAfMw 5). – Die Floskel *secundum magis et minus* findet sich bereits beim Anonymus St. Emmeram (1279?). Die Frage der Chronologie ist in sich ein Problem und sei daher weggelassen.

[52] Ich kann dem Text nicht entnehmen, ob der Anonymus 4 auf die Kategorie der Qualität allein oder auch auf die Physik rekurriert.

[53] Ich habe in meinem in Anm. 1 erwähnten Buch einen kurzen Abriss der Modal- und Mensuralnotation eingefügt, da das nach wie vor übliche Lehrwerk von WILLI APEL, *Die Notation der polyphonen Musik 900–1600,* Leipzig 1962, zwar immer noch unentbehrlich, bezüglich der hier erwähnten Aspekte aber nicht brauchbar ist. Ein an der Aufführungspraxis orientiertes umfassendes Lehrwerk in drei Bänden stellt KARIN PAULSMEIER von der Schola Cantorum Basiliensis in Aussicht.

den kann. Im Sinne einer Modifikation geläufig ist die dreizeitige, also drei Breven umfassende Longa. Die unmittelbar benachbarten Werte können zueinander im Verhältnis von 2:1 oder 3:1 stehen. Der Musiklehre erwachsen Probleme, da das grammatikalische, also auf Longa und Brevis konzentrierte Paradigma nur beschränkt weiterentwickelt werden kann. Es verbindet ja nur zwei Ebenen – etwa Viertel- und Achtelnote – und vermag daher nicht als Paradigma für eine durch mehrere Ebenen bestimmte Struktur einzustehen. Die im 13. Jahrhundert langsam allgemein bekannt werdenden Kenntnisse von der Physik des Tons erlauben es aber im Laufe von ein paar Jahrzehnten, die mit den Namen Maxima bis Semifusa angegebenen Werte als Bezeichnungen für Sammlungen von Tonpartikeln *(partes proportionales)* in einem physikalischen Sinne zu verstehen.[54] (*Partes proportionales* fassen einzelne Folgen von Tonpartikeln – erzeugt durch *percussiones* – zu Einheiten zusammen.) Dadurch lässt sich die „neue“ Notation, die wir heute Mensuralnotation nennen, als Semiotik, als Bezeichnungstheorie physikalischer Daten auffassen, wobei, idealtypisch verstanden, die kleinsten wie die größten denkbaren Notenwerte erfasst werden.

Es ist aufführungspraktisch nicht vorstellbar, dass alle Werteebenen aufeinander bezogen genauen Quantitätsverhältnissen entsprechen, mag die Lehre auch immer vereinfachen und proportionierte Verhältnisse in den Vordergrund stellen. Für die Planung und Realisation solcher Vorgaben meldet die Lehre aber auch immer schon den durch den Begriff *sonus* angemeldeten Faktor der qualitativen Veränderung an. Dadurch wird eine Angabe wie 2:1 zum Richtwert bezüglich der tatsächlich in der Performation gebrauchten Tonpartikel.

Solche Dehnungen und Stauchungen von Tonlängen finden sich auch in einem anderen Zusammenhang. Eine Tonhöhe wird zwar wie eine Tonlänge quantitativ durch eine Proportion bestimmt; doch unterliegt auch sie der qualitativen Modifikation. Nimmt man Tonhöhen und Tonlängen zusammen, lässt sich vom Tonort als einem quantitativ nach Höhe und Länge bestimmten Objekt reden, das aber je

---

[54] Thomas S. Kuhn hat in wissenschaftsgeschichtlichen und -theoretischen Überlegungen Erklärungsmodelle für die Legitimation wissenschaftlicher Verfahrensweisen vorgetragen. Er sprach von einem Paradigmawechsel – vgl. THOMAS S. KUHN, *Die Struktur wissenschaftlicher Revolutionen* (stw 25). Frankfurt/M. 1973; mit wichtigen Ergänzungen in: DERS., *Die Entstehung des Neuen. Studien zur Struktur der Wissenschaftsgeschichte* (stw 236). Frankfurt/M. 1978. Dabei formulierte er in seinem Hauptwerk *Eine Rolle für die Geschichtsschreibung* für das Aufspüren solcher Paradigmawechsel unter der Annahme, dass „Wissenschaft“ *(science)* nicht nur der Natur, sondern auch der Kultur verbunden ist. Diese Aufgabe ging in den oft gar nicht mehr aufgrund Kuhns Arbeit geführten Debatten immer wieder verloren, tritt jetzt aber wieder in den Vordergrund – vgl. UTE DANIEL, *Kompendium Kulturgeschichte. Theorien, Praxis, Schlüsselwörter* (stw 1523). Frankfurt/M. 2004, 361–366. Für unseren Fall sei betont, dass tatsächlich ein Paradigmenwechsel im Sinne Kuhns vorliegt: das an der Grammatik (Metrik) orientierte Erklärungsmodell wird zu Gunsten einer physikalisch fundierten Erklärung aufgegeben. Ich habe das Thema erstmals, angeregt durch Leo Treitlers Hinweise auf Kuhns Arbeiten, behandelt in: *Studien zur mittelalterlichen Musiklehre I: Eine Übersicht über die Musiklehre im Kontext der Philosophie des 13. und frühen 14. Jahrhunderts,* in: *Forum musicologicum. Basler Beiträge zur Musikgeschichte* 3 (1982), 323–456.

nach Umständen horizontal und vertikal gestaucht oder gedehnt bzw. verschoben werden kann.

Wird, wie oben S. 74 bereits angedeutet, vermutet, dass eine Suppositionstheorie für die Bezugnahme sprachlicher Ausdrücke auf irgendwelche Objekte sensibilisiert, so ist die Rede von einer Qualifizierung einer Quantität sicher nicht die Beschreibung eines Objektes, sondern wohl eher die Benennung eines Prozesses. Dazu ist die Beobachtung wichtig, dass eine Suppositionstheorie sich im Falle der Satzanalyse nicht mehr um ein für sich stehendes Einzelding kümmert, sondern um einen Kontext „derart, dass [...] der per definitionem auf den Satzkontext festgelegte ‚terminus' den eigentlichen Gegenstand der Theorie bildet."[55]

Kontextformen finden sich innerhalb der Zeichenketten in Modal- und Mensuralnotation, da die Quantität und das genaue Maß der Skalierbarkeit ebenfalls kontextgebunden sind. Dies gilt zum Beispiel, wenn in einem *ars subtilior*-Stück die Proportion 9:4 vorkommt. Der Sänger, der die vier Einheiten gegenüber den neun gestaltet, realisiert nicht jeweils einen Längenwert von 2.25 (4 x 2.25 = 9), sondern erzeugt hinsichtlich der Qualität des Tons Werte, die *secundum magis*, gemäß einem Mehr, das Maß 2 übersteigen.[56] Solche Kontexte werden völlig unerachtet der Probleme um Quantität versus Qualität in der Musikwissenschaft seit langem aufgrund aufführungspraktischer Erwägungen vorausgesetzt. Meine Darlegung betrifft nicht diese Voraussetzungen, sondern den Sprachgebrauch der Mittelalterlichen. Mit der quantitativen und qualitativen Situierung eines Objekts kommt ein Aspekt ins Spiel, der in Form von Tondauer oder Tonhöhenposition erst im Kontext klar wird. Es wird daraus auch verständlicher, dass der Fachbegriff *alteratio* (zu dem analog *imperfectio* gebildet ist) in der Physik die Qualitätsveränderung meint, die hier in einem kontextgebundenen Verfahren gilt.[57]

Wenn wir damit erste Annäherungen an die blasse Formulierung „kontextgebundener Verfahren" haben, lässt sich doch ein damit zusammenhängendes Problem

---

[55] So STEPHAN MEIER-OESER, *Supposition,* in: *Historisches Wörterbuch der Philosophie* 10 (1998), 654. Meier-Oeser bezieht sich dabei auf „the contextual approach to grammatical matters" bei LAMBERTUS MARIE DE RIJK, *Logica modernorum* II.1: *The origin of the theory of supposition.* Assen 1967, 116.

[56] Zu in der *ars subtilior* möglichen Proportionen vgl. MARICARMEN GÓMEZ / URSULA GÜNTHER, *Ars subtilior,* in: *MGG Sachteil* 1. 1994, 892–911.

[57] Man beachte den Versuch von Johannes de Muris, in seiner *Notitia artis musicae* (1321) den Kontext mit Rekurs auf die suppositionstheoretisch relevante Sprachtheorie der *modi significandi* anzuzeigen. (Der Text ist von ULRICH MICHELS im *CSM* 17, 91.15–17, herausgegeben). Mein Interpretationsversuch liegt vor in *Musik zwischen Mathematik und Physik: Zur Bedeutung der Notation in der ‚Notitia artis musicae' des Johannes de Muris (1321),* in: CARL DAHLHAUS / HANS OESCH (Hg.), *Festschrift für Arno Volk.* Köln 1974, 41–44. Anderer Meinung ist DORIS TANAY, *Noting music, marking culture: the intellectual context of rhythmic notation, 1250–1400* (Musicological Studies and Documents 46). Holzgerlingen 1999.

anvisieren, das zugleich zentral zur Skalierbarkeit gehört. Im alltäglichen Sprachgebrauch unterscheiden wir „dissonant" von „konsonant". Ist ein Klang *entweder* dissonant *oder* konsonant? Werden die Texte geprüft, wie sie vor allem durch mehrere Arbeiten von Klaus-Jürgen Sachs erschlossen sind, fällt ein Vielfaches an Kriterien auf. Klänge werden auf Proportionen zurückgeführt, in Arten mit Abstufungen etwa zwischen perfekten, mittleren und imperfekten Zusammenklängen eingeteilt und der Urteilungsart *secundum auditum*, gemäß dem Gehör also, unterstellt.

Es wäre herauszufinden, ob die Vielschichtigkeit der Ansätze die Gefahr der Entweder-Oder-Strategie bannen soll. Eine Entweder-Oder-Strategie im Satz meint ja, dass jeder Klang einen *bestimmten* Status hat: er ist in heutiger Ausdrucksweise eben *entweder* konsonant *oder* dissonant. Die erwähnte Vielschichtigkeit könnte dergleichen weniger bestimmt werden lassen. So wie die scheinbar auf Satzweisen ausgerichtete Differenzierung von Mehrstimmigkeit in die Arten Diskant, Copula und Organum *(purum, per se)* bei Johannes de Garlandia nicht besagen muss, es gebe nachweislich drei Satzarten. Wichtig ist, dass es nicht beim Urteil bleibt, Mehrstimmigkeit sei *entweder* Note-gegen-Note-Satz *(discantus) oder* melismatische Faktur über Haltetönen (Organum).

Die erwähnte Vielschichtigkeit in der Beurteilung des Status eines Zusammenklangs lässt sich auch als Skalierung verstehen. Es wäre dann ein Klang je nach Kontext *mehr* oder *weniger* kon- bzw. dissonant. Solche Weisheit wenden wir bei unserer analytischen Arbeit täglich an. Zu überlegen wäre nur, auf welche Denkmuster sie zurückgeht und ob die mittelalterliche Lehre mit einer Suppositionstheorie im Hintergrund sprachliche Ausdrücke so gebraucht, dass die Möglichkeiten der Entsprechung zwischen den Wörtern und den „Sachen" vielschichtiger ist als unser Bedarf nach wortwörtlichem Gebrauch, nach Gleichungen zwischen bestimmten Wörtern und bestimmten Sachen uns vermuten lässt.

Es sei wenigstens angezeigt, dass sich zu diesen Entsprechungen Materialien einer diskursiven Ordnung im Sinne von Metasprachen über den artistischen Sprachregelungen zeigen lassen. Es ist fraglos ein Problem, wie Menschen sich die riesigen Wissensarsenale, die mit den Kommentaren zu den oben S. 78 angezeigten *textus* gegeben sind, überblickbar zu machen. Wer heute in Ruhe die oben S. 80 erwähnte Studienübersicht in der Barcelona-Handschrift oder Kilwardbys *De ortu scientiarum* liest, merkt schnell, dass es eher um Notizen zu Verbindungen zwischen Kommentarwelten geht, aber nicht um die Darstellung dessen, was man weiß, wenn man sich tatsächlich in diesen Welten bewegt. Wie lernt man solche Materialien? Der Wissenschaftshistoriker John E. Murdoch votiert dafür, mit *languages* zu rechnen. Darunter versteht er Metasprachen, welche sprachliche Verständigungsprozesse steuern. Es gibt zum Beispiel eine *language of proportion*, die mit all dem befasst ist, was sich mit dem Vokabular des 5. Buches der Euklidischen *Geometrie* sagen lässt. Dazu kommt eine zweite, *language of intension and remission* genannte Sprache. Sie ist den qualitativen Stufungen im Sinne von intensiven Größen gewidmet und zeichnet sich durch ein Vokabular mit Ausdrücken wie *intensus*, *intensior*, *intensissimus*, *intendere* (und den korrespondierenden Ausdrücken zu *remissio*), *latitudo*, *gradus*, *uniformis*, *difformis*, *uniformiter difformis*, *difformiter difformis* aus. Murdoch rechnet mit Regeln (Algorithmen), die terminologisch so abgesteckte Sprachteile verbinden.[58]

Dieses schwierige Gebiet der Metasprache war hier darum zu nennen, weil die beiden erwähnten Sprachen – Murdoch selber rechnet mit mehr – sich auf die Kategorien der Quantität und der Qualität beziehen. Es wäre zu fragen, wie weit sich die Sprache der mittelalterlichen Musiklehre durch solche metasprachlichen Gesichtspunkte methodisch sicherer untersuchen lässt.

Opus

Was mit Quantität und Qualität angezeigt ist, lässt sich funktional erst dann verstehen, wenn die Kategorie des Werks *(opus)* mitgedacht wird. Vom Werk lässt sich, wie wir oben S. 76 gesehen haben, dreifach sprechen, nämlich vom Denk-, Herstellungs- und Handlungsakt, womit die drei Ebenen der Theorie, der Poietik und der Praxis angesprochen sind. Jeder Akt gilt als ein Werk. In heutiger Sprechweise werden diese Tätigkeiten oft unter dem Begriff der „Handlung" zusammengenommen. Dann geht es im Falle von Kunst Dietfried Gerhardus zufolge um „dasjenige hantierende und praktische, also fertigkeitenerwerbende Handeln", „das stets (wie auch anderes Handeln) im Zwiespalt zwischen Absicht (Intention) und Zuendebringen (Realisation) steht".[59] „Werk" ist dann im Mittelalter ein Thema innerhalb der Handlungstheorie, wie sie in der *Nikomachischen Ethik* dargestellt, durch vielfältige Kommentararbeit fasslich wird und die dann im 20. Jahrhundert zu einem philosophischen Spezialgebiet wird.

---

[58] Eine der wichtigsten Arbeiten liegt vor in: John E. Murdoch, *From Social into Intellectual Factors: An Aspect of the Unitary Character of Late Mediaeval Learning*, in: Ders. / Edith D. Sylla (Hg.), *The Cultural Context of Medieval Learning: Proceedings of the First International Colloquium on Philosophy, Science, and Theology in the Middle Ages – September 1973* (Boston Studies in the Philosophy of Science 26; Synthese Library 76). Dordrecht–Boston 1975, 271–348. Murdochs Untersuchung ist auch darum bahnbrechend, weil er zeigen konnte, wie wichtig für seine Fragen die sog. Sentenzenkommentare sind. – Zum Problem der Metasprachen (mit weiterführender Literatur): Peter Schulthess / Ruedi Imbach, *Die Philosophie im lateinischen Mittelalter. Ein Handbuch mit einem bio-bibliographischen Repertorium*, Zürich–Düsseldorf 1996, 275–279, 329/30.

[59] Zitiert aus dem Artikel *Kunst*, in: Jürgen Mittelstrass (Hg.), *Enzyklopädie Philosophie und Wissenschaftstheorie* 2. Stuttgart–Weimar 1995, 512. Anthologien zur neuzeitlichen Handlungstheorie bieten die beiden Bände über *Analytische Handlungstheorie* (Bd. 1: Georg Meggle [Hg.], *Handlungsbeschreibungen*; Bd. 2: Ansgar Beckermann [Hg.], *Handlungserklärungen*), welche in der Reihe *Theorie* des Suhrkamp Verlages 1977 erschienen sind.

In der Musiklehre wird man oft vergeblich nach Belegen für *opus* suchen; denn die drei Werkarten werden vor allem durch bestimmte Verben angezeigt: das Denken (a) durch *speculari* und andere Verben samt Derivaten, das Herstellen (b) durch *facere* (und Derivate: *factio*, *factivus* etc.), und das Handeln (c) durch *agere* (und Derivate: *actio*, *activus* etc.). In der antiken Tradition wird das Werk *(érgon)* im Zusammenhang mit der Verwirklichung *(enérgeia)* gedacht. Lateinisch entspricht dem das Duo *opus* und *operatio* (oder *actus*). *Operatio* begegnet in der Musiklehre immer wieder. *Opus* und *operatio* lassen sich im Sprachgebrauch aus guten Gründen nicht immer unterscheiden. Wir stellen vorläufig die Sache zurück und kommen erst später (ab S. 103) darauf zurück.[60]

Die Sachlage ist allerdings terminologisch nicht so klar. *Agere*, *facere* oder *speculari* fungieren als metasprachliche Terme und bezeichnen, wie oben S. 76 bereits gesagt, einen Typus. „Tanzen" oder „spielen" („musizieren") zum Beispiel sind Instanzen für das Handeln, vertreten also einen Aspekt von *agere*. „Tanzen" oder „spielen" tragen das Ziel in sich (man erreicht das Ziel, indem man die entsprechende Tätigkeit ausübt), während im Falle der Poietik die Tätigkeit auf ein Ziel hin angelegt ist, das am Schluss etwas erbringt.

Eine verbale Angabe wie „vorwärtsschreiten" *(procedere)* oder „aufsteigen" *(ascendere)* ist daraufhin zu prüfen, ob sie einen *agere*- oder einen *facere*-Typus vertritt.[61] Soweit es um das Gestalten geht, sind solche Verbalangaben auch Aspekte von *operatio (enérgeia),* da sie etwas verwirklichen. Soll das Endprodukt als „Gestalt" aufgefasst werden, dann gestalten sie etwas.

Worum geht es nun im Falle der Musik wie der organisierten Klanggestaltung? Natürlich um alle drei Faktoren, denn Musik umfasst in einem Handlungszusammenhang das Planen einer organisierten Klanggestaltung und das Hervorbringen, das Gestalten selber. Die Formulierung bedarf der Klärung; denn der Unterschied zwischen Handlung und Herstellung ist je nach Kontext unklar. In der aristotelischen Tradition ist man sich einig, dass organisiertes Klanggestalten kein bleibendes Werk *(opus manens)* hinterlässt.[62] Diese Facette tritt uns dann anschaulich entgegen, wenn nur der Herstellungsakt analog zum Anfertigen *(facere)* von Schuhen oder zum Schmieden eines Hufeisens bedacht wird. Verstehen wir aber den

---

[60] Nicht besprochen wird hier die andere, im Mittelalter geläufige Diskussion von opus. Sie hängt mittelbar mit der Mimesis bei ARISTOTELES, *Physik* B 2 (194a21–22), zusammen und geht zurück auf den Kommentar des Calcidius zum *Timaios* von PLATO (73.10–12 Waszink), in dem die Rede ist vom Werk Gottes *(opus dei),* vom Werk der Natur *(opus naturae)* und vom mimetischen Werk des Menschen, der da die Natur imitiert *(opus artificis imitantis naturam).*

[61] Daneben fragt sich auch, ob gerade *ascendere* einen stufenweise sich vollziehenden Gang meint, dessen Schrittgrößen sich zueinander proportional verhalten, ob es also um eine Instanz der *language of proportion* geht.

[62] Siehe etwa ROBERT KILWARDBY, *De ortu scientiarum* c. 44 (wie Anm. 35), 144. 22/23.

Denkakt als Akt der Planung, lässt sich annehmen, dass ein Stück organisierter Klanggestaltung *in mente* geplant und *hergestellt* wird, von dem dann dessen Performation als Handlung zu unterscheiden wäre.

Es dürfte offensichtlich sein, dass ich hier für die spezifischen Belange der mittelalterlichen Musiklehre und der Antikenrezeption, damit der Geschichte der aristotelischen Überlegungen zu *enérgeia – érgon (operatio – opus),* etwas versuche, das für Leute aus der Musikpädagogik, aus der systematischen Musikwissenschaft wie aus der Ethnomusikologie nicht neu ist, auch wenn sie sich von anderen Überlegungen leiten ließen. Ein Ausdruck wie „musikalisches Handeln" gehört heute zur Fachsprache und zur Umgangssprache im Falle musikalischer Ereignisse aus der Rock- oder Pop-Szene und anderen Sparten.[63] Für die Handlungsanalyse fragt sich, wie weit der dreifache Ansatz eine Systematik abwirft, um die Ergebnisse herkömmlicher analytischer Arbeit im Hinblick auf das Produzieren wie auf das Produkt nach Typen zu ordnen. Dazu wäre aufgrund des hier gewählten Ansatzes zu überlegen, auf welche Sprachregelungen der Mittelalterlichen solche Analysen verweisen.[64]

Es dürfte auch klar geworden sein, dass ich hier nicht um eine mögliche Exegese des aristotelischen Musikverständnisses bemüht bin.[65] „Musizieren" drückt, ähnlich wie „Haus bauen" oder „Hufeisen herstellen" aus, dass ein *ganzer* Handlungsablauf gemeint ist. Wann sind im Rahmen eines Handlungs- oder Herstellungsablaufs alle möglichen Denk-, Herstellungs- und Handlungsakte *vollständig*? (Das Mittellateinische kennt für die Vollständigkeit den Beg-

---

[63] Volker Kalisch hat kürzlich dafür plädiert, Teildisziplinen der Musikwissenschaft wie Musikhistorie oder Musiksoziologie gemeinsam mit einer Arbeit an solch „musikalischem Handeln" zu betrauen – vgl. THEOPHIL ANTONICEK / GERNOT GRUBER (Hg.), *Musikwissenschaft als Kulturwissenschaft damals und heute. Internationales Symposion (1998) zum Jubiläum der Institutsgründung an der Universität Wien vor 100 Jahren* (Wiener Veröffentlichungen zur Musikwissenschaft 40). Tutzing 2005, 247. Zum Sprachgebrauch der Ethnomusikologie: MAX PETER BAUMANN, *Ethnomusikologische Feldforschung,* in: GERLINDE HAID et al. (Hg.), *Volksmusik: Wandel und Deutung. Festschrift für Walter Deutsch zum 75. Geburtstag* (Schriften zur Volksmusik 18). Wien 1998, 28–47.

[64] Ich habe das erstmals in meinem Beitrag zur *Geschichte der Musiktheorie* 5 – *Die Musiklehre im 13. Jahrhundert von Johannes de Garlandia bis Franco* – versucht, bin aber damals wie später nicht weit gekommen, ohne dass ich die Fragestellung bislang als falsch hätte auffassen müssen. – Zur Semantik der *opera* gibt es mannigfache Beiträge, auch wenn die Zielrichtung jeweils ganz anders bestimmt ist. Ich denke dabei an Beiträge im *Handwörterbuch der musikalischen Terminologie* sowie an die monographischen Studien von FRITZ RECKOW, etwa an *processus und structura. Über Gattungstradition und Formverständnis im Mittelalter,* in: *Musiktheorie* 1 (1986), 5–29, sowie ganz anders ausgerichtete begriffsgeschichtliche Untersuchungen, wie sie zum Beispiel ACHIM DIEHR unternommen hat: *Speculum corporis. Körperlichkeit in der Musiktheorie des Mittelalters* (Musiksoziologie 7). Kassel etc. 2000.

[65] Dazu MÜLLER, a. a. O. (wie Anm. 30), 218–221. – Allgemeiner orientiert: THOMAS J. MATHIESEN, *Apollo's Lyre. Greek music and music theory in antiquity and the middle ages* (Publications of the Center for the History of Music Theory and Literature 2). Lincoln–London 1999.

riff *perfectio*, der oft eben nicht Vollkommenheit meint). Natürlich kann eine fachkundige Person einen solchen Ablauf in viele Denk-, Herstellungs- und Handlungsakte aufdröseln. Aber kennt sie *alle* denkbaren Akte? Das Faszinierende mittelalterlicher Musiklehre besteht gerade darin, dass sie Einzelteile („Bestandteile" – siehe oben S. 72) aufzählt, die beim Denken über, Herstellen von und Handeln mit Musik ins Spiel kommen, aber es wird nie anzugeben versucht, wann die Aufzählungsmöglichkeiten erschöpft sind.

Trotz der Lückenhaftigkeit all meiner Notizen möchte ich versuchen, eine daraus abzuleitende Schwierigkeit, die ebenfalls den Aspekt der Vollständigkeit betrifft, im Kontrast zu einer ganz anderen als der aristotelischen Werkauffassung fasslicher werden zu lassen. Maria E. Reicher nimmt an, dass sich jemand beim Lesen einer Partitur eine *Vorstellung* von einem Werk macht, vermutet aber, dies sei „ein schlechter Ersatz für das Hören einer Aufführung [...]. Denn es macht einen wesentlichen Unterschied, ob man eine Melodie *hört*, oder sich eine Melodie nur *vorstellt*, und das gilt sogar dann, wenn die Vorstellung sehr intensiv und lebhaft ist. *Das Erleben eines Musikwerks ist wesentlich eine sinnliche Erfahrung, und zwar eine sinnliche Erfahrung von akustischen Qualitäten* [Kursive M. H.]. Aufführungen eines Musikwerks ermöglichen die volle sinnliche Erfahrung des Werks in direkter Weise, Partituren [...] tun das nicht."[66]

Reichers Auffassung postuliert einen wichtigen Punkt einer Ästhetik, nämlich die Entscheidung, dass – mit einer scholastischen Differenzierung gesagt – nur die äußeren, nicht aber die inneren Sinne eine maßgebliche „sinnliche Erfahrung" vermitteln. (Ein äußerer Sinn [*sensus exterior*] ist zum Beispiel der Gehörssinn, ein innerer Sinn [*sensus interior*] ist die Fantasie). Damit wird die Zahl der denkbaren und seitens der Musikwissenschaft wie der Berufsmusiker in den analytischen Exerzitien behaupteten Denk-, Herstellungs- und Handlungsakte wohl nicht nur verringert, sondern gar nicht berücksichtigt, da diese Akte für den Zugang seitens einer solchen Ästhetik irrelevant sind. Anders gesagt, richtet sich philosophische Ästhetik auf das „Werk" *und meint mit diesem Begriff einen bestimmten Gebrauch von etwas.*

Dieser Gebrauch hängt mit der Verteilung von fachlichen Kompetenzen zusammen. Die meisten Menschen können *sehen* und haben daher die Möglichkeit zur Betrachtung darstellender Kunst. Viele Menschen können dank sekundärer Sozialisation das Sehen zum *Lesen* einsetzen. Viele Menschen können *hören*; doch kann mit dem Gehör eine bestimmte Stelle im Zeitverlauf nicht ohne weiteres *festgestellt* werden – so, wie man an einem Bild oder einem Romantext etwas feststellt. Die Selbstverständlichkeit der Wahrnehmung durch das Sehen hat bekanntlich dazu geführt, dass ungezählte Wissenschaftler aus ganz unterschiedlichen Disziplinen zum Bereich der Kunstwahrnehmung wie zu Texten sehr wesentliche Beiträge geleistet haben. Solche ebenfalls ganz selbstverständlichen Beiträge fehlen im Bereich des Hörens sehr weitgehend. (Musik *feststellen* zu lernen, ist nicht besonders schwierig; doch findet in den Schulen ein einschlägiger Unterricht nur so sparsam statt, dass keine etwa mit dem Lesen vergleichbare Kompetenz sich einstellen kann.) Fragt sich natürlich, von welcher Kompetenz aus

---

[66] MARIA E. REICHER, *Einführung in die philosophische Ästhetik.* Darmstadt 2005, 107 (Kursive M. H.). Da die Autorin nicht irgendwelche Leitlinien und -sätze vorlegt, sondern Argumente, die zur Diskussion stehen, bietet das Buch sehr viel Einsichtsmöglichkeiten in das Konstrukt „Werk". Eine Auseinandersetzung zwischen solcher Werkdisposition und der aristotelischen Tradition von Verwirklichung und Werk kann hier nicht geleistet werden, wäre aber sicher eine erhellende Aufgabe.

Reicher feststellt, das Lesen einer Partitur sei „ein schlechter Ersatz für das Hören einer Aufführung". Die Feststellung wäre wohl zu diskutieren.

Opus im Sinne solcher Herstellung verhilft dann der Opposition von Quantifizieren versus Qualifizieren zu mehr Sinn. Wird nämlich ein Teilstück (ein Abschnitt) in der Planung hergestellt, würden bestimmte Werte – Eckdaten gleichsam – genau geplant, während andere sich dadurch ergeben, dass man sie einpasst.[67] Dann würde als Ebene der Planung zum Beispiel das tempus (Viertel- und Achtelnote) registriert, während größere und kleinere Werte einzupassen sind. Die qualitativ gegebene Veränderbarkeit im Sinn des Dehnens und Stauchens wäre durch orientierende Einheiten begrenzt. Es geht ja im Falle von Musik, wie wir gesehen haben, um eine *scientia media*, also um eine Wissenschaft zwischen Mathematik und Physik. Damit nun das Unveränderbare mit dem Veränderbaren zusammenkommt, muss es möglich sein, dass das im Quantitativen, also im Mathematischen angelegte unveränderbare Maß qualitativ verändert wird.

Das mittelalterliche Verfahren vereinigt mit den beiden Kategorien der Quantität und der Qualität einerseits und der an der *Nikomachischen Ethik* entwickelten Werk-Theorie andererseits recht mächtige Instrumente. Ihre Mächtigkeit ergibt sich daraus, dass sie, in heutiger Terminologie, recht genau in maß- wie in handlungstheoretischen Verfahren angesiedelt sind.

Die Sprechweise von *opus* zielt, wie wir gesehen haben, nicht auf ein Werk im Rahmen von Kunst. Allerdings wäre auch für die spätere, Nach-Leibniz-Zeit, eine Erwägung von Kunst erträglich, wenn die Frage „Was ist Kunst?" in die Frage transformiert wird „Was (für ein Begriff) ist ‚Kunst'?"[68] Gilt ein ausgezeichneter Bereich wie „Kunst" nicht als vorgegeben, wird der Begriff also nicht für den aus eigenem Recht funktionierenden Sektor einer Lebenswelt verstanden, erscheint eine andere Auffassung brauchbar. Dietfried Gerhardus zufolge geht es, wie wir bereits gesehen haben, im Falle von „Kunst" um ein Handeln, „das stets (wie auch anderes Handeln) im Zwiespalt zwischen Absicht (Intention) und Zuendebringen (Realisation) steht".[69] Intention und Realisation sind nicht der Opposition von Akt und Potenz gleich, haben damit aber zu tun. Sie wären wohl auch im Lichte mittelalterlicher Intentionalitätsmodelle zu prüfen.[70] Darum müssten wir uns kümmern, wenn wir der

[67] Wir behelfen uns heute mit den Abwägungen zwischen „Takt", „Metrum" und „Rhythmus", um die eingepassten Werte – zum Beispiel die Ungleichheit der Viertelnoten im Walzertakt – zu erklären.

[68] Vgl. GRAESER, *Philosophie der Kunst,* in: DERS., *Positionen* (wie Anm. 19), 210.

[69] Siehe oben S. 92 und Anm. 59.

[70] Es geht dabei um eine Forschungsrichtung, die Franz Brentano in einem häufig angeführten Textteil bereits 1874 anzeigte. In letzter Zeit erschien dazu DOMINIK PERLER, *Theorien der Intentionalität im Mittelalter* (Philosophische Abhandlungen 82). Frankfurt/M. 2002; das Brentano-Zitat findet sich darin S. 3. Es stellt sich die Frage, wie weit sich die Lektüre der heute in der Musikwissenschaft vor allem zitierten Intentionalitätsüberlegungen Ro-

Frage nachgehen, welche Typen von Tätigkeiten mit Verben (und Derivaten) wie *speculari* oder *agere* oder *facere* für theoretische, praktische oder poietische Prozesse gefasst werden.

Opus und Objekt

Mit der Annahme, organisierte Klanggestaltung nütze die theoretischen, poietischen und praktischen Prozesse, erhält die Gestaltung einen sehr breiten Rahmen, da die privilegierte Zuordnung eines solchen *opus* in die Welt der „Kunstwerke" nicht möglich ist. Eine dreifache *opus*-Theorie mit ihrem spezifischen Anteil am Produzieren, am Prozesscharakter (siehe oben S. 77) also, lässt sich nicht aufs Produkt verkürzen. Was heißt das?

Ein Produkt suggeriert Eigenschaften eines Objekts, von dem es heißt, es bestehe aus diesen oder jenen Teilen. Dafür ließen sich – im Sinne recht ungeordneter Anleihen bei der Musikgeschichte – etwa Begriffe wie „Figuren", „Soggetto", „Thema", „Motiv" anführen.[71] Damit wären dann Teile eines Objekts gemeint, auf die sich hinweisen lässt. Sie sind „da". Die mittelalterliche Musiklehre macht von solchen Objekten nur sehr sparsam und ausnahmsweise Gebrauch. (In nur scheinbarem Gegensatz dazu steht die Benennungsvielfalt von Formen und Gattungen in des Johannes de Grocheio *Musica*. Johannes orientiert sich in seiner Berichterstattung über den Umfang möglicher organisierter Klanggestaltung an einem Musterbeispiel für klassifizierende Arbeit im 13. Jahrhundert, nämlich an den Tierschriften von Aristoteles, und ordnet getreulich gemäß dem Vorbild von *De historia animalium*, *De partibus animalium* und *De generatione animalium*.[72] Bei solcher Klassifikationskunst

---

man Ingardens durch diese mittelalterlichen Modelle, die Perler darstellt, verändert. Zu Roman Ingardens ungemein schwierigen Texten: Claudia Risch, *Die Identität des Kunstwerks. Studien zur Wechselwirkung von Identitätskriterien und ontologischem Status des Kunstwerks* (Berner Reihe philosophischer Studien 5). Bern 1986, Kap. 1.

[71] Zu sagen, an welchem Material man eine solche Frage diskutiert, ist schwierig geworden. Der jahrzehntelang eingeübte Fall der Figurenlehre hat sich als Spezialfall einer deutschen Theoriebildung entpuppt – vgl. Janina Klassen, *Musica poetica und musikalische Figurenlehre – ein produktives Mißverständnis*, in: *Jahrbuch des Staatlichen Instituts für Musikforschung, Preußischer Kulturbesitz* 2001, 73–83. So etwas wie kontrapunktisches oder melodisches Substrat, das temporär zum Bezugspunkt wird, zeigt sich musikgeschichtlich recht früh und so unterschiedlich, dass kompositionsgeschichtliche Querbezüge und Stadien festzustellen eine Schwierigkeit für sich bleibt; der Fall einer durch die Rhetorik bestimmten Disposition oder Planung einer Komposition ist bis heute mehrfach fraglich geblieben.

[72] Silvia Nagel, *Testi con due redazioni attribuite ad un medesimo autore: il caso de De animalibus di Pietro Ispano*, in: Carlos Steel et al. (Hg.), *Aristotle's Animals in the Middle Ages and Renaissance* (Mediaevalia Lovanensia I. 27). Louvain 1999, 212–237.

fragt sich, ob Grocheio „das Bestehende“ gemäß der Taxonomie ordnet oder ob er der Taxonomie gemäß Teile austüftelt.[73]

Anderer Art dagegen scheinen mir konzeptive Elemente zu sein, die in einer Fragestellung sinnvoll sind, deren Gewicht auf der Frage nach dem Verhältnis zwischen den Teilen und dem Ganzen liegt. So kann von einem Tonsystem festgelegt werden, es bestehe aus bestimmten Intervallfolgen. Oder es kann um die Gesamtzahl der Elemente gehen, die rhythmischen Gegebenheiten zu Grunde liegen. Der Unterschied liegt darin, dass sich im ersten Fall bestimmte Objekte als Konstituenten einer organisierten Klanggestaltung aufzählen lassen. Der Unterschied scheint nicht recht klar. Darum dürfte es besser sein, vom Grund für die Vermutung zu berichten, statt eine unklare Fragestellung auszuweiten.

Aristoteles spricht gelegentlich von einer *apátheia,* einer „Leidenschaftslosigkeit“ oder „Gelassenheit“, die in den mittelalterlichen Übersetzungen der *Nikomachischen Ethik* mit *inpassio* oder *inpassibilitas* wiedergegeben wird. Sie mag auch einen bestimmten Aspekt der Tugendlehre betreffen. Er ergibt sich dann, wenn gleichsam eine Geometrie der Affekte benutzt wird, um das „Finden der rechten Mitte“ darzustellen. So ist etwa Philanthropie bis zur Selbstaufgabe ein Extrem, dem als anderes Extrem die Misanthropie gegenübersteht. Die Übung besteht darin, zwischen diesen beiden Extremen, den Grenzpunkten einer Linie, eine Mitte zu finden.

Diese Form der Tugend greift nun im Bereich der Musik als einer Reflexionsform, wenn gilt, dass Tonarten wie dorisch oder phrygisch mit Affekten verbunden sind und zu üben ist, wie der Ausgleich der rechten Mitte innerhalb der mit Klängen erzeugbaren affektiven Gestaltungsweisen möglich ist. Ich würde den Versuch, sich mit *bestimmten* Affekten zu beschäftigen und die Erzeugung von Affekten mit Klängen zu thematisieren, einen Versuch der Beschäftigung mit Objekten nennen. Auffallend scheint mir dabei, dass die Mittelalterlichen an einer solchen Affektenlehre oder dann an einer Rhetorik, die sich mit Affekten beschäftigt, wenig interessiert sind. Auch wenn sie entsprechende Aufstellungen liefern, scheint der Grundgedanke – das Finden der rechten Mitte und damit auch ein Aspekt der Gelassenheit – viel wesentlicher.[74]

Die Feststellung lässt sich in unserem Zusammenhang anders formulieren. Wenn es in der artistischen Ausbildung um eine Suppositionstheorie geht, dürfte es für die Zeitgenossen auch bereits in den für ein elementares Curriculum bestimmten Texten

---

[73] Zu Grocheio: ELLINORE FLADT, *Die Musikauffassung des Johannes de Grocheo im Kontext der hochmittelalterlichen Aristoteles-Rezeption* (Berliner musikwissenschaftliche Arbeiten 27). München–Salzburg 1987. Eine konservative Deutung des Textes mit einer guten Übersicht bietet DORIS STOCKMANN, *Musica vulgaris bei Johannes de Grocheio (Grocheo),* in: *BzMw* 25 (1983), 3–56.

[74] Siehe die Bemerkungen zum Thema in MAX HAAS, *Musik und Affekt im 14. Jahrhundert: Zum Politik-Kommentar Walter Burley's,* in: *Schweizer Jahrbuch für Musikwissenschaft,* N. F. 1 (1981), 9–22.

wichtig sein, die Frage nach dem Bezug der sprachlichen Ausdrücke „zur Welt" zu beachten. In welcher Weise kann dann von einem Affekt im Zusammenhang mit einem musikalischen Prozess überhaupt die Rede sein? Wie, wann, wo und wodurch materialisiert sich der Affekt? Was am Klangsubstrat *garantiert* ihn? Auf welche mentale Eigenschaft *aller* Menschen beruht eine Affektenlehre? Sicher, die Mittelalterlichen zitieren entsprechende überkommene Passagen und führen den therapeutischen Effekt des Einsatzes von David gegenüber Saul auch gewissenhaft an. Aber ich kann nicht sehen, dass sie mehr tun, als ein überkommenes Stück der Lehre zu erwähnen. Mehr scheint ihnen daran nicht gelegen zu sein.

7. ZUSAMMENFASSUNG UND AUSBLICK

Ausdrücke wie „Musik als Form des Denkens" oder „Musikalisches Denken" sind seit einiger Zeit geläufig. Sie werden gebraucht als Anzeige für eine unbestimmte Unbestimmtheit: es soll zwar um das Denken gehen, sich aber gleichzeitig so wohlig oder emotional anfühlen, dass die Gefahr rationaler Argumentation gebannt ist. Die damit verbundenen Probleme sind sehr vielschichtig, wie einige Lesefrüchte verdeutlichen. Sie zeigen, dass musikalische Erlebnisse aus verschiedenen Gründen erwünscht sind. „Rhythmisch-musikalisches Erleben im Jahreskreis" wird angeboten, „musikalisches Erleben auch ohne Vorkenntnisse" wird garantiert, „Lernen durch Erleben" wird gefördert, „Musikalisches Erleben und musikalische Erfahrung" sind für das Individuum zu haben, zudem gibt es das „gemeinsame musikalische Erleben mit allen Sinnen" für Eltern und Kinder mit der Versicherung, dass „ein gemeinsames musikalisches Erleben […] unabhängig vom Alter und der musikalischen Vorerfahrung möglich" ist, wobei die Gesellschaft zu lernen hat, dass „keine Gesellschaft […] es sich auf Dauer leisten" kann, „Kindern und Jugendlichen das Grundrecht auf eigenes musikalisches Erleben zu verweigern."

Vielleicht kann man sagen, dass der inflationäre Gebrauch von „Erleben" auch als Trivialisierung eines recht wichtigen geisteswissenschaftlichen Postulats zu verstehen ist.[75] Hans-Georg Gadamer hat in seinem für die Hermeneutik so wichtigen Buch über *Wahrheit und Methode* dem „Erleben" viel Platz eingeräumt, was aufgrund des Dreischritts von Erleben, Ausdruck, Verstehen, den Wilhelm Dilthey proklamierte, nicht so verwunderlich ist. Wenn man über Diltheys Interessen an Musik liest, entsteht der Eindruck von einem der Musik im Freundeskreis genussvoll zugeneigten Mannes, der seine Klang-Erfahrung mit „der Musik" gleichsetzt. „Von einem musikwissenschaftlichen Interesse" lässt sich „wohl kaum sprechen",

---

[75] Analytische Überlegungen zum Erleben aus soziologischer Sicht finden sich bei GERHARD SCHULZE, *Die Erlebnisgesellschaft. Kultursoziologie der Gegenwart.* Frankfurt/M.–New York ^{8}2000.

Diltheys „Kenntnisstand hinsichtlich der Musik“ ist der „eines auf hohem Niveau gebildeten Laien“.[76]

Als Musikhistoriker benötige ich eine andere Sicht, nämlich eine Klärung der Frage, was ich unter „Musik“ zusammenfasse, wenn ich im Falle vom *Marteau sans maître* von Boulez, einer Ballade von Machaut, eines Indianerliedes der Sioux oder eines Stücks auf der Maultrommel von Musik rede.[77] Denn entweder wird der Begriff dann zur Anzeige eines Klassifikationssystems oder er verweist geheimnisvoll auf eine Substanz- oder Wesensgemeinschaft, die es erlaubt, „ein Wesensmerkmal der Musik zeitlos zu benennen“ (siehe oben S. 71).

Wir stoßen auf eine völlig andere Sicht, wenn wir bei Andreas Graeser lesen, dass der „Einfühlung im Kontext des Entdeckungs- bzw. Entstehungszusammenhanges eine wichtige heuristische Funktion“ eigen ist. Man lese aber auch die Klarstellung: „Nur gilt es zu sehen, dass empathetisches Verstehen eines nicht leistet: Es kann keine Wissensansprüche begründen, mithin keine Rechtfertigungen erbringen und leistet da, wo Argumente verlangt sind, keine Arbeit.“[78] Erleben wird dadurch nicht lächerlich gemacht, aber relativiert, fragt sich doch, in welchem Rahmen wir mit unseren Erlebnissen Verständigung erzielen. Ich möchte das Problem durch eine

---

[76] So FRITHJOF RODI, *Das Paradigma der Musik in Diltheys Verständnis des Lebens,* in: CHRISTOPH ASMUTH et al. (Hg.), *Philosophischer Gedanke und musikalischer Klang. Zum Wechselverhältnis von Musik und Philosophie*, Frankfurt–New York 1999, 128. – Über Probleme des hermeneutischen Kunstverständnisses berichtet SABINE SANIO, *Jenseits der Geschichte? Das Verhältnis der Geisteswissenschaft zur Gegenwartskunst,* in: *Musikwissenschaft zwischen Kunst, Ästhetik und Experiment. Festschrift Helga de la Motte zum 60. Geburtstag.* Würzburg 1998, 483–494.

[77] Um Missverständnissen vorzubeugen, sei betont, dass ich nicht im Traum daran denke, die Musikwissenschaft neu zu erfinden. Diese Seiten entstehen auf der Suche nach dem Deckel eines Topfes, in dem möglichst viel von dem Platz hat, was andere an analytischen Untersuchungen publiziert haben. Von der Sprache her gesagt: ich bin auf der Suche nach Sprachregelungen, die es mir im europäischen Kontext erlauben, mit Vertretern der drei Schriftreligionen, also mit Vertretern der Begründungsvereine des heutigen Europas, über jede Möglichkeit der Musik zu sprechen, ohne westeuropäische Vorlieben der letzten 200 Jahre in den Vordergrund zu rücken. Damit möchte ich weitergehende Gespräche mit Amerikanern, Bolivianern oder Chilenen etc. nicht ablehnen. Es wäre einfach bereits ein kleiner Schritt in eine gute Richtung, wenn aus dem in der deutschen Musikwissenschaft entstandenen Projekt einer Musikgeschichte des Abendlandes wenigstens eine europäische Musikgeschichte würde, in der die zahlenden Mitglieder der Gemeinschaft Stimmrecht hätten.

[78] a. a. O. (wie Anm. 19), 82. Ich kann das unbedingt lesenswerte Kapitel über Hermeneutik in Graesers Buch nicht zusammenfassen, weise aber auf seine Behandlung des Arguments einer „Unmittelbarkeit“ des Verstehens hin sowie auf Wilfrid Sellars einschlägige Argumentation, die jetzt auch abgedruckt in einem Diskussionsband vorliegt: WILLEM A. DE VRIES / TIMM TRIPLETT (Hg.), *Knowledge, Mind, and the Given. Reading Wilfrid Sellars's „Empiricism and the Philosophy of Mind“.* Indianapolis–Cambridge 2000, 205–276.

Zeitungsmeldung verdeutlichen. In ihr wird von einem sozial- und kognitionspsychologisch relevanten Experiment berichtet, in dessen Verlauf amerikanische und japanische Studierende das gleiche Aquarium betrachten. „Im Vordergrund schwammen große, bunte Fische. Daneben waren auch viele kleine zu sehen, Wasserpflanzen, Kieselsteine und Muscheln. Als der Bildschirm erlosch, sollten die Probanden notieren, was sie gesehen hatten. Die Amerikaner beschrieben fast nur die großen Fische. Die Japaner hingegen schilderten auch die Form der Algen und Steine bis ins Detail." Beide Gruppen sehen offensichtlich das Gleiche, nehmen aber nicht das Gleiche wahr.[79]

Mit der Kritik von Andreas Graeser am empathetischen Verstehen und mit dem Hinweis auf das in sich sehr vielschichtige Experiment sind Vorgänge und Aspekte aus der Zeit nach 1879 angesprochen. Was unter dem wenig aussagekräftigen Titel einer Analytischen Philosophie subsumiert ist, enthält nicht in erster Linie eine Philosophie, die sich als Alternative zum deutschen Idealismus empfiehlt, sondern umfasst Bemühungen der Sprachklärung. Man muss das Erleben nicht verteufeln, um zu verstehen, dass mit dem Zitieren von Erleben noch nichts in einer für die Wissenschaften brauchbaren Weise erklärt ist.

Was haben wir in der Konzentration auf wenige Gebiete der mittelalterlichen Musiklehre gefunden? Im mittellateinischen Schrifttum ist die Technik der Subalternationstheorie stark ausgeprägt. Sie organisiert den Zusammenhang der über ein Curriculum verteilten Lehre – für uns heute: des daraus entstandenen Schrifttums –, indem klargestellt wird, was an Wissen für einen bestimmten Lehrgegenstand vorausgesetzt wird. (Die Subalternationstheorie passt in die Kreuzung zwischen einer literaturtheoretischen Vorstellung von Wissen im Sinne einer Bibliothek und einer wissenssoziologischen Vorstellung von der Distribution solchen Wissens). Ein daraus ableitbares Beispiel war oben die Stelle, an der es beim Anonymus 4 um die Floskel *secundum maius et minus* geht.[80] Fragt man, mit welcher Sicherheit der Anonymus die Kenntnis einer solchen kategorialen Bestimmung voraussetzen kann, kommt man nicht zu so etwas wie einer ominösen „Bildung" oder dem Postulat eines „geistigen Hintergrunds", sondern zu dem mit dem Begriff „Subalternationstheorie" angezeigten Verweissystem. Das gilt natürlich auch für alle weiteren

---

[79] TILL HEIN, *Das kommt Chinesen spanisch vor,* in: *Die Zeit* Nr. 41, 30.09.2004. Es geht um das „Aquarium"-Experiment von TAKAHIKO MASUDA und RICHARD E. NISBETT, *Attending holistically vs. analytically: Comparing the context sensitivity of Japanese and Americans,* in: *Journal of Personality and Social Psychology* 81 (2001), 922–934. Vgl. RICHARD E. NISBETT, *The geography of thought: How Asians and Westerners think differently [...] and why.* New York 2004, 60, 89–92. Ich erwähne das Experiment in gerade dieser Berichterstattung, weil der Weg von kulturanthropologischen Aspekten („das Fremde", „das Andere") über die psychologische Fragestellung bis zum Zeitungsbericht eine interessante Relevanz ehemaliger geisteswissenschaftlicher Fragen anzeigt.

[80] Siehe oben S. 88 und Anm. 51.

Stellen, an denen mathematische oder physikalische Begriffe für ganze Theorien einstehen. Um zu den Schlüssen zu kommen, die ich hier vorlege, gilt als Voraussetzung, dass die Musiklehre „beim Wort" genommen wird, indem die Sprachregelungen und nicht die „Dinge dahinter" geprüft werden.[81]

Dieses Schrifttum ist als musikhistorischer Übungsplatz wichtig. Es lässt sich daran lernen, wie ein Speicher durch Schrift entsteht und wie sich dieser Speicher zu einem kulturellen Gedächtnis verhält. Denn offensichtlich verweisen die Schriften nicht immer wieder auf Schriften, sondern auch auf Gewusstes und Gesagtes außerhalb des Geschriebenen. Eine Übung bei der Frage nach Musik dürfte sich auch aus einem anderen Grund ergeben. Die Option jeder geisteswissenschaftlichen Arbeit besteht darin, es in Kauf zu nehmen, dass die Arbeit am „Gegenstand" über die Fachgrenze hinaus führt. Wird gegenüber dem, was an der Artistenfakultät und an den ihr vorgeordneten elementaren Schulen geschieht, unsere Fachlichkeit bemüht, lässt sich die Frage nach Musik erst gar nicht stellen.

Wird nach dem gefragt, was die Definition besagt, Musik habe es mit der auf die Töne bezogenen Zahl zu tun, geht es um so etwas wie eine Gestalt, auf die sich diese Reflexionsform bezieht.[82] Die Gestalt enthält organisierte Töne, physikalische Objekte also. Ihr Verhältnis wird kategorial gefasst. Dabei wird angenommen, dass sie sich zueinander nach quantitativen Maßen verhalten, die qualitativ modifizierbar sind. Davon betroffen sind sowohl Tonhöhen als auch Tonlängen.

In der Ausdrucksweise von John Murdoch gesagt, wird die Reflexionsform „Musik" von zwei *languages* bestimmt: von der *language of proportion* und von der *language of intension and remission* (oben S. 91). Das scheint zunächst eine sehr starke Vereinfachung. Probiert man allerdings, mit diesen Mitteln inegale Tondauern in der Gregorianik oder im Barock (etwa im Sinne eines *jeu inégal*) zu charakterisieren oder will man von mikrotonalen Veränderungen sprechen, dürfte gerade das einfache Muster der qualitativen Veränderung von Quantitäten hilfreich sein. Will man zudem solcher Veränderbarkeit einen Rahmen geben – Maße oder Grenzen, innerhalb derer die Veränderung stattfindet –, dann wird der Begriff *opus* im Sinne des planenden Denkaktes nützlich. Ist der Befund, dass eine Fortschreitung von der Oktave in die Quinte führt, Hinweis auf einen *Plan*? Oder wird in der *Planung* zunächst die Oktave *hergestellt* und dann *handelnd* die Fortschreitung ausgeführt? Der Vorteil der Überlegung liegt in der Modellbildung, wobei zu bedenken ist, dass die beiden für das Modell gebrauchten „Sprachen" *(languages)* notwendige *und* kontingente Befunde betreffen.

---

81 Das in der Geschichtsschreibung als *linguistic turn* bekannte Verfahren ist in der Musikwissenschaft eher unbekannt.

82 Die lose Schreibweise von „so etwas wie eine Gestalt" ist eine Vorsichtsmaßnahme. Ich vermute, dass erst eine bei weitem bessere Klärung der Aspekte, die mit *opus* verbunden sind, mehr Klarheit über die Applikation der Kategorien gibt. Daher diese und andere bewusst vorläufige, also auch lose Formulierungen.

Ein Modell kann dann nützlich sein, wenn man einfachste Bausteine für einen komplizierten Ablauf sucht, der aus einer „Luxusperspektive" seiner Komplexität wegen nicht mehr erklärbar ist.[83] Das dreifache Werkmodell ist darum so faszinierend, weil es keinerlei Luxusperspektive bedient, sondern in überschaubarem Rahmen in überschaubare Schwierigkeiten führt. Die Schwierigkeiten sind hier nicht lösbar, aber darum in Form einer kleinen Liste anzusprechen, weil sie zeigen, in welcher Umgebung über „Musik" gedacht werden kann – womit wir wieder beim Anfang dieser kleinen Arbeit sind.

Einer alten Tradition nach gilt die Beschäftigung mit „Musik" als Arbeit der Geisteswissenschaften. Diese Einordnung mag heute als veraltet gelten; doch bleibt natürlich die Frage nach der Verfassung des menschlichen Geistes. Statt auf die Frage nach „Geist" einzugehen, sei hier nur an ein einschlägiges Unternehmen erinnert. Es erscheint zunächst ganz anders gelagert, da es maßgeblich um Sprache geht. Davon wird dann zu reden sein. Zunächst sei aber berichtet, dass Wilhelm von Humboldt in seiner *Einleitung zum Kawi-Werk* feststellt, die „Sprachen als eine Arbeit des Geistes zu bezeichnen", sei „schon darum ein vollkommen richtiger und adäquater Ausdruck, weil sich das Dasein des Geistes überhaupt nur in Tätigkeit und als solche denken lässt."[84] Wichtig für uns ist hier zunächst die Betonung der *Tätigkeit.* Darauf wird heute oft eine andere Stelle im gleichen Werk Humboldts bezogen. Sie lautet:

> Die Sprache, in ihrem wirklichen Wesen aufgefasst, ist etwas beständig und in jedem Augenblicke Vorübergehendes. Selbst ihre Erhaltung durch die Schrift ist immer nur eine unvollständige, mumienartige Aufbewahrung, die es doch erst wieder bedarf, dass man dabei den lebendigen Vortrag zu versinnlichen sucht. Sie selbst ist kein Werk (Ergon), sondern eine Tätigkeit (Energeia). Ihre wahre Definition kann daher nur eine genetische sein. Sie ist nämlich die sich ewig wiederholende Arbeit des Geistes, den artikulierten Laut zum Ausdruck des Gedanken fähig zu machen.[85]

Fügen wir hinzu, dass es hier um die uns bereits bekannte Dichotomie von *érgon (opus)* und *enérgeia (operatio)* geht, die mehrfach Geschichte machte – bei Ferdinand de Saussure als Dichotomie *langue – parole*, bei Noam A. Chomsky mit der

---

[83] Mit der von Peter Janich vorgeschlagenen Überlegung einer „Luxusperspektive" ist die Sehnsucht gemeint, alle Facetten eines Problems ansprechen zu wollen, statt durch Reduktion auf bestimmte Aspekte klarer zu argumentieren: PETER JANICH, *Logisch-pragmatische Propädeutik. Ein Grundkurs im philosophischen Reflektieren.* Weilerswist 2001, 68.

[84] MICHAEL BÖHLER (Hg.), WILHELM VON HUMBOLDT, *Schriften zur Sprache* (RUB 6922). Stuttgart 1973, 37. Der vollständige Titel des Werkes lautet: *Über die Kawi-Sprache auf der Insel Java, nebst einer Einleitung über die Verschiedenheit des menschlichen Sprachbaues und ihren Einfluss auf die geistige Entwickelung des Menschen.*

[85] a. a. O., 36.

Gegenüberstellung von *Kompetenz* und *Performanz*.[86] Um unsere bescheidene Lesart von *opus* und *operatio* unterzubringen, benötigen wir noch einen dritten Satz Humboldts. Ihm zufolge macht „Sprache [...] von endlichen Mitteln einen unendlichen Gebrauch“.[87] Was besagen diese Sätze in unserem Zusammenhang?

Wir beginnen mit dem letzten Satz. Zur gesprochenen (und geschriebenen) Sprache lassen sich metasprachliche Ausdrücke bilden. Der Ausdruck „die breiten Blütenkelche“ besteht etwa aus Artikel (die), Adjektiv (breit) und Nomen (Blütenkelch). Das trifft auch zu auf den Ausdruck „ein schweres Glas“ und unzählige weitere. Man fasst die metasprachlichen Glieder auch zusammen und spricht von Nominalphrase. Solche metasprachlichen Ausdrücke stehen auf der Seite der „endlichen Mittel“, von denen Humboldt spricht. Gelingt es, was die Hoffnung jeder soliden Grammatik ist, die für die Analyse von Sätzen benötigte Menge der gesamten Mittel zu finden, also die Menge der aufzählbaren Elemente, dann müsste es gelingen, jedem grammatikalisch korrekten Satz, der im „unendlichen Gebrauch“ entsteht, eine Beschreibung zuzuordnen.

In nüchterner aristotelisch exemplifizierender Sprache meint *opus* im Falle von *musica,* dass kein *opus manens* (S. 93), kein bleibendes Werk, zurückbleibt. Denn die Tätigkeit „schmieden“ kann auf ein Ziel (Hufeisen) hin angelegt sein, während „Musik“ als Verb („musizieren“) das Ziel (*télos*, *finis* – oben S. 76) in sich enthält. Nach dem Musizieren bleibt nichts zurück. In genau diesem Sinne ist es zutreffend, unter „Musik“ eine *enérgeia* und nicht ein *érgon,* also eine Tätigkeit und nicht ein Werk zu verstehen.[88]

Die Attraktivität des Humboldtschen Ansatzes liegt natürlich im Umstand, dass er das Problem vom Produkt in das Produzieren verschoben und dadurch ganz andere Folgerungen über die Sprachuntersuchung ermöglicht hat. Nach allgemeiner Auffassung hat Humboldt eine aristotelische Überlegung wieder aufgegriffen. Unsere auf Ernst Tugendhat und andere gestützte Dreiteilung in die Perioden *A*, *B* und *C* (oben S. 74) hat dann aufgrund der Darlegungen von Alain de Libéra eine Affinität zwischen *A* und *C* ergeben: verbunden sind die sprachanalytischen Phasen,

---

[86] Eine prägnante Übersicht über Humboldts Gebrauch von enérgeia bietet H. SCHWARZ, *Enérgeia, Sprache als,* in: *Historisches Wörterbuch der Philosophie* 2 (1972), 492–494. Worum es *bei* und *nach* Humboldt insgesamt geht, diskutiert CHRISTIAN STETTER, *Schrift und Sprache* (stw 1415). Frankfurt/M. 1999. Der theoretische Rahmen wird abgesteckt bei HANS JULIUS SCHNEIDER, *Phantasie und Kalkül. Über die Polarität von Handlung und Struktur in der Sprache* (stw 1431). Frankfurt/M. 1999.

[87] a. a. O., 96. Man beachte die kommentierte Wiedergabe des einschlägigen Abschnitts bei HANS ARENS, *Sprachwissenschaft. Der Gang ihrer Entwicklung von der Antike bis zur Gegenwart* I (Orbis Academicus. Reihe 1,6). Freiburg–München 1969, 209/210.

[88] Ich habe versucht, diesen Ansatz analytisch an einem recht beliebigen Beispiel zu zeigen in: *Mündliche Überlieferung und altrömischer Choral. Historische und analytische computergestützte Untersuchungen.* Bern 1997.

zwischen denen eine Aspekte der Schönheit, des Ästhetischen ausdifferenzierende Phase *B* vorkommt. Die seltsam unzeitgemäßen Betrachtungen Wilhelm von Humboldts – das *Kawi*-Werk erschien posthum 1836 – lassen sich nun auch umgekehrt lesen. Was Humboldt aufnimmt, ist als *opus – operatio*-Dichotomie ein Problem der Musiklehre im Kontext der Aristoteles-Rezeption. Die genaue Lektüre der lateinischen Lehrtexte würde durchaus zeigen, dass es hier darum geht, die Gesamt-heit der Mittel darzustellen, die zu Sprachmitteln wie Nominal- oder Verbalphrase analogen Elemente, die für die Tätigkeit „Musik" – für die Reflexionsform, die Musik heißt – benötigt werden. Eine adäquate Diskussion sieht sich der Schwierigkeit gegenüber, dass es um kategoriale Bestimmungen geht, deren Konkretion ebenfalls zur Frage steht. So geht es nicht nur um Qualität als kategorialer Ansatz für die Diskussion von Ton *(sonus),* sondern um die Physik des Tons, die kongenial umgeformt als Semiotik das Bezeichnungssystem möglicher organisierter Klanggestaltungen abgibt.[89]

Die Konzentration auf die drei Begriffe *quantitas, qualitas* und *opus (operatio)* ist demnach auf die Oberbegriffe gerichtet, welche die Mittel umfassen. Die kategorialen Aspekte erweisen sich dabei als Teile von zwei *languages* innerhalb des Sortiments an Metasprachen, das John Murdoch herausgearbeitet hat. Es scheint mir damit angezeigt, worauf sich die denkerische Anstrengung im Falle der Musik – ich komme auf den Ausgangspunkt „Musik als Form des Denkens" bzw. „musikalisches Denken" zurück – gerichtet sein müsste. Kleist hat in einem *Fragment* eine Einteilung der „[M]enschen in zwei Klassen" erwogen, nämlich „in solche, die sich auf eine Metapher", und „in solche, die sich auf eine Formel verstehn".[90] Er meinte, der dritte Fall – Menschen, „die sich auf beides verstehn" – sei sehr selten. Vielleicht drängt sich die Frage wieder stärker auf, wie die Sprachanalyse mit ihren formalen Aspekten und die Ästhetik mit ihren metaphorischen Möglichkeiten zu verbinden sind. In jedem Fall geht es nicht einfach um eine Vorgeschichte, deren Ergebnis bei Humboldt abzuholen ist, sondern um die Frage, wie weit die Mittelalterlichen mit ihren für uns heute so modernen Verfahren weit mehr über die Musik als Tätigkeit

---

89 Man denke hier an den Satz von Willibald Steinmetz (S. 76), dass „erst das Spiel der sprachlichen und nicht-sprachlichen Regeln [...] in gegebenen Situationen das Erscheinen von Gegenständen möglich" macht. Dann stellt sich die Frage nach dem Spiel, in dem Johannes de Muris formuliert: *Omne quod a voce recta, integra et regulari cantando profertur, debet sapiens musicus per notulas debitas figurare, cum ars imitatur naturam et per ipsam reguletur et figurae cantum, non e contrario, cum natura possit esse sine arte et canere.* Teile des Satzes finden sich nur in der zu mehr Exegese neigenden Version der Handschrift Chicago, Newberry Library, Ms. 54.1 – vgl. den kritischen Apparat in der Ausgabe von ULRICH MICHELS, *CSM* 17, 94 ad 7. Zum Umfeld des Satzes: HAAS, a. a. O. (wie Anm. 1), Abschnitt *Über die gedanklichen Voraussetzungen der Mensuralnotation* in Kap. 5.

90 *DKV* 3, 555.

berichten. Die Zeit zwischen Boethius und Leibniz wäre in ihrer Anlage im Rahmen der Arbeit am *Corpus Aristotelicum* der Übungsplatz, den Weg der Tätigkeit „Musik“ zu der „durch die Schrift“ als „unvollständige, mumienartige Aufbewahrung“ zu studieren und die Überlegungen zur Werkästhetik als Zwischenglied einer Reflexionsform zu verstehen, in der zwischendurch – metaphorisch: zwischen 1662 und 1879 – das Gewicht vom Produzieren auf das Produkt rutscht. Dadurch wird die Möglichkeit geschaffen, systematische Aspekte um Stichwörter wie *enérgeia* versus *érgon* oder Produzieren versus Produkt als sprachlich erreichbare Probleme der Geschichte anzugehen.

Ich versuche gar nicht erst, während der letzten Jahrzehnte vertretene Werkauffassungen zu referieren, um meine Sicht mit irgendeiner gegenwärtigen Forschungsrichtung zu verbinden. Der Grund liegt natürlich nicht darin, dass Auffassungen zum „Werk“ in der Musikwissenschaft aus historischer Optik zu diskreditieren wären. Es scheint mir eher, dass sich ein Diskussionsaspekt verselbständigt hat, was jede Kurzanzeige zu einer Position verbietet. Carl Dahlhaus vertritt in einem Abschnitt über *Musiktheorie als Kunstlehre* die These, dass „im Denken über Musik die Idee des Tonsystems durch die des Werkes als Paradigma – als zentrale Kategorie – einer Systematischen Musikwissenschaft abgelöst wurde.“ Er fügt dem bei: „Nicht die ‚Datierung‘ des modernen Werkbegriffs [...] steht zur Diskussion, sondern die bloße Tatsache, dass er unzweifelhaft zu den das musikalische Denken der Neuzeit konstituierenden Kategorien gehört.“ Zur Begründung verweist er auf den Ausdruck *opus perfectum et absolutum*, „mit dem Nicolaus Listenius (1533) das musikalische Kunstwerk der Josquin-Zeit charakterisierte“ und der „in der Spätantike von Martianus Capella für das Tonsystem gebraucht worden war.“[91] Es ist nicht besonders wichtig, dass Listenius nicht „das musikalische Kunstwerk“ meinte und dass Martianus Capella nicht von einem *opus perfectum* spricht.[92]

---

[91] *Musikwissenschaft und Systematische Musikwissenschaft,* in: CARL DAHLHAUS / HELGA DE LA MOTTE-HABER (Hg.), *Systematische Musikwissenschaft* (NHdbMw 10). Laaber 1982, 38.

[92] Zu Listenius: HEINZ VON LOESCH, *Der Werkbegriff in der protestantischen Musiktheorie des 16. und 17. Jahrhunderts: Ein Missverständnis* (Studien zur Geschichte der Musiktheorie 1). Hildesheim–Zürich–New York 2001. Ergänzend zum Haupttext sei bemerkt: Ich zweifle an der Lesart des Autors, Versehen im Umgang mit Listenius als „Missverständnis“ aufzufassen. Wenn kluge und intelligente Leute, die sich selber nicht für Philologen halten, ein Zitat für ihre Zwecke missbrauchen, tun sie das, was man im Jargon „möblieren“ nennt. Man findet dergleichen übrigens nicht nur bei Carl Dahlhaus *et sequaces*, sondern auch bei Helga de la Motte-Haber, die zusammen mit Peter Nitsche anlässlich der Besprechung von *Die antiken Traditionen* (in: DAHLHAUS / DE LA MOTTE [wie Anm. 91], 49–53) ein ausgedehntes Möbellager aufbaut. Es scheint, dass Systematiker sich für Geschichte nicht wirklich interessieren, ohne auf sie verzichten zu können. Das zu verstehen wäre interessant. (Bei Leo Spitzer, der sicher kein Positivist war, lerne ich, dass man den Vorgang auch anders umschreiben kann: „’Avez-vous un texte?’ was the insistent question which the famous positivist Fustel de Coulanges was wont to address to his pupils when they made a historical statement.“ – LEO SPITZER, *Classical and Christian ideas of world harmony. Prolegomena to an interpretation of the word ‚Stimmung‘,* in: *Traditio* 2 [1944], 409. Listenius *liefert* einen Text.) Es wäre Sache eines ideologiekriti-

Wichtig ist die Dahlhaus'sche Intuition, derzufolge zwei historische „Daten" Paradigmen oder Kategorien bezeugen. Die Intuition wird durch solche Belege nicht erhärtet, was aber nicht heißt, sie sei falsch. Es scheint, dass der Werkbegriff in dieser zentralen Funktion so gesichert ist, dass die historischen Umstände, durch die er beglaubigt wird, gar nicht mehr geprüft werden müssen.[93] Geschichte wird hier zitiert und nicht gemacht. Solche latenten Selbstverständlichkeiten in den Verhandlungen des Werkbegriffs, die nicht einem Carl Dahlhaus allein anzulasten sind, gehören zum Thema, das zu behandeln wäre. Dafür ist hier nicht der Ort.

Mit dem Zitieren von Geschichte ist nicht das allgemeine sog. „Desinteresse an Geschichte" angesprochen, sondern das spezifische Desinteresse eines Faches, das – durchaus auch unter dem Zwang, seine Existenz durch ausreichende Verwaltung aller Warenschätze zu legitimieren und durchaus in der Not, alphabetisch oder chronologisch geordnete Lexika, Handbücher und Übersichtsdarstellungen anzubieten – einen starken Hang zu einer entwicklungsgeschichtlichen Betrachtungsweise zeigt, in der eine chronologische Anordnung Zusammenhänge suggeriert.[94] Die Musikwissenschaft ging, ganz ähnlich wie Dilthey (S. 99), davon aus, dass sich problemlos von der Musik reden lasse, die sich durch Eigenerfahrung als „die Musik" darstelle. In der Zwischenzeit haben im diachronen Feld die Musikgeschichte, im synchronen die Ethnomusikologie, im systematischen die soziologischen, philosophischen, psychologischen und ästhetischen Ansätze der systematischen Musikwissenschaft ein paar Millionen Beobachtungen geliefert, die auf ihre Synthese warten. Es fragt sich, ob sie sich alle auf „die Musik" beziehen. (Mit dem oben S. 101 offerierten Material gesagt: es fragt sich, ob sie sich alle auf das gleiche Aquarium und auf die gleichen Elemente im Aquarium beziehen).

---

schen Forschungsberichtes herauszufinden, warum der Bedarf nach einem historischen Beleg so groß war und noch ist. Ich verdeutliche meinen Bedarf nach einem solchen Forschungsbericht mit dem Hinweis auf eine mögliche Vorlage. Der Mittellateiner PETER VON MOOS hat die Forschung zur Frage zusammengestellt, ob der Briefwechsel zwischen Abälard und Heloise echt sei. Er versuchte nicht, eine (neue) Lösung anzubieten, sondern den Motiven für den Eifer nachzuspüren, die eine 150 Jahre währende Kontroverse ermöglichten: *Mittelalterforschung und Ideologiekritik. Der Gelehrtenstreit um Héloise* (Kritische Information 15). München 1974. – Zum angeblichen Martian-Zitat: Dahlhaus meint wohl den Ausdruck *absoluta et perfecta systemata* bei ADOLF DICK / JEAN PRÉAUX MARTIANUS (Hg.), CAPELLA, *De nuptiis Philologiae et Mercurii libri VIIII.* Stuttgart 1978, l.IX, 509.9/10.

93 Material zur Frage liefert SANIO, a. a. O. (wie Anm. 76). – Zum Problem der Geschichte in diesem Zusammenhang interessant ist LYDIA GOEHRS Untersuchung des Werkbegriffs, in dem sie auch Listenius behandelt – vgl. *The imaginary museum of musical works. An essay in the philosophy of music.* Oxford 1992. Von den größeren Projekten zum Problem ist auch KAROL BERGERS Buch zu nennen: *A theory of art.* New York 2000. Beide Autoren gehen auf die aristotelische Werkauffassung ein, orientieren sich aber am griechischen Text und nicht an der Tradition. Darum gehe ich auf ihre wichtigen Bücher hier nicht ein.

94 Es ist mir bislang nicht klar geworden, welche der faszinierenden Facetten einer „Entwicklung", die WOLFGANG WIELAND (*Entwicklung, Evolution,* in: OTTO BRUNNER et al. (Hg.), *Geschichtliche Grundbegriffe. Historisches Lexikon zur politisch-sozialen Sprache in Deutschland.* Stuttgart 1975, 199–228) darstellt, in der deutschen Musikwissenschaft vor allem zum Movens wurden.

Der historische Zugang als einer unter mehreren gültigen erläutert nicht, was die Spielart des „Musikalischen“ im 14., im 6. oder im 21. Jahrhundert war, sondern fragt, worum es bei der Frage nach „Musik“, einem Heurismus sondergleichen, überhaupt gehen könne. Die Betonung des Humboldtschen Ansatzes ist in diesem Szenario der Versuch, das, was die so genannte „neuere“ mit der „älteren“ Musikgeschichte systematisch verbindet, ebenso wie die Bedeutung der Systematik für die Geschichte hervorzuheben.

Meine Darstellung hat die Probleme vereinfacht. So möge abschließend wenigstens angedeutet werden, welche Aspekte des Nachdenkens über Musik nicht angesprochen wurden. Musik als Reflexionsform bezieht sich zwar auf organisierte Klanggestaltung, doch gibt sie nicht nur an, wie solche Klanggestaltung beschaffen ist, sondern beschäftigt sich auch mit der Frage, welche reflexiven Möglichkeiten sie unterstützen kann. Das betrifft zum Beispiel die Elementarlehre, in der Kindern etwa *mit Hilfe* des Singens Erleichterung beim Erlernen von Lesen und Schreiben oder beim Erfassen von zeitlichen Vorgängen erhalten.[95] Diese Unterstützung von Reflexion liegt wahrscheinlich auch vor im Blick auf Murdochs *languages*, fragt es sich doch, ob die Musik besonders dafür geeignet ist, Kinder und Heranwachsende im Gebrauch solcher *languages* einzuüben. Einfachste Möglichkeiten der Abstraktionsbildung werden an der gleichsam ubiquitären Möglichkeit der Musik eingeübt, weil der Umgang mit ihr in jeder Altersstufe erlaubt, aufgrund des eigenen Handelns das Einfache und Komplizierte des Planens, des Herstellens und des Handelns altersgemäß zu lernen und zu verstehen.

---

[95] Eine Darstellung dieser Komponenten findet sich im Kapitel *Kinderstunde* meines in Anm. 1 erwähnten Buches.

WOLFGANG SUPPAN

Musik als Identifikator

Annäherungen an ein heikles Thema

„Als sich der Schock ein wenig gelegt hatte, als der Schrecken aus den Gliedern wich, da erwachte auch in einigen Jungsozialisten im Willy-Brandt-Haus wieder das Leben. In der SPD-Zentrale in Berlin ertönte die ‚Internationale', trotzig schmetterten sie die Hymne der Arbeiterklasse: ‚Völker hört die Signale, auf zum letzten Gefecht'"[1].

Es war der Tag nach der Landtagswahl 2005 in Nordrhein-Westfalen. Die SPD hatte die Mehrheit verloren, und damit stand fest, dass nach 39 Jahren SPD-Regierung die Position des Ministerpräsidenten der CDU zufallen würde. Diese radikale Veränderung der politischen Landschaft löste tiefe Betroffenheit und Niedergeschlagenheit bei den Wahlverlierern aus. Parteichef Franz Müntefering versuchte, den Parteifreunden Mut zu machen, ihnen wieder eine Zukunftsperspektive zu vermitteln. Seine Worte „hatten sichtlich aufputschende Wirkung" (ibid., wie Anm. 1). Und genau da begann jemand zu singen, stimmte jemand die *Internationale* an, jenes eindeutig semantisierte Kampflied aus den Anfängen der Arbeiterklasse, das über ein Jahrhundert hinweg entscheidend zur Identitätsfindung des 4. Standes beigetragen hat. Mag Singen heutzutage als noch so unmodern empfunden werden, mag es über Jahrzehnte hinweg aus der deutschen Musikpädagogik verbannt worden sein[2]: Es gibt Situationen, in denen es geradezu zwanghaft aus dem Menschen hervorbricht, in dem es zu einem unverzichtbaren „Gebrauchsgegenstand" des Menschen wird. Den nach der Wahlniederlage in Nordrhein-Westfalen im Mai 2005 versammelten Sozialdemokraten machte es Mut, es gab ihnen Zukunftshoffnung, es wirkte auf sie befreiend – und es stimmte geradezu trotzig auf die künftigen, nur gemeinsam und in Einigkeit zu bewältigenden Aufgaben ein. Konrad Lorenz nannte diesen Effekt die „suggestive Wirkung des Zusammen-Singens"[3]; und in anderem

---

1 THOMAS VIEREGGE, *... hört die Signale, auf zum letzten Gefecht,* in: *Die Presse* 24.5.2005, 3.

2 Adornos „nach Auschwitz dürften die Deutschen nicht mehr singen" hat jahrzehntelang die deutsche Musikpädagogik vom Singen fern gehalten. Das einst in den deutschen Ländern blühende Männerchorwesen spielt seit dem Ende des Zweiten Weltkrieges nur noch eine marginale Rolle; vgl. SIGRID ABEL-STRUTH, *Grundriß der Musikpädagogik,* Mainz etc. 1985.

3 KONRAD LORENZ, *Der Abbau des Menschlichen,* München–Zürich 1983, 188; um die Macht der Emotionen zu demonstrieren, verweist Lorenz auf der selben Seite auf die von Adolf Hitler in *Mein Kampf* genannten „Strategien auf Werbung zielender moderner Massenpsychologie, er [Hitler] kalkuliert die kumulierende Wirkung der Mitgerissenen ganz richtig ein und würdigt die suggestive Wirkung des Zusammen-Marschierens und

Zusammenhang stellte er fest: „Mitsingen heißt dem Teufel den kleinen Finger reichen“[4].

Soll und darf man für so gebrauchte Musik das Wort *Identifikator* prägen = das, was die Identifikation/Identifizierung bewirkt, nämlich innerhalb einer alten/neuen Gruppenidentität?[5] Wobei „Identifikation“ in der (engeren) Definition von Sigmund Freud gesehen wird, als „Sichgleichsetzen mit einer anderen [autoritären] Person oder Gruppe, Übernahme ihrer Motive und Ideale in das Ich“[6]. Der „Identifikator“ würde demnach jener Motor sein, der über das Unterbewusstsein, über die neuerdings „Emotional Communication“ („Kommunikation von Gefühlen“) genannte zwischenmenschliche Schiene, das Verfahren der Gleichschaltung inszeniert[7]. „Wir werden gesungen“, „Gruppenzwang“, „Rituale der Völker“ sind – in solchem Zusammenhang – die ungewöhnlichen Überschriften über einzelne Abschnitte eines Schulliederbuches, in denen Lieder wie *Brüder, zur Sonne, zur Freiheit,* die oben schon genannte *Internationale,* die Marseillaise *Allons, enfants de la Patrie, Immer nur lächeln, So ein Tag, so wunderschön wie heute,* die Hymnen der Staaten und Länder abgedruckt sind[8].

-Singens“. Lorenz zitiert dazu ein ukrainisches Sprichwort: „Wenn die Fahne fliegt, ist der Verstand in der Trompete“.

4 WOLFGANG SUPPAN, *„Mitsingen heißt dem Teufel den kleinen Finger reichen“ (Konrad Lorenz),* in: *Musik und Bildung* 19, 1987, 636–641. – Hans Magnus Enzensberger warnte daher: „Sei wachsam, sing nicht!“, zitiert nach HEINZ SCHRECKENBERG, *Ideologie und Alltag im Dritten Reich,* Frankfurt/M. etc. 2003; Rez. von HELMUT BRENNER, in: *Lied und populäre Kultur* (Jahrbuch für Volksliedforschung 48), Berlin 2003, 376.

5 Das Wort „Identifikator“ ist im Zusammenhang mit den Vorgesprächen für diesen Aufsatz mit Herrn Kollegen Rudolf Flotzinger entstanden. In den gängigen Nachschlagewerken ist es nicht zu finden, vgl. *Brockhaus Enzyklopädie* 10, Mannheim [19]1989, 373; doch wird dort auf die unterschiedlichen Verwendungsmöglichkeiten von „Identität“ verwiesen, z. B. im philosophischen Diskurs (Logik), in der Mathematik, in der Psychologie (Ich-Identität), in der Psychoanalyse (die unbewusste Übernahme bestimmter Motive oder Merkmale anderer Personen oder Objekte in das eigene Ich, die z. B. als innere Abwehrmechanismen eine Rolle spielen), in der Soziologie (kulturelle Identität; Gruppenidentität). Auch in dem die sog. „neue Rechtschreibung“ berücksichtigenden *Duden. Die deutsche Rechtschreibung,* 22., völlig neu bearbeitete und erweiterte Auflage, Band 1, Mannheim etc. (2000) gibt es das Wort nicht, weshalb das PC-Korrekturprogramm es auch unterwellt.

6 *Das große Duden-Lexikon in acht Bänden* 4, Mannheim etc. [2]1969, 333.

7 HELMUT STAUBMANN, *Die Kommunikation von Gefühlen. Ein Beitrag zur Soziologie der Ästhetik auf der Grundlage von Talcott Parsons' Allgemeiner Theorie des Handelns* (Soziologische Schriften 61). Berlin 1995.

8 *Liedermagazin für die Sekundarstufen,* zusammengestellt und kommentiert von WERNER BRECKOFF et al. in Verbindung mit Musik aktuell, Kassel etc. 1975.

In den großen musikwissenschaftlichen Nachschlagewerken sucht man das Stichwort „Identität" vergeblich[9]. Erst Rudolf Flotzinger hat mit dem Artikel im *Oesterreichischen Musiklexikon* erstmals in einem repräsentativen Nachschlagewerk auf die Bedeutung von „Identität, Identifizierung" in der musikologischen Fachdiskussion aufmerksam gemacht; denn seit „in Gesellschaften professionelle Musiker als solche anerkannt sind, wurde und wird neben der Sprache und anderen Momenten auch die Musik zur *Identitätsbildung* von Individuen, Gruppen, Gesellschaftsschichten, Staaten usw. eingesetzt, können einzelne Lieder oder Musikstücke nicht nur als Besitz angesehen, sondern durch ihren Gebrauch zu *Identität* stützenden oder gar schaffenden werden, so z. B. der sog. Gregorianische Choral für die katholische und der protestantische Choral für die evangelisch-lutherische Kirche"[10]. Von den Naturvolk- und Alten Kulturen bis in die Gegenwart ist Singen, Musizieren, Tanzen so gebraucht worden, weil, wie Flotzinger richtig sagt, es keinesfalls „nur triviale Überzeugung" sei, dass „Musik nicht nur ‚etwas ausdrücken', sondern auch ‚bewirken' kann". Musikpsychologie, vor allem der Ansatz der Wiener Vergleichenden Schule bei Richard Wallaschek[11], Musiksoziologie, angefangen mit den „Pionieren der empirischen Musikforschung" im Österreich des 19. Jahrhunderts bis zu Kurt Blaukopf[12], – und schließlich die Musikanthropologie haben dies untersucht und bewusst gemacht[13].

Den Stand der musikanthropologischen Forschung hat der Verfasser dieses Beitrages im Jahr 1998 dargelegt[14]. Zusammenfassend konnte damals gesagt werden,

---

[9] So im neuen Sachteil der *MGG/2*, im neuesten *NGrove*, in Honegger/Massenkeils *Das große Lexikon der Musik*, im *Riemann*-Sachteil, im *Brockhaus-Riemann*.

[10] R[UDOLF] F[LOTZINGER], *Identität, Identifizierung*, in: *Oesterreichisches Musiklexikon* 2, Wien 2003, 830f.

[11] RICHARD WALLASCHEK, *Anfänge der Tonkunst*, Leipzig 1903; DERS., *Psychologische Ästhetik*, posthum hg. von OSCAR KATANN, Wien 1930; WOLFGANG SUPPAN, *Early Ideas in the Anthropology of Music*, in: JOACHIM BRAUN / URI SHARVIT (Hg.), *Studies in Socio-Musical Sciences* (George Herzog in memoriam). Ramat Gan 1998, 83–90.

[12] KURT BLAUKOPF, *Pioniere empirischer Musikforschung. Österreich und Böhmen als Wiege der modernen Kunstsoziologie*, Wien 1995; DERS., *Unterwegs zur Musiksoziologie. Auf der Suche nach Heimat und Standort*, kommentiert von REINHARD MÜLLER, Graz–Wien 1998.

[13] JOHN BLACKING, *How Musical is Man?*, Seattle–London 1973; WOLFGANG SUPPAN, *Der musizierende Mensch. Eine Anthropologie der Musik* (Musikpädagogik. Forschung und Lehre 10). Mainz etc. 1984. – In der ohne Kenntnis der europäischen biologischen und philosophischen Anthropologien konzipierten US-amerikanischen Kulturanthropologie hält man sich ängstlich von dieser Thematik fern, vgl. ALAN B. MERRIAM, *The Anthropology of Music*, Evanston 1964 u. ö.

[14] WOLFGANG SUPPAN, *Musikanthropologie. Forschungsbericht und Zielsetzung*, in: MICHAEL WEBER / THOMAS HOCHRADNER (Hg.), *Identität und Differenz. Beiträge zur vergleichenden und systematischen Musikwissenschaft* (Musicologica Austriaca 17). Wien 1998,

dass zweifelsfrei neben der jüngeren, von Immanuel Kants *Kritik der ästhetischen Vernunft* (1791) herkommenden L'art-pour-l'art-Betrachtung von Kunst stets die ältere, das heißt, die Geschichte der Menschheit begleitende Gebrauchs- und Funktionsästhetik in der Musik, mit Kunstanspruch ebenso wie in allen jeweils modischen Formen der Unterhaltungsmusik, funktioniert hat. Die in den einzelnen Kapiteln meiner o. g. Musikanthropologie: Musik und Kult, Musik und Politik, Musik und Arbeit, Musik und Recht, Musik und Medizin, Tanz, Musikinstrumente, Hintergrundmusik, bereits dafür beigebrachten beweiskräftigen Indizien ließen sich weiter vermehren, ohne damit den Erkenntniswert zu steigern.

Die neue Frage im Kontext dieses Sammelbandes wäre, ist das, was oben „Identifikator" genannt wurde, anhand neuerer Erkenntnisse konkret(er) zu fassen?

Gehen wir von der Praxis der Signale aus, die primär der zwischenmenschlichen Kommunikation gedient haben. Auf dem Kasernenhof mussten einst Rekruten lernen, was ein Trompeten- oder Horninstrument, eine Flöte/Pfeife oder Trommel vom Wecken am Morgen bis zum Zapfenstreich am Abend an Befehlen „verkündet" hat. Dabei handelte es sich zunächst um eine Geheimsprache, die von Armee zu Armee unterschiedlich vereinbart wurde. Georg Duthaler hat untersucht, was in einer Armee Napoleons mit Angehörigen verschiedener Nationen passiert wäre, hätte der Trompeter frühmorgens die Melodie zu Johann Martin Usteris Gedicht *Freut euch des Lebens, weil noch das Lämpchen glüht* gespielt: Die Basler „stünden ganz normal auf und machten sich zum Ausrücken bereit. Das Kontingent aus Sachsen-Weimar täte das Gleiche. ‚Heut' ist ja Kaisers Geburtstag!' riefen vergnügt die Soldaten aus Heidelberg. Die Berliner dagegen wünschten einander ein gutes neues Jahr, während die Illyrer das Bajonett aufpflanzten und sofort zum Angriff schritten. Ganz anders die Österreicher: Sie sängen friedlich ein Lied. Die Holländer marschierten kurzerhand ab. Bei den Marketendern, Metzgern, Roßknechten, Soldatenweibern, Huren und Buben wäre das Durcheinander nicht kleiner, denn Franzosen und Kölner, diese mit komischen Karnevals-Kopfbedeckungen, begännen zu tanzen. Aus den Vereinigten Staaten stimmten Presbyterianer ein Kirchenlied an …"[15].

Zum Identifikator wird ein solches Signal in einer Sekundärfunktion dadurch, dass es über den Befehl hinaus einerseits artifizielle und andererseits Gruppen bildende Werte vermittelt. In dem einen Sinn finden sich in Gustav Mahlers Symphonien alt-österreichische Militärsignale, die über die persönliche Erinnerung an die Jahre der Kindheit, die Mahler in unmittelbarer Nähe einer Kaserne verbracht hat,

---

143–161; dass. in spanischer Übersetzung (von Helmut Brenner): *La antropología musical: Informe sobre sus objetivos y trabajos de investigación,* in: *Anuario Musical* 53, 1998, 257–273; in englischer Übersetzung (von Werner Probst): *Anthropology of Music: Research Report and Objective,* in: DERS., *Werk und Wirkung. Musikwissenschaft als Menschen- und Kulturgüterforschung* (Musikethnologische Sammelbände 15–17). Tutzing 2000, 29–51.

[15] GEORG DUTHALER, *Zum Signal,* in: *Alta Musica* 4, Tutzing 1979, 85–95; Zitat 85f.

hinausführen und zu zeitspezifischen Dokumenten gerinnen[16]. Im zweiten Sinn erinnert das signalartige Kopfthema der *Marseillaise* nicht allein an ein fernes historisches Ereignis, nämlich an die Französische Revolution, sondern es führt zu emotionalen und über das Emotionale hinaus zu intellektuell begründbaren Aktivitäten. Von Peter I. Tschaikowskys *Ouvertüre 1812* bis zu Sepp Tanzers *Tirol 1809* aus dem Jahr 1954, über viele Generationen hinweg, erkennen gebildete Menschen „die Absicht" und ordnen das in Rede stehende Motiv aktuellen, zeitspezifischen gesellschaftspolitischen Situationen zu.

Sepp Tanzer, *Tirol 1809,* 2. Satz, Takte 176–190

[16] Ernst Klusen, *Gustav Mahler und das Volkslied seiner Heimat,* in: *Journal of the International Folk Music Council* 15, 1963, 29–37; Christoph Penteker, *Musikalische Semantik im Werk Gustav Mahlers,* in: *Musikleben. Studien zur Musikgeschichte Österreichs,* Frankfurt 1997. – In Widerspruch dazu allerdings Hans Heinz Eggebrecht, *Die Musik Gustav Mahlers,* Neuausgabe, München–Zürich 1986, der (77) unter Bezugnahme auf Adorno von der „Verschleppung" der Volksmusik (dem „Sinnverlassenen") spricht, die in der Kunstmusik „Sand im Getriebe der rein musikalischen Konstruktion" sei, – und in dem Zusammenhang (228) zudem meint, dass diese Art der Mitteilung – als Kunst – „begrifflich unbestimmt" bleiben, nicht „aufs begriffliche Denken" abzielen würde.

Der Verfasser erinnert sich an das Südtiroler Landesmusikfest 1966 in Meran: Der Konflikt zwischen italienischer und deutscher Bevölkerung hatte sich zugespitzt, die Behörden konnten zwar das Landesmusikfest nicht verbieten, wohl aber gab es genaue Anweisungen, dass z. B. nur so viele deutsch-südtiroler Fahnen im Festzug mitgeführt werden dürften, als italienische Fahnen in diesem erscheinen. In dieser gespannten Atmosphäre sollte „die Sprache der Musik“ den Widerstand der Deutsch-Südtiroler gegen die italienische Staatsmacht symbolisieren. Im Rahmen des Festkonzertes im Kursaal in Meran spielte die Bozener Stadtkapelle Zwölfmalgrein unter der Leitung von Gottfried Veit Tanzers dreisätzige Suite *Tirol 1809,* ein programmatisches Werk, das den Aufstand der Tiroler gegen die Franzosen schildert, in dem nicht allein das Marseillaise-Motiv zitiert wird, sondern auch die aus der Andreas Hofer-Zeit überlieferten Liedweisen, das *Springeser Schlachtlied, Wach auf!, Tiroler, laßt uns streiten, Den Stutzen hear beim Saggra.* Die Spannung im Saal erschien greifbar, jeder wusste, wovon „die Rede“ war, an die Stelle der Franzosen wurden im Stillen die Italiener gesetzt, im Beifall vermischte sich die Begeisterung über die Interpretation des Werkes mit der Bestätigung des „Programmes“ der Tanzer-Komposition[17].

Ein zweites Beispiel – aus vielen möglichen – für solche Verwendung und Semantisierung eines musikalischen Motivs liegt in Bedřich Smetanas Zyklus *Má vlast (Mein Vaterland)* vor: Er hat das Thema des Hussitenchorals *Die Krieger Gottes,* jenen Inbegriff kämpferischer Vaterlandsliebe der Tschechen, in den Mittelpunkt des in den siebziger Jahren des 19. Jahrhunderts entstandenen Werkes gestellt. Josef Suk folgte ihm mit der Verwendung desselben Motivs in der symphonischen Dichtung *Praha,* 1904. Und dann kam Karel Husa, 1954 über Paris in die USA emigriert, der – betroffen von dem von den Sowjetunion und deren Satelliten-Staaten niedergeschlagenen Aufstand des Jahres 1968 die *Music for Prague* komponierte[18]. Noch während der Rundfunk- und Fernsehberichte aus Prag hatte Husa mit den Skizzen für dieses Werk begonnen. Innerhalb von sieben Wochen lag die Partitur fertig vor.

---

[17] WOLFGANG SUPPAN, *Komponieren für Amateure. Ernest Majo und die Entwicklung der Blasorchesterkomposition* (Alta Musica 10). Tutzing 1987, 68–70. – Vgl. dazu auch THOMAS NUßBAUMER, *Fragen der volksmusikalischen Identität Südtirols und die Südtirolsammlung Quellmalz,* in: WEBER / THOMAS (Hg.), *Identität und Differenz* (wie Anm. 14), 23–37.

[18] WOLFGANG SUPPAN, *Die Heimkehr dreier Mitteleuropäer. Joseph Horovitz, Karel Husa, Alfred Reed,* in: *Österreichische Musikzeitschrift* 52 (1997) Heft 7, 24–33. – Weitere Literatur in: DERS. / ARMIN SUPPAN, *Husa,* in: *Das Neue Lexikon des Blasmusikwesens,* Freiburg im Breisgau ^{4}1994, 338f.

Daraus leitet Husa sowohl die Grundmotive für seine *Music for Prague:*

wie auch die beiden Zwölftonreihen ab (Klammer: Bezug zum Hussiten-Choral)

Aus dem Hussiten-Choral (Kl. oben: Reihe 2 abgeleitet, unten: Bezug zum Hussiten-Choral)

Reihe 2 enthält die prägende harmonische Idee, die von Husa so genannten „Choral-Akkorde“:

Melodie des Hussitenchorals *Die Krieger Gottes*

Am 13. Dezember 1968 kam es zur ersten privaten Aufführung des für symphonisches Blasorchester komponierten Werkes am Ithaca College, an dem Husa damals die Meisterklasse für Komposition leitete. Die Uraufführung fand am 31. Januar 1969 in Washington DC statt. Eine Bearbeitung für Symphonieorchester wurde genau ein Jahr später, am 31. Januar 1970, von den Münchener Philharmonikern unter der Leitung des Komponisten erstmals aufgeführt. Doch alle diese Aufführungen wurden ihres künstlerischen Anspruchs wegen respektiert und gefeiert. In Begeisterung schlug die Wiedergabe von *Music for Prague* dort um, wo Menschen diese als Befreiung vom Joch der ehemaligen Ostblock-Diktaturen empfunden haben: Am 13. Februar 1990, bald nach der „Wende“, kam Karel Husa in seine Geburtsstadt Prag, um dort unter ungeheurer Anteilnahme aller Schichten der Bevölkerung das Werk zu dirigieren. Bedeutsam erscheint dabei die Betonung auf „alle“ Schichten; denn es handelt sich um eine aleatorisch-serielle Avantgarde-Komposition, die mit ihren Cluster-Bildungen, mit den Klangmassierungen, im rhythmischen Vibrieren, in der Preisgabe des temperierten Tonsystems und in der Verwendung von „Vierteltönen“ dem traditionellen Bürger mehr als ungewöhnlich erscheinen musste[19]. Ein zweites Mal wurde *Music for Prague* zu einem Manifest der neuen Freiheit, als Daniel Barenboim das Werk im September 1992 für sein Einstandskonzert in der Berliner Oper unter den Linden wählte. Auch da hatte sich das Konzertpublikum an unge-

---

[19] Zu diesem Phänomen: HELLMUT FEDERHOFER, *Neue Musik als Widerspruch zur Tradition. Gesammelte Aufsätze (1968–2000).* Bonn 2002.

wöhnlichen Klängen begeistert, die angesichts der Thematik im Sinne konventioneller Ästhetik „nicht schön" sein konnten. Kein anderes Werk der Avantgarde hat, laut Auskunft der Verwertungsgesellschaften, in den Jahrzehnten seit seiner Entstehung weltweit mehr Aufführungen erlebt, wobei die originale Blasorchesterfassung bei weitem die Bearbeitung für Symphonieorchester übertrifft.

Würde sich dieser Erfolg eingestellt haben, wenn die selbe Komposition ohne Titel veröffentlicht – oder wenn das Programm „verschwiegen" worden wäre?[20] Bedurfte es demnach des Identifikators *Marseillaise* oder *Hussittenlied,* den Erfolg zu garantieren?

Der intrakulturell arbeitende Historiker setzt vielfach künstlerische Werte absolut – und globalisiert diese, wie es in diesem Mozartjahr 2006 vor allem in musikjournalistischen Feuilletons und in Interviews mit praktischen Musikern nachzulesen ist. Für den interkulturell-vergleichend arbeitenden Ethnologen und Ethologen würden solche Wertungen nur innerhalb des Wertesystems einer Kultur, möglicherweise sogar nur innerhalb einer Gesellschaftsschicht und für eine bestimmte Zeitspanne in dieser Kultur Gültigkeit beanspruchen dürfen. Als in den siebziger Jahren des 20. Jahrhunderts eine Gruppe deutscher Musikhistoriker um Walter Wiora und Carl Dahlhaus die Idee hatte, das Triviale in der Musik zu fassen und zu definieren, wurde der Verfasser gebeten, die Thematik anhand der umfangreichen „Kunstlieder im Volksmund"-Sammlung des Deutschen Volksliedarchivs in Freiburg im Breisgau zu untersuchen. Die Fritz Thyssen-Stiftung stellte dem Projekt beträchtliche finanzielle Mittel zur Verfügung. Hermann Rauhe hatte zuvor einen Katalog „trivialer" melodischer und harmonischer Wendungen erstellt. Doch sosehr ich mich abmühte, die angeblich kitsch-verdächtigen Lieder herauszufiltern und diese von den kunstvoll gestalteten Liedern zu trennen[21], – es wollte sich kein objektiv nachvollziehbarer Befund einstellen. An einem der damals gegebenen Beispiele soll die situations- und schichtenspezifische Gültigkeit der Phänomene Kunst und Kitsch erläutert werden. Das weihnachtliche *Stille Nacht, heilige Nacht* vermittelt der um den Christbaum versammelten Familie jene Stimmung, die in Verbindung mit dem christlichen Glauben „echt" erscheint. Hier erfüllt das Lied von Mohr und Gruber die Identifikator-Funktion, da wird kein Gedanke daran verwendet, ob das Lied „trivial" sei. Kitschverdächtig könnte das Lied demjenigen werden, der an einem Heiligen Abend auf einer Straße spazieren geht, in den Häusern die brennenden Kerzen am Weihnachtsbaum sieht und die Familien beim Singen beobachtet. In der Tat zum Kitsch aber gerät die Situation, wenn Weihnachten im Tonfilm, auf dem Bauerntheater

[20] Dazu CONSTANTIN FLOROS, *Verschwiegene Programmusik* (Anzeiger der phil.-hist. Klasse der Österr. Akademie der Wissenschaften 119, 1982, Mitteilungen der Kommission für Musikforschung 34). Wien 1982.

[21] HERMANN RAUHE, *Zum volkstümlichen Lied des 19. Jahrhunderts,* in: CARL DAHLHAUS (Hg.), *Studien zur Trivialmusik im 19. Jahrhundert.* Regensburg 1967, 159–197.

vorgespielt wird[22]. Drei Szenen, das selbe Lied – aber ein jeweils anderer Kontext. Selbst innerhalb einer Kultur versagt der allein materialbezogene Versuch objektiver Wertung, der anthropologische „Wert“ ergibt sich aus dem gesellschaftlichen Umfeld, in dem der Identifikator eine wesentliche Rolle zu spielen vermag.

Sowohl bei den Naturvolk- wie bei den Alten Hochkulturen wird Musik zum Zweck emotional und intellektuell wirksamer Kommunikation und Wertebildung genutzt[23]. Für die christliche Kirche, deren Verständnis von Musikgebrauch unmittelbar im jüdisch-syrischen Raum wurzelt, haben dies schon Boethius (um 480 – 525/526) und Johannes [Affligemensis] (um 1100) formuliert: (A) Boethius erkannte der „Musica humana“ den Rang einer universalen Kunst zu, (a) weil sie imstande sei rationale Wahrheitserfassung und Gesinnungsbildung miteinander zu verknüpfen, (b) weil sie zudem Bestandteil der praktischen Ethik sei, weil die Töne vom Gehör nicht allein urteilend und unterscheidend, sondern auch mit Freude und Angst wahrgenommen würden, (c) weil der Beschäftigung mit Musik – der Mathematik vergleichbar – deshalb vorwissenschaftlicher Charakter und ein propädeutisches Ethos zukäme, weil sie die Denkfähigkeit zu steigern und die erste Erfahrung vom wahren Sein zu vermitteln imstande sei[24]. (B) Bei Johannes Affligemensis lesen wir: „Cum ergo in commovendis mentibus hominum tanta sit musicae potentia, merito eius usus acceptus est in sancta Ecclesia“[25] [Da nun bezüglich der Einwirkung auf die Gemüter der Musik so große Macht innewohnt, ist mit Recht deren Gebrauch in die heilige Kirche aufgenommen worden].

Im christlichen Abendland blieb das Wissen um solche Mechanismen erhalten: Man denke an die sechs Grundformen der Musik bei Descartes (1596 – 1650), nämlich Verwunderung, Liebe, Hass, Verlangen, Freude, Trauer, oder an die barocke Affektenlehre. Der Wandel zur Theorie, schließlich Ideologie vom „autonomen Kunstwerk“ begann mit Immanuel Kants Theorie vom „interesse- und zwecklosem Wohlgefallen“ an den Werken der Kunst im ausgehenden 18. Jahrhundert[26], darauf habe ich oben schon hingewiesen. Doch neben und unterhalb der L'art pour l'art-Ästhetik, lebt(e) weiterhin das Wissen um die Gebrauchswerte von Musik bis in un-

---

[22] Wolfgang Suppan, *Zum Problem der Trivialisierung in den Kunstliedern im Volksmund,* in: Helga de la Motte (Hg.), *Das Triviale in Literatur, Musik und Kunst.* Frankfurt 1972, 148–162; nochmals abgedr. in: Ders., *Werk und Wirkung* (wie Anm. 14), 1074–1088.

[23] Uwe Krebs, *Erziehung in Traditionalen Kulturen. Quellen und Befunde aus Afrika, Amerika, Asien und Australien (1898–1983).* Berlin 2001.

[24] Günther Wille, *Musica romana. Die Bedeutung der Musik im Leben der Römer.* Amsterdam 1967, 656ff.

[25] Joseph Smits van Waesberghe (Hg.), *De musica cum bonario.* Rom 1950: *XVII. De potentia musicae, & qui primitus ea in Romana ecclesia usi sint;* s. *MGG*/2, Personenteil, Bd. 9, 1077–1081.

[26] Immanuel Kant, *Werke X. Kritik der Urteilskraft und naturphilosophische Schriften* 2, hg. v. Wilhelm Weischedel, Wiesbaden 1957, 462.

sere Gegenwart herein fort[27] – und wurde/wird als Identifikator zur Ausbildung gemeinschaftsbildender Strukturen und Ideologien gebraucht: Im deutschen Männerchorwesen des 19. und 20. Jahrhunderts, bei den Burschenschaften[28], im Soldatenlied, bei den Jugendbewegungen, im Singen parteipolitischer Gruppierungen[29], in den Konzentrationslagern des Nationalsozialismus[30], im nationalen oder internationalen Schlager, jener „Geheimwaffe der politischen Herrschaft im 20. Jahrhundert"[31], bei weltweit agierenden Organisationen wie Rotary usf. Auch Musikinstrumente/Klangwerkzeuge vermögen zu regionalen/nationalen Symbolen zu werden,

---

[27] Genutzt vor allem von klerikalen und politischen Organisationen sowie von Werbestrategen, etwa jenen, die MUZAK (funktionale Hintergrundmusik) erzeugen und verbreiten: Vgl. die Werbeschriften der Muzak Corporation, New York 1958ff.; TORSTEN CASIMIR, *Musikkommunikation und ihre Wirkungen. Eine systemtheoretische Kritik.* Wiesbaden 1991. – In Widerspruch dazu scheint zu stehen, dass die „allseitige Verwendung von Musik in der Gegenwart durch Übermittlungstechniken und Tonkonserven" dazu geführt hat, „daß es keinen Lebenszusammenhang mehr gibt, der nicht musikalisch begleitet werden kann": Helmwart Hierdeis, *Musik zwischen Therapie und Ekstase,* in: MAX LIEDTKE (Hg.), *Matreier Gespräche. Ton, Gesang, Musik – Natur- und kulturgeschichtliche Aspekte.* Graz 1999, 268–278, Zitat 270.

[28] HARALD LÖNNECKER, *„Unzufriedenheit mit den bestehenden Regierungen unter dem Volke zu verbreiten". Politische Lieder der Burschenschaften aus der Zeit zwischen 1820 und 1850,* in: *Lied und populäre Kultur* (Jahrbuch des Deutschen Volksliedarchivs 48), Berlin 2003, 85–131.

[29] HELMUT BRENNER, *Musik als Waffe? Theorie und Praxis der politischen Musikverwendung, dargestellt am Beispiel der Steiermark 1938–1945.* Graz 1992; DERS., *Wach auf, wach auf, Du deutsches Land. Metamorphosen eines Liedes im politisch-historischen Kontext,* in: BERNHARD HABLA (Hg.), *Festschrift zum 60. Geburtstag von Wolfgang Suppan.* Tutzing 1993, 83–106; RICHARD KLOPFFLEISCH, *Das Menschenbild im Liedgut der Hitlerjugend auf dem Hintergrund der Persönlichkeitstheorie der „deutschen Charakterkunde",* in: *Musikpsychologie* (Jahrbuch der Deutschen Gesellschaft für Musikpsychologie 12), Göttingen u. a. 1995, 149–157; THOMAS NUßBAUMER, *Politische Lieder aus Südtirol zur Zeit der Option und Umsiedlung (1939–43),* in: GISELA PROBST-EFFAH et al. (Hg.), *Musikalische Volkskunde und Musikpädagogik. Festschrift für Günther Noll.* Essen 2002, 306–346.

[30] GUIDO FACKLER, *Lied und Gesang im KZ,* in: *Lied und populäre Kultur* (Jahrbuch des Deutschen Volksliedarchivs 46). Berlin 2001, 141–198.

[31] WOLFGANG DIETRICH, *Samba Samba. Eine politikwissenschaftliche Untersuchung zur fernen Erotik Lateinamerikas in den Schlagern des 20. Jahrhunderts,* Straßhof 2002, 21.

wie dies die Marimba in Lateinamerika[32] und der „Klapotetz“ im südsteirischen Weinland an der österreichisch-slowenischen Grenze zeigen[33].

Diese Aufzählung einiger Möglichkeiten lässt offen, ob die dem (gemeinsamen) Singen und Musizieren innewohnenden Wirkmöglichkeiten auf die körperliche und geistige Konstitution des Menschen, im Sinne der Bildung von Wertegemeinschaften positiv oder negativ[34] einzuschätzen seien. Daher hat jüngst der Verhaltensforscher Irenäus Eibl-Eibesfeldt zurecht gefragt, wie es um solche Wertevermittlung stünde – oder ob daraus auch Indoktrination entstehen könnte[35]. Zum Beispiel in der Werbung? Kommt doch kein Werbespot im Fernsehen ohne Hintergrundmusik aus. Selbst dann, wenn ich nicht vor dem Fernseher sitze, sondern in der Küche koche oder esse, identifiziere ich (als geübter Fernseher) mit Hilfe der Musik, welche Werbung gerade „dran“ ist. Gedruckte Werbetexte werden mit Abbildungen von musizierenden Menschen oder Musikinstrumenten versehen[36].

Eibl-Eibesfeldt geht im oben genannten Aufsatz von naturvölkischen Stammesverbänden aus, in denen bereits gruppenspezifische Symbole zu beobachten seien: Schmuck, Bekleidung, Haartrachten, Stammestattoos, dazu kämen in Gruppen und Staatsverbänden Feldzeichen, Kreuze, Sterne, Sichel und Hammer, Fahnen mit den Landesfarben. „Zwei elementare soziale Reaktionen werden auf diese Weise prägungsähnlich mit den Symbolen und damit auf ziemlich therapieresistente Weise assoziiert: eine Folgereaktion im Sinne einer Schutzsuche und eine soziale Verteidigungsreaktion. Bereits Konrad Lorenz deutete den Schauer der Ergriffenheit, der uns beim Absingen von Hymnen und der Präsentation der sakralen Symbole der Gemeinschaft überläuft, als soziale Verteidigungsreaktion“[37]. Wer hat im Fernsehen

---

[32] HELMUT BRENNER, *Marimbas in Lateinamerika. Historische Fakten und Status quo der Marimbatraditionen in Mexiko, Guatemala, Belize, Honduras, El Salvador, Nicaragua, Costa Rica, Kolumbien, Ecuador und Brasilien.* Habil.-Schrift Saarbrücken 2004, in Druck: (Studien und Materialien zur Musikwissenschaft). Hildesheim 2006.

[33] LEOPOLD KETZENBACHER, *Windradl und Klapotetz. Ein landschaftseigenes Sinnzeichen der Heimat im untersteirischen Weinland.* München 1975.

[34] Als Sinnbild negativer Beeinflussung, d. h. Verführung durch Musik, erscheint die Figur des Rattenfängers von Hameln; dazu WOLFGANG SUPPAN, *War der Rattenfänger von Hameln ein Künstler? Interkulturelle Konstanten im intellektuellen und emotionalen Musik-/Kunstgebrauch,* in: ALFRED SMUDITS / HELMUT STAUBMANN (Hg.), *Kunst – Geschichte – Soziologie. Festschrift für Gerhardt Kapner zum 70. Geburtstag.* Frankfurt/M. etc. 1997, 172–185; DERS., *Hameln ist überall. Musik in Karikatur/Cartoon und Plakatkunst,* in: *Österreichische Zeitschrift für Volkskunde* XLIX/98 (1995), 41–55; beide Aufsätze nochmals abgedr. in DERS., *Werk und Wirkung* (wie Anm. 14), 168–197.

[35] IRENÄUS EIBL-EIBESFELDT, *Das Lied im Dienste der Wertevermittlung und Indoktrination,* in: LIEDTKE (Hg.), *Matreier Gespräche* (wie Anm. 27), 258–267.

[36] Herrn Kollegen THOMAS SCHIPPERGES verdanke ich das Vortragsmanuskript mit dem Titel: *Musica movet affectus. Musikbilder der Anzeigenwerbung im Spiegel der Geschichte,* Ms.

[37] EIBL-EIBESFELDT (wie Anm. 35), 258f.

nicht schon „harte Sportler“ weinen gesehen, wenn sie bei Olympischen Spielen oder Weltmeisterschaften als Sieger auf dem Podium stehen – und „ihre“ Nationalhymne erklingt? „Hier tritt das Element des gemeinsamen Kampfes in den Vordergrund, das eine starke Bindung im Sinne einer Kampfgemeinschaft bewirkt. Es handelt sich bei diesen Melodien einerseits um kulturtypische Kennmelodien, die als solche die Angehörigen einer Kultur gewissermaßen ‚heimatlich‘ einbinden. Darüber hinaus beruht die starke unmittelbare Wirkung von Melodien und Rhythmen, die aufheizend oder beruhigend wirken können, auf primären universalen Leitmotiven [...]. Melodie und Rhythmus binden die Aufmerksamkeit und stimmen im gemeinsamen Handeln solidarisierend ein. Die Liedtexte sprechen soziale Verteidigungsreaktionen an, appellieren an Gehorsamsbereitschaft, an Ängste, die Folgereaktionen bekräftigen, und sie bemühen sich bei Männern, auch eine Sterbegemeinschaft aufzubauen, indem sie den Tod für die Gemeinschaft als Opfer glorifizieren oder auch die Bedeutung des Todes trivialisieren, neue Prioritäten im Interesse der größeren Gemeinschaft werden gesetzt. In Verbindung damit werden die heiligen Symbole der Nation beschworen“ (ibid., 260). Doch wäre es falsch, so Eibl-Eibesfeldt an die Adresse der deutschsprachigen Musikpädagogik, die gemeinschaftsbildende Kraft gemeinsamen Musizierens und Singens deshalb abzulehnen, weil damit auch Missbrauch (ein relativer Begriff) getrieben wurde und wird: „Das ist ein tragischer Irrtum, denn ohne diese Basiswerte kann keine Großgesellschaft als Solidargemeinschaft funktionieren. Mut, Einsatzbereitschaft, ja sogar Aufopferungsbereitschaft und ein gewisses Maß an Pflichtgefühl und Treue, ja Liebe zum eigenen Land und Volk, muß auch in einem demokratischen Staat gefordert werden, wenn er überleben will“ (ibid., 266f.).

Hier sind wir der Lösung des Thema „Musik als Identifikator“ bereits sehr nahe, vor allem mit den von Eibl-Eibesfeldt so genannten „primären universalen Leitmotiven“, einer Art *Erkennungsgrammatik*, die – so der von der Kulturethologie gestützte anthropologische Befund – im biologischen Substrat menschlicher Geschichtlichkeit vorgegeben ist[38]. „Ein Gesetz“, so sagte Goethe, „hat durch den Menschen hindurch seinen Willen durchgesetzt, in die Erscheinung zu treten, nach außen zu wirken, *als Musik ‚zur Sprache‘ zu gelangen*“[39].

[38] Zur Trennung in biologische und kulturelle Konditionen menschlicher Entwicklung vgl. WOLFGANG SUPPAN, *Biologische und kulturelle Bedingungen des Musikgebrauches,* in: *Kongreß-Bericht Bayreuth 1981.* Kassel etc. 1984, 618–622; DERS., *Die biologischen Grundlagen und kulturellen Möglichkeiten der Talenteförderung im Bereich der Musik,* in: CHRISTOPH-H. MAHLING (Hg.), *Florilegium Musicologicum. Festschrift für Hellmut Federhofer.* Tutzing 1988, 409–425; desgl. in DERS., *Werk und Wirkung* (wie Anm. 14), 109–128.

[39] Zitiert nach ERNST-JÜRGEN DREYER, *Musikgeschichte in nuce. Goethes dritte grundsätzliche Äußerung zur Natur der Musik,* in: DETLEV LÜDERS (Hg.), *Jahrbuch des Freien Deutschen Hochstifts 1979.* Tübingen 1979, 170–198, Zitat 187.

Demnach würde die Wirkung der Musik auf die physische und psychische Konstitution des Menschen in Gesetzmäßigkeiten zu fassen sein. Die Frage ist nicht mehr, ob Musik „Identifikator"-Funktion einnehmen kann, und zwar unabhängig von ihren kulturspezifischen künstlerischen und ästhetischen Werten, sondern es geht um die soziologische und anthropologische Dimension sowie um die Erarbeitung eben jener (oben so genannten) Erkennungsgrammatik, die die Mechanismen dafür offen legt.

Wir verdanken Constantin Floros den Hinweis darauf, dass ein wesentlicher Teil der Symphonik des 19. Jahrhunderts auf einer bedeutsamen (also „Bedeutung" tragenden) symbolischen Ebene angesiedelt sei, und er nennt in diesem Zusammenhang die Namen Berlioz, Liszt, Richard Strauss, Tschaikowsky, Bruckner und Mahler. Diese haben Motive, Themen, Rhythmen, Klänge, Klangverbindungen und Klangfarben mit konkretem Sinngehalt versehen, die ebenso wie musikalisch-kompositionstechnische Verfahren analytisch zu fassen sind. Der Weg führt über das Vokalwerk, in dem zum Beispiel bei Gustav Mahler Rufe, Zitate, Tonsymbole, die oben bereits genannten Kasernenhof-Signale erscheinen, die sich auch in reinen Instrumentalsätzen wiederholen, also identifizierbar bleiben. Mahler hat aber auch selbst auf die symbolische Bedeutung einzelner Passagen und damit auf musikalische Abbilder real existierender Ideen und Fakten aufmerksam gemacht. Wiederholen sich gleiche oder ähnliche Topoi in anderen Symphoniesätzen, die vom Komponisten nicht erläutert werden, so ist mit Hilfe eines entsprechend vorsichtig formulierten Analogieschlusses auf eine ähnliche Semantik zu schließen. Die dritte, besonders aussichtsreiche Möglichkeit einer semantischen Dechiffrierung liegt dort vor, wo Mahler, aber auch Bruckner u. a. Komponisten dieser Zeit, (Leit-)Motive aus Kompositionen von Wagner, Liszt, Richard Strauss übernehmen, deren Bedeutung bekannt ist. Vielfach lässt sich mit Hilfe von Analogieschlüssen fixieren, was da wie dort „zur Sprache gebracht" werden sollte. Das führt – bei Constantin Floros – zu dem Schluss, dass die geläufige Strukturanalyse nicht ausreicht, um die musikalische Gestaltung in allen ihren Dimensionen gerecht zu beurteilen; denn außermusikalische Inhalte sind vielfach in Symbolen verschlüsselt, parallel zu Gestalt- und Strukturanalysen erfolgt die semantische Analyse. Floros zeigt die Möglichkeiten eines solchen musikanalytischen Verfahrens auf[40].

Verfasser wiederholt sich, wenn er betont, dass für die geforderten analytischen Verfahren die gängigen musikwissenschaftlichen Methoden nicht ausreichen. Es bedarf der Anleihen bei den soziologischen und anthropologischen Nachbardisziplinen, also der interdisziplinären Sichtweise. Die *eine* biologische Evolution und die *vielen* kulturellen Evolutionen haben jene leib-seelischen Dispositionen geschaffen, welche die Möglichkeiten und die Grenzen der menschlichen Freiheit abstecken, das

---

[40] CONSTANTIN FLOROS, *Musik als Botschaft.* Wiesbaden 1989, Zitate 148f.

gilt auch für den ästhetischen, den kreativ-künstlerischen Bereich, die Musik[41]. „Der Künstler, gleich ob er Bilder malt, Figuren schnitzt, Theaterstücke schreibt, dichtet oder Musikstücke komponiert, richtet sich an Mitmenschen und gelegentlich auch an überirdische Wesen, die er aber wie Mitmenschen anspricht. Er will sie stimmungsmäßig beeinflußen, [...] ihre Aufmerksamkeit fesseln und vor dem Hintergrund des einprägsamen ästhetischen Erlebnisses eine Nachricht vermitteln, z. B. religiöse Werte oder politische Grundsätze. Gelingt ihm das nicht, dann bleibt sein Kunstwerk nichtssagend, in des Wortes ureigenster Bedeutung.“ [42]

Das ist in der Wortsprache, innerhalb der selben Sprachgemeinschaft, konkret zu vollziehen: Das „Sprachspiel“, wie es Ludwig Wittgenstein nannte[43], funktioniert von Intellekt zu Intellekt (Neocortex zu Neocortex). Obgleich dabei mehr oder weniger sympathisches Aussehen, Sprachklang, Gebärdensprache, Kleidung des Sprechers/Vortragenden die Glaubwürdigkeit der Aussage emotional beeinflussen können, bleiben die jeweils übermittelten Fakten unverrückt. Anders beim „Musikspiel(en)“. Hier beginnt beim Anhören von Musik die Kommunikation sich mehr und mehr in jene Althirnbereiche (das Limbische System) zu verlagern, in denen emotionales Erleben umgesetzt wird[44]. Darum wird Musik, im Vergleich zur Wort-

---

[41] WOLFGANG SUPPAN, *Biologische Voraussetzungen und Grenzen kultureller Traditionsbildung,* in: *Traditiones 19* (Valens Vodušek-Gedenkschrift). Ljubljana 1990, 145–165; DERS., *Musik und Bedürfnis. Zur biologischen Disposition kultureller Traditionsbildung,* in: HELEN GEYER et al. (Hg.), *„Denn in jenen Tönen lebt es“. Wolfgang Marggraf zum 65.* Weimar 1999, 541–552.

[42] IRENÄUS EIBL-EIBESFELDT, *Die Biologie des menschlichen Verhaltens. Grundriß der Humanethologie.* München–Zürich 1984, 831, sowie 826: „Ästhetische Wahrnehmung bewirkt Erleben und bindet die Aufmerksamkeit. Appetenzen können geweckt und gelöst werden. Kunst ist die Fähigkeit, ästhetische Wahrnehmung in den Dienst der Kommunikation zu stellen und ihre aufmerksamkeitsbindende und ästhetisch belohnende Funktion als Mittel zur Nachrichtenübertragung zu verwenden.“

[43] WOLFGANG SUPPAN, *Ludwig Wittgenstein – Denker, Lehrer, Musiker,* in: HERMANN J. KAISER et al. (Hg.), *Vom pädagogischen Umgang mit Musik. Gedenkschrift für Sigrid Abel-Struth.* Mainz 1993, 293–302; desgl. in DERS., *Werk und Wirkung* (wie Anm. 14), 309–321.

[44] C. G. Jung hat sich zur Musik nicht geäußert. Erst auf Anfrage teilte er mit: „Daß Musik ebenso wie das Drama mit dem kollektiven Unbewußten zu tun hat, steht fest [...]. Die Musik ist hier gewissermaßen Ausdruck für Gefühlsbewegungen (oder emotionale Werte), die die unbewußten Prozesse begleiten [...]. Die Musik drückt in Tönen dasselbe aus wie die Bilder der Phantasien oder Visionen [...]. Ich kann Sie nur darauf hinweisen, daß Musik die Bewegung, Entwicklung und Wandlung der Motive im kollektiven Unbewußten darstellt [...]. Die musikalische Form ist Ausdruck des circulären Charakters unbewußter Prozesse.“ (C. G. JUNG, *Briefe,* Bd. 2, hg. v. ANIELA JAFFÉ, 1946–1955. Olten–Freiburg/Br. 1972, 173). Doch hat Viktor Zuckerkandl in den vom C. G. Jung-Kreis wesentlich mitgetragenen Eranos-Tagungen in Ascona in der Schweiz es verstanden, Jungs Schriften für das musikanthropologische Denken zu nutzen; dazu GERHARD LIPP, *Das mu-*

sprache, im Volksmund stärker als „Spiel" empfunden. Wir sprechen vom „Klavier-Spielen", vom „Trompeten-Spielen" etc., wir sagen, die Wiener Philharmoniker haben Brahms' Vierte „gespielt", Sabine Meyer hat das Mozart'sche Klarinetten-Konzert „gespielt", Anne-Sophie Mutter wird in diesem Mozart-Jahr 2006 alle Violinkonzerte Mozarts „spielen" etc. Der gängige Begriff „Spielen" könnte andeuten, dass es sich um eine Tätigkeit außerhalb des Lebensnotwendigen handelt, dass – wie Kurt Blaukopf es formuliert hat – Musik und Musizieren als „luxuriöses Element der Gesellschaft" gewertet würden[45]. Doch: Das Spielen der Katzen oder der Kinder bedeutet Einübung *in*, Vorbereitung *auf* den Ernst des Lebens. Fußball-Länder-„Spiele" und Olympische „Spiele" erscheinen bedeutsam für ethnisch-nationale Identitätsbildungen, weil das emotionale Erleben in hohem Maße das intelligente Denken, d. h. Sachentscheidungen, beeinflusst. Da sind wir wieder bei der Musik.

Aus der (interdisziplinären) Zusammenarbeit mit dem musikalisch hochgebildeten, leider inzwischen verstorbenen Grazer Neurochirurgen Fritz Heppner, konnte Verfasser in den siebziger und achtziger Jahren des 20. Jahrhunderts wesentliche Einblicke über die Verarbeitung „musikalischer" Eindrücke im menschlichen Gehirn erfahren[46]. In dem schon genannten Limbischen System, das wie ein Saum die zentralen Kerne des Gehirns umschließt, „wird vermutlich die ‚Bedeutung' der Information festgestellt, das heißt die Information wird durch Vergleich mit Erfahrung oder angeborenen Verständnismustern daraufhin untersucht, ob sie interessant für uns ist [...]. Nur solche Nachrichten erregen uns, die uns hinsichtlich unserer Existenz etwas angehen. Andere Signale bleiben unbeachtet. Das ist schon deshalb notwendig, weil ein so gewaltiger Informationsstrom durch alle Sinnespforten und Nerven in unser Gehirn eindringt, dass dessen Beachtung uns in einer Nachrichtenflut ertrinken ließe"[47]. In dem Augenblick, da uns Informationen erreichen, laufen vom Limbischen System elektrische Signale in den Hypothalamus, dort verzweigen sich die Stränge. Der für uns wichtigste weitere Weg führt in jene Nervenbahnen, die das

---

sikanthropologische Denken von Viktor Zuckerkandl (Musikethnologische Sammelbände 18). Tutzing 2002.

45 KURT BLAUKOPF, in: *Musik und Bildung* 3, 1971, 11. – Ähnlich zu lesen bei BLACKING, *How Musical is Man?* (wie Anm. 13), 54: "Music [...] is not a luxury, a sparetime activity to be sandwiched between sports and art in the headmaster's report".

46 FRITZ HEPPNER, *Limbisches System und Epilepsie,* Bern etc. 1973; DERS., *Der Arzt und das Ganze* (Forschen – Lehren – Verantworten. Festgaben zur 400-Jahr-Feier der Karl-Franzens-Universität Graz 3). Wien etc. 1985; WOLFGANG SUPPAN, *Musica Humana. Die anthropologische und kulturethologische Dimension der Musikwissenschaft* (Forschen – Lehren – Verantworten. Festgaben zur 400-Jahr-Feier der Karl-Franzens-Universität Graz 8). Wien etc. 1986, 48f.

47 HANS SCHAEFER, *Physiologische Grundlagen der Emotionen bei Mensch und Tier,* in: *Universitas* 37, 1982, 61f.; ULRICH KULL, *Biologische Grundlagen menschlichen Verhaltens,* ibid., 183: „Das Gehirn reguliert Verhaltensweisen, die uns gar nicht zum Bewußtsein kommen".

willkürliche, autonome (vegetative) Nervensystem darstellen. Das bedeutet, dass musikalische Informationen darüber mitentscheiden, was an Nachrichten uns bewusst wird. Darauf beruht der soziologisch-ökonomische Effekt der Hintergrundmusik in Kaufhäusern, in Fabriken mit Fließbandarbeit und in Büros, in den Wartezimmern von Ärzten, beim Anschauen eines Fernseh-Krimis etc.

Zusammenfassend lässt sich feststellen: (1) Musik funktioniert als *Identifikator*. (2) Der *Identifikator* kann auf verschiedenen Ebenen, in verschiedenen Ausdrucksformen von erklingender Musik liegen. (3) So wie bei der bibliothekarischen Arbeit sich mehrere Kataloge überkreuzen müssen, um einen Bestand an Büchern oder Musiknoten bestmöglich zu erschließen, so werden im vorliegenden Fall unterschiedliche Verfahren der Werkanalyse ineinander zu verzahnen sein. (4) Das bedeutet, dass neben die in der Regel praktizierten Melodie- und Rhythmusanalysen, neben Riemann'sche harmonische Funktionsanalysen, neben Struktur- und Schenker'sche Gestaltanalysen die semantische Dechiffrierung des Gestaltverlaufes tritt, dessen Wirkweisen sich in physiologischen und psychologischen menschlichen Reaktionen widerspiegeln. (5) Daraus mag sich eine „Grammatik des Sagens in Tönen, Rhythmen und Klängen" ergeben, deren Kreise sich nur teilweise mit den Kreisen der Grammatik der Wortsprache decken werden. Das ist der Grund dafür, dass Musik nicht wie Sprache verstanden werden kann. Ich beziehe mich da auf Hans Werner Henze, von dem der Satz überliefert wird: „Musik müßte verstanden werden wie Sprache"[48]. Das kann so nicht bezeugt werden. Musik ist auch nicht „ähnlich wie die Sprache"[49], sie *ist* Sprache.

Verfasser hat mit einem Zitat begonnen, er möchte mit einem Zitat diesen Aufsatz abschließen: Es handelt von der katholischen Kirche in Österreich. Während bislang und noch in den Akten des 2. Vatikanischen Konzils die Funktion und die vokalen wie instrumentalen Realisationsmöglichkeiten der Musik im Gottesdienst als Stabilisierungsfaktor (Abbild des himmlischen *jubilare sine verbis,* „Singen ist Teilnahme am ewigen Lobpreis der Engel und Heiligen": Philipp Harnoncourt[50]) festgeschrieben waren, suchen die für die Kirchenmusik Verantwortlichen in einigen

---

48 Zitiert nach FLOROS, *Musik als Botschaft* (wie Anm. 40), 165.

49 Die Gesellschaft für Musikforschung hat das Generalthema „Musik und kulturelle Identität" für den XIII. Internationalen Kongress vom 16. bis 21. September 2004 in Weimar so begründet: „Mit dem Generalthema [...] wendet sich der Kongress einer zentralen Fragestellung zu. Die Tatsache, daß Musik ähnlich [!] wie die Sprache ein wesentliches Element sowohl unserer individuellen als auch unserer vor allem lokal, regional oder national geprägten kollektiven Identität ist, hat das abendländische Musikdenken unter unterschiedlichen Aspekten bereits seit der Antike beschäftigt".

50 PHILIPP HARNONCOURT, *„So sie's nicht singen, so gleuben sie's nicht". Singen im Gottesdienst. Ausdruck des Glaubens oder liturgische Zumutung?,* in: HANSJAKOB BECKER / REINER KACZYNSKI (Hg.), *Liturgie und Dichtung. Ein interdisziplinäres Kompendium II.* St. Ottilien 1983, 139–172, Zitat 152.

Diözesen Österreichs „Musik als Identifikator" in „zeitgemäßer" Weise zu nutzen. Jugendliche sollen in den Schoß der Kirche dadurch zurückgeführt werden, dass man ihnen im Gottesdienst jene Spaßkultur-Musik anbietet, mit der sie sich identifizieren:

> „Wie die Linzer Kirchenzeitung berichtet, setzen zwei österreichische Diözesen auf Disco-Gottesdienste, um Jugendlichen eigene Gottesdienstformen anzubieten. Benötigt werden dafür Lichtorgeln, E-Gitarren, szenische Spiele, gemeinsames Tanzen, eine große Leinwand und persönliche Gedanken und Bekenntnisse von Jugendlichen. 2003 organisierte die Kath. Jugend Wien die ersten ‚Gottesdienste' im Discokleid. Mit elektronischer Musik und Licht wollte man Kirchen in ‚Discos Gottes' verwandeln. Insgesamt fanden bisher neun derartige Feiern statt. Die Kath. Jugend der Diözese Innsbruck veranstaltete heuer [2005] vier ähnlich inszenierte ‚Event-Gottesdienste' im Innsbrucker Dom, in Zams, Wörgl und Brixen. Das Motto lautete: ‚1000 Jugendliche, 2000 Lux, 3000 Watt, 1 Gott'. In Wien geht die Kath. Jugend einen Schritt weiter: Der nächste – inzwischen bereits zehnte – ‚find-fight-follow'-Gottesdienst am 9. Oktober [2005] ist zugleich die Eröffnung der ‚jugend.kirche.wien' in der Wiener Pfarrkirche St. Florian. Der Wiener Kardinal Schönborn hat sich für den Spaß bereits angemeldet."[51]

[51] FELIX BENTZ (Hg.), IK-Nachrichten Nr. 10. *Pro Sancta Ecclesia.* Schärding 2005, 5.

ROLF OERTER

Musik als Spiel

Schon in der Alltagssprache sind Musik und Spiel eng verbunden. Man sagt, jemand spielt ein Instrument, es wird Musik gespielt, die Philharmoniker spielten eine Symphonie von … Dies zeigt, dass Musik und Spiel ähnlich wie bei Sport (Fußball spielen) und beim Theater (Stücke spielen) eng miteinander verbunden sind. Ist Spiel hier nur eine Metapher oder hat Spiel für das Musizieren eine tiefere Bedeutung? Zur Klärung dieser Frage werden wir uns zunächst mit den Merkmalen des Spiels befassen und seine verschiedenen Formen, die im Laufe der Entwicklung auftreten, kennen lernen. Dann wird zu zeigen sein, welche Formen des Spiels für das Musizieren besonders wichtig sind. Dabei werden wir auch die Rolle des Spiels für die Lebensbewältigung ansprechen. Sodann wird die Rolle des Spiels in der Entwicklung zum Musiker dargestellt, das gemeinsame Spiel im Orchester, in der Band oder im Chor als Prototyp für soziales Zusammenleben vorgeschlagen und schließlich nochmals der enge Zusammenhang zwischen Spiel und Kultur als allgemeiner Rahmen unserer Darstellung hervorgehoben.

1. MERKMALE DES SPIELS

Scheuerl (1991) versucht, das Spiel phänomenologisch zu beschreiben und findet eine Vielzahl von Kriterien. Im Folgenden wollen wir uns aber mit drei Merkmalen begnügen, da sie ausreichen, die Vielfalt des Spielverhaltens zu beschreiben.

Selbstzweck des Spiels (Handlung um der Handlung willen). Das Aufgehen in der Tätigkeit des Spiels wird durch tätigkeitszentrierte Motivation (RHEINBERG, 1989) oder als Handeln nach dem Paratelic Model (APTER, 1982) erklärt. Dabei spielt das so genannte Flusserleben *(flow)* nach Csikszentmihalyi (1985) eine wichtige Rolle. Es ist u. a. durch besondere Erfahrung bei der ausführenden Tätigkeit gekennzeichnet: Man fühlt sich optimal beansprucht, der Handlungsablauf geht glatt und flüssig vonstatten, die Konzentration erfolgt von selbst, das Zeiterleben wird weitgehend ausgeschaltet und man selbst erlebt sich nicht mehr abgehoben von der Tätigkeit, sondern geht in ihr auf (RHEINBERG, 1991, 2/3). Die Annahme, dass Spiel wegen seines Lust gewinnenden Charakters aufgesucht wird, ist insofern falsch, als hier Spiel als Mittel zur Bedürfnisbefriedigung (Lustgewinnung) angesehen wird, während Spiel Selbstzweck und nicht Mittel zum Zweck (also auch nicht zur Lustgewinnung) ist. Die anthropologische und biologische Basis des Spiels liegt tiefer als die Motivation zur Lustgewinnung.

Wechsel des Realitätsbezuges. Im Spiel konstruiert das Kind eine andere Realität, die der „eingebildeten Situation“ (ELKONIN, 1980, 11). Spiel bildet also einen anderen Handlungsrahmen, innerhalb dessen Gegenstände, Handlungen und Personen etwas anderes bedeuten können als in der Realität außerhalb des Spiels. Solche Rahmen sind im sozialen Spiel auch vereinbart und reichen bis in die Phylogenese des Menschen zurück, da sie bereits im tierischen Spielverhalten auftreten, so etwa bei den Spielkämpfen von Jungtieren. Wenn Kinder einen Spielrahmen vereinbaren und damit eine eigene Realität konstruieren, müssen sie sich sprachlich oder nonverbal auf den Spielrahmen, d. h. die eingebildete Situation einigen. Die Realitätstransformation gewährleistet einerseits die Abschirmung nach außen (man wechselt in eine andere Welt), andererseits ermöglicht sie die Herstellung und Aufrechterhaltung des für das Spiel typischen Motivationszustandes, der für Kinder und oft auch für Erwachsene in der Ernstsituation nicht erfahrbar ist.

Wiederholung und Ritual. In allen Spielformen zeigen sich Wiederholungen von Handlungen, oft in exzessiver Form. Weiterhin haben solche Handlungswiederholungen häufig Ritualcharakter, d. h. die Handlungen haben einen festgelegten Ablauf und sind in ihrer Gestalt stärker profiliert als normale Handlungen. Die Wiederholung hat mehrere Funktionen. Zunächst dient sie der positiven Erfahrung der Meisterung einer Handlung, z. B. das mastery play bei sekundären Kreisreaktionen im ersten Lebensjahr (PIAGET, 1969; BRUNER, JOLLY & SYLVA, 1985). Eine andere Funktion besteht in der selbst verstärkenden Wirkung von Handlungen, die flow erzeugen. Schließlich dient die Wiederholung im Spiel aber auch der Bewältigung traumatischer oder unverarbeiteter Erfahrungen.

Zusammenfassend lässt sich Spiel definieren als Tätigkeit mit Selbstzweck, bei der es zu einer Realitätstransformation kommt und wiederholende, teilweise ritualisierte Handlungssequenzen auftreten.

2. KLASSIFIKATION UND ENTWICKLUNG DES SPIELS

Sensumotorisches Spiel oder Funktionsspiel bezeichnet die schon im ersten Lebensjahr auftretende motorische Tätigkeit des Säuglings, die entweder freie Bewegungen wiederholt, mit dem eigenen Körper „spielt“ oder mit einem Gegenstand umgeht (z. B. mit einer Rassel oder einem Mobile). Der kulturell adäquate Umgang mit Gegenständen (z. B. Benutzen einer Tasse) wächst zwischen 9 und 13 Monaten an, während kompliziertere Handlungen mit Alltagsgegenständen (Einhalten einer Reihenfolge, Einbeziehung mehrerer Gegenstände) erst mit 18 bis 24 Monaten auftreten (INHELDER et al., 1972). Mit 12 bis 13 Monaten zeigen Kinder erstmals das *Symbolspiel* oder *Als-ob-Spiel.* Das Kind deutet seine Handlungen und die in die Handlung einbezogenen Gegenstände um. Als Akteur übernimmt es andere Rollen. So fährt das Kind Auto, indem es den Stuhl als Fahrzeug, das Summen als Motorgeräusch einsetzt und so selbst zum erwachsenen Autofahrer wird. Das Als-ob-Spiel nimmt über die Jahre der Vorschulzeit zu und sinkt in seiner Häufigkeit dann wieder ab (umgekehrte U-förmige Beziehung: FEIN, 1981). Bei sozial benachteiligten Kindern fand man den Höhepunkt des Symbol- und Rollenspiels in der ersten und zweiten Grundschulklasse und danach einen plötzlichen Abfall (EIFERMANN, 1971).

Das kooperative Rollenspiel ist bei Dreijährigen noch kaum zu finden, während bereits alle Vierjährigen bei „normaler" Entwicklung *Rollenspiele* machen. Beim Rollenspiel sind mehrere Akteure beteiligt, die unterschiedliche Rollen bekleiden und ihr Spiel permanent aufeinander abstimmen müssen. Rollenspiele erfordern komplexere kognitive Leistungen: die Rollenträger müssen (a) sich auf ein Spielthema einigen, (b) ihre eigenen Rollen verstehen und ausführen und (c) auch die Rollen der anderen kennen, um auf sie eingehen zu können.

Die Dauer solcher Spiele wächst zwischen dem Alter von vier bis fünf Jahren deutlich an (IWANAGA, 1973). Das *Regelspiel* als letzte Form ist noch relativ selten im Vorschulalter, tritt aber im Übergang zum Grundschulalter immer häufiger auf (RUBIN et al., 1978) und wird im Erwachsenenalter zur häufigsten Spielform. Beim Regelspiel tritt die Rolle in den Hintergrund, wesentlich wird das Zusammenspiel nach Regeln. Zu den Regelspielen gehören Gesellschaftsspiele wie Mensch ärgere dich nicht, Strategiespiele wie Schach sowie Sportspiele wie Fußball und Tennis. Gewöhnlich sind Regelspiele also auch Wettkampfspiele. Dies gilt nicht für die Musik, wie noch zu zeigen sein wird.

Exploration und *Konstruktion* fallen für viele Spielforscher nicht unter Spielverhalten; nach der oben genannten Interpretation sollten sie jedoch als Spiel gelten, sofern sie die Merkmale des selbst gesetzten intrinsisch motivierten und des stellvertretenden bzw. unmittelbar Wunsch erfüllenden Umweltbezuges aufweisen. Unter Exploration versteht man die erkundende Tätigkeit des Kindes, die auf die Erforschung von Gegenständen und Situationen der Umwelt gerichtet ist und im zweiten Lebensjahr in großem Umfang zu beobachten ist. Aus dem Explorationsspiel entwickelt sich das Konstruktionsspiel, das aus Materialien oder Gegenständen etwas konstruiert, herstellt. Zu solchen Konstruktionsspielen gehören das Malen, das Formen mit Knet, das Bauen, aber auch das Singen oder Musizieren auf einem Instrument.

Im Erwachsenenalter bleiben alle Spielformen in unveränderter oder transformierter Form bestehen. Das sensomotorische Spiel fächert sich in die Vielfalt kulturell geprägter sportlicher Aktivitäten auf. Das Symbolspiel finden wir als Tagträume, Phantasien, aber auch als Kunstform in Romanen, Erzählungen und Gedichten wieder. Das Rollenspiel erhält seine Hochform in Dramen und Opern. Das Regelspiel als häufigste Spielform im Erwachsenenalter wird sowohl privat in Gesellschaftsspielen und Strategiespielen (Schach, Dame) sowie in sportlichen Wettkämpfen (Tennis), als auch öffentlich in Turnieren und Ligen, Welt-Cups und Olympiaden praktiziert. In Abb. 1 sind die unterschiedlichen Spielformen und ihr Ent-wicklungsverlauf zusammengestellt. Alle Spiele münden im Erwachsenenalter in das kulturelle Schaffen ein. Am Ende dieses Beitrags werden wir auf diesen Aspekt zurückkommen.

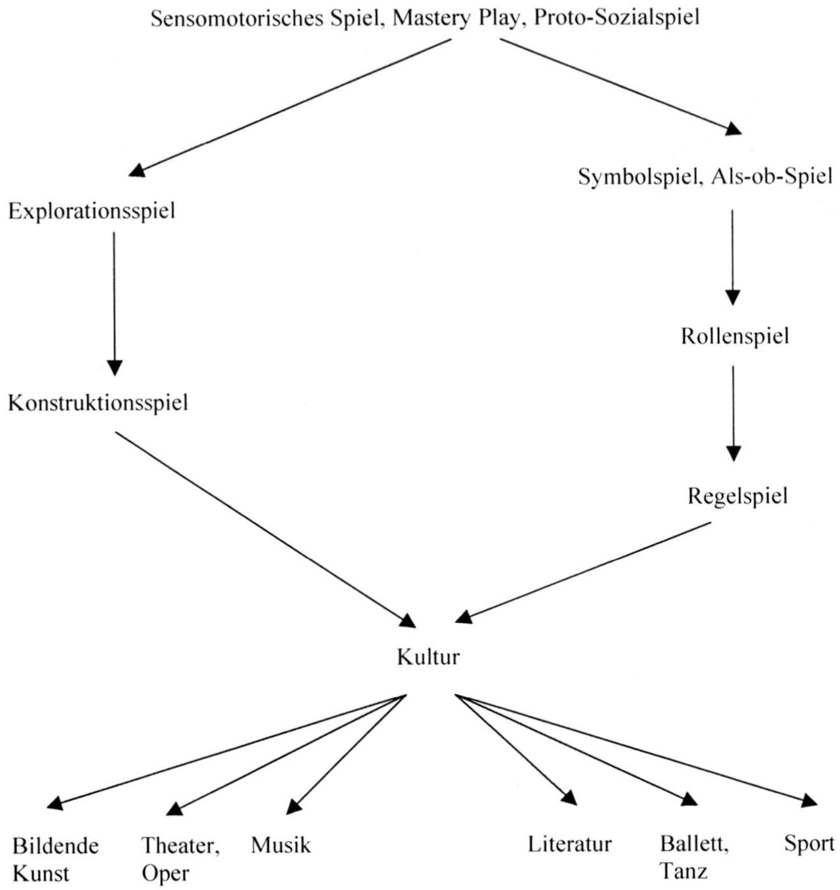

Abb. 1: Klassifikation und Entwicklung des Spiels

3. ARTEN DES SPIELS BEIM MUSIZIEREN

Es lässt sich zeigen, dass alle genannten Formen des Spiels beim Musizieren bedeutsam sind. Beginnen wir mit dem sensomotorischen Spiel. Es bildet die Basis des Instrumentalspiels und Singens. So wie Kinder spielerisch ihre Stimme erproben und Laute produzieren, wie sie Rhythmen auf Gegenständen klopfen, dient das sensomotorische Spiel später als Grundlage des Gesangs und Instrumentalspiels. Solange sensomotorisches Handeln spielerisch erfolgt, treten kaum Ermüdungserscheinungen auf. Die motorische Handlung ist selbstverstärkend. Ohne die Erfahrung des sensomotorischen Spiels kommen Kinder (und erwachsene Novizen) nicht zum dauerhaften Musizieren. Belege hierfür werden wir später kennen lernen.

Das Symbol- oder Als-ob-Spiel macht auch vor dem Musizieren nicht Halt. Kinder imitieren eine Popsängerin, funktionieren einen Topf in eine Trommel um und spielen auf einem Stück Holz Trompete. Wer hat sich nicht schon als Jugendlicher und Erwachsener während des häuslichen Musizierens ein Auditorium vorgestellt, das ihm andächtig lauscht? Hier wird Als-ob-Spiel zum Tagtraum, der ein reales Ereignis vorwegnimmt oder ein in der Realität unmögliches Ereignis illusionär imaginiert.

Das Rollenspiel wird musikalisch im Kindergarten aufgegriffen, wenn man die Kinder dazu anregt, ein Vogelkonzert zu machen, bei dem jedes Kind eine bestimmte Vogelart darstellt. Tiere durch Instrumente darzustellen und dann gemeinsam zum Erklingen zu bringen, wäre ebenfalls ein musikalisches Rollenspiel. In viel ausgeprägterer und auch reiferer Form haben wir das musikalische Rollenspiel natürlich in Singspielen oder Theateraufführungen mit Gesang. Hier wird die Kunstform der Oper vorweggenommen, die Kinder ausgesprochen zur Nachahmung anregt.

Das Regelspiel schließlich bildet den Prototyp des musikalischen Zusammenspiels. Hier werden die Spieler und Spielerinnen zu Partnern, die nach strengen Regeln handeln. Dieses abgestimmte Zusammenspiel verlangt in seiner reifen Form Akteure mit gleichem Fähigkeits- bzw. Leistungsniveau. Während des Lernvorgangs jedoch ist Zusammenspiel vorwiegend durch Asymmetrie gekennzeichnet: Lehrerin und Schülerin musizieren gemeinsam. Je mehr dieser Vorgang als Spiel interpretiert wird, desto mehr macht er Spaß. Gemeinsames Musizieren als Regelspiel ist im Gegensatz zu den üblichen Regelspielen nicht kompetitiv sondern kooperativ. Es wird so auch zu einem Sinnbild harmonischen Zusammenlebens. Musik steigert sich zwar zu konfliktreichen Höhepunkten, führt aber zu versöhnlichen und nicht selten zu triumphalen Schlüssen als Lösung.

Die parallel verlaufende Spielentwicklung führt über das Explorationsspiel zum Konstruktionsspiel. Auch hier gibt es Entsprechungen in der Musik. Kleine Kinder erforschen die Klangmöglichkeiten von Gegenständen, explorieren vor allem mit Vorliebe Musikinstrumente, z. B. die des Orffschen Schulwerks und suchen nach neuen, durch eigenes Handeln produzierten akustischen Sinneseindrücken. Gerade musikalische Aspekte sind im Explorationsverhalten von Kleinkindern häufig zu finden. Exploration in der Musik bleibt das ganze Leben über erhalten, besonders wenn man die spielerische Haltung beibehält. Das permanente Suchen nach musikalischen Besonderheiten in Stücken, die Entdeckung neuer bislang unbekannter Stücke und das Erproben neuer Möglichkeiten auf dem Instrument sind Beispiele für Exploration. Spielhaltung fördert dabei die Offenheit für Neues in bisher Vertrautem und für Fremdartiges, etwa bei moderner Musik.

Das Konstruktionsspiel beim Musizieren wird von Vorschulkindern eifrig praktiziert. Sie improvisieren singend und produzieren dabei musikalische Strukturen. Zwei Beispiele mögen als Illustration dienen (Abb. 2), beide stammen von fünfjährigen Jungen. Der erste Gesang beschreibt ein Erlebnis mit einer Eidechse, das zweite Beispiel stellt eine geschlossene Liedform dar:

Abb. 2

Es gibt eine Untersuchung über Kompositionen von Kindern, die über mehrere Jahre hinweg geführt wurde (SWANSWICK & TILLMAN, 1986). Dabei zeigten die Kinder einen spiralförmigen Entwicklungsverlauf auf vier Ebenen. Das musikalische Konstruktionsspiel mündet generell in das Improvisieren und Komponieren von Musikern. Improvisation hat vor allem beim Jazz eine Hochform erreicht und dabei ist Spiel, Spaß und Freude am Gestalten zentral. Die Komposition in der westlichen Musikkultur ist stets mit der Aufzeichnung der geschaffenen Musik verbunden. Sie bleibt so erhalten, muss aber bei jeder Aufführung zu neuem Leben erweckt werden. Die Interpreten sind jedesmal neu Konstrukteure der Komposition. Auch dabei bildet spielerische Haltung eine wichtige Komponente.

4. WARUM SPIELEN MENSCHEN? WARUM SINGEN KINDER?

4.1 DREI KLASSISCHE ERKLÄRUNGEN DES SPIELS

Seit Groos (1899) die These aufgestellt hat, dass im Spiel lebenswichtige Funktionen geübt werden, besteht die allgemeine Überzeugung, dass Spiel entwicklungsfördernd ist. Abgesehen davon, dass es auch hier gegenteilige Meinungen gibt (z. B. SMITH, 1982; VANDENBERG, 1986), bildet die Entwicklungs- bzw. Funktionsförderung des Spiels nicht die Antwort nach der Warum-Frage. Das spielende Kind ist nämlich keineswegs daran interessiert, seine Funktionen zu trainieren. Auch das musizierende Kind ist zunächst nicht darauf aus, sein Können zu verbessern. Im Folgenden seien drei bedeutende Psychologen ausgewählt, die über das Spiel nachgedacht haben und zu einer Deutung des Spiels gekommen sind. Der theoretische Hintergrund dieser drei Autoren ist grundverschieden und dennoch kommen sie bei ihrer Spieldeutung zu einem gemeinsamen Erklärungskern.

Sigmund Freud, der selbst keine eigene Theorie des Spiels entwickelt hat, legt in seinen frühen Werken den Schwerpunkt auf die wunscherfüllende Funktion des Spiels. Es erlaubt dem Kind, den Zwängen der Realität zu entfliehen und ermöglicht das Ausleben tabuisierter Impulse, vor allem aggressiver Bedürfnisse. Das Spiel gehorcht dem Lustprinzip, während außerhalb des Spiels das Realitätsprinzip regiert (FREUD, 1908, 1920; WÄLDER, 1933). Musik als Flucht aus einer belastenden Realität ist in unserer Kultur oft ein Phänomen des Erwachsenenalters.

Im Zusammenhang mit der Wunscherfüllung spielt die Katharsis-Hypothese eine wichtige Rolle. Sie besagt, dass durch erneutes Ausleben früherer Probleme bzw. unerlaubter Triebwünsche eine „Reinigung" erfolgt, die das Kind (bzw. den Patienten) von seinen Ängsten befreit. Während die Katharsis-Hypothese bezüglich der Häufigkeit aggressiver Spiele als widerlegt gelten kann (siehe schon SCHMIDTCHEN UND ERB, 1976), hat sie in ihrer allgemeinen Form der Bewältigung von Problemen durch Wiederholung im Spiel durchaus ihre Gültigkeit, wie noch zu zeigen sein wird. Der Mechanismus der Bewältigung von Problemen bzw. generell nicht verarbeiteter Alltagserfahrung ist die Wiederholung. Durch die Wiederholung macht sich das Kind zum „Herrscher der Situation" (FREUD, 1920, 226) und fügt der passiven Erfahrung ein aktives Gegenstück hinzu (FREUD, 1938). Dieser Gedanke wird von Erikson (1978) aufgegriffen und weiter elaboriert. Wir werden zeigen, dass Kinder Singen und Musizieren tatsächlich als Strategie der Bewältigung von Problemen und Erfahrungen nutzen.

Wygotski (1933) befasste sich, wenn auch nur skizzenhaft, systematisch mit dem Spiel. Im Spiel entwickelt das Kind „unrealistische" Wünsche, vor allem groß und stark sein zu wollen und wie die Erwachsenen attraktive Tätigkeiten ausführen zu können. Diese Wünsche können nicht in der Realität erfüllt werden, andererseits kann das Kind nicht warten, bis es erwachsen ist, um seine Ziele zu verwirklichen. Es ist im Gegensatz zum Erwachsenen noch kaum in der Lage, Bedürfnisse aufzuschieben. Hier bringt das Spiel die Lösung: Die Wünsche können in der Spielrealität illusionär verwirklicht werden. *„Auf die Frage, weshalb das Kind spielt, kann es nur die Antwort geben: das Spiel ist als eingebildete, illusionäre Realisation unrealisierbarer Wünsche zu verstehen"* (WYGOTSKI, 1980; Orig. 1933; 443). Die Wünsche im Spiel sind jedoch nicht konkrete Einzelwünsche, sondern eher verallgemeinerte Affekte bzw. Wünsche. Das Kind will groß und stark sein und lebt diesen Wunsch in mannigfaltiger Weise im Spiel aus: als Supermann, als Vater, als Lehrer, als Astronaut und vielleicht auch als Star-Musiker. Wygotski betont, dass dem Kind diese verallgemeinerten Wünsche nicht bewusst sind und dass es das Motiv seines Handelns nicht begreift. *„Darin unterscheidet sich das Spiel wesentlich von der Arbeit und anderen Tätigkeitsarten"* (op. cit. 444).

Piaget (1969) ist mit seinen Ansichten und Beschreibungen des kindlichen Spiels weit bekannter als die beiden anderen genannten Autoren. Dennoch wird er meist verkürzt wiedergegeben und der Hintergrund seiner Auffassung über das Spiel vernachlässigt. Er kennzeichnet Spiel generell durch einen Überhang an Assimilation, d. h. an kognitiven Aktivitäten, die die Umwelt einseitig an die Schemata des Individuums (in diesem Fall des Kindes) anpassen. Warum aber diese einseitige Assimilation im Spiel? Spätestens ab dem Symbolspiel, d. h. den Spielhandlungen, bei denen das Kind Gegenstände umdeutet und Fiktionen aufbaut, handelt es sich nach Piagets Ansicht um eine Gegenreaktion gegen den Sozialisationsdruck und dem Zwang der allgemeinen Wirklichkeit.

Spielhandeln ist *„die Abwehr dagegen, dass die Welt der Erwachsenen und die allgemeine Wirklichkeit das Spiel stören, um sich an einer Wirklichkeit, die man für sich selbst hat, zu erfreuen* [...]." (op. cit., 216). Es ist die Welt des Ich und das Spiel hat die Funktion, *„diese Welt gegen die erzwungenen Akkommodationen an eine allgemeine Wirklichkeit zu verteidigen"* (op. cit., 216). Hier ergibt sich für das aktive Musizieren ein Problem, denn auf Dauer gesehen sollen ja musikalische Produktionen Regeln der Musikkultur folgen und nicht nur subjektiven Bedürfnissen. Dennoch ist der Ausgangspunkt musikalischen Spielens die subjektive Bedürfnislage des Kindes (oder Erwachsenen). Wie sich Subjektivität und objektive Musikkultur treffen können, wird uns noch zu beschäftigen haben.

Damit weisen die drei wohl bedeutendsten Entwicklungspsychologen dem Spiel einen tieferen Sinn zu: Es übernimmt Aufgaben der Lebensbewältigung zu einem Zeitpunkt, da andere Techniken und Möglichkeiten noch nicht zur Verfügung stehen.

4.2 Drei Ebenen der Spielhandlung, ein handlungstheoretischer Ansatz

Im Folgenden wählen wir einen theoretischen Ansatz, der von der Handlungstheorie Leontjews ausgeht und systematisch weiterentwickelt wird. Leontjew (1977) führt den Tätigkeitsbegriff der russischen Schule (Wygotski, Luria) weiter und unterscheidet drei Ebenen der Handlung, die wir aber gleich auf das Musizieren beziehen. Die unterste Ebene bilden die *Operationen.* Dies sind automatisierte Handlungen, die z. T. sehr rasch ablaufen, nicht mehr bewusst sind sowie wenig Speicherplatz im Arbeitsgedächtnis und wenig psychische Energie brauchen. Beim Musizieren sind dies die gesanglichen und instrumentalen Fertigkeiten, die gewöhnlich erst durch eine lange Übungszeit erworben werden. In der Kindheit wären solche Operationen das Singen überhaupt, später das richtige tonale Singen, der Umgang mit Schlegeln oder anderen Schlagwerkzeugen und die abgestimmte sensomotorische Koordination von Hören und Bewegung und schließlich das jeweils erreichte motorische Niveau auf einem Instrument.

Die nächste Ebene bilden die *Handlungen.* Sie laufen bewusst ab und sind zielgerichtet. Während Operationen Mittel für Handlungen darstellen, gehört zu den Handlungen selbst konstitutiv das Ziel. Handlungen sind im Spiel wie generell hierarchisch geordnet. In der Musik bildet die Handlungsebene das bewusst kontrollierte Musizieren, sei es als Gesang oder Instrumentalspiel. Die Zielgerichtetheit zeigt sich beim Musizieren auf verschiedenen Ebenen, beginnend mit der Absicht, ein bestimmtes Stück zu erlernen oder zu spielen, der Beschäftigung mit Teilen des Stückes beim Lernen und schließlich seiner kontrollierten Aufführung.

Die oberste Ebene bildet die Tätigkeitsebene, die den hinter den Handlungen liegenden Sinn ausmacht. Sie soll im Folgenden genauer behandelt werden (ausführlich hierzu s. OERTER, 1999, 2000). Die Tätigkeitsebene stellt den Rahmen für Handlungen dar und gibt das Motiv und den Sinn für die Handlungen ab. Die Tätigkeitsebene ist nicht oder nur teilweise bewusst, da sie aus den gesamten bisherigen Lebenserfahrungen entspringt, die niemals simultan repräsentiert werden können, da unser Arbeitsspeicher dafür viel zu klein ist. Im Spiel bildet die Tätigkeitsebene zunächst die jeweilige Thematik, die das Kind beschäftigt, z. B. Geschwisterrivalität, Erwachsen-werden-wollen, Auseinandersetzung mit Krankheit, Strafe, Unfall etc. Daneben gibt es noch eine allgemeine Thematik der Beziehung von Selbst und Umwelt, die sich vor allem im Umgang mit Gestaltungsmaterialien zeigt, wie mit Wasser, Plastilin und Bausteinen. Beispiele für die Tätigkeitsebene im Spiel sind die Bearbeitung der Ablösung (relative Selbständigkeit) mit etwa zwei Jahren, die Wiederholung eines traumatischen Erlebnisses (sich Verlaufen), Konflikte zwischen den Eltern und Schulprobleme.

Zwei Beispiele zum improvisierenden Singen von Kindern, deren Notation in Abb. 2 vorliegt, mögen die Existenz der Tätigkeits- oder Sinnebene beleuchten. Ein fünfjähriger Junge singt von einer Eidechse, die in den Rucksack kriecht und zu Hause erst wieder entdeckt wird. Er schildert eine tatsächliche Begebenheit auf einer Wanderung, die ihn offenbar sehr beschäftigt hat. ein andere Junge, ebenfalls fünf Jahre, singt von einer Schlange in der Geisterbahn, beides Objekte, die ihn ängstigen, aber zugleich auch anziehen. Im improvisierenden Singen versucht er, seine Ängste zu bewältigen. Kinder drücken aber auch übergreifende Entwicklungsthematiken im Singen aus, wie das Streben nach Autonomie, Beziehungsthematiken, Erwachsenwerden, Schuleintritt u. a. m.

4.3 Tätigkeit als sinnstiftender Austausch zwischen Individuum und Umwelt

Tätigkeit kann generell als die typische Form der Auseinandersetzung zwischen Umwelt und einem Organismus verstanden werden, einem System, das Selbstbewusstsein und die Fähigkeit besitzt, die Umwelt und sich selbst ein zweites Mal, unabhängig von der aktuellen Wahrnehmung zu repräsentieren (Oerter, 1998, 1999). Diese Fähigkeit führt zu einem besonderen Verhältnis zwischen Selbst und Umwelt, das durch die beiden Begriffspaare Aneignung – Vergegenständlichung und Subjektivierung – Objektivierung gekennzeichnet werden kann. Das erste Begriffspaar beschreibt in quasi-räumlichen Termini die Auseinandersetzung mit der Umwelt. Bei der Vergegenständlichung wirkt der Akteur in die Umwelt hinein, verändert sie durch die Benutzung von Gegenständen oder durch die Herstellung neuer Gegenstände. Im Spiel zeigt sich Vergegenständlichung als Konstruieren (Bauen, Gestalten, Zeichnen, musikalisches Improvisieren, Bewegungserfindung), durch handlungsmäßige Darstellung eines Spielthemas, durch Erzählen oder Erfinden von Geschichten und schließlich durch Handeln in Regelspielen. Bei der Vergegenständlichung sind grob- und feinmotorische Leistungen, die Sprache und das Singen beteiligt. Aber immer spielen auch kognitive Leistungen wie Denken und Planen eine wichtige Rolle. In unserem Falle interessieren nur Singen und Musizieren als vergegenständlichende Handlungen. Im Vergleich zu Bauwerken, Bildern und Plastiken, die das Kind herstellt, sind musikalische Produktionen äußerst flüchtig. Sie verschwinden wieder nach ihrem Erklingen. Solange Musik reines Spiel bleibt, ist dies auch kein Problem. Auch andere vergegenständlichte Erzeugnisse werden nach ihrer Fertigstellung vom Kind nicht mehr beachtet, da der Herstellungsprozess im Vordergrund des Interesses steht. Die heute verfügbaren technischen Werkzeuge zum Festhalten musikalischer Äußerungen sind dennoch für spielendes Musizieren bedeutsam, da sie die Aufmerksamkeit des Kindes auf das eigene musikalische Tun richten und die Differenzierung musikalischen Improvisierens fördern.

Die *Aneignung* ist die gegenläufige Bewegung. Der Mensch nimmt Umweltereignisse auf, indem er sie in das bisherige Wissen einordnet oder indem das, was man an Bewegungen und Fertigkeiten beobachtet hat, durch Nachahmung und Übung gelernt wird. Bei der Aneignung sind also Prozesse der Wahrnehmung, der Nachahmung, der Übung und Wiederholung sowie des Gedächtnisses und der kognitiven Strukturierung beteiligt. Im Bereich der Musik sind typische Formen der Aneignung das Lernen von Liedern, die Imitation von Sängern bzw. generell von akustischen Ereignissen und das Einprägen und Behalten musikalischer Stücke.

Eine typische Form des Zusammenspiels von Aneignung und Vergegenständlichung in der Musik besteht im Hören und Nachspielen oder Nachsingen. Immer aber greift das Kind oder auch der improvisierende Erwachsene beim Musizieren auf gespeichertes musikalisches Material zurück, das, zuvor angeeignet, im Gedächtnis gespeichert wurde und beim Vorgang der Vergegenständlichung entweder getreu oder in neuer Zusammenstellung produziert wird.

Ein zweites Begriffspaar heißt Subjektivierung und Objektivierung. Sie beziehen sich auf die Erkenntnishaltung des Akteurs. Bei der *Subjektivierung* wird das Handlungsgeschehen den subjektiven Bedürfnissen und Wissensstrukturen angepasst. Bei der *Objektivierung* richtet sich der Akteur nach den physikalischen und sozialen Gegebenheiten. Tab. 1 veranschaulicht das Zusammenwirken der vier Handlungskomponenten an Musik-Beispielen.

Subjektivierende Aneignung haben wir beim Anhören und Genießen von Musik vor uns, denn dabei geht es schwerpunktmäßig um das Ansprechen der eigenen Bedürfnisse und Wünsche. Kinder wie Erwachsene wählen Stücke aus, die ihrer augenblicklichen Stimmungslage entsprechen oder sie haben ihre Lieblingsstücke, die sie über lange Zeitstrecken hinweg immer wieder hören wollen. *Subjektivierende Vergegenständlichung* zeigt sich im Als-ob-Spiel, da das Kind Szenarien aus der Umwelt übernimmt, sie aber gemäß der eigenen Bedürfnislage gestaltet. Solche Spiele werden oft durch Singen begleitet, wobei die Gesangstexte die Handlung kommentieren. Weit ausgeprägter und typischer finden wir subjektivierende Vergegenständlichung im Improvisieren, sei es im Singen oder beim Musizieren am Instrument. Bei dieser Art des Musizierens steht die subjektive Struktur des Produzenten im Vordergrund. Das Kind singt, wonach ihm zumute ist, es drückt, wie bereits ausgeführt, Stimmungen, Ängste, Wünsche und Glücksgefühle aus.

Objektivierende Aneignung zeigt sich beim Zuhören und Mitsingen, wenn sich das Kind ein Lied objektiv getreu einprägt, ein Musikstück auswendig lernt, aber einfach auch, wenn es Komponisten beim Hören von Musik identifizieren kann. Letztere Leistung konnte beispielsweise in Untersuchungen an vier- bis fünfjährigen Kindern nachgewiesen werden (LINEBURGH, 1994).

	Subjektivierung	Objektivierung
Aneignung	Musik genießen	sich ein Lied einprägen
Vergegenständlichung	improvisieren, komponieren (auch objektivierend)	ein Lied richtig singen, ein Musikstück spielen

Tab. 1: Das Zusammenwirken der vier Grundkomponenten von Handlung in der Musik

Die vier Grundkomponenten von Handlung bilden den allgemeinen Rahmen menschlicher Tätigkeit. Sie gewährleisten emotionale Sicherheit, das Bewusstsein von Kontrolle und ein Realitätsverständnis, das auf dem jeweils erreichten Niveau angemessen zu handeln erlaubt. Damit dienen auch im Spiel die genannten Handlungskomponenten der mentalen Hygiene und gewährleisten eine gedeihliche Entwicklung. Das Universum von Musik wird in diesem Zusammenhang sicherlich weniger genutzt als andere Handlungsmöglichkeiten. Dies liegt vor allem daran, dass in unserer Kultur Musik vorwiegend angeeignet und nur von wenigen vergegenständlicht wird. Die ständige Musikberieselung, die leichte Verfügbarkeit von Musikkonserven und die negative Modellwirkung der nicht musizierenden Erwachsenen verhindern frühzeitig, spätestens aber mit Schuleintritt ein ausgewogenes Verhältnis der vier Grundkomponenten von Handlung. Prinzipiell gilt dies auch für andere Handlungsbereiche, doch ist dort kompensatorische Aktivität des Kindes wohl stärker am Werk als im Bereich der Musik.

5. DIE ROLLE DES SPIELS IN DER ENTWICKLUNG ZUM MUSIKER

Man könnte versucht sein, die Bedeutung des Spiels für das Musizieren auf das Vorschulalter und damit auf ein recht bescheidenes Niveau musikalischer Kompetenz zu beschränken. Die Untersuchung von Lebensläufen guter und sehr guter Musiker und Musikerinnen zeigt jedoch ein anderes Bild. Es gibt typische Etappen in der Entwicklung zu musikalischen Hochleistungen, von denen die erste der spielerische Umgang mit der Musik ist. Im Folgenden sollen zunächst die Etappen im Anschluss an Gabrielsson (1999) dargestellt werden.

1. Etappe. Der erste Zugang zur Musikpraxis verläuft über Spiel, Freude und Interesse am Musizieren. Bei Pianisten dauerte diese Etappe bis ca. 10 Jahren (Sosniak, 1990). Sloboda (1994) und Manturzewska (1990) berichten, dass die von ihnen interviewten Spitzenmusiker gleichwohl oft schon mit 5–6 Jahren den ersten Unterricht erhielten. Die unterstützende familiäre Umgebung und die intrinsische Motivation des Kindes gelten als wichtigste Faktoren für die Entwicklung zum professionellen Musiker. Analoge Ergebnisse liegen auch in Deutschland vor (BASTIAN, 1989, 1992).

2. Etappe. Es folgt im Regelfall eine Zeit der gezielten und vertieften Ausbildung, bei der die deliberate practice wichtig wird. Für die Pianisten war dies in der Studie von Sosniak (1990) das Alter zwischen 9 und 13 Jahren. Sloboda (1994) und Manturzewska (1990) fanden die Etappe des gezielten Lernens mit Musikunterricht im Zeitraum von 6 bis 14 Jahren. In dieser Zeit beginnt auch der Kontakt mit gleichaltrigen Experten und der Einfluss musikfördernder Einrichtungen, wie Ganztagesschulen und Internate.

3. Etappe. Zwischen 16 und Anfang der 20 kommt es erneut zu einer Intensivierung des Übens. Das Meister-Schüler-Verhältnis gewinnt zentrale Bedeutung und formt die junge Persönlichkeit, die nun die Musikausübung als zentrales Lebensziel ansieht. Es ist dies die Zeit der ersten wichtigen Auftritte und Wettbewerbe.

Etwa zwischen 25 und 45 Jahren setzt man die optimale künstlerische Leistung an. Manchmal gibt es eine Krise der Lebensmitte, wie bei Friedrich Gulda, der vorübergehend die pianistische Laufbahn ganz aufgab, dann aber wieder konzertierte.

Danach folgen die größten Leistungen als Lehrer, wobei die eigenen künstlerischen Leistungen aber nicht zurückfallen müssen. Typische Beispiele sind die Geiger Isaac Stern und Yehudi Menuhin. Beide haben sich in ihrem späteren Leben der Ausbildung des Nachwuchses gewidmet, waren aber weiterhin auch als Virtuosen tätig.

Die spielerische Auseinandersetzung mit Musik steht also am Anfang der musikalischen Laufbahn. Die Merkmale des Spiels gewährleisten in diesem Anfangsstadium auch den Leistungsfortschritt. Die Freude an der Wiederholung und das Ausbleiben der Ermüdung führen durch die damit verbundene Übung zu Lernfortschritten. Diese wiederum stimulieren zum Weitermachen dieser Art des Spiels. Der hier zugrunde liegende Mechanismus lässt sich schon am Mastery Play der frühen Kindheit beobachten. Er besteht darin, dass das Kleinkind (etwa im Alter von sechs Monaten) sich als Urheber eines Effektes erlebt (z. B. eines Klanges durch Läuten eines Glöckchens) und dadurch stimuliert wird, diesen Effekt wieder herbei zu führen. Dadurch verbessert sich rasch die Koordination seines Handelns bis hin zur seiner Beherrschung (mastery). Ab da wird die Handlung lustvoll wiederholt und zum Spiel. In den spielerischen Umgang mit Musik gehen aber alle übrigen Formen des Spiels mit ein, vor allem jedoch das Explorieren und das Konstruktionsspiel. Frühes Musizieren geht einher mit Ausprobieren, Improvisieren, Erforschen von Möglichkeiten der eigenen Stimme und des Instruments. Genau dies wird oft zu bald unterdrückt und es ist kein Geheimnis, dass vor allem Klavierlehrerinnen früherer Epochen durch die Forderung nach strengem Üben und die Beschränkung auf die gestellten Aufgaben vielen Kindern das Musizieren verleidet haben. Heute bemühen sich Musikpädagogen gezielt um die Nutzung des Spiels und dessen vielfältigen Handlungsmöglichkeiten, sehen sich aber anderen Problemen gegenüber, nämlich der Konkurrenz anderer Spielangebote und vor allem der Attraktivität der Medien.

Es scheint einen Zusammenhang zwischen der Geschwindigkeit des Lernfortschrittes und der musikalischen Spielfreude zu geben. Machen die Lernenden rasche Fortschritte, so wirken diese intrinsisch motivierend, weil immer wieder Neues am Horizont erscheint, das man ausprobieren und kennen lernen möchte. Eine längere Stagnation wirkt sich in dieser frühen Periode hemmend aus. Freilich setzt ab einem gewissen Stadium, wie oben gezeigt, das intensive gezielte und konzentrierte Üben ein. Dieser Übergang misslingt nicht selten, weil die Anregung durch Peers mit ähnlichen Fähigkeiten fehlt. Der soziale Vergleich mit kompetenten Gleichaltrigen kann zum kritischen motivationalen Faktor werden. Fehlt er, so fehlen dem Kind Vergleichsmaßstäbe und der Wille zur Weiterentwicklung.

Die Rolle des Spiels endet für den Musiker aber nicht in der Kindheit. Wenn wir die generelle Entwicklung des Spiels verfolgen, so mündet sie, wie bereits dargestellt wurde, in die Leistungen der Kultur. Musikkultur enthält als Komponenten das Spiel in Hochform, eben in der Form kulturellen Schaffens. Die Interpretation und mehr noch die Komposition von Musik sind immer beides: Arbeit und Spiel. Musiker selbst sprechen bevorzugt von Arbeit. Orchestermitglieder leisten Arbeit und empfinden ihre Tätigkeit oft auch als reine Arbeit. Komponisten arbeiten an ihrer Komposition und Dirigenten erarbeiten mit ihren Musikern Aufführungen.

Es sieht also so aus, als ob von den Trägern der Musik das Musizieren eher als Arbeit angesehen wird. Das hängt einerseits mit dem Erleben von Anstrengung und der Motivation, sein Bestes geben zu wollen, zusammen, andererseits mit der Wertgeltung von Arbeit in der modernen Gesellschaft. Eine als Arbeit bezeichnete Tätigkeit gilt mehr als eine spielerische Tätigkeit, weshalb Beruf und Arbeit semantisch bei uns aufs Engste verquickt sind. Ausübende Musikerinnen und Musiker sehen sich daher gerne als arbeitende Berufstätige. Nun bietet aber Arbeit generell die Möglichkeit, Spielelemente in ihren Prozess aufzunehmen. Csikszentmihalyi (1985) fand das Flow-Erleben, von dem oben schon die Rede war, zunächst bei Erwachsenen. Sportler, Chirurgen und Künstler berichteten über eine Emotion während ihrer Arbeit, die ihnen ein Hochgefühl verbunden mit dem Erleben des Fließens der Tätigkeit und dem Verlust an Zeitgefühl vermittelte. Flow stellte sich ein, wenn die Tätigkeit nicht zu leicht, sondern anspruchsvoll war aber dennoch gut bewältigt wurde. Dies ist auch der Fall beim Musizieren auf hohem Niveau. Es geht also darum, bei der alltäglichen Routine-Arbeit des Musizierens dieses Flow-Erleben aufkommen zu lassen. Für Orchestermusiker stellt es sich dann ein, wenn der Dirigent begeistert aber auch fordert. Flow-Erleben bedeutet unter der von uns angelegten Perspektive, dass Spiel „mit im Spiel" ist. An welcher Stelle auch immer musiziert wird, im Orchestergraben eines internationalen großen Orchesters, in einem Schulorchester oder in der Hausmusik, immer sollte echtes Spiel beim Musizieren beteiligt sein. Ein Indikator dafür, ob dies gelingt, ist das Flow-Erleben.

6. MUSIKALISCHES SPIEL ALS MODELL FÜR SOZIALES ZUSAMMENLEBEN

In sozialen Spielformen werden soziale Spielregeln erprobt und praktiziert. Rollenspiele erfordern die Abstimmung der sozialen Rollen und das adäquate Umgehen mit Konflikten. Regelspiele erlauben nur Handlungen, die innerhalb der Regeln zulässig sind. Solange sich Kinder und auch Erwachsene im Regelspiel befinden, ist es für sie selbstverständlich, sich an Vorschriften zu halten, da nur so das Spiel aufrecht erhalten werden kann. Regelübertretungen werden nicht geduldet und können starke emotionale Reaktionen hervorrufen.

Wie steht es nun damit beim musikalischen Spiel? Musizieren hat einige zusätzliche Besonderheiten, die Beachtung verdienen. In der Musik nehmen Regeln von vorne herein eine zentrale Rolle ein. Selbst freies Improvisieren bei Kindern unterwirft sich musikalischen Regeln. Kinder wählen motivisches Material und fügen es neu zusammen, aber sie bilden dabei Schlusswendungen und gestalten oft ihr Tonmaterial zu einer Liedform (s. Abb. 2). Je mehr Kinder beim Musizieren in die Gemeinschaft der Musikkultur hineinwachsen, desto stärker übernehmen sie auch deren musikalische Regeln. Instrumentalspiel und Singen werden mehr und mehr durch das strenge Reglement der Musik kontrolliert und dominiert. Tonales Falschspielen und aus dem Takt kommen sind immer weniger hinnehmbar. Spontaneität und Originalität sind nur innerhalb der gegebenen Regeln zulässig. Dies erfordert vom spielenden Individuum ein hohes Maß an Selbstkontrolle. Dennoch sollte es gelingen, beim Musizieren eine Spielhaltung beizubehalten. Solange nämlich Musik als Spiel erlebt wird, fällt die Regel den Spielenden nicht zur Last, ganz analog zu den Spielregeln in Gesellschaftsspielen. Das Sich Üben in regelgeleitetem Verhalten beim Musizieren kann als Modellfall für die freiwillige Einhaltung sozialer Regeln angesehen werden. Musik als Modellfall demonstriert nämlich, dass Regeln nicht beliebig sind, sondern sich aus der Sache selbst ableiten. Soziale Regeln erhalten ihre Legitimation nur insofern, als sie aus ihrer sachlichen Notwendigkeit ableitbar sind.

Nun besteht die kulturelle Entwicklung in der Musik aber darin, dass einzelne Individuen die bisherigen Regeln durchbrechen und neue Möglichkeiten eröffnen. Aber dieses Neue hat wiederum seine eigenen Regeln. Dieser kulturelle Schaffensprozess hat sein Pendant im Wandel und in der der Weiterentwicklung von Gesetzen des Zusammenlebens. Soziale Regeln sind ebenfalls nicht starr und unveränderlich, sondern erfordern eine ständige Überarbeitung und Anpassung an neue Situationen.

Bezieht man nun in die Betrachtung das gemeinsame Musizieren ein, so wird die Parallele zum gesellschaftlichen Zusammenleben noch deutlicher. Die Spielenden erzeugen abgestimmt aufeinander ein ästhetisches Werk, bei dem – in der Gegenwartskultur – Harmonie und Dissonanz in einem ausgewogenen Verhältnis zueinander stehen und ein überzeugendes Ganzes entsteht. Möglich wird dies durch die strikte Einhaltung musikalischer Regeln, wobei zusätzlich die Angleichung an andere Spieler durch permanenten Hörvergleich der Klangproduktion der musikalischen Partner mit der eigenen Klangproduktion erforderlich ist.

Schließlich und endlich wird gemeinsames Musizieren in Orchestern zu einem Modellfall oder doch zu einer Metapher globalen Zusammenlebens verschiedener Ethnien und Kulturen. Alle bedeutenden Orchester der Welt sind international zusammengesetzt. Orchestermitglieder können verfeindeten Nationen angehören und spielen doch friedlich zusammen. Dies zeigte sich eindrucksvoll im Jugendorchester von Justus Frantz, in dem während des Bosnien-Krieges Serben, Kroaten und Bosnier Mitglieder des Orchesters waren und musikalisch die Möglichkeit und die Notwenigkeit des „Zusammenspiels“ demonstrierten.

Sicherlich lässt sich die Domäne musikalisches Spiel nicht einfach auf die Domäne Gesellschaft und Weltgemeinschaft übertragen, aber die bewusste Wahrnehmung der Modellhaftigkeit des gemeinsamen Musizierens für gesellschaftliche Prozesse kann nachdenklich machen und dazu ermutigen, Züge eines idealen „Zusammenlebens“ und einer idealen Gemeinschaftsleistung, wie sie in einem Orchesterkonzert oder einer Opernaufführung vorliegen, auf gesellschaftliche oder wirtschaftliche Prozesse zu übertragen.

LITERATUR

APTER, M. J. (1982). *The experience of motivation: The theory of psychological reversals.* New York/London: Academic Press.

BASTIAN, H. G. (1989). *Leben für Musik. Eine biographische Studie über musikalische (Hoch-) Begabungen.* Mainz: Schott.

BASTIAN, H. G. (1992). *Jugend am Instrument.* Mainz: Schott.

BRUNER, J. S., JOLLY, A. & SYLVA, K. (1985). *Play. Its role in development and evolution.* Harmondsworth, Middelsex, England: Penguin Books.

CSIKSZENTMIHALYI, M. (1985). *Das Flow-Erlebnis.* Stuttgart: Klett-Cotta.

EIFERMANN, R. R. (1971). *Social play in childhood,* in: R. E. Herron & B. Sutton-Smith (Hg.), *Child's play* (270–297). New York: Wiley.

ELKONIN, D. (1980). *Psychologie des Spiels.* Köln: Pahl-Rugenstein.

FEIN, G. G. (1981). *Pretend play in childhood: An integrative review,* in: *Child Development* 5, 52, 1095–1118.

FREUD, S. (1908). *Der Dichter und das Phantasieren* (Ges. Werke, Bd. 7). London: Hogarth.

FREUD, S. (1920). *Jenseits des Lustprinzips,* in: *Studienausgabe* 1975, Bd. 3. Frankfurt/M: Fischer.

GABRIELSSON, A. (1999). *The performance of music,* in: D. Deutsch (Hg.), *The psychology of music* (501–602). San Diego: Academic Press.

GROOS, K. (1899). *Die Spiele des Menschen.* Jena:

INHELDER, B., LEZINE, I., SINCLAIR, H. & STAMBAK, M. (1972). *Les debouts de la fonction symbolique,* in : *Archives de Psychologie* 41, 187–243.

IWANAGA, M. (1973). *Development of interpersonal play structures in 3, 4, and 5 year old children,* in: *Journal of Research and Development in Education* 8, 71–82.

LEONTJEW, A. N. (1977). *Tätigkeit, Bewußtsein, Persönlichkeit.* Stuttgart: Klett-Cotta.

LINEBURGH, N. E. (1994). *The effects of incidental exposure to musical prototypes on the stylistic discrimination ability of kindergarden and second grade children,* in: *Unpublished doctoral dissertation.* Kent, OH: Kent State Univcersity.

MANTURZEWSKA, M. (1990). *A biographical study of the life-span development of professional musicians,* in: *Psychology of Music* 18, 112–139.

OERTER, R. (1998). *Transactionalism,* in: D. Görlitz, H.-J. Harloff, G. Mey & J. Valsiner (Hg.), *Children, cities, and psychological theories. Developing relationships* (253–266). Berlin/New York: de Gruyter.

OERTER, R. (1999). *Psychologie des Spiels.* Weinheim: Beltz. Taschenbuch.

OERTER, R. (2000). *Activity and motivation: A plea for a human frame motivation,* in: J. Heckhausen (Hg.), *Motivational psychology of human development* (57–80). Amsterdam: Elsevier.

PIAGET, J. (1969). *Nachahmung, Spiel und Traum.* Stuttgart: Klett.

RHEINBERG, F. (1989). *Zweck und Tätigkeit. Motivationspsychologische Analysen zur Handlungsveranlassung.* Göttingen, Toronto, Zürich: C. J. Hogrefe.

RHEINBERG, F. (1991). *Flow-Erleben beim Motorradfahren: Eine Erkundungsstudie zu einem besonderen Funktionszustand.* Dt. Fassung von: *Flow-experience when motorcycling: A study of a special human condition,* in: R. Brendicke (Hg.), *Proceedings of the 1991 International Motorcycle Conference* (349–362). Bochum: Institut für Zweiradsicherheit.

RUBIN, K. H., WATSON, K. S. & JAMBOR, T. W. (1978). *Free-play behaviors in preschool and kindergarten children,* in: *Child Development* 49, 534–536.

SCHEUERL, H. (1991). *Das Spiel.* Weinheim: Beltz.

SCHMIDTCHEN, S. & ERB, A. (1976). *Analyse des Kinderspiels.* Köln: Kiepenheuer & Witsch.

SLOBODA, J. A. (1994). *Music performance: Expression and the development of excellence,* in: R. Aiello & J. A. Sloboda (Hg.), *Musical perceptions* (152–169). New York: Oxford University Press.

SMITH, P. K. (1982). *Does play matter? Functional and evolutionary aspects of animal and human play,* in: *The Behavioral and Brain Sciences* 5, 139–184.

SOSNIAK, L. A. (1990). *From typo to virtuoso: A long-term commitment to learning,* in: F. R. Wilson & F. L. Roehmann (Hg.), *Music and child development* (274–290). San Louis, Missouri: MMC Music.

SWANWICK, K. & TILLMAN, J. (1986). *The sequence of musical development: a study of children's composition,* in: *British Journal of Music Education* 3, 305–339.

VANDENBERG, B. (1986). *Play, myth and hope,* in: R. van der Kooij & J. Hellendoorn (Hg.), *Play, Play Therapy, Play Research* (77–87). Berwyn: Swets North America: Lisse: Swets & Zeitlinger.

WÄLDER, R. (1933). *The psychoanalytic theory of play,* in: *Psychoanalytic Quarterly* 2, 208–224.

WYGOTSKI, L. S. (1980, Orig. 1933). *Das Spiel und seine Bedeutung in der psychischen Entwicklung des Kindes,* in: D. Elkonin (Hg.), *Psychologie des Spiels* (430–465). Köln: Pahl-Rugenstein.

Christian Kaden

Musik als Lebenshilfe *oder* Lebenslüge[*]

I.

Es gibt keinen Zweifel: Musik ist in unserem Kulturkreis Lust- und Freudenspender. Und die Denker, Dichter, Musiker, auch die Popstars sehen es fast alle so. Franz Schubert, am konsequentesten, vertonte die Sehnsucht seines Freundes Franz Schober:

Du holde Kunst,
in wieviel grauen Stunden,
wo mich des Lebens wilder Kreis umstrickt,
hast du mein Herz zu warmer Lieb entzunden,
hast mich in eine beß're Welt entrückt!

Es lohnt sich, das semantische System dieses Gedichts zu betrachten: Es ist lupenrein antagonistisch.

Auf der einen Seite:	*Auf der anderen Seite:*
das Grau,	Wärme;
die grauen Stunden;	Liebe;
das Vergängliche;	Entzunden-Sein;
das Leben	
als wilder Kreis,	eine beß're Welt,
der uns umstrickt.	fernhin entrückt.

Dazwischen:
die holde Kunst – und du, mein Herz,
das sich zu entflammen weiß.

Binäre Oppositionen mithin, Spalte für Spalte. Und Musik, via Herz, als Vehikel zur Verwandlung, zur Verbesserung, als Himmelsleiter.

Ganz ähnlich sah das Richard Wagner in einem Schreiben an Theodor Uhlig vom 12. Januar 1852: Kunst, und nur sie, sei das richtige Leben, das eigentliche. Das wirkliche Leben dagegen verharre im Uneigentlichen, Unerträglichen. Hans Heinrich Eggebrecht (1995, 203f.) generalisierte solches Ansinnen sogar zum romantischen Kunstmodell schlechthin, dem Modell einer heilen Gegenwelt, einer Gegenwelt der Zuflucht, der Ausflucht, einer Gegenwelt als Seins-Ventil. Nicht nur

[*] Dieser Text geht auf einen Vortrag vor der Deutschen Musiktherapeutischen Vereinigung Ost e.V. (DMVO) zurück, der im April 2000 in Bad Klosterlausnitz gehalten wurde und dessen Diktion nicht völlig getilgt wurde, daher nicht als mangelnde Seriosität missverstanden werden sollte.

in den Höhenlagen des Ästhetischen zudem verhält es sich so. Auch Techno-Anhänger wollen heraus aus dem Alltag, 'rein in die Liebe, die Trance, ins Glück, Supergeile. Und schon Martin Luther hatte eine durchaus erotische Liaison mit der Musik entwickelt. *Musicam* habe er *allzeit liebgehabt*, gab er zu wissen – was er sonst nur über sein „Käthen" verlautbarte. Die Musik helfe – durchaus in der mittelalterlichen Tradition der *effectus musices* – ihm zur Aufmunterung, banne den Teufel, sei des Herzens Balsam, vertreibe Mühsal, Unlust und Traurigkeit (vgl. FUBINI, 1997, 107). Ohne maliziös zu sein, könnte man sagen, hier sei ein Ansatz gewonnen für Kunst als gottgefälliges Entertainment, als erlösende, erlösungsfähige Unterhaltung. Das Zeugnis bleibt übrigens auch insofern wichtig, als Luther von *„musica"* ganz allgemein spricht, von einer *„all music"*, wie amerikanische Musiktheorie heute formulieren würde: theologisch verankert, aber ohne dezidierte und moralisierende Unterscheidung von Geistlichem und Weltlichem.

In allen zitierten Fällen ist das gleiche Motiv anzutreffen: *Musik befördert eine Passage* (vgl. LIPP, 1992, 14). Sie bewirkt eine Veränderung, eine Positivierung der Befindlichkeit, führt *durch Nacht zum Licht*, aus Leiden zu Freuden – oder, wenn man es sozialdemokratisch nimmt, *zur Sonne, zur Freiheit, zum Lichte empor.*

Gegenbewegungen, Gegenbeispiele sind seltener. Musik zum Fürchten oder zum Erschrecken gibt es nur in Gruselfilmen, solche zum Depressiv-Werden gegebenenfalls in Theodor W. Adornos Vision einer negativen, funktionslosen Musik der Moderne, mit ihrer Sinnleere Einspruch erhebend gegen Kommerzialisierung und Verwertung (1962, 50ff.; vgl. DERS., 1949); Arnold Schönberg, der Adorno zufolge Protagonist dieser sinnlosen Kunst sein sollte, war über die Rollenzuschreibung buchstäblich entgeistert und entsetzt. Die de facto furchtbarste Musik noch begegnet uns in den Hammerschlägen von Mahlers *6. Sinfonie* oder in jenem Zwölftonakkord aus der Feder Alban Bergs, der brüllend laut wird bei der Erdolchung von Lulu.

Rezeptionell, so lässt sich behaupten, handelt es sich dennoch auch hier um verkappte Positivierungen, um Positivierungen ex negativo. Der Schrecken legitimiert uns, Schreck-Freiheit im Nachhinein desto nachhaltiger zu genießen; Theater bleibt allemal Theater, Kunst bleibt künstlich. Selbst wenn man in Béla Bartóks Pantomime vom *Wunderbaren Mandarin* der Erhängung eines guten Menschen beiwohnt: bis er – laut Regieanweisung und dies sogar musikalisch – *„grün und blau schimmert"*, schmeckt der Rotwein noch immer beim anschließenden Nachtmahlen. Aus aller Musik, aller Kunst ziehen wir irgendwie ein Genuss-Erleben. Nach der Aufführung von *Salome* oder *Elektra* die „ganze Nacht kein Auge zuzudrücken", bliebe herrlich altmodisch, köstlich kindlich. „Normal" (die Norm) wäre es in unserer Kultur ganz sicher nicht.

II.

Dabei lassen sich durchaus Kulturen finden, in denen Musik auch Leid schafft, ja Leid schaffen *will* – und in denen beispielsweise Weinen keine Erleichterung bedeutet (wie bei *La Bohème*), sondern eine Belastung; kein wohliges Sich-Ausrotzen mit

Stärkungswirkung für das Immunsystem; nichts Schönes im europäischen Sinn, aber etwas menschlich Gutes, *ein unendlich Gutes.*

Das erste Beispiel hiefür stammt von den Kaluli auf Papua-Neuguinea. In Rede steht eine Gattung von mythischen Gesängen bzw. Sing-Tänzen, *„gisalo“* genannt. Sie werden des Nachts aufgeführt, in den Langhäusern der Männer. Mit Vogelfedern geschmückte Tänzer erheben klagend ihre Stimme, schwingen die Arme, bewegen ihre Flügel – und bringen das versammelte Publikum der „Väter“ buchstäblich zum Weinen, zu rückhaltlosem Weinen (FELD, 1982). Die mythische Grundstruktur, die sich hinter dem Zeremoniell verbirgt, ist diese: Alle Menschen sollen sich helfen, einander beistehen. Wer keine Hilfe bekommt, stirbt, wird zu einem Vogelwesen. Im Ruf des Vogels, einer speziellen Taube *(Ptilinopus pulchellus)* oben auf den Palmwipfeln, erkennt man die Ahnen wieder, kommt man ihnen nahe. Sänger, Tänzer können den Ruf sich zu Eigen machen, ihn verleiblichen. Und jenen Männern, die den Vogellaut vernehmen, wird ein Appell an ihre Solidarität zuteil, erwächst das Bewusstsein, dass da etwas in der Welt unerfüllt, verfehlt sei – dass da etwas fehle. Aus vollem Hals beginnen sie zu weinen. Und es gelingt ihnen kaum, zu einem Ende zu finden (s. Notenbeispiel 1). Dabei ist eindeutig: Die Kaluli-Väter werden durch Weinen nicht beruhigt, sondern zutiefst erschüttert, aufgewühlt, ja aggressiviert. Zuweilen sogar entlädt sich die Spannung in Attacken gegen die Sänger-Tänzer: Mit Fackeln schlägt man nach ihnen, versetzt ihnen Brandmale. Das Resultat der rituellen Veranstaltung bleibt gleichwohl davon unberührt. Mit Sicherheit wird der Vater (um Rilkes poetischen Aufruf zu paraphrasieren) sein Leben ändern:

Nbsp. 1 (nach FELD, 1982, 189)

Er wird Hilfe leisten, Mitgefühl üben; die Kaluli nennen es *„ade"*. Musik greift ein ins Lebendige, weil mit mythischem Sinn ausgestattet, mit Welt-Sinn. Und sie greift ein, sie er-greift durch Leid-Erfahrung – nicht durch unverbindliches Mitempfinden (obwohl die aristotelischen Kategorien von Furcht und Mitleid = Mit-leid*en* durchaus in eine kulturell archaische Richtung weisen).

Andere Beispiele dafür, dass in Kunst, in Musik Leid als *Kulturform* sich erschließt, geben nahezu weltweit die Schamanen (ELIADE, 1956), die während ihrer Geist(er)-Reisen sich selbst zerstückeln und wieder zusammensetzen, enorme Kraftreserven benötigen, um den Anstrengungen der stundenlangen Zeremonien standzuhalten. Auf dem europäischen Kontinent begegnen vergleichbare Leid-Sucher in den spätmittelalterlichen Flagellanten, die mit Bußübungen der Pest Herr zu werden trachteten. Schließlich weht noch heute der Geist von trostreichem Schmerz und schmerzerfülltem Trost durch die süditalienischen Karfreitagsprozessionen, bei denen sich Menschen, päpstlichen Verboten zum Trotz, leibhaftig ans Kreuz Christi schlagen lassen. Unter Sado-Masochismus abbuchbar ist dergleichen nicht; es bedeutet seelische Vertiefung, Öffnung, Aufschließung hin zum Meta-Physischen, zum Über-Körperlichen.

In europäischer Kunstübung wie in außereuropäischen Ritualen werden grundsätzlich also „Passagen" zelebriert: Übergänge im Sein, Anders-Sein im Anders-Werden. Das ist lebenserhaltend, lebensrelativierend, lebensstärkend – allein angesichts der Erhöhung damit gegebener Mutationsraten des Verhaltens. Für westliches Kulturverständnis allerdings, und hier sonderlich für das Kulturverständnis von Oberschichten, führen diese Passagen von einem existentiellen Minus zu einem Plus, von einem Negativum zu einem Positivum. In Außereuropa und auch in volkskulturell-europäischen Überlieferungen geschieht das Gleiche, aber zusätzlich das radikal Umgekehrte: verläuft der Weg vom Minus zum Plus *und* vom Plus zu einem Minus, nach beiden Richtungen. Der „hochkulturelle" Westen, seit Humanismus und Renaissance, erblickt im ANDEREN ein Angenehmes, ein Besseres, ein Paradies, voll von Wohlgeruch, von Wohlschmeckendem, Wohlklingendem. Für Non-Europa ist das ANDERE ein Doppeltes: *„ein Liebes und ein Leides"* – wobei, paradox genug, mit ebendieser Formulierung ein Gedicht Eduard Mörikes in Erinnerung gerufen wurde.

III.

Die Botschaft der bisherigen Ausführungen (wenn sie denn eine Botschaft haben sollen) ist nun diese: Nicht in der Sehnsucht nach Genuss, nach Lustgewinn per se liegt das Problem beschlossen, vielmehr in deren Vereinseitigung von der *Sehn*-sucht zur Sehn-*sucht* nach dem Lustbringenden, mithin in der Verausschließlichung positiver Passagen. Hierin erblicke ich die Wurzel für eine Lebenslüge. Zwar muss man die Diagnose nicht dogmatisieren. Unübersehbar indes bleibt der starke Trend;

kulturhistorisch formiert er einen, wenn nicht *den* mainstream abendländischer Zivilisationsgeschichte.

Dazu einige Belege: Der erste spielt an auf den sog. „lieto fine", das gute Ende, das happy end. Für Barockopern ist diese Finalgestaltung schier obligatorisch. Und wenn es Not tut, korrigiert man ihr zuliebe sogar den Geschichtsverlauf oder die Mythologie. Drastische Exempla bieten Glucks Orpheus, der Euridyke ausdrücklich am Leben lässt, auch Monteverdis *Incoronazione di Poppea*, die den Wüterich Nero zu einem ganz guten Helden stilisiert; die Ermordung der Kaiserin wird füglich gar nicht erst gezeigt: es ist die schönste Geschichtsklitterung.

Kaum anders geht es zu bei – dem doch so tragischen – Richard Wagner. Mit Ausnahme (vielleicht) des *Parsifal* – und natürlich auch der früh entstandenen *Feen* und des *Liebesverbots* – sind die Schlüsse seiner Opern allesamt mörderisch. Aber (fast) überall wird der Untergang musikalisch verklärt:

- in *Tannhäuser, Lohengrin, Tristan* per Liebestod;
- im *Rheingold* durch den Einzug der Götter in Walhall (einer Instandbesetzung gleichsam der Machthabenden);
- in der *Walküre* kraft der tödlichen Abschirmtechniken eines wohlig-lodernden Feuerzaubers;
- in *Siegfried* als lachende Liebe und lachender Tod;
- und natürlich im Des-Dur-Weltende der *Götterdämmerung*.

Es ist kaum wahrscheinlich, dass die Apokalypse sich je so verschönt. Es liegt aber nahe, dass ein fataler Massenmörder sie dergestalt imaginieren konnte – weil er seine Politik, seine Welt-Kriegsführung verantwortungslos betrieb wie ein Opernsänger, zudem den schützenden Bunker am Ende gar nicht mehr verließ, damit die Außenwirklichkeit seine Wahnphantasien ungestört beließe. Schon als er Frankreich 1940 erobert hatte, fuhr er im Sonderzug zurück unter der Abspielung – per Schallplatte – ätherischer *Parsifal*-Klänge. Was wir vor uns haben, sind durchweg Theaterschlüsse (KÖHLER, 1997, Kap. 1): hochgradig lebensfeindlich – und höchst konkordant. Die Naivität des *lieto fine* wird namentlich bei Wagner noch einmal „schicksalhaft" umgedeutet: Schön ist auch, und vorzüglich, der Tod. Für jemanden, der einmal nahe war bei diesem Übertritt, ist das nicht allein eine Lebens-, sondern eine Todeslüge.

Im gleichen Licht zu betrachten und zu bewerten sind die Phänomene der Konsonanz-Wahrnehmung: genau besehen, die Grundlagen abendländischer Musik schlechterdings. Bekanntlich ist Tonverwandtschaft für uns danach definiert, dass ähnliche, ineinander einschachtelbare Klänge mit vergleichbaren Obertonspektren, gut zusammenpassen, insofern, als sich ihre Teiltöne verstärken, wenig stören – und auf keinen Fall Schwebungen oder Rauhigkeiten hervorbringen. Neuere Handbücher der Musikpsychologie (vgl. BRUHN/OERTER/RÖSING, 1993, 478ff.) behandeln sogar unter dem Stichwort „Sonanz" nur mehr diese eine, spezielle Tonverwandtschaft. Dagegen zu setzen jedoch ist ein zweites Prinzip des Verwandtschaftlichen; mit Carl Stumpf, Otto Abraham und Erich Moritz von Hornbostel kann man es als „Distanzprinzip“ bezeichnen (vgl. ABRAHAM/HORNBOSTEL, 1926). Am eindringlichsten äußert es sich als Diaphonie, genauer: in der Schwebungsdiaphonie, einer höchst eigentümlichen Form mehrstimmiger Gesangsübung (BRANDL, 1992). Bei ihr handelt es sich um eine Klangbildung, die ausdrücklich nicht als „dissonant“ gefasst sein will (obwohl sie unseren Ohren grauenerregend anmutet). Vielmehr artikuliert sie, in Sekundparallelen oder sogar mikrotonalen Abständen, menschliche Nähe, menschliches Wohlbefinden, heroische Gefühle, Gefühle des Erhabenen, kostet sie individuelle Differenzen zwischen den Sängern aus – und ebendeshalb ihr Beieinander-Sein, ihr Zusammen-Wirken. Zur Veranschaulichung diene ein Chorlied aus dem bulgarischen Bistrica; es wird von Mädchen „innerhalb des Frühlingsheischeumzugsbrauches am Lazarusfest“ gesungen und soll „Fruchtbarkeit, Glück, Gesundheit“ bringen, auch die Abwendung „von verschiedenen, namentlich angegebenen Gefahren” (MESSNER, 1980,56):

Nbsp. 2: Schwebungsdiaphonie aus Bistrica, Bulgarien. Aufnahme von 1973 (Ausschnitt)

Bekannt ist solches Musizieren in der Tat vor allem aus den Balkanländern, wo Serben es ebenso praktizieren wie Albaner, Bulgaren nicht anders als Griechen des Epiros. Auch Sardinien kennt einschlägige, allerdings stärker mit Terz-Sekund-Klängen aufgeladene Stimmschichtungen. Und genau genommen finden wir diaphone Strukturen sogar auf der ganzen Welt: bei den australischen Aborigines, bei verschiedenen Stämmen Neuguineas, in der Kultur der `Aré `aré auf den Salomonen-Inseln. Dort sogar wird engschrittige Panflöten-Polyphonie sozial metaphoriert: als „twinning“, als geschwisterliches Zusammenwirken (ZEMP, 1979). Und dort auch scheint sich distantisches Empfinden mit sonantischen Rahmenklängen zu vereinbaren: mit Oktaven, Quinten, Einklängen – neben den Sekund-„Reibungen“ (KADEN, 1994).

Distanz- und Konsonanzprinzip verweisen also offenbar auf eine anthropologische Doppeldisposition: auf eine Tonverwandtschaft des Nah- bzw. des Engräumlichen (die auch nur von in direkter Nachbarschaft Musizierenden körperlich als Nähe erlebt wird; vgl. BRANDL, 1992) – und auf eine Tonverwandtschaft des Stereophonisch-Fernräumlichen (ibid.), die in den oktavischen Strukturen der Obertonreihe ihre Basis hat. Möglicherweise waren noch der Kultur des europäischen Mittelalters *beide* Tonverwandtschaften selbstverständlich. Und gegebenenfalls wurde das Distantische in ihr nur weggezüchtet: zugunsten einer vom oberschichtlichen Kanon – und der musiktheoretischen Reflexion – bevorzugten pythagoreisch-konsonantischen Musikauffassung. Konsonanzwahrnehmung mithin als Methode der sozialen Abgrenzung?

Das Zipser Weihnachtsbrauchtum jedenfalls – die Zips ist eine deutsche Sprachinsel in den rumänischen Karpaten,[1] die während des 17. Jahrhunderts von schwäbischen Bauern besiedelt wurde; sie dürfte kaum von den Traditionen südosteuropäischer Diaphonie beeinflusst sein –, das Zipser Weihnachtsbrauchtum mit seinem uralten Herodes-Spiel hat sich bis zum heutigen Tage ein „unsauberes“ Zusammen-Singen, ein distantisches Unisono bewahren können. Es beurkundet nicht notwendig die mangelnde Musikalität seiner Protagonisten, sondern ein uns längst entwöhntes Konzept tonal-geschwisterlicher Abschattierung, wenn man so will, eine klanglich praktizierte „Nächsten-Liebe“.

Auch hier muss neuerlich hervorgehoben werden: Nicht das Konsonantische an sich schafft Übelstände. Defizitär wirkt seine Monopolisierung, gepaart mit rigorosen Herrschaftsansprüchen. Sie „halbiert“ buchstäblich das in der Musik Lebensmögliche. Halbheiten aber für das Ganze zu nehmen, gerät ernstlich zur Lebens-Lüge.

Überaus bezeichnend erscheint in diesem Zusammenhang denn auch das Harmoniekonzept des Abendlandes: mit Bezug nicht auf Akkordharmonik, sondern auf allgemeine Bestimmungen von Zusammengehörigkeit und Zusammensein. Konsultiert man moderne Wörterbücher, stößt man auf überraschend einheitliche Definitionen. „Harmonie“ meint „Einklang“, „Gleichklang“, „Übereinstimmung“, Konfliktfreiheit, Spannungsfreiheit, Friedlichkeit. Sie ist, ohne Abstriche, ein Konsens-Begriff. Noch in der griechischen Antike jedoch, in vorklassischer, vorsokratischer Zeit lagen die Dinge völlig anders, um nicht zu sagen: geradezu invers. Bei Homer z. B. in der *Odyssee* oder bei Hesiod in der *Theogonie* agiert „harmonia“ als mythische Person – und als Frau, als ein (im durchaus positiven Sinne) zwiespältiges Wesen. Ihr Vater ist Ares, ihre Mutter Aphrodite. In der Tochter (= Harmonie) vereinen sich spannungsvoll Krieg und Liebe. Herakleitos, der das Phänomen philosophisch auszutasten suchte, preist im Harmonischen folgerichtig „das widereinander Strebende, zusammengehend“ – und jenes, das aus dem Auseinandergehenden „die schönste Fügung“ entstehen lasse (DIELS/KRANZ, 1956). Die Struktur, die er beschreibt, ist die der gegenstrebigen Wechselwirkung, der kompensatorischen Rückkopplung; sie besitzt ausgleichende, korrigierende, stabilisierende Funktionen:

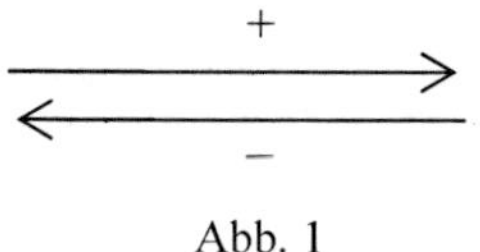

Abb. 1

[1] Sie sollte nicht mit der gleichnamigen Sprachinsel in der Slowakei verwechselt werden.

Gedacht und gehandelt wird bei ihr in Komplementaritäten: im Verhältnis von Plus und Minus, Weiblichem und Männlichem, Yin und Yang. Und dieser Logik entspricht exakt, was Claude Lévi-Strauß (1968) *„pensée sauvage"* genannt hat, *„wildes Denken"*.

Wenige Generationen nach Herakleitos freilich, an der Wende vom 6. zum 5. Jahrhundert v. Chr., mit der Entstehung des athenischen Staatswesens, geben Parmenides, Empedokles, Archytas dem Harmonie-Begriff eine neue Fassung: Nunmehr markiert er Ähnlichkeit, Verwandtschaft, wenn nicht Gleichheit – oder aber eine Mischung, eine Mixtur des Unterschiedlichen (vgl. KIRK/RAVEN/SCHOFIELD, 1994):

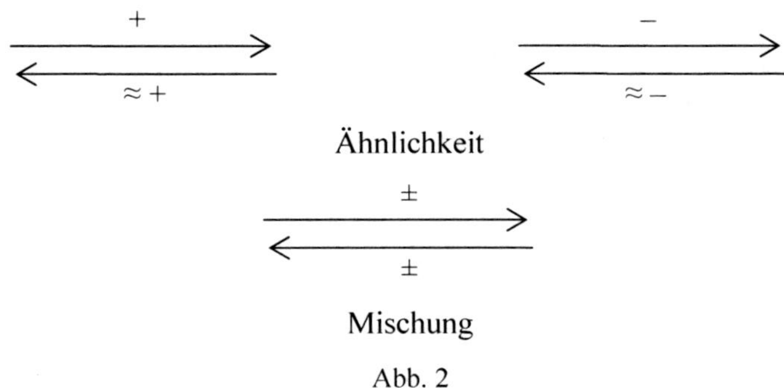

Abb. 2

Pythagoras schließlich und seine Schüler entwickeln die Vorstellung vom Einklang und von der Oktave als dem Höchstharmonischen, damit das Fundament der europäischen Konsonanz-Philosophie (LIPPMAN, 1975). In summa: Die Entspannungs- und Unifikationsstrebigkeit des Harmonie-Denkens korreliert direkt mit dem Dominant-Werden konsonantischen Tonbewusstseins. Oder anders gesagt: Konsonanz erscheint als musikalischer Spezialfall einer weitaus übergreifenderen Harmonie, einer übergreifenden Weltordnung, die sich des Gegeneinanders im Miteinander entledigt hat.

IV.

Natürlich ist damit die Frage nach sozialen Hintergründen der besprochenen Vereinseitigungen aufgeworfen. Ich will und kann hier lediglich ein Angebot machen und eine Denk-, eine Deutungsrichtung skizzieren. Meine These: „Unsere" Harmonie, „unser" konsonantisches Tonempfinden hat zu tun mit speziellen sozialen Ordnungsmustern – und mit dem Übergang von sozial Kleinen zu sozial Großen Systemen: d. h. von Systemen mit nur wenigen Mitgliedern, dafür umso intensiveren Beziehungen, zu solchen mit zahlreichen „Elementen", deren Beziehungen nicht mehr vollständig, von Mann zu Mann und von Frau zu Frau realisierbar sind. Für Kleine Systeme charakteristisch ist Komplementarität bzw. Reziprozität im

Verhalten der Akteure, deren wechselseitige, kompensatorische Regelung sowie die Existenz ebenso von gleichsinnigen wie von ungleichsinnigen Rückkoppelungen:

+ –		
	}	kompensatorisch, ungleichsinnig
– +		
+ +		
	}	kumulativ, gleichsinnig
– –		

Abb. 3

Impulskombinationen von Plus-Minus oder Minus-Plus garantieren dabei, wie geläufig, Balancen und Stabilitäten; Plus-Plus, als kumulatives feedback, steht für Wachstumsprozesse, für „Erfolg“, „Glück“, „Größer-Werden“; Minus-Minus für wiederum kumulativen Abbau, Absterben, für den „Tod“ (vgl. LORENZ, 1988, Kap. 1 und 1989). Kleine Systeme sind eingerichtet auf „alle Fälle“ des Lebens; und sie haben Erfahrungen mit allen diesen Fällen.

Großen Systemen hingegen stellen sich Plus-Minus- oder Minus-Plus-Beziehungen als eher konfliktreiche Binnengliederungen dar, vergleichbar den diskursiven Ausbremsungen moderner Basisdemokratien. Bevorzugt realisiert werden daher Konsens-Relationen (++), bei Gefahr sogar von deren chaotischem Überschwingen (wie es sich gegenwärtig an der Börse beobachten lässt) – oder aber Konfrontationsmuster (– –): negative Eskalationen, Feindschaft, Bruderzwist. Vielfach schließlich wird auf Rückkopplungen ganz und gar verzichtet, folgt man dem Prinzip einseitiger Steuerung, das Stabilitäten freilich nur im günstigsten Falle gewährt: dann, wenn durch Zufall die richtigen Stellgrößen gewählt, die richtigen Entscheidungen getroffen werden:

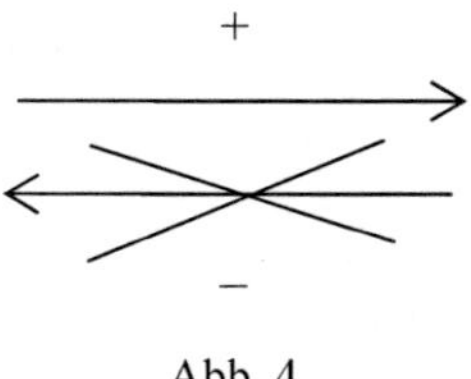

Abb. 4

Die griechische Antike war also *noch* in der Lage, soziale Spannungen auszuleben und auszuhalten, im kultisch-kulturellen Widerstreit von Apollon und Dionysos, im Rasen der Mänaden, in orgiastischen Umzügen der Satyrn und Silene: d. h.

im gegenstrebig Harmonischen. Zugleich wurden ihr, mit Urbanisierung und Staatenbildung, die Chancen von Einigkeit und Einigsein gegenwärtig: In der Führung Athens herrschte am Beginn des 5. Jh.s v. Chr. „ein Wille", wurde militärisch das Prinzip der Phalanx, der lückenlosen Kampf- und Kämpferlinie kultiviert (KOGLIN, 2002, 137ff.); nur sie, und gerade sie, erlaubte es, die Perser – oktavisch-einklängig gleichsam – aus dem Land zu werfen.

Zweifellos knüpft abendländische Geschichte, nicht zuletzt hinsichtlich ihres mentalen Selbstbewusstseins, an diese einschneidenden Erfolgserlebnisse an. Im Unterschied allerdings zur altgriechischen Sozialorganisation, in der langhin politische Zentralität und Dezentralisierung einander die Waage hielten – neben den wehrfähigen Stadtbewohnern wurden kriegstüchtige Bauern gebraucht, die vielfach so autonom auf ihren Gütern lebten, dass sie nicht einmal zu Dörfern sich zusammenschlossen (HANSON, 1995) –, im Unterschied also zu solcher Koexistenz von Groß- und Kleinformen ist die historische Entwicklung des Westens insgesamt auf Systemexpansion und auf Große Unifikationen hin angelegt. Schon bei Alexander, der die antiken Poleis der Bedeutungslosigkeit überantwortete, ging es um Maximal-Herrschaft, um *Welt*-Herrschaft. Rom laborierte an seiner ineffizienten politischen Größe über die Jahrhunderte herum – und half sich schlussendlich aus mit dem Prinzipat, mit Kaiserkulten, verschiedenen Diktaturen (MEIER, 1986). Karl der Große sicherte den Zusammenhalt seines Reiches ab – angesichts kaum ausgebauter Verkehrswege die einzig zielführende Methode – durch rigorose Vereinheitlichung der Liturgie (KADEN, 1998); vom Erbe dieser ideologiemächtigen „Erziehung zum Chorgesang" (Helga Schütz) zehrte noch Ludwig XIV., allerdings in Opern- und Ballett-Präsentationen (RECKOW, 1992). Égalité steht auf den Fahnen der französischen Revolution und wurde, zumindest von den Jakobinern in ihren großen Festen auch kultisch-totalitaristisch vorgeführt: als Gleichschaltung wiederum gigantischer Chöre (COY, 1978). An Hitler und Stalin mit ihrem Terror der kulturellen Uniformierung muss nicht mehr erinnert werden.

Bedeutsamer allerdings wäre der Hinweis, dass es sich bei den skizzierten Vorgängen wesentlich um Normalisierungsprozesse handelt, um die Herstellung sog. Gauß'scher Normalverteilungen, „Glockenkurven" im Sozialen. Sie sorgen dafür, dass die überwältigende Mehrheit einer Population sich im Streuungsbereich eines Mittelwertes, der „Goldenen Mitte" befindet, unter einem Dach und unter einem Hut. Für ältere Zeiten ist dies die *conditio sine qua non* umfassender Gewaltausübung; in unseren Tagen garantieren Gauß'sche Verteilungen „normale" Konsumtion, d. h. Massenkonsumtion, mithin Maximalabsatz und Maximalprofite. Égalité, normalité, die wir als hohe „humanistische" Werte achten, erscheinen so als innere Strukturbedingungen kapitalistischer Wirtschaftsführung.

Der „Sündenfall", obwohl sozialpsychologisch nachvollziehbar, ereignet sich dort, wo solche Egalisierungs- und Normalisierungswut auf Lebensformen ausstrahlt, die ihr widerstehen könnten: auf kleine soziale Kreise, Inseln des Privaten, auf Subkulturen – und natürlich auf die Kunst, die, ach, so autonome Kunst.

Besonders sinnfällig lässt sich die Infektion sozialer Kleinformen durch Mentalitäten des systemischen Größenwahns am Beziehungsgeflecht von Lebenspartnern darstellen, das grundsätzlich als eine Matrix elementarer Anziehungs- und Abstoßungskräfte, als Interrelation von Plus- und Minus-Aktivitäten zu modellieren ist:

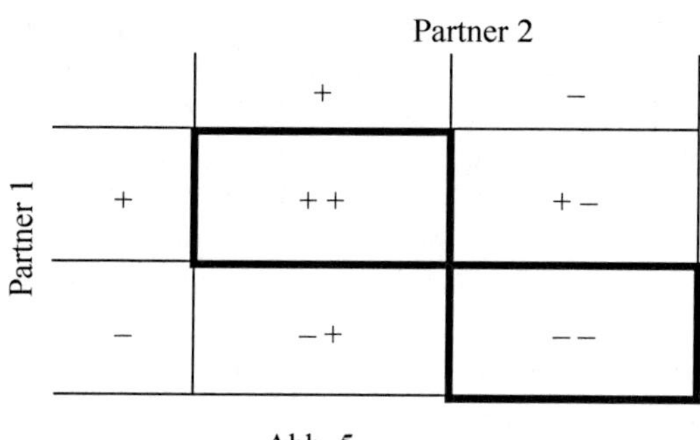

Abb. 5

Gewiss erschließt sich damit lediglich der Grundriss einer Paarbeziehung. Das Schema indes deutet bereits an, wie lebenswichtig für eine solche Beziehung die Ausschöpfung aller vier Felder ist: des Plus-Plus-Bereichs, als der Domäne glückhafter Übereinstimmung, der Plus-Minus- bzw. Minus-Plus-Konstellation als der Situation des einschränkenden, hilfreich-kritischen „Ja, aber"; schließlich der Minus-Minus-Begegnung als krisenhafter Zuspitzung – die nach Paul Watzlawick (WATZLAWICK/BEAVIN/JACKSON, 1971) gleichwohl die Entstehung einer neuen Matrix, einer neuen Beziehungsdefinition begründen kann.

Meine Vermutung lautet nun: dass Partnerschaften in unserer Kultur, und namentlich in der Kultur der Gegenwart, eingegangen werden über ein Plus-Plus-Versprechen. Nicht reflektiert und nur unzureichend eingeübt werden Plus-Minus- oder Minus-Plus-Übergänge: weil sie gesamtgesellschaftlich zu wenig akzeptiert sind; Konsens gilt uns als das höchste aller gesellschaftlichen Güter. Zugleich resultieren aus der Sucht nach dem Einstimmigen und Übereinstimmenden gravierende Missverständnisse und kommunikative Umdeutungen. Im Plus-Minus-Dialog erscheint die Minus-Erwiderung nicht als Relativierung, die Nutzen stiftet, sondern als Startsignal zu einer Minus-Minus-Eskalation. Und skeptische Eröffnungen eines Gesprächs, Minus-Angebote (die durchaus für eine gegensinnige Antwort offen bleiben), werden vom jeweils anderen aprioristisch als Angriff und Bedrohung registriert. Kritik, so unerlässlich auch immer, degeneriert zur kumulativen Negation; sie ist keine Kritik mehr, sondern Streit, Vernichtung, Mobbing, Krieg. Zusätzlich befördert werden die kommunikativen Dilemmata durch grassierende soziale Vereinzelung – ich nenne sie bewusst *nicht* „Individualisierung" –, durch mangelnde Interaktions- und Kooperationsbereitschaften, durch die Auslieferung an Medien- statt an Real-Realitäten, nicht zuletzt durch eine immer zynischer und verlogener sich gebende Politik. Jedenfalls resultiert aus dieser Fülle der Defizite eine begreifliche, wenn auch verheerende soziale Trendwendung: die Neigung, Interaktionsmatrizen nur mehr extremistisch zu deuten und auszuleben (Abb. 5, eingerandete Felder), nur mehr als Gegenüberstellung von Freundlichem (++) und Feindlichem (– –).

Und die Kunst, die Musik? Sie, die die Beengungen des Lebens, die Sozialsklerosen zu heilen hätte, überhöht diese und verschönt sie vollends: zum tragischen Ideal. Das signifikanteste Exempel statuiert neuerlich Richard Wagner, in seiner „Handlung“ (wie der Titel ausschreibt) von *Tristan und Isolde*. Mit der Optik des obigen Modells könnte man das Stück als Drama der Hauptdiagonalisierung fassen. Im 1. Akt verkehren die zentralen Akteure allein über kommunikative Verwerfungen und Entwertungen (– –); was immer der eine an- und aussagt, schmettert der andere ab, als Belanglosestes vom Belanglosen. Im 2. Akt dann wird die negative Eskalation umgepolt: zum endlos Liebevollen, unendlich Lustvollen (++). Das lässt sich auch hören: Wagner komponiert, im Trommelfeuer der Sequenzierungen, eine hemmungslos kumulative, eine schreiend positivierte Musik:

Richard Wagner, *Tristan und Isolde,* 2. Akt, Ende der 1. Szene

Tristan und Isolde, 2. Akt, 2. Szene

Nbsp. 3

Der 3. Akt schließlich lässt Plus-Plus und Minus-Minus austauschbar, gleichgültig werden: Der Tod mutiert zur Liebe, die Liebe zum Tod, zum Liebes-Tod; Kumulation bleibt als Kumulation, wie immer es gehen mag, erhalten; das eskalierend gelebte Leben ist äquivalent dem nicht-gelebten Leben. Für Wagner bezeugt sich dies selbst im Biografischen: Seine Ehe mit der Liszt-Tochter – „wir lieben uns zu heftig“, gesteht er klarsichtig und doch unbelehrbar (Tagebucheintragung Cosimas vom 3. Dezember 1874) – strotzt vor Idyllik und Auspolsterungen mit Plus-

Plusischem. Höchst selten weist die Gattin ihn, den notorischen Seitenspringer, in die Schranken. Ein einziges Mal (wenn ich es recht sehe), und zwar im Februar 1883, scheint sie ernstlich ungehalten: die Amerikanerin Carrie Pringle, ein sehr o-berweitiges Blumenmädchen (das 1882 beim Meister in Bayreuth anlässlich der *Parsifal*-Uraufführung reüssiert hatte), möge doch wenigstens dem winterlichen Domizil im venezianischen Palazzo Vendramin fernbleiben. Der Protest hätte als kompensatorische Minus-Plus-Aktion hingehen können. Wagner erlebt ihn jedoch als Verrat und Gefolgschaftsverweigerung – und erwidert ihn seinesteils mit herben Abweisungen. Er erscheint nicht bei Tisch, was außer der Ordnung ist; und er greift zur Feder, um seine Erregung an einem Traktat *Über das Weibliche im Menschlichen* abzuarbeiten. Bei dem Satz: *„Gleichwohl geht der Prozeß der Emanzipation des Weibes nur unter extatischen* (sic) *Zuckungen vor sich. Liebe – Tragik"*, ereilt ihn der Herzinfarkt; kurz darauf stirbt er – wie berichtet wird – *„in Cosimas Armen"* (GREGOR-DELLIN/MACK, 1982, Bd. 4, 1305).

Es ist, bei der Lektüre von Marcel Reich-Ranickis *Autobiographie*, eine erschreckende Wahrnehmung, dass solche Unfähigkeit zum Plus-Minus-Dialog sich als serienfähig ausweisen lässt: für Theodor W. Adorno, der nach Radio-Interviews zwanghaft die Frage stellte *„War ich gut?"* (457); für Thomas Mann, der von negativen Rezensionen nichts sehen und hören wollte und sie sich planvoll verbergen ließ: durch seinen Verleger, seine Sekretäre sowie dienstwillige Familienangehörige (448); schließlich für Hugo von Hofmannsthal, der laut Arnold Zweigs Zeugnis auf die Frage, was er sich von den Literaturkritikern erhoffe, nur die dreimalig-beschwörende Antwort wusste: *„G'lobt soll mer wern, g'lobt soll mer wern, g'lobt soll mer wern"* (ebd.). Offenbar gehört es zur Konstitution des neuzeitlichen Künstlers, ein Plus-Plus-Mann zu sein, oder gar ein Plus-Plus-Plus. Gigantische Ausnahmen, demütige Menschen par excellence, bestätigen natürlich die Regel: Bruckner, Mozart (bei dem sein *Weiberl* gelegentlich mitkomponierte), wohl auch John Cage und Olivier Messiaen. Aber wo der Künstler zum Monument erstarrt (Carl Philipp Emanuel Bach im Urteil seiner Zeitgenossen; vgl. KADEN, 1984, Tafel 6), wo er als gottgleich-unsterblich ausgelobt wird (Beethoven) oder als Messias selber sich begreift (Schönberg, Stockhausen), ist schrankenlose Positivierung die Fundamentlage der Idolatrie. Und erst recht wird sie dies im Star-Kult der Fun-Industrie, die als Kumulation der Kumulation, als Verpoppung der Verpoppung, mit buchstäblich sexueller Energie aufgeladen, sich zu erkennen gibt.

Noch weitere Tendenzen zu Gleichmacherei und eskalierender Aufschaukelung könnte man in moderner Kunst – wie in moderner Massengesellschaft generell – namhaft machen: die Einebnung etwa des Unterschieds von Dissonanz und Konsonanz, die Anton Webern (1960) als *„Emanzipation der Dissonanz"* würdigte. De facto verhält es sich hier wie mit der Emanzipation der Frauen; sofern diese auf Gleichschaltung mit dem Männlichen zielt, bringt sie Unterschieds- und Identitätsverlust mit sich, nicht Differenzierung, nicht Bereicherung. Ganz grundsätzlich sogar lebt Neue Musik von Egalisierungen; und für Dodekaphonie und Serialismus sind sie wesensprägend. Namentlich Letzterer setzt „alle möglichen" musikalischen Parameter – Tonhöhen, Klangfarben, rhythmische Werte etc. – quantitativ (!) in die gleichen Rechte ein; statistisch gesehen, werden sie mithin gleich verteilt. Gleichverteilung aber entspricht dem maximal Entropischen; sie kann, cum grano salis, ein mathematischer Ausdruck des Chaos sein. Wenn Hörer derlei hören, irren sie sich nicht, sondern liegen bedenklich richtig ...

Last not least sei das Phänomen der *World Music* erwähnt, die zwar verschiedene Klangbilder zu präsentieren weiß, Musik per se jedoch zum Auditions-Objekt degradiert, vom Sinn gleichsam herabwürdigt zum Sound. Kulturelle Divergenzen werden so zu akustischen Unterschieden eingeebnet; Toleranz wird geübt am Ohrenfälligen (und Ohr-Gefälligen), nicht an den Lebensformen; diese bleiben, wie man üblicherweise formuliert, außen vor und unbedacht. Schon vergessen ist, dass Ekstase nicht gleich Ekstase bedeutet und Trance nicht gleich Trance, entsprechend ihren kulturellen *Zielfunktionen* (vgl. ROUGET, 1985), auch: dass der Begriff der *„Altered States of Consciousness"* (ASC) eine bloße Worthülse bleibt, solange man nicht aufzeigt, wohin die Alterationen führen (vgl. BOURGUIGNON, 1977).

VI.

Soll ich Lösungen benennen? Wer helfen und heilen will, muss die Wege wesentlich selber suchen. Eine Hoffnung westlicher Kultur – ohne Bitterkeit kann es gesagt werden – sind für mich die Krankheit und die Kranken, präziser: jene Erkrankten, die leiden an der Normalisierung, an der Hedonisierung des Seins, an der Inakzeptanz von Leid – und die füglich ein kostbares Gut besitzen: Un-Normalität, Non-Normalität. Wenn es gelänge, dort, wo existentielle Not so offenkundig wird, dass es anders nicht mehr geht, die Lust *und* das Leid zusammenzubringen, Gegenstrebigkeit im Denken und Handeln zuzulassen, Sinn-Erfülltheit, Fülle des Sinns auch im Sinnlichen, dort könnte daraus wirkliches Leben, lebendiges Leben wachsen. Und vielleicht entsteht gerade in Therapiesituationen eine der wenigen Chancen zu Komplementarität, zum Plus-Minus-Dialog, zum Dialog, der nicht nur umarmt.

Vielleicht aber kann es für Therapeuten wie Kranke zugleich eine Ermutigung sein, dass auch Nicht-Erkrankte die Kraft finden, sich außerhalb der Norm zu stellen: die Zweifler im Leben, die Unangepassten, die ewig Suchenden, die lebenslangen Punks. Und dass es jene Erniedrigten und Beleidigten gibt, denen Dostojewskis Liebe galt: in den Wüsten, den Steppen, den Sahel-Zonen der Zivilisation, in den Wüsten und Steppen der Globalisierung. Sie vor allem brauchen Zuwendung, sie vor allem dürfen wir nicht vergessen, als die Schwestern und Brüder in der Not und im Leid. Auf ihnen ruht – fern aller biblischen Phraseologie – immer noch eine Verheißung: die Verheißung, Musik könne *im* Leben sein, mehr sein als schöner Schein, mehr sein als Virtualität, mehr sein als Lüge.

LITERATUR

ABRAHAM, O.; HORNBOSTEL, E. M. v. (1926): *Zur Psychologie der Tondistanz,* in: *Zeitschrift für Psychologie und Physiologie der Sinnesorgane* 98 (1926), 233–249.

ADORNO, TH. W. (1949): *Philosophie der Neuen Musik.* Tübingen.

ADORNO, TH. W. (1962): *Einleitung in die Musiksoziologie.* Frankfurt/M.

BOURGUIGNON, E. (1977): *Altered states of consciousness, myths and rituals,* in: DU TOIT, B. M. (Hg.): D*rugs, rituals and altered states of consciousness.* Rotterdam, 7–23.

BRANDL, R. (1992): *Die „Schwebungsdiafonie" im Epiros und verwandte Stile im Lichte der Psychoakustik,* in: Schumacher, R. (Hg.): *Von der Vielfalt musikalischer Kultur.* Anif bei Salzburg, 43–79.

BRUHN, H. / OERTER, R. / RÖSING, H. (Hg.) (1993): *Musikpsychologie.* Reinbek.

COY, A. (1978): *Die Musik der Französischen Revolution.* München–Salzburg.

DIELS, H.; KRANZ, W. (Hg.) (1956): *Die Fragmente der Vorsokratiker* 1. Berlin.

EGGEBRECHT, H. H. (1995): *Musik verstehen.* München, Zürich.

ELIADE, M. (1956): *Schamanismus und archaische Ekstasetechnik.* Zürich–Stuttgart.

FELD, S. (1982): *Sound and Sentiment.* Philadelphia.

FUBINI, E. (1997): *Geschichte der Musikästhetik.* Stuttgart–Weimar.

GREGOR-DELLIN, M.; MACK, D. (Hg.) (1982): *Cosima Wagner, Die Tagebücher.* München–Zürich.

HANSON, V. (1995): *The Other Greeks: The Family Farm and the Agrarian Roots of Western Civilization.* New York.

KADEN, CH. (1984): *Musiksoziologie.* Berlin.

KADEN, CH. (1994): *Schönheit, entspannt,* in: *Neue Zeitschrift für Musik* 6 (1994), 5–11.

KADEN, CH. (1998): *Kontext als Text – eine Paradoxie?* in: *Bericht über den Internationalen Kongreß der Gesellschaft für Musikforschung,* Freiburg im Breisgau 1993. Kassel, 190–193.

KIRK, G. / RAVEN, J. / SCHOFIELD, M. (1994): *Die vorsokratischen Philosophen.* Stuttgart–Weimar.

KÖHLER, J. (1997): *Wagners Hitler.* München.

KOGLIN, D. (2002): *Gelebtes Spiel – gespieltes Leben. Improvisation und Tradition in der Musik des griechischen Kaval.* Kassel.

LÉVI-STRAUß, C. (1968): *Das wilde Denken.* Frankfurt.

LIPP, W. (1992): *Gesellschaft und Musik,* in: DERS. (Hg.): *Gesellschaft und Musik.* Berlin, 9–19.

LIPPMAN, E. (1975): *Musical Thought in Ancient Greece.* New York.

LORENZ, K. (1988): *Die acht Todsünden der zivilisierten Menschheit.* München–Zürich.

LORENZ, K. (1989): *Der Abbau des Menschlichen.* München–Zürich.

MEIER, C. (1986): *Caesar.* München.

MESSNER, F. (1980): *Die Schwebungsdiaphonie in Bistrica.* Tutzing.

RECKOW, F. (Hg.) (1992): *Die Inszenierung des Absolutismus.* Erlangen.

REICH-RANICKI M. (1999): *Mein Leben.* Stuttgart.

ROUGET, G. (1985): *Music and Trance.* Chicago.

WAGNER, R. (1967ff.): *Sämtliche Briefe,* hg. v. G. Strobel / W. Wolf. Leipzig.

WATZLAWICK, P. / BEAVIN, J. H.; / JACKSON, D. D. (1971): *Menschliche Kommunikation.* Bern–Stuttgart–Wien.

WEBERN, A. (1960): *Der Weg zur neuen Musik,* in: DERS.: *Wege zur neuen Musik,* hg. v. W. Reich. Wien.

ZEMP, H. (1979): *Aspects of `Aré `aré Musical Theory,* in: *Ethnomusicology* 23 (1979), 5–48.

RUDOLF FLOTZINGER

Musik als Säkularisierungs-Produkt

Es ist eine Binsenwahrheit, dass man unter „Musik" keineswegs immer und überall dasselbe verstand und versteht. Ja, ob es „die" Musik überhaupt gibt und diese Bezeichnung nicht bereits eine typisch abendländische Abstraktion darstellt, ist sehr wohl die Frage[1]. Sie bleibe im Folgenden jedoch ausgespart und auf den landläufigen Umgang beschränkt. Die Überlegungen zielen nicht auf eine weitere Definition[2], sondern sollten vor Augen führen, welche Erkenntnismöglichkeiten sich allenfalls eröffnen[3], wenn man die Schwester der Sprache allein unter diesem Gesichtswinkel betrachtet. Selbstverständlich wollen weder die angeführten Beispiele (von denen ja viele aus dem Trivialwissen stammen) noch die angedeuteten Spurlinien Anspruch auf Vollständigkeit erheben. Sie konzentrieren sich auf Europa und dienen bloß dem Versuch, ausgehend von konkreten Momenten und bestehenden historischen Rastern gewisse Mechanismen etwas anders als üblich in den Blick zu bekommen. Zumal unter Einschluss anderer Kulturen könnten den herangezogenen noch zahlreiche weitere Gesichtspunkte hinzugefügt werden. Vornehmlich soll von „unserer" Musik die Rede sein. Es kann auch nicht um eine Evolutionsgeschichte gehen, überhaupt nicht um eine historische Darstellung in dem Sinne, dass in fortschreitender Darstellung stets Kontinuitäten und direkte Beziehungen behauptet werden; solche sind oft nicht einmal als Erklärungsmodell in Erwägung gezogen. Nicht alle Übereinstimmungen über (zumal lange) Zeiten hinweg sind nämlich mit Gedächtnisformen zu erklären, sondern eher mit Grundlagen menschlicher Existenz, die daher mehrmals und unabhängig voneinander hervortreten können. Im vorliegenden Zusammenhang wäre das allerdings weder hinreichend feststellbar noch besonders bedeutsam. Zwar scheinen oftmals Kryptotraditionen (wenn nicht bereits Vorformen von Kontinuität) vorzuliegen, doch ließen sich solche erst recht kaum beweisen[4]. Hinweise auf bestimmte Erscheinungen wollen also zunächst nur die Vergleichbarkeit beleuchten und keineswegs gleich historische Zusammenhänge

---

1 Vgl. neuerdings CHRISTIAN KADEN, *Das Unerhörte und das Unhörbare. Was Musik ist, was Musik sein kann.* Kassel–Stuttgart 2004.

2 Vgl. den Beitrag PARNCUTT / KESSLER S. 9–54.

3 Ob man die Fragestellung eine historische, anthropologische oder sonstwie nennen möchte, erscheint weniger wichtig als das Ergebnis. Vermutlich vergröbert sie auch unzulässig, wenn von in den Begriffen implizierten Auf- und Abstiegen die Rede ist, doch ist dies in Kauf zu nehmen.

4 Nach Konstanten zu suchen, hat sich die Historie ohnehin längst abgewöhnt, ja gibt sich auch mit der bloßen Feststellung von Beständigem und Wandelbarem nur ungern zufrieden; OSKAR KÖHLER, *Versuch einer „Historischen Anthropologie"*, in: *Saeculum* 25 (1974), 129–246.

suggerieren. Vielmehr muss als das größte methodische Problem dieses Versuchs gerade diese Frage eingestanden werden: wie weit analog oder gar übereinstimmend *erscheinende* Phänomene – denn wenn, dann fallweise über lange Zeitläufe hinweg – miteinander zusammenhängen *könnten*. Von vornherein illusorisch wäre es denn auch, nach möglichst einheitlichen oder wenigstens vergleichbaren Quellengattungen zu fahnden. Eher sind vorliegende historische wie systematische Darstellungen und Spezialarbeiten vorausgesetzt, als bereits im ersten Anlauf neue zu erwarten wären. Im Übrigen wurde die Fragestellung in musikwissenschaftlicher Literatur bisher nur selten angesprochen[5], ja in dieser vielleicht auch nur wenig gesucht[6].

I. BEGRIFFSKLÄRUNG

Meist findet sich das Wort *Säkularisation* nur als Zeitangabe oder allenfalls verhüllte Qualifizierung[7]. Bei diesem, wie auch *Säkularisierung,* handelt es sich um typisch abendländische[8]; sie spiegeln nicht nur gewisse Verhältnisse wider, sondern eine bestimmte Art des Denkens. Entsprechende Vorgänge einerseits bzw. das Datum von deren Beendigung und/oder ein daraus resultierendes Ergebnis andererseits bezeichnend, werden sie keineswegs nur in der Alltags-, sondern auch in der Wissenschaftssprache nur selten auseinander gehalten. Das ist insoweit erklärlich, als ihr gemeinsames deutschsprachiges Äquivalent *„Verweltlichung"* als eine erste, durch-

---

[5] Der Kongress der Internationalen Gesellschaft für Musikwissenschaft *La Musique et le Rite – Sacré et profane* 1982 in Straßburg wirkte sich kaum in diese Richtung aus. Einzelne Beiträge lieferte das Symposium *Entgrenzungen in der Musik* in Graz ein Jahr später (vgl. OTTO KOLLERITSCH [Hg.], *Studien zur Wertungsforschung* 18. Wien–Graz 1987). Zu den wenigen Ausnahmen gehören der auch im Folgenden mehrmals zitierte, von HELGA DE LA MOTTE-HABER vorgelegte Sammelband *Musik und Religion.* Laaber ^{2}1995, bei dem jedoch zu bedenken ist, dass es sich einerseits um eine Geschichtsdarstellung in Essays handelt und dass andererseits sowohl hinsichtlich Religion als auch Musik nur bestimmte Ausschnitte ins Visier genommen sind; nicht zuletzt und weniger akzessorisch KADENS *Das Unerhörte und Unhörbare* (wie Anm. 1), 169, 198, 236. Kaden fasst hier sogar eine *„Säkularisierung von unten nach oben"* ins Auge, was ich lediglich für eine andere Betonung von *Sakralisierung* halte.

[6] Die im Vorliegenden zitierte Literatur will zu keiner der angeschnittenen Fragen vollständig sein, sondern besitzt meist nur beispielhaften Charakter oder versteht sich bestensfalls als Empfehlung für einen ersten Ein- oder Überblick.

[7] Z. B. auch in KARL-GUSTAV FELLERERS *Geschichte der katholischen Kirchenmusik* (Kassel etc. 1976), wo das eigentliche Problem nur einmal (durch HERMANN-JOSEF BURBACH, in Bd. 2, 401) angedeutet erscheint, oder auch in zwei Symposien der jüngsten Zeit: *Kirchenmusik zwischen Säkularisation und Restauration* in Ottobeuren und *Säkularisation 1803 in Tirol* in Brixen (beide 2003).

[8] GIACOMO MARRAMAO, *Die Säkularisierung der westlichen Welt* (insel taschenbuch 2559). Frankfurt/M.–Leipzig 1995.

aus brauchbare und einleuchtende Erklärung dienen kann. Auch im Folgenden wird sich diese Unterscheidung selten als von größerer Bedeutung erweisen.

In den allgemeinen Sprachgebrauch scheinen beide Worte erst aufgrund verhältnismäßig rezenter historischer Vorgänge gelangt zu sein: nämlich der Überführung von bis dahin in kirchlichem Besitz befindlichen Sachen und Ideen (z. B. Klöstern, Schulen, medizinischen Einrichtungen) in weltliche Verwaltung[9] im Zuge der Aufklärung[10]. Erst dann sollte *Säkularisierung* zu einem nicht unwesentlichen Bestimmungsstück der europäischen „*Moderne*“[11] und sogar zu einem Schlüsselbegriff des jüngeren politisch-ethischen Diskurses werden. Ein stärker abstrahierender, von der Wortanalyse ausgehender Blick[12] legt jedoch nahe, nicht nur konkrete historische Beispiele um 1800 zu sehen; er enthält vielmehr die Möglichkeit, ja nachgerade die Aufforderung, nach Vergleichbarem in der Geschichte zu fragen und den Ausdruck ohne chronologische Implikationen zu verwenden. Dann allerdings erscheint die uns heute umgebende Musik in unerwartet vieler Hinsicht – zumindest *auch* – als ein Ergebnis unterschiedlicher Verweltlichungsprozesse.

Ansatzpunkt für die Bezeichnung *Säkularisierung* war die wenigstens seit den letzten Jahrzehnten des 16. Jahrhunderts verfolgbare Bedeutung dieses Wortes im Kirchenrecht, v. a. Personen betreffend: nämlich die „Rückführung in den Laienstand von jemand, der religiöse Weihen empfangen hat oder nach Klosterregeln lebt“[13]. Es wäre somit, keineswegs überspitzt formuliert, bereits bei dieser Übernahme in den allgemeinen Sprachgebrauch von einem Säkularisierungsvorgang zu sprechen. Im Übrigen war dieser (heute meist – und exakter – als *Laisierung* bezeichnet) natürlich ebenso wenig neu[14] wie es Klosteraufhebungen und Überführung von deren Sachvermögen in andere Kassen waren. Konfiszierung von Kirchengut hatte es bereits im Zuge der ersten Christenverfolgungen der Spätantike und im Frühmittelalter gegeben, der Schutz vor Begehrlichkeiten des Adels gehörte spätestens seit Karl d. Gr. zu den sowohl dem Papst- als auch dem Kaisertum gemeinsa-

---

[9] Vgl. z. B. die französische *Encyclopédie* (1765): „Sécularisation [...] est l'action de rendre séculier un religieux, un bénéfice ou lieu qui étoit régulier.“

[10] In Österreich (inkl. Salzburg) planmäßig betrieben durch den sog. Josephinismus ab 1782, in Frankreich die Revolution 1789, in Deutschland ab 1803 (Reichsdeputationsschluss), in Spanien ab 1835. Seit der Aufklärung, insbesondere der französischen Revolution, wurde die grundsätzliche Trennung von Kirche und Staat in ganz Europa und z. T. darüber hinaus (z. B. Türkei) weitgehend durchgeführt.

[11] RUDOLF FLOTZINGER, *Moderne Musik – Musik der Moderne. Ausgangsüberlegungen und -hypothesen,* in: RUDOLF HALLER (Hg.), *Studien zur Moderne* 1. Wien–Köln–Weimar 1996, 199–266.

[12] Hinter *säkular* steht lat. *saeculum* = Zeitalter, Weltall, irdische Welt; der Bedeutung von *saecularis* als weltlich, ja sündig, neben hundertjährig, liegt also bereits eine Bedeutungsverengung zugrunde.

[13] MARRAMAO, *Säkularisierung* (wie Anm. 8), 21.

[14] Im *Codex iuris canonici* 1918 unter dem Stichwort „*saecularisatio*“ geregelt.

men Interessen, 1312 wurden bekanntlich der Templerorden und 1492 in Frankreich etwa 100 Klöster zugunsten der Krone aufgehoben. Und als Gegenstück zur Flucht von Mönchen *aus* einem Kloster oder vor „ewigen" Gelübden kann die – oftmals politisch motivierte – zwangsweise Einweisung *in* ein solches (sog. „Mönchung"[15]) angesehen werden. Das sollte dazu verhalten, stärker als üblich zu unterscheiden, von welcher Seite der Impetus zu einer Säkularisierung kam: von innen oder außen, d. h. ob die Veränderung gewissermaßen eine aktive oder passive war[16]. Dass das nicht immer so eindeutig festzustellen ist und deshalb ein Rückzug auf gewissermaßen neutralistische Ausdrücke geboten erscheint, steht auf einem andern Blatt.

Jedenfalls ist es durchaus sinnvoll, beide Bezeichnungen entsprechend auszuweiten[17]: vorerst von Prozessen in der abendländischen Neuzeit (was die engere Wortbedeutung bleiben sollte) auf analoge kulturelle Prozesse, nämlich auf alle, die zu steigender Unabhängigkeit der weltlichen Lebensgestaltung von geistlichen (d. h. religiösen und/oder kirchlichen) Ordnungssystemen führ(t)en. Das heißt konkret: mit *Säkularisierung* im weiteren Sinn „jede Verweltlichung geweihter Personen und Sachen" zu bezeichnen, z. B. „das Ausscheiden der Religiosen aus dem Ordensstand, der Kleriker aus dem Klerus, die Aufhebung von Klöstern, die Profanierung von Kirchen und sakralen Geräten", sowie im engeren Sinn jede „ohne kirchliche Genehmigung vollzogene Enteignung kirchlicher Einrichtungen (Bistümer, Stifte Klöster, Pfründen) und ihren Gebrauch zu profanen Zwecken"[18]. „Seit seinem ersten Auftauchen ist der Begriff Säkularisierung also geprägt von einem antithetischen Schema: von jenem Dualismus von regularis und säkular, der, wenngleich erst virtuell, schon die moderne Metamorphose der ‚Paulinischen Paare' himmlisch/irdisch, kontemplativ/aktiv, spirituell/weltlich enthält"[19]. Obwohl von recht spezifischen Verhältnissen hergeleitet, kann dieses Verständnis des Wortes sehr weit gehend verallgemeinert werden.

Bereits ein erster, von da ausgehender und noch oberflächlicher Blick bringt zum Bewusstsein, wie oft dabei Musik ins Spiel kommt: nämlich nahezu jedesmal, wenn man die Dichotomie „weltlich–geistlich" in den Blick nimmt. Das sollte vor übereil-

---

[15] D. h. Verbannung, wenn nicht Internierung in einem Kloster; z. B. des letzten merowingischen Königs durch Pippin (751) oder des Bayernherzogs Tassilo III. durch Karl d. Gr. (788).

[16] Es ist keineswegs das gleiche, ob jemand freiwillig oder dazu gezwungen Mönch wird, ob der Ausstieg aus diesem Stand vom Betreffenden selbst betrieben oder vom Staat verordnet wurde.

[17] Auch die Kirchengeschichte spricht z. B. davon, dass der äußeren, materiellen Säkularisation im Zuge der Aufklärung schon längere Zeit eine innere, geistige vorausgegangen sei und diese die Erstere beschleunigt habe; z. B. AUGUST FRANZEN, *Kleine Kirchengeschichte* (Herder-Bücherei 237/238). Freiburg/Br. 1965, 330.

[18] GEORG SCHWAIGER, *Säkularisation*, in: *Lexikon des Mittelalters* 7 (2002), 1277.

[19] MARRAMAO, *Säkularisierung* (wie Anm. 8), 21.

ten Schlüssen warnen. Es könnte mit der Universalität von Musik als kaum jüngere, aber deutlich anders geartete Schwester der Sprache zusammenhängen, doch ist ein ursächlicher Zusammenhang daraus vorerst nicht abzuleiten. Und noch weniger wird von einem einfachen „entweder–oder“ auszugehen sein. Es leuchtet zwar unmittelbar ein, dass die heutige Musik weitestgehend eine weltliche zu nennen ist, neben der geistliche Formen in Primärfunktion nur mehr ein Schattendasein fristen[20]. Doch wird allein der Hinweis auf die enge Verwandtschaft mit bzw. die Analogie zur Sprache davon abhalten, dahinter einfach nur Degenerationsprozesse zu vermuten.

Überhaupt hat sich somit eine weitere Frage aufgetan: Man darf offenbar nicht nur von Kirchenmusik im eigentlichen Wortsinn ausgehen. Ein Ausgangspunkt für das Wort *Säkularisierung* bildet das Gegensatzpaar *geistlich* (im Sinne von: *kirchlich*) vs. *weltlich*. In vielen Fällen wird zwar tatsächlich weitgehend belanglos sein, ob genau diese Dichotomie den Hintergrund darstellt oder ob z. B. anstatt von *Säkularisierung* besser von *Ent-Sakralisierung* oder *Profanierung* zu sprechen wäre. Zwar könnte das hinter diesen Ausdrücken stehende Wortpaar *sakral*[21] vs. *profan*[22] in gewissem Sinne als das allgemeinere, über jenem stehende angesehen werden, – keinesfalls aber als gleichbedeutend. Abermals wird eine solch feine Unterscheidung nicht immer durchführbar, doch sollte wenigstens eine gewisse Sensibilisierung für eine solche geweckt sein. Neben *Säkularisierung* sind eine Reihe weiterer Begriffe aus diesem Zusammenhang in Erwägung zu ziehen und fallweise sogar eindeutig zu bevorzugen.

II. BEZUGSPUNKT MUSIK

Die Diskussion über die Verwandtschaft von Musik und Sprache ist nach wie vor einigermaßen kontrovers. Als unbestreitbar wird vielleicht noch genommen, dass es sich um Kommunikationssysteme handelt, die jedenfalls in gewissem Sinne auf eine gemeinsame Wurzel (Lautäußerungen) zurückzuführen sind, und wohl auch, dass sich Funktion und Tätigkeit von Musik schon in der Urgesellschaft voneinander lösten; vor allem aber, dass dabei religiöse Riten eine große Rolle spielten[23]. Nicht nur, dass Musik von altersher mit Magie und Zauber in Zusammenhang

---

[20] Als *„das Ende* [wenigstens] *großer Kirchenmusik“* wird die Aufklärung angesehen von HEINZ VON LOESCH, *Glaubensspaltung – Spaltung der Musik? Oder: Was ist evangelisch an der evangelischen Kirchenmusik?,* in: DE LA MOTTE-HABER (Hg.), *Musik und Religion* (wie Anm. 5), 77.

[21] = heilig; von lat. *sacra, -orum* = Heiligtümer, gottesdienstliche Geräte; nach *sacer* = heilig.

[22] = weltlich; von lat. *profanus* = nicht heilig, ungeweiht (*fanum* = Heiligtum).

[23] GEORG KNEPLER, *Geschichte als Weg zum Musikverständnis. Zur Theorie, Methode und Geschichte der Musikgeschichtsschreibung* (Reclam Bibliothek 725). Leipzig 1977, 86, 192f, 178ff. Eine andere Frage ist, dass man damit dem Ursprung von Musik kaum näher kommt.

gebracht wurde; in verschiedenen Riten wird sie oft überhaupt erstmals für die Forschung konkreter greifbar: zwar noch immer nicht in ihrem Aussehen oder gar in klanglicher Form, aber doch in einer wesentlichen Funktion. Es hat wohl keine Kultur gegeben, die keine religiösen Ansichten[24], keine Mythen über die Entstehung der Welt sowie über deren Struktur und Bevölkerung, und die v. a. keine Rituale für Kulthandlungen entwickelt hätte, in welchen eine Kommunikation mit den zwar als unsichtbar, aber in der Alltagswelt wirksam gehaltenen Wesen gesucht wurde. Und dabei ist „kaum ein religiöser Kult vorstellbar, bei dem Musik keine Rolle spielt"[25]: eben *weil* Musik eine *andere*, von der alltäglich gebrauchten unterschiedene Form von „Sprache" ist[26].

Ein für den vorliegenden Zusammenhang wesentlicher Punkt ist sodann wohl der, dass in Riten und Kulten dem Staunen (genauer: der Erweckung von Erstaunen) der Adoranten eine große Bedeutung zukam. Dafür wurden verschiedenste Techniken angewendet, die sich auch an die verschiedenen Sinne (Sehen, Hören, Fühlen, selbst Riechen) richteten (ja, oft noch richten). Bei der ungleichen Intensität jedoch, mit der diese angesprochen werden sollten, kommt dem Hören oft eine besondere Bedeutung zu: wenn z. B. von „normal-Sterblichen" weder das Allerheiligste betreten noch die Götterstatue erblickt werden durfte, sondern nur gewisse Vorgänge zu hören waren; fallweise aber auch bestimmte Musikinstrumente tabuisiert (d. h. nur für religiöse Zwecke, u. zw. nur von dazu Befugten eingesetzt) wurden (z. B. Zeremonialflöten in Neuguinea[27]); wenn sich im Delphischen Orakel Gott Phoibos Apollon ein Sprachrohr schuf in einer Pythia, deren in – von Rauch und Drogen herbeigeführten – Trancezuständen hervorgestoßenen unartikulierten Äußerungen und/oder mysteriös-göttlichen Worte nur zu hören und dann erst noch zu interpretieren waren; wenn der jüdische Gott weder gesehen werden kann (Ex. 33,20) noch dargestellt werden darf (Ex. 20,4), er zu Auserwählten jedoch z. B. aus einer Wolke (z. B. Mk. 9,6) oder einem Dornbusch (Ex. 3,4) sprach; usw. Nur als eine Kehrseite dazu ist zu sehen, wenn in vielen Kulturen blinden Menschen besondere Fähigkeiten als „Seher" und/oder Sänger (z. B. Homer) zugeschrieben werden. Schließlich

[24] Wie z. B. mit Unterscheidung von zwei oder drei „Welten": einer irdischen, real zugänglichen und einer anderen, eben nicht ohne weiteres zugänglichen Welt, die oft noch in eine Ober- und Unterwelt gespalten ist.

[25] DE LA MOTTE-HABER, *Musik und Religion* (wie Anm. 5), 7.

[26] In der mittelalterlichen arabisch-syrischen Lexikographie ist dies sogar das Definitivum von dem, was wir als Musik bezeichnen; MAX HAAS, *Bemerkungen zum Thema „Musik, Liturgie und Transzendenz",* in: OTTO KOLLERITSCH (Hg.), *Entgrenzungen in der Musik* (Studien zur Wertungsforschung 18). Wien–Graz 1987, 54.

[27] WALTER GRAF, *Zur Spieltechnik und Spielweise von Zeremonialflöten von der Nordküste Neuguineas,* in: FRANZ FÖDERMAYR (Hg.), *Walter Graf, Vergleichende Musikwissenschaft. Ausgewählte Aufsätze* (Acta ethnologica et liguistica 50). Wien–Föhrenau 1980, 15.

scheint die unterschiedliche Betonung von Schauen (Bild, Ikone) und Hören (Gesang) noch heute die beiden großen Blöcke der christlichen Kirche (den östlich/orthodoxen bzw. westlich/katholisch-protestantischen) zu unterscheiden[28]. Das angeblich sämtliche Sinne ansprechende „Gesamtkunstwerk" hingegen ist ein recht junges, allzu oft überstrapaziertes Schlagwort[29], das bestenfalls als Idealisierung verschiedener Kunstkonzepte (v. a. romantischer von Richard Wagner bis Alexander Skrjabin, der unerreichbaren „blauen Blume" vergleichbar) zu verstehen ist; auch in Film und Fernsehen ist eine Balance zwischen Sicht- und Hörbarem heutzutage nur selten gewahrt und noch seltener eine *multimedia*-Präsentation mehr als ein modisches Accessoire. Der Streit aber, ob das Auge wichtiger sei als das Ohr und ob das Visuelle noch immer unterentwickelt sei, ist älter als ihre Abhandlung durch Leon Battista Alberti (1404–72) oder Herbert Marshall MacLuhan[30], auch weitgehend unfruchtbar und kann die vorliegende Frage nicht weiter beleuchten.

Bei allen Kulthandlungen spielte mit großer Wahrscheinlichkeit das Hörbare (wenn schon nicht immer als Musik im engeren Sinn oder gar als Kunst) eine Rolle[31]: nämlich wenigstens in dem, dass die im Verkehr mit den Überirdischen verwendete Sprache nicht die des Alltags sein sollte, sondern eine besondere, stilisierte (d. i. mit bestimmten Mitteln veränderte) zu sein hatte und z. T. noch hat – ebenso, wie auch die Stimme des delphischen Apoll nicht die normale oder gar eindeutig verständliche war. Jedenfalls wurden und werden in allen großen, aber auch in zahlreichen kleineren, vermutlich in allen älteren Religionen die heiligen Texte nicht einfach vorgelesen, sondern – zumal im öffentlichen und repräsentativen Kult, entweder solistisch oder kollektiv – rezitiert (d. i. „künstlich" auf gleicher Tonstufe oder nach bestimmten Schemata [modi] vorgetragen, im Gegensatz zur als natürlich empfundenen Sprachmelodie der meisten Sprachen[32]), werden Anrufungen von Priestern gesungen und allenfalls vom Volk akklamiert, dürfen beim Kult keine oder nur bestimmte, u. U. sogar nur für diesen Zweck tabuisierte Instrumente verwendet werden, u. a. m. Das Christentum und die jüngere Synagoge (d. i. das Judentum nach der Zerstörung des Tempels 70 n. Chr.) sind diesbezüglich wohl am weitesten

---

[28] RUDOLF FLOTZINGER, *Lukas und Gregor. Vergleich zweier mittelalterlicher Mythen,* in: DAVID HILEY (Hg.), *ars musica/musica sacra.* Regensburg 2006 (in Druck).

[29] Wie viele Opernbesucher tatsächlich das Gesehene *und* Gehörte in gleichem Maße genießen, steht dahin.

[30] HERBERT MARSHALL MCLUHAN, *Understanding Media*, 1964; dt. *Die magischen Kanäle.* Düsseldorf–Wien 1992, 100ff.

[31] JOHANNES WINCKELMANN (Hg.), MAX WEBER, *Wirtschaft und Gesellschaft. Grundriß der verstehenden Soziologie*, Tübingen [5]1976, 46. Ob man darin – wie ihm gelegentlich unterstellt – gar eine These zum Ursprung der Musik sehen darf, bleibe ohne Weiteres offen.

[32] Der Unterschied zwischen Sprechen und Rezitieren ist also umso größer, je stärker das melodische Element der betreffenden Sprache inhärent (so in sog. Tonsprachen) oder in ihr üblicherweise ausgeprägt ist.

gegangen und haben eigene Gesangsformen entwickelt, die als „gesungenes Gebet" verstanden sein wollen[33]. Dass deren Rolle und beabsichtigte Einschätzung heutzutage kaum mehr nachvollzogen werden können, verwundert nicht: den meisten Menschen erscheinen sie allzu weit von Alltagserfahrungen entfernt und anderen als „exotisch" erfahrenen fremder Kulturen verwandter, als der eigenen. Deshalb erfolgt die Rezeption sowohl des synagogalen Sprechgesangs als auch des christlichen Chorals auf weite Strecken und über Kulturgrenzen hinweg auf eher exotischer und/oder modisch-esoterischer Ebene; hinsichtlich des Vertrauens in ihre magische Kraft aber treten gerade in Letzterer alte Vorstellungen wieder hervor. Dass wir damit mitten im Thema sind, liegt auf der Hand. An der etwa gleichzeitigen Verbannung der Instrumente aus dem Kult durch Juden- und Christentum scheinen sogar die christlichen Kirchenväter des 2.–4. Jahrhunderts ihren Anteil gehabt zu haben und sei es nur als Reaktion auf als Anschuldigung empfundene Bemerkungen zur alten Synagoge; die gemeinsame Stoßrichtung beider Religionsgemeinschaften gegen orgiastische Mysterien im Zeitalter des Hellenismus ist offensichtlich. Im Übrigen hat das junge Christentum seine Prinzipien ja erst schrittweise entwickelt und dabei lokalen Traditionen lange Zeit sehr viel Raum gelassen. Die Zurückdrängung des (zumal virtuosen) Instrumentenspiels zumindest in den privaten Bereich führte erst im Laufe der Zeit zu einer heute recht eigentümlich anmutenden und der Forschung noch immer Schwierigkeiten bereitenden Beurteilung: aufgrund der bekannten mittelalterlichen Einteilung der *musica* in *mundana, humana* und *instrumentalis* sowie trotz ihrer zunehmenden Ächtung repräsentierten die Musikinstrumente in bildlichen Darstellungen nach wie vor (und ab der Gotik sogar verstärkt) die Musik als solche[34]. Die sich daraus ergebende Dichotomie „geistlicher Gesang vs. weltliche Instrumentalmusik" wurde nur dadurch abgeschwächt (d. h. nicht stringent in heutigem Sinne vollzogen), dass gewisse Instrumente als Attribute

---

[33] Diese grundsätzliche Parallelität zwischen Juden- und Christentum über etwa ein Jahrtausend hinsichtlich der Idealisierung reiner Vokalmusik und (resp. nunmehrigen) Ablehnung von kultischem Instrumentengebrauch wurde lange Zeit nicht gesehen; vgl. ECKHARD TRAMSEN, *Nicht Stimmung, sondern Stimmen. Zur Geschichte des Synagogalgesangs*, in: DE LA MOTTE-HABER (Hg.), *Musik und Religion* (wie Anm. 5), 37–45.

[34] Als charakteristisch kann das bekannte Frontispiz der sog. Notre-Dame-Handschrift „F" gelten: dreimal wird die *musica* als Herrscherin (daraus sollte später die „Frau musica" werden) dieser drei Ebenen dargestellt, wobei vier Mönche die Seele-Körper-Harmonie repräsentieren und ein Fiedler mit weiteren Instrumenten an der Wand und zu Füßen die praktisch-klangliche Musik. Dazu und zur schrittweisen Veränderung der Sichtweisen vgl. HARTMUT MÖLLER, *Die Musik als Abbild göttlicher Ordnungen. Mittelalterliche Wirklichkeit – Wahrnehmungsweisen – Deutungsschemata,* in: DE LA MOTTE-HABER (Hg.), *Musik und Religion* (wie Anm. 5), 59ff.

der Engel[35] (d. i. von Himmelsbewohnern) betrachtet wurden und andere als solche des Teufels – bzw. der als dessen Handlanger „verteufelten", durchaus irdischen Spielleute[36], auf die man trotz allem nicht ganz verzichten konnte: für das persönliche, „weltliche" Vergnügen.

Ob man deshalb gleich auf direkte Beziehungen schließen kann, bleibe dahingestellt. Tatsache ist, dass sich ähnliche Vorstellungen und Verhältnisse, wie die bisher angesprochenen, in zahlreichen alten Mythen (zu denen auch die Bibel zu rechnen ist), aber auch in jüngeren europäischen Märchen[37] ausgedrückt finden: Hier wird fallweise sogar von musikalischer Grundlegung der Welt berichtet (z. B. der Tanz des indischen Gottes Shiwa; Singen der Weltenschöpfer während ihres Tuns[38]; Beitrag der Musen zum Wohle der Welt durch ihren Gesang zur Unterhaltung der im griechischen Olymp feiernden Götter), vom „Klang" der Gestirne (z. B. in der pythagoräischen Sphärenharmonie), vom göttlichen Ursprung der Musik, der sich in der Erfindung einzelner Instrumente durch Götter niederschlägt (z. B. der Lyra durch Hermes; des Aulos durch Athene, die ihn allerdings wegwirft, als sie bemerkt, wie das Spiel ihr Gesicht entstellt), von Göttern selbst als Musiker (z. B. Apollon als Leierspieler, seine Siege über Pan und Marsyas), von göttlichen Heroen als Instrumentenbauern (z. B. Gilgamesch einer heiligen Trommel), von der Macht und Wirkung der Musik (zahlreiche, auf der ganzen Welt zu findende Parallelgestalten zum thrakischen Sänger Orpheus, der vorübergehend sogar den Tod überwinden konnte[39]; der Besänftigung des tobenden hebräischen Königs Saul durch Davids Harfen-

---

[35] REINHOLD HAMMERSTEIN, *Musik der Engel. Untersuchungen zur Musikanschauung des Mittelalters*. Bern–München 1962.

[36] REINHOLD HAMMERSTEIN, *Diabolus in musica. Studien zur Ikonographie der Musik im Mittelalter*. Bern 1974.

[37] WOLFGANG LAADE, *Musik und Musiker in Märchen, Sagen und Anekdoten der Völker Europas. Eine Quellensammlung zum Problemkreis „Musik als Kultur". I: Mitteleuropa* (Sammlung musikwissenschaftlicher Abhandlungen 78). Baden-Baden 1988.

[38] Der Götter, während sie der Erde Leben einflößten (Kosmogonie der Skidi-Pawnee), des Schöpfers während der Erschaffung der Welt (Pima-Indianer), des göttlichen Mani, während er die Insel Havaiki aus dem Meer fischt und so die Welt schafft (Polynesien), des Gottes Nareau, während er die Welt schafft, die Menschen erkennt, die große Muräne bezwingt und die Welt ordnet (Mikronesien); vgl. WOLFGANG LAADE, *Musik der Götter, Geister und Menschen. Die Musik in der mythischen, fabulierenden und historischen Überlieferung der Völker Afrikas, Nordasiens, Amerikas und Ozeaniens* (Sammlung musikwissenschaftlicher Abhandlungen 58). Baden-Baden 1975, Nr. 123, 140, 210, 236, eine Fundgrube einschlägiger Texte.

[39] LAADE, *Musik der Götter* (wie Anm. 38); WALTER GRAF, *Zu den west-östlichen Parallelen in der frühen Reflexionen über die Musik*, in: FÖDERMAYR (Hg.), WALTER GRAF, *Vergleichende Musikwissenschaft* (wie Anm. 27), 71–89.

spiel [1 Sam.16,23]; von einem wundersamen Rattenfänger[40]), von der Macht bestimmter Instrumente[41] (z. B. von den die Mauern von Jericho zerstörenden Posaunen [Ios. 6,20], aber auch dem die thebanischen erbauenden Leierspiel des Amphion), von Papst Gregor I. als Vermittler (nicht Erfinder) des ihm durch den Hl. Geist selbst eingegebenen[42] westlichen Kirchengesangs, der Hl. Cäcilia als Schutzheiliger der christlichen Musiker[43] usw.

Die Vorstellung, dass der himmlische Gesang der Musen die Vorbilder für das Singen auf Erden liefere, lebte nicht nur in der mittelalterlichen weiter, wonach die irdische Musik ein „Abbild göttlicher Ordnungen“[44] sei, sondern wurde noch im 18. Jahrhundert (z. B. in Johann Matthesons *Neu-Eröffnetem Orchester* [1713] oder Händels *Alexander's Fest* [1736] wie Dryden-Händels *Cäcilien-Ode* [1739]) verfochten[45], und Kaiser Karl VI. wollte (1740) deshalb unter Musik sterben, damit so der Übergang zur himmlischen möglichst bruchlos erfolge[46]. Und ebenso wenig zu übersehen ist, dass im griechischen Götterhimmel an der Seite des gesitteten Apoll der sinnliche, bacchantische Dionysos stand und dieser Dualismus abermals über das mittelalterliche Nebeneinander von Musik der Engel und ihres „gefallenen“ Bruders Teufel bzw. deren irdische Parallelen der Kirchensänger und Spielmänner bis in die Moderne (z. B. Friedrich Nietzsche) fortlebte und entsprechende Wertungen prägte.

---

[40] Als „Rattenfänger von Hameln“ durch die Märchen der Brüder Grimm allbekannt geworden, der betreffende Typus ist jedoch auch in anderen Ländern und Orten bekannt und weit verbreitet.

[41] D. h. tatsächlicher Machtwirkung und nicht nur symbolischer -demonstration.

[42] Wie (wohl nicht erst) seit Homer unzählige Male (ein) Gott dem Dichter oder Sänger seine Weisen eingibt.

[43] Ebenfalls ab dem 14. Jh., wenn auch aufgrund völlig unzutreffender Voraussetzungen, nämlich der Interpretation des aus der *Passio* in die Festantiphon übernommenen Passus „*cantantibus organis*“ als Hinweis auf die erst zu dieser Zeit zum Kircheninstrument werdende Orgel, anstatt (im Gegenteil) auf die weltliche (= sündige) Begleitmusik während ihrer erzwungenen Hochzeit.

[44] MÖLLER, *Die Musik als Abbild göttlicher Ordnungen,* in: DE LA MOTTE-HABER (Hg.), *Musik und Religion* (wie Anm. 5), 47–74.

[45] WILHELM SEIDEL, *Absolute Musik und Kunstreligion um 1800,* in: DE LA MOTTE-HABER (Hg.), *Musik und Religion* (wie Anm. 5), 138.

[46] GUIDO ADLER (Hg.), *Musikalische Werke der Kaiser Ferdinand III., Leopold I. und Joseph I.* 1 (Wien 1892), Einleitung XVII. In den *Gradus ad parnassum* seines Hofkapellmeisters Johann Joseph Fux (1725) ist der Zweck der Musik immerhin bereits ein zweifacher: Lob Gottes *und* Ergötzung des Menschen (ein Gedanke, der mit vertauschten Wertigkeiten in Ferdinand Hands *Ästhetik* mehr als 100 Jahre später wiederkehren sollte); RUDOLF FLOTZINGER, *Die Musikanschauung des Johann Joseph Fux (1660–1741),* in: *Das achtzehnte Jahrhundert und Österreich* (Jahrbuch der Österreichischen Gesellschaft zur Erforschung des achtzehnten Jahrhunderts 10). Wien 1995, 94.

Nicht nur im ethnologischen Bereich sind unterschiedlichste Nutzungen von gewissen Wirkungen von Musik (oder auch nur bestimmter Arten; selbst wenn dies nur in Überzeugungen oder allein im Glauben daran begründet sein mochte[47]) bekannt geworden. Die größte Rolle spielte und spielt sie – in unterschiedlichen Definitionen, u. U. auf bestimmte Klang- oder Rhythmusphänomene reduziert – bei sämtlichen Formen angestrebter „alterierter Bewusstseinszustände“ (Ekstase, Trance, Psychedelik)[48]. Solche Fragestellungen sind unter dem Stichwort „Musik als Droge“ inzwischen längst von der Musikethnologie und -anthropologie in die Musikpsychologie, -soziologie, -pädagogik usw. gelangt. Auch bei diesem Schritt könnte von einem der Säkularisierung gesprochen werden: von den Grundlagen des Wissens über Musik (Glaube vs. Wissenschaft) über die Erklärung zu notwendigen Steuerungsversuchen. Jedenfalls kann der allbekannte Orpheus-Mythos auch heute noch als eine Zusammenfassung einschlägiger Beobachtungen fungieren, die in der Antike als sog. Ethoslehre, im Mittelalter als *effectus musices* und von der Romantik als „Macht“ der Musik propagiert wurden, Hörer in eine (weitgehend undifferenzierte) „*and're Welt entrücken*“ zu können. Und ihren gezielt medizinischen Einsatz pflegt nicht erst die relativ junge Musiktherapie, sondern hatten Schamanen und Medizinmänner bestens gekannt und nach den divergierendsten Ansätzen genutzt, hatte z. B. der Jesuitenpater Athanasius Kircher schon in seiner *Musurgia universalis* (1650) beschrieben[49].

III. SYSTEMATISCHE GESICHTPUNKTE

Insgesamt gesehen, scheinen die Veränderungen über die Zeit also nicht allzu groß zu sein. Immerhin werden, extrapoliert man allein die wenigen erwähnten Mythen unterschiedlichen Alters, mehrere Gesichtspunkte besser verständlich: einerseits die außerordentlich enge Beziehung, die lange und bis in jüngste Zeit der Musik zu Glaubensvorstellungen zugeschrieben wurde und sie in besonderer Weise für die Verschönerung des Gottesdienstes geeignet erscheinen ließ; aber auch die Einschätzung der gesamten Musik als ein Säkularisierungsprodukt erscheint nun keineswegs mehr als weit hergeholt. Andererseits könnte ihre Loslösung von rituellen Zusammenhängen durchaus befreiende Momente enthalten haben[50]. Fast immer über-

---

[47] Vgl. z. B. RUDOLF FLOTZINGER, *Zum Topos von der Völker und Stände verbindenden Wirkung der Musik*, in: *International review of the aesthetics and sociology of Music* 12 (1981), 91–101.

[48] KADEN, *Das Unerhörte und das Unhörbare* (wie Anm. 1), Kap. 2; HANS OESCH, *Musik als Vehikel der Jenseitsreise in schamanischen Kulturen Südostasiens*, in: KOLLERITSCH (Hg.), *Entgrenzungen in der Musik* (wie Anm. 26), 37–49.

[49] Vgl. KADEN, *Das Unerhörte und das Unhörbare* (wie Anm. 1), 174; WOLFGANG SUPPAN, *Der musizierende Mensch*. Mainz etc. 1984, 102–123.

[50] KNEPLER, *Geschichte als Weg zum Musikverständnis* (wie Anm. 23), 188, 207.

sehen wird jedoch, dass in den einschlägigen Mythen nur selten die eigentliche Spitze der Götterhierarchie (z. B. Zeus) als singend oder musizierend dargestellt, sondern diese Vorstellung erst unterhalb dieser Ebene angesiedelt erscheint[51]; wenn aber (wie bei den erwähnten außereuropäischen Kosmogonien), dann eindeutig *begleitend* zur jeweils eigentlichen Tätigkeit[52]. Man kann dies, wie auch die Sphärenharmonie, jedenfalls als Hinweis auf eine besondere Nähe zur Oberwelt, sodann aber auf die davon hergeleitete funktionale Bedeutung der Musik[53] – gerade im „Gottesdienst“ (schließlich ja auch der Musen!) – verstehen, an der die „weltliche“ Musik nur teilhaben möchte oder sich orientiert.

Im Übrigen interessiert hier vor allem, dass offenbar bei allen derartigen Erzählungen sowohl eigentümliche als auch weitgehend unerklärbare (magische) Aspekte der Musik im Allgemeinen, im Besonderen aber empirisch festgestellte (und ihr nicht bloß zugeschriebene) Wirkungen auf Mensch und Natur Pate standen. Hinsichtlich der Instrumente göttlicher Erfindung ist nicht nur diese Herkunft (d. h. die Musik als ein Geschenk der Götter, damit als etwas Besonderes, ja Heiliges) zu bedenken. Sie hat auch Auswirkungen sowohl auf deren Handhabung durch bestimmte Menschen, als auch deren Bewertung: Musiker verwenden nicht Werkzeuge wie andere Menschen (Handwerker) auch[54], sondern gewinnen damit Anteil am Übermenschlichen, erhalten göttliche Kräfte, werden aus der übrigen Menschenmenge herausgehoben; ihre oft zu beobachtende Rolle als Weise, geistige Führer, Medizinmänner usw. wird dadurch ebenso verständlich wie das Gegenteil, ihre fallweise Ausgrenzung oder die Tabuisierung bestimmter Instrumente, die gelegentlich sehr weit (nämlich bis zur Tötung von Unbefugten) getrieben sein kann. Und abermals sind durchaus noch heute wirksame, wenn auch nicht immer bewusste Reste solcher Beurteilungen namhaft zu machen: etwa im Falle der Orgel als Kircheninstrument par excellence, ja als angebliche „Königin der Instrumente“[55]; der zum Bettlerinstrument „herabgesunkenen“ Drehleier oder dem selbst verfertigten Maipfeiferl in Kinderhänden.

---

[51] ALBRECHT RIETHMÜLLER, *Antike Mythen vom Ursprung der Musik,* in: DE LA MOTTE-HABER (Hg.), *Musik und Religion* (wie Anm. 5), 34.

[52] Ebenso bei Shiwas Tanz, der, wenn man ihn denn hier als Beispiel heranzieht, bereits in abendländischer Weise dechiffriert (differenziert) erscheint.

[53] Die Begriffe *Musik* und *Gesang* werden insofern oft leichtfertig gebraucht, als Musik einmal als Oberbegriff über beide und einmal als Kurzform von „Instrumentalmusik“ eingesetzt (im Grunde sind es zwei verschiedene) und kaum bedacht wird, und dass Gesang wohl die ältere Form ist.

[54] Dass Musikinstrumente nur besondere Formen von Werkzeugen sind, welche allgemein die Möglichkeiten der Benutzer erweitern, liegt auf der Hand.

[55] Diese Einschätzung ist außerordentlich jung, nämlich wohl nicht vor dem 19. Jh. zu finden (z. B. in einer Bruckner-Kritik Eduard Hanslicks, 1870). KADEN setzt diesen Aufstieg bereits im 16. Jh. an (*Das Unerhörte und das Unhörbare,* wie Anm. 1, 204).

Das Beispiel Orgel mag allerdings veranschaulichen, dass solch hehre Einschätzung oft einen entsprechenden Aufstieg zur Voraussetzung hat, also – um durchaus beim Thema zu bleiben – eine Art Gegenteil von Säkularisierung. Es überrascht nicht, dass die Geschichte gerade dieses Instruments von allerlei Idealisierungen und Fehlinterpretationen entstellt und der Eintritt der spätantiken *hydraulis* (Wasserorgel) in den byzantinischen Kaiserkult eher als geklärt angesehen werden kann (den Ausgangspunkt bildete ein Zirkus-Instrument), als ihre Einführung in die westliche Kirche. Der Schluss von einem byzantinischen Geschenk an den Karolinger Pippin (757, ein weiteres an Karl d. Gr. ist nicht wirklich belegbar) und einer entsprechenden Kopie (826) auf eine vergleichbare Rolle im westlichen Kaiserkult mag zwar oberflächlich überzeugen[56]. Er kann jedoch den im 14. Jahrhundert[57] einsetzenden Aufstieg *in* der Kirche, welcher das Instrumentenverbot durchbrach, nicht erklären, sondern bestenfalls eine mittelalterliche Nähe von Kirchen- und Kaiserkult belegen: am karolingischen Hof war die Orgel jedenfalls ein nicht-kirchliches Instrument. Wenn die jüngste Erklärung – Umweg über die Funktion der Exemplifizierung von Musiktheorie, d. h. Gesangspädagogik[58] – zutrifft, wird außerdem eine Unterscheidung von nach gleichen Grundlagen gebauten Instrumenten nicht nur nach Größe, sondern auch Funktion vorausgesetzt: der Ausgangspunkt für beide war vom Kult im engeren Sinn bereits einigermaßen entfernt gewesen. Der Aufstieg des zur Größe tendierenden Typus vorerst zu einem eindeutigen Kircheninstrument (während die kleinen auch bei weltlichen Musikern beliebt blieben) vollzog sich naheliegenderweise ausschließlich in geistlichen (oder solche imitierenden) Kreisen und lebte von dieser Verbindung auch noch, nachdem die Kirchenorgel in einem eindeutigen Säkularisierungsakt ihre weltliche Schwester erhalten hatte: die Konzertorgel der bürgerlichen Konzertsäle ab dem 19. Jahrhundert. Die gelegentlich dokumentierte Ablehnung (je)der Orgel als „*typisch christlich*(sozial)*es Instrument*“ von liberaler und sozialdemokratischer Seite[59] war keineswegs nur ideologisch bedingt, sondern erschien historisch begründbar und somit auch verständlich.

---

[56] MANFRED SCHULER, *Hofkapelle und Orgel* [als] *Herrschaftszeichen der Karolinger,* in: MARC HONEGGER / CHRISTIAN MEYER (Hg.), *Actes du XIIIe Congrés de la Societé Internationale de Musicologie, Strasbourg 1982.* Strasbourg 1986, 22–27.

[57] D. h. deutlich später, als meist angenommen; vgl. PETER WILLIAMS, *The organ in western culture 750–1250* (Cambridge Studies in Medieval and Renaissance Musik). Cambridge 1993.

[58] RUDOLF FLOTZINGER, *Neuerlich: Wie kam die Orgel in unsere Kirchen?* (in Druck)

[59] Z. B. sozialdemokratische Proteste im Radiobeirat gegen übertragungstechnisch relativ einfache und billige, daher von Produktionsseite beliebte Orgelkonzerte im Österreichischen Rundfunk vor 1933; VIKTOR ERGERT, *50 Jahre Rundfunk in Österreich* 1. Salzburg 1974, 142.

Den Aufstieg zum Kircheninstrument verdankte die Orgel wohl auch einer gewissen Verbindung mit einem der wohl wichtigsten Momente und überzeugendsten Beispiele im vorliegenden Zusammenhang überhaupt: mit der Mehrstimmigkeit abendländischer Prägung[60] (die inzwischen längst begonnen hat, alle anderen Formen zu verdrängen; außerdem manifestiert sich in den Momenten Mehrstimmigkeit und Orgel auch die Trennung von Juden- und Christentum im frühen Mittelalter). Deren frühe, von der Kirche offenbar nur unwillig akzeptierten Formen wurden *diaphonia,* „vulgariter“ aber auch *organum* genannt. Die Mehrdeutigkeit diese lateinischen Lehnworts nach griechisch όργανον = Werkzeug, Hilfsmittel, Organ[61] ist nach wie vor nur schwer aufzulösen. Erst relativ spät nahm es (in der Pluralform *organa*) einigermaßen eindeutig die Bedeutung „Orgel“ an. Darüber, worin allenfalls eine Vorbildwirkung von der antiken *hydraulis* ausgegangen sein könnte, ob in Hinblick auf den Parallelklang aufgrund ihrer Pfeifenreihen oder von Bordun aufgrund bevorzugten Gebrauchs, konnte sich die Forschung bislang nicht einigen[62]. Obwohl in mehreren Instrumenten längst vorliegend, sind beide Grundlagen nicht nur auch vokal plausibel, sondern machen ein Gutteil ihrer Einschätzung als „artifiziell“ aus. Sie stammen zweifellos aus uralten usuellen (volkstümlichen) Formen, sind aber dann ausschließlicher, als dies selbst von der Orgel gesagt werden kann, durch Geistliche (d. h. Gebildete im Rahmen der Kirche) zu artifiziellen gemacht und weiter entwickelt worden[63]. Diese Ansätze sollten ab dem 13. Jahrhundert die abendländische Musik fortan prägen[64]. Da sie noch für längere Zeit kirchlich oder wenigstens geistlich dominiert blieben, ist es also kaum übertrieben, hierin das wichtigste Moment des in Rede stehenden Zusammenhangs zu sehen. Gemessen an diesem entscheidenden Impetus, nehmen sich alle anderen als nachrangig aus. Da alle späteren, auch die weltlichen Formen von Mehrstimmigkeit auf den Erfahrungen jener aufbauten,

---

[60] FRITZ RECKOW, *Organum-Begriff und frühe Mehrstimmigkeit. Zugleich ein Beitrag zur Bedeutung des „Instrumentalen“ in der spätantiken und mittelalterlichen Musiktheorie,* in: *Forum musicologicum* I (Basler Studien zur Musikgeschichte 1). Bern 1975, 31–167.

[61] FRITZ RECKOW, *Organum,* in: *Handwörterbuch der musikalischen Terminologie.* Wiesbaden 1971. Hier ist eine erstaunliche Fülle von Belegstellen übersichtlich zusammengestellt, die für das hier Folgende unentbehrlich sind.

[62] RUDOLF FLOTZINGER, *Parallelismus und Bordun. Zur Begründung des abendländischen Organums,* in: ANNEGRIT LAUBENTHAL (Hg.), *Studien zur Musikgeschichte. Eine Festschrift für Ludwig Finscher.* Kassel etc. 1995, 25–33 u. a.

[63] Ja, in der ausschließlich vokalen Ausführung zeigte sich erst die Künstlichkeit dieser artifiziellen und deren Unterschied zu den usuellen Formen.

[64] RUDOLF FLOTZINGER, *Perotinus musicus. Wegbereiter abendländischen Komponierens.* Mainz 2000, 81.

kann die abendländische Kunstmusik – und diese ist weitgehend eine mehrstimmige – also nahezu in ihrer Gesamtheit als Säkularisie-rungsprodukt verstanden werden[65].

Aber noch immer fehlt ein wesentliches Moment, das allerdings bislang in dieser Tragweite noch nicht beachtet wurde: Die Orgel kam offenbar zunächst als Vorbild und Unterstützung der die Praxis sicherstellenden Theorie in die Kirchenmusik. In der kirchlichen Praxis aber spielte sie eine andere Rolle, als die Projektion rezenter Verhältnisse nahezulegen schienen: nämlich *nicht* zur Begleitung des ein- oder mehrstimmigen Gesangs, sondern bestenfalls dessen abschnittweiser Ersatz (sog. alternatim-Praxis, z. B. jeder geradzahlige Vers instrumental zwischen den vokalen ungeradzahligen), d. h. zur Abwechslung, wenn man will: durch die Gegenüberstellung von natürlichem (= von Gott gegebenen, daher göttlichem) und künstlichem Instrument[66]. Das bedeutet, dass ein Text nicht nur als gewissermaßen musikalisiert angesehen wurde (wie erwähnt, sind sowohl Tempelgesang als auch Choral nicht einfach Gesang, sondern gesungenes Gebet), sondern dass er fallweise durch die Musik vollständig repräsentiert (nicht nur vertreten) wurde. Selbstverständlich hatte der allmächtige und allwissende Gott als Adressat damit keine (Verständnis-) Schwierigkeiten[67]. Aber der Musik war damit eine Ausweitung ihrer Bedeutungsmöglichkeiten zugewiesen, wie nie zuvor und danach[68], konkret: die Melodielinie zu einem bestimmten Textabschnitt konnte ohne diesen Text dasselbe „bedeuten", d. h. Musik an die Stelle des Texts treten und ihn vollständig vertreten. Für eine solche Bedeutungsveränderung der Musik, geschweige denn diesen „Aufstieg" des Instruments, fehlt es an angemessenen Begriffen. So würde z. B. „Sakralisierung" in beiden Fällen einen deutlich anderen als den gemeinten Aspekt erfassen. In Hinblick auf die Selbstreferenzialität der späteren sog. „autonomen" Musik nach 1800, zu

---

[65] Ein starkes Gewicht liegt auf diesem Wörtchen „nahezu", denn völlig zu Recht weist KADEN die einfache „Umkehrung: dass alles Schöne dem Göttlichen entspringe", zurück (*Das Unerhörte und das Unhörbare,* wie Anm. 1, passim, bes. 295).

[66] In diesem Sinne sind die zahlreichen mittelalterlichen Vergleiche zwischen Singapparat und -stimme mit Instrumenten, ja deren Kategorisierung zu verstehen.

[67] Ebenso wenig wie mit einer mehrtextigen oder gar mehrsprachigen Motette, die allein hörend nicht nachvollzogen werden könnte.

[68] Durch das Trienter Konzil (1545/63) wurde das Orgelspiel genau geregelt und – dieser Schritt ist ebenso bezeichnend wie bemerkenswert – bestimmt, dass der Zelebrant (Priester) den betreffenden Text im Stillen zu sprechen hatte. Dies wurde mit der zu gewährleisteten Vollständigkeit der Texte begründet, doch ist darin einerseits auch ein gewisses Misstrauen der Geistlichkeit nicht zu übersehen (und das zu einer Zeit, da die rhetorischen Möglichkeiten der Musik durch die Musiker bereits sehr weit getrieben worden waren und diese sogar zu neuen Musikformen führen sollte). Andererseits öffnete diese Bestimmung – wahrscheinlich nolens volens – den Musikern erst recht weitere Möglichkeiten: z. B. wäre die spätere Instrumentalmesse ohne Concertoprinzip nicht denkbar, sie wurde der Kirche ebenso durch die Musiker untergejubelt wie schon vorher die Mehrstimmigkeit.

welcher dieser Zustand den denkbar größten Gegensatz darstellt, wird man sie jedenfalls „heteroreferentiell" nennen können.

IV. HISTORISCHE ERGÄNZUNGEN

Andere Momente entsprechen dem von der artifiziellen Mehrstimmigkeit ausgelösten Entwicklungsgang: z. B. das Aufkommen des sog. Werk-Charakters (Unveränderbarkeit und Abgeschlossenheit), das sowohl als Parallele zum Tabu, als auch unter dem Gesichtspunkt der Entstehungsbedingungen (Gottesdienste, geistliche und weltliche Höfe) und der Verbreitungsmedien (Schrift, vornehmlich durch Geistliche) zu sehen ist; der bis zum Beginn der Neuzeit unbezweifelbare quantitative Überhang von geistlicher Musik; die Tradition weiterer Anlass bezogener Musizier- und Kompositionsformen ab dem Spätmittelalter (z. B. sog. Ansingen, Staatsmotette, Huldigungswerke). Auch die Entstehung und Entwicklung genuin weltlicher Gattungen wie der mittelalterlichen mehrstimmigen volkssprachigen Liedformen sind ohne die Erfahrungen aus jenen kaum denkbar, während geistliche Seitenzweige (z. B. des Madrigals) als gegenläufige Beispiele zur Säkularisierung zu verstehen sind. Auch Parodien[69] können diesbezügliche Beispiele liefern: etwa die Verwendung eines weltlichen Lieds (zumal eines Kriegslieds wie z. B. *L'homme armé* im 15. Jh.) als Grundlage einer Messkomposition oder die Umtextierung eines italienischen Liebesliedes von Giulio Caccini auf der Basis des Schmerzes in ein lateinisches Passionslied[70]. In solchen Fällen muss von Sakralisierung gesprochen werden.

Abgesehen von der nach wie vor kontrovers diskutierten Rolle der Gegenreformation nach dem Trienter Konzil für die Entstehung des musikalischen Barocks mit z. T. völlig neuen Musikformen, sind unter dem Gesichtspunkt der Säkularisierung in besonderer Weise Gattungen zu sehen, die aus dem höfischen (insbesondere Oper) und/oder dem geistlichen Bereich (katholische Oratorien, protestantische Kantaten und Passionen) stammen, heute aber fast ausschließlich losgelöst von diesen sowie von ganz anderen Trägern (v. a. Konzertveranstaltern) genutzt werden. Sogar im engeren Sinn liturgische Kompositionen erklingen eher im Konzertsaal oder in Kirchenkonzerten, jedoch nahezu nur mehr ausnahmsweise in ihren angestammten Bereichen. Dieser Teil sog. bürgerlicher Konzerte steht den historischen Abläufen, die zur Bezeichnung *Säkularisierung* geführt haben, keineswegs zufällig zeitlich am nächsten und bildet wohl auch das wohl einsichtigste Beispiel für den entsprechenden Vorgang in der jüngeren Musik überhaupt. Im Übrigen ist auch

[69] Allerdings wäre auch in diesem Zusammenhang das Prinzip stärker als üblich zu beachten: Verschiebungen der Bedeutungsebene sind in *beide* Richtungen möglich und werden mit dem üblichen „hoch vs. tief" nicht vollständig erfasst.

[70] RUDOLF FLOTZINGER, *Eine Quelle italienischer Frühmonodie in Österreich* (Veröffentlichungen der Kommission für Musikforschung [der] Österr. Akademie der Wissenschaften 6). Wien 1966, 21–28.

„Verbürgerlichung“ zu einem Schlagwort geworden und wird dabei selten bedacht, dass dies nur eine spezielle Form von „Verweltlichung“ darstellt. Ebenso, dass es nicht allzu lange dauerte, bis deren Aufführungen geradezu pseudo-rituelle Formen annahmen, dass das ehrfürchtige und schweigende Zuhören wieder zur selbstverständlichen Forderung[71] und die beteiligten Musiker (allen voran – gewissermaßen ideeller – die Komponisten und – sehr viel anschaulicher – zunehmend Dirigenten) als „*Priester am Altar der Kunst*“ gesehen[72], dass Festspiele (als durchaus weltlich angesehen und nicht selten politisch vereinnahmt) zu Bühnenweihespielen hochstilisiert, kurz: (pseudo-)sakralisiert wurden, u. zw. weitgehend folgerichtig[73].

Auch in diesem Zusammenhang ist nicht unwesentlich, dass die Unterschiede zwischen evangelischer und katholischer Kirchenmusik so groß nicht sind, wie oft behauptet wurde und wird, ja dass sie allein kompositorisch kaum zu fassen sind[74]. Daher sind denn auch die Mechanismen der Entfremdung – konkret: die Aufführung von für Kirchenraum und Liturgie geschaffenen Werken in Konzerthäusern – weitestgehend die gleichen; vordergründig rezipiert und als „Seelenspeise“ genossen wird vor allem die Musik, während Texte und deren Inhalte in den Hintergrund treten: ob die frei gedichteten (oder wenigstens so durchsetzten) deutschen evangelischer oratorischer Passionen[75] oder der unveränderte, aufgrund ständiger Wiederholung trotz der lateinischen Sprache als bekannt und damit verständlich vorausgesetzte einer Messe. Dass dem besonders umfangreiche und schwer auszuführende Werke (wie W. A. Mozarts Fragment KV 427 oder Beethovens *Missa solemnis*[76]) anheim fielen, versteht sich. Als eine Sonderform – gewissermaßen als Oratorien mit gleich bleibendem Text – können die großen Requien (Totenmessen) von Mozart über Berlioz bis Verdi und darüber hinaus angesehen werden. In diese Tradition fügt sich das *Deutsche Requiem* von Johannes Brahms ebenso wie zwei Generationen später Franz Schmidts *Das Buch mit sieben Siegeln* (1937)[77], die von vornherein für den Konzertsaal komponiert wurden und allein schon aufgrund der Texte als Säkularisationsprodukte zu verstehen sind. Speziell unter diesem Gesichtspunkt aber – und

[71] Soweit man diese für Kulte eben voraussetzen kann.

[72] Zweifellos folgten die Musiker „der“ Musik in dieser Hinsicht bloß nach.

[73] HELGA DE LA MOTTE-HABER, *Musik als „innerweltliche Erlösung“,* in: KOLLERITSCH (Hg.), *Entgrenzungen in der Musik* (wie Anm. 26), 37–49, bes. 40f.

[74] VON LOESCH, *Glaubensspaltung* (wie Anm. 20), 75–100.

[75] Nicht zu verwechseln mit Passionsoratorien, die es auch im katholischen Bereich gab, die aber nie in Hauptgottesdiensten aufgeführt wurden.

[76] THEODOR W. ADORNO, *Verfremdetes Hauptwerk. Zur Missa solemnis,* in: DERS., *Moments musicaux* (Edition suhrkamp 54). Frankfurt/M. 1964, 167–185.

[77] RUDOLF FLOTZINGER, *Dies irae, Requiem und Apokalypse,* in: CARMEN OTTNER (Hg.), *Apokalypse. Symposion 1999* (Studien zu Franz Schmidt 13). Wien–München 2001, 49–57.

nicht nur wegen ihrer Bezeichnung als nunmehr weltliche Oratorien[78] – zu sehen sind auch Joseph Haydns *Die Schöpfung* (1796) und *Die Jahreszeiten* (1799), nicht zufällig von den aufkommenden Musikvereinen bevorzugte Werke. Sie forderten neben Solisten das Zusammenwirken von vielen Mitwirkenden in Chor wie Orchester und waren von demselben aufgeklärten Geist, dem einerseits zahlreiche Klöster zum Opfer gefallen waren und der andererseits die Musikvereine hervorgebracht hat. Mit ihren Texten konnten sich Gläubige wie Freigeistige identifizieren. Ebenso wenig überraschen kann aber auch, dass es abermals nicht allzu lange dauerte, bis sie teilweise in parodierter Form (nämlich einzelne Sätze als Messeinlagen oder ganze Messen[79]) in die Kirche zurückkehrten (d. h. nach der Säkularisierung neuerlich sakralisiert wurden).

Auch in der Oper (bei Oratorien liegt es ja auf der Hand) sind oftmals Sujets z. B. aus der Bibel genommen worden, allerdings nicht alle unter dem Gesichtspunkt der Säkularisierung zu verstehen: z. B. generell nicht in der Barock-Zeit (z. B. Reinhard Keisers *Nebucadnezar,* 1704), biblische anstelle buffonesker Intermezzi in Klöstern während des 18. Jahrhunderts (z. B. *Mardochaeus* des Klosterkomponisten Georg Pasterwiz 1755) oder als religiös-politische Manifestationen aufzufassende (wie z. B. Schönbergs *Moses und Aron,* 1930)[80]. Eher gilt dies für solche im 19. und frühen 20. Jh., d. h. abermals seit der Aufklärung (von Gioacchino Rossinis *Mosè in Egitto* [1818] und Jacques Fromental Halévys *La Juive* [1835] über Giuseppe Verdis *Nabucco* [1842] und Camille Saint-Saëns' *Samson und Dalila* [1877] bis Wagners *Parsifal* [1882] und Richard Staussens *Salome* [1905]). Andere sind, um nur mehr österreichische Beispiele zu nennen, zumindest in gleicher Weise noch immer unter dem Gesichtpunkt klösterlich-barocker Tradition zu verstehen (z. B. *Il Giuseppe riconosciuto* [1777] von Pasterwiz oder noch Franz Schuberts *Die Freunde von Salamanca* [1815]), unter betont aufgeklärtem Gesichtspunkt (d. h. religiöse Momente geben nur mehr den – allenfalls kritischen – Hintergrund ab, z. B. *Die christliche Judenbraut* [1790] von Johann Baptist Paneck, *Babylons Pyramiden* [1797] von Johann Gallus Mederitsch und Peter Winter, Johann Weigls *Baals Sturz* [1820], vergleichbar dem der – gleichzeitig mit der österreichischen Tradition des theatralischen Zauberstücks konvergierenden – W. A. Mozartschen *Zauberflöte* [1791]), unter dem des Historismus (z. B. Karl Goldmarks *Königin von Saba* [1875]) oder erscheinen zumindest heute eher als romantisch-naiv (z. B. Wilhelm Kienzls „Volksoper" *Der Evangelimann* [1895]). Nur teilweise unter Säkularisierung erfasst wären auch Erfolge von „Kirchenopern" in jüngerer Zeit (z. B. des Carinthischen

---

[78] Immerhin ist zu bedenken, dass sich die Bezeichnung vom Gebetsraum (lat. *oratorium*) herleitet.

[79] Karl Schnürl, *Haydns Schöpfung als Messe,* in: *Festschrift für Erich Schenk* (StMw 25). Graz–Wien–Köln 1962, 463–474.

[80] Stefan Strecker, *Der Gott Arnold Schönbergs. Blicke durch die Oper Moses und Aron* (Ästhetik– Theologie – Liturgik 5). Münster–Hamburg–Berlin–London 1999.

Sommers in Ossiach)[81]. Bekannt ist schließlich auch, dass z. B. die Errichtung eigener Opernhäuser im Zuge der Moderne gegen 1900 für die Identität größerer Städte von besonderer Bedeutung wurde[82]. (In der Österreichisch-Ungarischen Monarchie z. B. wurde dieser Bedarf ab 1870 zum größten Teil vom Wiener Architektenteam Ferdinand Fellner & Hermann Helmer[83] befriedigt.)

Notorisch sind Klagen über die Verweltlichung der (abermals evangelischen wie katholischen) Kirchenmusik seit dem 17., mit einem gewissen Höhepunkt im 18. Jahrhundert, z. T. also einer Säkularisierung, noch bevor es diesen Begriff gab[84]. Konkret bezogen sich diese v. a. auf Rezitative und ausgesprochene Arien sowie auf Kontrafakturen (also bloße Umtextierungen, ebenfalls besonders aus dem Theater), womöglich ausgeführt von bekannten Bühnengrößen. Nüchtern betrachtet, belegen diese Kritiken jedoch zweierlei: zum einen kaum feststellbare Unterschiede zwischen „weltlich“ und „geistlich“ in kompositorischer Hinsicht und zum andern, dass die Kirchenmusik sich in Letzterer nicht so ohne weiteres abhängen ließ. Der Wille zum nach wie vor hohen (wenn nicht gar gesteigerten) Anspruch ist als Gegengewicht (wenn nicht als Kehrseite) zu Trivialisierungen zu verstehen, die in der Promulgierung des Concertoprinzips (insbesondere seit Ludovico Grossi da Viadanas *Cento concerti ecclesiastici*, 1602) grundgelegt waren und im katholischen Bereich vor allem im Aufkommen sog. Landmessen gesehen werden[85]. Dies jedoch abermals in bestimmter Hinsicht zu Unrecht: die Landmessen sind nicht einfach als wertlos abzutun, vielmehr als Ausfluss des speziell im süddeutsch-österreichischen (also katholischen) Raum unternommenen und in gewisser Weise die Säkularisierung im engeren Sinn vorwegnehmenden Versuchs zu verstehen, die komponierte Musik – in durchaus missionarischem, um nicht zu sagen: spät-gegenreformatorischem, jedenfalls anti-türkischem Geist der Zeit nach 1683 – „unter’s Volk zu bringen“, d. h. von Hof, Stadt und Kloster zu lösen und auch dem Landvolk zugänglich zu machen, ja von ihm ausführen zu lassen, jedenfalls ihre Basis entscheidend zu verbreitern[86].

---

81 In solchem Zusammenhang ist z. B. Gottfried v. Einems *Jesu Hochzeit* [1980] zu verstehen.

82 REINHARD KANNONIER / HELMUT KONRAD (Hg.), *Urbane Leitkulturen 1890–1914. Leipzig – Ljubljana – Linz – Bologna* (Studien zur Gesellschafts- und Kulturgeschichte 6). Wien 1995.

83 GERHARD M. DIENES (Hg.), *Fellner & Helmer. Die Architekten der Illusion. Theaterbau und Bühnenbild in Europa.* Graz 1999.

84 In Österreich ließ sich 1754 dafür sogar die Kaiserin Maria Theresia instrumentalisieren, doch ist sie mit ihren Eingriffen (insbesondere dem Trompetenverbot) am Widerstand der Bevölkerung (also der Hörer, weniger der Musiker) gescheitert.

85 RUDOLF FLOTZINGER, *Versuch einer Geschichte der Landmesse,* in: *Bruckner Symposion 1985. Anton Bruckner und die Kirchenmusik. Bericht.* Linz 1988, 59–72.

86 Das Faktum selbst ist unbestritten, eine Begründung dafür aber m. W. noch nicht einmal angedacht. Einen expliziten Auftrag von oben gab es dafür (wie üblich) nicht, doch konnte er vom Beschluss des Trienter Konzils abgeleitet werden, das Kirchenvolk stärker als bislang einzubeziehen, ähnlich wie Änderungen im barocken Kirchenbau sowie entspre-

Dadurch kamen nicht nur zunehmend viele Menschen in den passiven Genuss von Musik, die ihnen bisher vorenthalten gewesen war[87], sondern auch in aktiv-praktische Kontakte mit einer solchen. Doch wer denkt schon daran, wenn er das als „Mitwirkung von Laien“ bezeichnet oder man heute von „Laienmusizieren“ spricht, dass das Wort „Laie“ nicht nur die heutige Bedeutung „Nichtfachmann“ besitzt, sondern ursprünglich „Nichtpriester“ bedeutete[88] und damit selbst bereits eine Säkularisierungsform darstellt? Wer vor allem nimmt ernst, dass damit tatsächlich historische Verhältnisse angesprochen werden: die Übernahme von Kenntnissen, die im Mittelalter beinahe ausschließlich geistliche professionelle Musiker besessen hatten und die jetzt wiederum von Geistlichen propagiert wurden? Natürlich sind mit Laienmusizieren stets auch Trivialisierungstendenzen in Gang gesetzt; sie wurden aber nicht nur in diesem Fall durch Bildungseffekte (die in Österreich seit dem 19. Jahrhundert zu orten sind und die Forschung zeitweise von „Dorfkonservatorien“ der Landschulmeister sprechen ließ) mehr als aufgehoben[89].

Überhaupt kann, wieviel die Volksmusik von der Kirchenmusik (nicht nur zu dieser Zeit) gelernt hat, nicht überschätzt werden. Diese Verhältnisse wären allerdings mit „Säkularisierung“ nicht mehr angemessen beschrieben. Hingegen lässt sich behaupten, dass der Säkularisierungseffekt (oder jedenfalls der Eindruck davon), den bürgerliche Musikvereine im frühen 19. Jahrhundert auslösten[90], dort am größten zu veranschlagen ist, wo die eben angedeutete Basisverbreiterung am erfolg-

chende Eingriffe in ältere Bauten (z. B. Abbruch der Lettner und deren Ersatz durch Chorschranken; Einbauten von Westemporen und Orgeln selbst in kleinen Landkirchen seit dem 17. Jh.). Außerdem ist die Nachahmung der evangelischen (protestantischen) Seite unverkennbar, welche Gesang, Musik und Theater in ihren Schulen von Anfang an besonders gefördert hatte. Auf beiden Seiten kam den Schulen (Lehrern) außerordentliche Bedeutung zu, doch haben die unterschiedlichen Ansätze entsprechend unterschiedliche Entwicklungen im protestantischen Norden und katholischen Süden des deutschen Sprachgebiets in der Folgezeit zweifellos unterstützt.

87 Wenn man also wollte, könnte man sogar von Ansätzen zu Demokratisierung bzw. Vorformen des dann von Kaiser Joseph II. verfolgten Stände-Ausgleichs sprechen. Dieser vor- oder frühaufklärerische Aspekt ist ebenfalls noch gänzlich ununtersucht.

88 Das Wort kommt vom mittellateinischen „laicus“ (= Ungelehrter, im Gegensatz zum gelehrten Geistlichen), zurückgeführt auf griechisch λαός = „Volk“.

89 RUDOLF FLOTZINGER, *Über den Bildungseffekt und die „andere“ Konservativität katholischer Kirchenmusik*, in: *Geistliche Musik. Studien zu ihrer Geschichte und Funktion im 18. und 19. Jahrhundert* (Hamburger Jahrbuch für Musikwissenschaft 8). Laaber 1985, 143–155.

90 Vgl. IGNAZ FRANZ EDLER V. MOSEL, Wien 1808: „Die Tonkunst wirkt hier täglich das Wunder, das man sonst nur der Liebe zuschrieb: sie macht alle Stände gleich.“

reichsten war und die tiefsten Wurzeln geschlagen hatte, während anderswo wohl simpleren Nachahmungsmechanismen die größere Rolle zuzumessen sein wird[91].

Die zumal in der zweiten Hälfte des 18. Jahrhunderts verstärkt dokumentierten Vorwürfe der Verweltlichung von Kirchenmusik durch Arien und/oder Frauengesang – zurecht ohnehin nur in Städten einigermaßen denkbar, wenn aber in kleineren Orten auftretend, dem Verdacht einer bloßen Projektion ausgesetzt – konnte allein vor dem Hintergrund der besagten Promulgierung also von vornherein nicht wirklich treffen. Möglicherweise zielte er sogar unausgesprochen auf das, was sich heute als Erklärung dafür nahelegt: dass die Zuhörer – denn es ist nicht zu leugnen, dass die Teilnehmer am katholischen Gottesdienst auch nach dem Tridentinum und bis zum Zweiten Vaticanum bloße Zuhörer waren – in der Kirche nur das gleiche musikalische Niveau zu hören wünschten wie im Theater oder dieselbe Musik zu machen, wie zuhause. In erstere Richtung waren sie zumal in Wien durch das kaiserliche Opernverbot während der Fastenzeiten, die man mit (ebenfalls bloß zu hörenden) Oratorien überbrückte, geradezu erzogen worden. Auch das ist ein Gesichtpunkt, den es bei der Beurteilung der frühen Musikvereinstätigkeit neben dem Prinzip des eigenen aktiven Musizierens der Mitglieder vor dem später bloß passiven Zuhören zu bedenken gilt: die großen Oratorien als bevorzugte Gattung nicht nur, weil sie die Möglichkeit boten, dass sich möglichst viele Gesellschaftsmitglieder in möglichst effektvoller Weise präsentieren konnten (die frühen Musikvereinskonzerte waren bekanntlich vor allem für nicht-aktive Familienmitglieder und Freunde, nicht so sehr für zahlendes Publikum gedacht), während die reine Instrumentalmusik – aller theoretischen Betonung zum Trotz – vorerst (zumindest für einige Generationen) eher eine Sache besonderer Kennerschaft blieb. Als Äquivalent für den Ernst dieser Teilnahme an der Aufführung (und entsprechender Unterordnung unter ein Ganzes) wurde von den Zuhörern während der Darbietung (stärker als im Theater und somit abermals an kirchliche Gottesdienste erinnernd) Stille verlangt, sodass schließlich der Schritt zur pseudo-religiösen Umwertung musikalischer Betätigung nicht allzu groß war[92].

Wie weit in diesem von der ebenfalls in der zweiten Hälfte des 18. Jahrhunderts endgültig einsetzenden und im frühen 19. Jahrhundert in Musikvereinen kanalisierten bürgerlichen Konzertwesen, also neben dem praktischen Moment, auch theoretische und nicht nur unterschiedlichste Nachahmungsprozesse wirksam wurden, blei-

---

91 Vgl. Eberhard Preußner, *Die bürgerliche Musikkultur. Ein Beitrag zur deutschen Musikgeschichte des 18. Jahrhunderts.* Kassel–Basel ^{2}1950.

92 Es handelt sich dabei nicht nur um eine „typisch romantische“ Tendenz, die schließlich in der Übersteigerung der Musiker als Priester münden und die, ins Zeitlose erhoben, noch bei der Konstituierung der Moderne eine Rolle spielen sollte; Rudolf Flotzinger, *Konservative und Fortschrittler. Gegen eine übl(ich)e Vereinfachung,* in: Ingrid Fuchs (Hg.), *Gottfried von Einem-Kongress Wien 1998. Kongreßbericht* (Veröffentlichungen des Archivs der Gesellschaft der Musikfreunde in Wien 3). Tutzing 2003, 49–60 (bes. 58ff.).

be offen. Tatsache ist, dass um 1800 „von Poeten, Musikschriftstellern und Theologen [z. B. Johann Gottfried Herder, Friedrich Wilhelm J. Schelling, Friedrich Schleiermacher]“ der „Glaube“ vertreten, d. h. nach Vielen: eine „Kunstreligion“ begründet[93] wurde, wonach die „heilige“ Musik „Menschen zur Andacht [ein weitgehendst der Religion zugeordneter Begriff] erheben“ könne und sogar die „Toten mit den Lebenden verbinden, [und zwar] *so* unmittelbar und innig, wie nur sie es kann“[94]. Hinsichtlich Letzterem eine direkte Verbindung zu Kaiser Karl VI. oder Mattheson herzustellen (siehe oben S. 170), verbieten wiederum fehlende vermittelnde Momente. Trotzdem ist weder die Übereinstimmung zu übersehen noch die Konvergenz (was wiederum nicht heißt: einfache, bedingungslose Verbindung[95]) zu dem eben angesprochenen Punkt: „Wo immer Musik die Menschen erhebt, ist Gottesdienst; Konzert- und das Opernhaus werden zu Tempeln, die Künstler zu Priestern“, noch der bemerkenswert geringe Unterschied zwischen protestantischen und katholischen Ländern, wenn sie nur von Gedanken der Aufklärung und Revolution erfasst worden waren. Auch daran ist wohl ein Moment beteiligt, das man bisher nur in Hinblick auf die Ästhetik der reinen, sog. absoluten Musik anzuerkennen bereit war: die keineswegs nur poetische, sondern durchaus auch theologisierende, heute nur mehr schwer in adäquater Weise nachzuvollziehende Sprache wie Argumentation von Autoren wie z. B. Wilhelm Heinrich Wackenroder oder Ludwig Tieck[96], im Gegensatz zur – wenigstens in dieser Hinsicht – weniger hermetischen, weil sachbezogeneren und trotzdem metaphysischeren eines E. Th. A. Hoffmann (dem eigentlichen Künder der Idee von der neuen absoluten Musik). Mit der Metapher vom Priester korrespondiert, dass in der Tat Musiker – insbesondere Komponisten und Virtuosen – in der sozialen Wertskala innerhalb kürzester Zeit rasch aufstiegen, sie die damit verbundene Absonderung von der Masse als Charisma auch genossen und schließlich als hinzunehmende, wenn nicht selbst gewählte Isolation zu stilisieren begannen. Die ganz offensichtlichen Übereinstimmungen dieser (ins Biographische über-

---

[93] Diese ist keinesfalls, wie oftmals argumentiert, eine Art Kompensation betreffender vorangegangener Verluste; vergleichbare Momente sind bereits früher und auf anderen Gebieten bekannt, z. B. „die mit religiöser Inbrunst sich formierenden Nationalstaaten“ (KADEN, *Das Unerhörte und das Unhörbare,* wie Anm. 1, 38).

[94] Vgl. SEIDEL, *Absolute Musik und Kunstreligion um 1800* (wie Anm. 45), 133, 131.

[95] Es gibt sowohl „absolute Musik ohne Kunstreligion“ als auch „Kunstreligion ohne absolute Musik“; SEIDEL, *Absolute Musik und Kunstreligion um 1800* (wie Anm. 45), 135ff., 138ff.

[96] *Herzensergießungen eines kunstliebenden Klosterbruders* (insbesondere *Das merkwürdige musikalische Leben des Tonkünstlers Joseph Berglinger*) und *Phantasien über die Kunst für Freunde der Kunst* (1799; insbesondere *Von den verschiedenen Gattungen in jeder Kunst und insbesondere von verschiednen Arten der Kirchenmusik*).

steigert z. B. bei Franz Liszt[97]) mit schon erwähnten, entwicklungsgeschichtlich frühen Momenten (wie Hypostasierung, Tabuisierung usw.) direkt aufeinander zu beziehen, hindert – trotz des bereits in der Goethe-Zeit vertretenen Topos, dass Kunst und Religion gleichen Ursprungs seien[98] und vereinzelter Hinweise auf gewisse „*Uranfänge*" (z. B. Robert Schumann) – die lange dazwischen liegende Zeit: Ganz offensichtlich können vergleichbare Ideen unter recht unterschiedlichen Bedingungen unabhängig von einander (wieder) entstehen. (Liszts Rückwendung zur Papstkirche aber entbehrte nicht der Pose[99] und korrespondiert im Übrigen mit den Inhalten des Ersten Vaticanums von 1869[100], ist also als Anti-Säkularisierung, ja „Gegenposition zur Kunstreligion des 19. Jahrhunderts" zu interpretieren.)

In einem mehrfachen Sinne jedenfalls trägt – zumal für Mitteleuropa – die Erklärung des bürgerlichen Konzertwesens als Säkularisierungsprodukt einiges zu seinem besseren Verständnis bei. Die oftmals zu findende, ebenfalls von der Konzertpraxis abgeleitete Definition des Ausdrucks „absolute Musik" – indem die Lösung der Musik von äußeren, ausschließlich dienenden Funktionen (z. B. im Kult, zum Tanz) kurzerhand zu Selbstzweckhaftigkeit umgedeutet wird und die Begriffe „autonom" bzw. „absolut" einfach in eines gesetzt werden – stellt allerdings eine Trivialisierung dar. Ihr Paradigma hatten schon in den 1770er Jahren der schottische Nationalökonom Adam Smith[101] und der Engländer Charles Burney[102] in der Instrumentalmusik gesehen, indem jener einfach von ihrer Bedeutung ausging (sie liege nicht in dem, was sie allenfalls von der Wirklichkeit wiedergäbe, sondern allein in sich selbst; diese Musik erfordert zwar eine neue Art des Hörens, bedürfe aber auch keiner weiteren, auch keiner metaphysischen Legitimation) bzw. dieser sie „an art of pleasing by the succession and combination of agreeable sounds" definierte[103]. Dass für solche Erkenntnisse – stärker jedenfalls als bei den deutschen Romantikern – die Aufklärung (u. zw. in ihrer anti-kirchlichen Variante) Pate gestanden hatte und dass man daher sogar in einem spezifischen Sinn von Säkularisierung sprechen darf, ist offen-

---

[97] MARION SAXER, *Nicht-liturgisch gebundene religiöse Musik: Franz Liszt und Anton Bruckner,* in: DE LA MOTTE-HABER (Hg.), *Musik und Religion* (wie Anm. 5), 179.

[98] HEINZ VON LOESCH, *Kunst als Religion und Religion als Kunst. Zur Kunst- und Religionsphilosophie Richard Wagners,* in: DE LA MOTTE-HABER (Hg.), *Musik und Religion* (wie Anm. 5), 191.

[99] Bruckners Religiosität mag man naiv nennen (z. B. auch seine Widmung der 9. Symphonie „*Dem lieben Gott*" – durchaus *auch* als Säkularisierung zu verstehen), ist aber echter und – gemessen an seiner Zeit und Sozialisation – weder pathologisch noch anti-säkular zu nennen.

[100] Unfehlbarkeitsdogma, sog. Modernismus.

[101] ADAM SMITH, *Essays on Philosophical Subjects,* ed. by J. C. Bryce. Oxford 1980.

[102] CHARLES BURNEY, *General History of Music.* London 1776/89.

[103] SEIDEL, *Absolute Musik und Kunstreligion um 1800* (wie Anm. 45), 132, 138; KADEN, *Das Unerhörte und das Unhörbare* (wie Anm. 1), 243.

sichtlich (insofern verwundert die anfänglich gering[schätzig]e Rezeption in Deutschland heute ein wenig). Im eigentlichsten Sinn aber gilt dies für Musikwerke, bei denen buchstäblich von einer „Überführung in den Laienstand“ gesprochen werden kann, ob von den Benutzern vollzogen (z. B. Bachsche Passionen, Bruckners *Te Deum* anstelle eines Schlusssatzes seiner *9. Symphonie*) oder bereits von den Komponisten (z. B. Haydns *Schöpfung* oder Schmidts *Buch mit sieben Siegeln*) intendiert.

Wenn auch nun „die Zeit der christlichen Kirchenmusik [...] vorbei“ (Herder) war, blieb ein Gutteil der Musik im 19. Jahrhundert religiös bestimmt. Dabei einfach von einem Niedergang[104] zu sprechen, hieße, neben den geistes- und sozialgeschichtlichen Gründen für die Veränderungen vor allem die zunehmende und – zumal im katholischen Bereich – notwendige Kluft zwischen (hoher) Ästhetik und (niederer) Praxis auf diesem Gebiet zu übersehen und die Träger der Letzteren gewissermaßen nachträglich zu überfordern. Die mit der Aufklärung in Gang gebrachte und bis in die jüngste Zeit anhaltende Kirchenflucht (insbesondere von Intellektuellen, Liberalen und schließlich Sozialdemokraten) ging zumindest in ihrem Effekt mit einer Trivialisierung der besagten *„Kunst-Religiosität“,* ja des Religionsersatzes durch Kunst einher, und in der zweiten Jahrhunderthälfte ging es Richard Wagner um nicht weniger als deren weitere Überhöhung[105], gipfelnd schließlich in einer überspannten Selbst-Sakralisierung. Die Säkularisierung setzte sich also (und auch nicht weniger polemisch als zu Beginn der Aufklärung) fort, Aussagen in solchem Zusammenhang werden allerdings zunehmend tautologisch (dass z. B. der Autonomie-Gedanke in Widerspruch zur Funktionalität von Kirchenmusik stehe, aber in sich metaphysisch sei). Die Restaurationsbewegung des katholischen Cäcilianismus (als idealisierende Berufung auf Gregorianik und Palestrina-Satz, z. B. bei Thibaut 1824[106]) musste zu Widersprüchen mit zunehmend relevant werdenden ästhetischen Forderungen führen, von ambitionierten Komponisten konnten die Diskrepanzen schließlich nicht mehr zur Deckung gebracht werden[107]. Als Beispiele können Felix Mendelssohn Bartholdy, Franz Liszt und Anton Bruckner stehen, die mit Oratorien, Kirchen- und anderen geistlichen Vokalwerken, sodann (zur autonomen Musik deutlich quer stehenden) symphonischen Dichtungen und schließlich sogar Symphonien

---

104 Vgl. SAXER, *Nicht-liturgisch gebundene religiöse Musik* (wie Anm. 97), 155–185.

105 VON LOESCH, *Kunst als Religion und Religion als Kunst* (wie Anm. 98), 189.

106 ANTON FRIEDRICH JUSTUS THIBAUT, *Über Reinheit der Tonkunst.* Heidelberg 1825.

107 Dass dies auch mit der Frage „Verständlichkeit und Popularität“ und daher auch mit den besagten Promulgierungsbestrebungen in Zusammenhang gebracht werden müsste, kann hier nicht weiter verfolgt werden. Vgl. im Übrigen WINFRIED KIRSCH, *Zwischen Kunst- und Liturgieanspruch: Die Kirchenmusik Anton Bruckners,* in: CHRISTOPH-HELLMUT MAHLING / SIGRID WIESMANN (Hg.), *Bericht über den Internationalen Musikwissenschaftlichen Kongreß Bayreuth 1981.* Kassel 1985, 248–269.

recht unterschiedliche Gattungen repräsentieren und auch erheblich unterschiedliche persönliche Entwicklungen nahmen.

Bei den besagten ästhetischen Forderungen handelt es sich vor allem um die nach Fortschritt, jedenfalls Innovation und Originalität, die schließlich im Futurismus münden sollten[108]. Hatte die Betonung, ja Benennung von „Fortschritt“ gewiss eine Übernahme von den das 19. Jahrhundert in besonderer Weise prägenden sog. Naturwissenschaften dargestellt[109], war die diesem zugrunde liegende Forderung von Neuheit („Innovation“) auch in der Komposition seit dem Hochmittelalter bekannt und wirksam, mehrmals auch schon buchstäblich „tonangebend“ gewesen; „Originalität“ schließlich ist gewissermaßen bloß als eine besondere Form von Neuheit zu verstehen[110]. Ebenfalls (wenn auch mit umgekehrten Vorzeichen) in futuristische Vorstellungen münden sollte eine nunmehr entstehende, bereits angedeutete Attitüde der Künstler: von der Gegenwart unverstanden zu sein und sich daher selbst auf die Zukunft zu vertrösten zu müssen. Sie verhinderte nicht, ja ist vielleicht sogar nur eine Kehrseite, dass dem Künstler nicht nur mehr eine Priester-, sondern eine Gott-ähnliche Position zugeschrieben wird oder er sie für sich in Anspruch nimmt (keineswegs nur Wagner). Noch gesteigert erscheint diese theurgische[111] Funktion der Kunst durch die russischen Symbolisten (gegen 1900)[112], eine literarische Bewegung, die in dieser Hinsicht stark an die deutsche Romantik erinnert, ohne Hinweis auf die spezifisch russische Geistesgeschichte aber missdeutet wäre[113]. Ihr musikalisches Pendant war Alexandr Skrjabin, der in vieler Hinsicht wie eine Übersteigerung von Wagner erscheint (Gesamtkunstwerk als Wiedervereinigung der Künste, Ursynästhesien, sein Projekt *Mysterium* nicht nur als Utopie), aber weit über die Kunst hinaus tendierte: nicht mehr, ob die Musik Außermusikalisches überhaupt darstellen könne, war nun die Frage, sondern die autonome Musik zielte auf Außermusikali-

---

108 RUDOLF FLOTZINGER, *Zum Verhältnis von Moderne und Futurismus in der Musik,* in: GOTTHART WUNBERG / DIETER A. BINDER (Hg.), *Pluralität. Eine interdisziplinäre Annäherung. Festschrift für Moritz Csáky.* Wien–Köln–Weimar 1996, 211–227.

109 ARNOLD BURGEN et al. (Hg.), *The Idea of Progress* (Philosophie und Wissenschaft. Transdisziplinäre Studien 13). Berlin–New York 1997.

110 RUDOLF FLOTZINGER, *Neuheit in der Musikgeschichte,* in: RUDOLF HALLER (Hg.), *nach kakanien. Annäherungen an die Moderne* (Studien zur Moderne 1). Wien–Köln–Weimar 1996, 224–240.

111 „Theurgie“ wird meist als „Kunst der Götter- und Geistbeschwörung“ verstanden, doch steckt in dem Wort nicht nur das griechische Wort für „Gott“ (θεός), sondern auch εργάζομαι = handeln, tun, ein έργον (= Werk) wirken.

112 BARBARA BARTHELMES, *Musik und Religion im russischen Symbolismus,* in: DE LA MOTTE-HABER (Hg.), *Musik und Religion* (wie Anm. 5), 209–234 (bes. 219, 222).

113 Bemerkenswert ist z. B. auch, dass ihre musikalischen Vorstellungen stärker an der aktuellen Musik orientiert erscheinen, als die mancher Romantiker, was zu dem bekannten Bonmot von Carl Dahlhaus geführt hat, die klassische Musik hätte keine Ästhetik, die (romantische) Ästhetik keine (konkrete) Musik im Hintergrund gehabt.

sches, die „realere, wirklichere Welt des Symbolismus". Mit diesem „doppelten Symbolismus", diesen zusätzlichen „Akten der Sinngebung der Welt und/oder Empfindungswelt"[114] schlägt Säkularisierung in esoterische Sakralisierung um. Musiker wie Ivan Wyschnegradsky (mit seiner umfassenden Theorie eines nicht-oktavierenden, zyklischen ultrachromatischen Raumes) oder Nikolaj Obuchov (durch ein neues Notationssystem, Orientierung an biologische Organismen) bogen solche Ansätze durchaus unterschiedlich stärker auf die Musik selbst zurück; indem für sie Komponieren und Leben identisch werden sollten, überwanden sie die Kunstreligion, ja stellen sie durchaus Gegenbilder zu romantischen Originalgenies dar[115].

Demgegenüber zielte der um 1910 in Italien aufkommende Futurismus nicht mehr nur auf die Gestaltung der Gegenwart und allenfalls Verkündigung von Zukunft, sondern – ebenfalls über die Kunst hinaus, jedoch noch stärker ins praktische Leben – deren Gestaltung; das Zukunftsdenken der vorhergehenden Generation scheint also ins Aktive (wenn auch nicht unbedingt ins Positive) gewendet; von dem futuristischen Manifest des Schriftstellers Emilio Marinetti 1909 ließen sich 1911 Francesco Balilla Pratella zu einem *Manifest der futuristischen Musiker* und Luigi Russolo 1913 zu einer *Kunst der Geräusche* anregen. Der vom Begriff Futurismus suggerierte Anschluss an deutsche Ansätze (von Wagners *Kunstwerk der Zukunft* [1849] bis Ferruccio Busonis *Entwurf einer neuen Ästhetik der Tonkunst* [1907], der auch einen Säkularisierungsaspekt nahezulegen scheint) ist jedoch nicht wirklich ausgemacht. Seine unmittelbaren musikalischen Manifestationen machten nur vorübergehend Furore, erst spätere Weiterführungen (z. B. durchaus selektive wie die Edgar Varèses) führten wieder zu ernster zu nehmenden Werken. Bemerkenswerter war denn auch seine Resonanz in Russland (z. B. bei Arthur Lourie). Dabei erscheint wichtiger als der theoretische Bezug auf die Italiener (Manifest *Wir und der Westen,* 1914) der praktische auf eigene russische Traditionen[116]. War es Wagner noch um eine Sakralisierung seiner Kunst aus ihrer Säkularisierung heraus[117] gegangen, erschiene der Ausdruck „Säkularisierung" für den italienischen Futurismus bereits als zu schwach, ja unzutreffend: weil es hier nichts zu Säkularisierendes mehr gab, sondern der (in jeder Hinsicht als technisch zu bezeichnende) Zukunftsaspekt dominierte. Deshalb erwiesen sich die Manifeste als wirkungsvoller als die auf ihrer Basis geschaffene Musik. Im Übrigen war dieser Zukunftsaspekt, da er der Musik

---

[114] BARTHELMES, *Musik und Religion im russischen Symbolismus* (wie Anm. 112), 223 (nach SCHIBLI bzw. DE LA MOTTE-HABER).

[115] BARTHELMES, *Musik und Religion im russischen Symbolismus* (wie Anm. 112), 232f.

[116] Man sollte also deutlich zwischen der italienischen und russischen Ausprägung unterscheiden.

[117] Hier erweisen sich also Säkularisierung und Sakralisierung nicht einmal mehr als gegenläufige Bewegungen, sondern bestenfalls als komplementär: einem „hochgradig sakralisierte[n] Kunstbegriff stand ein entsprechend säkularisierter Religionsbegriff gegenüber" (VON LOESCH, *Kunst als Religion,* wie Anm. 105, 193).

lediglich (der Idee des Futurismus) dienende Funktion zuschrieb, vollends antiautonom.

Hingegen steht für die sog. Zweite Wiener Schule, die von spekulativen, okkulten und esoterischen Momenten keineswegs frei ist[118], in jedem Fall die Musik als solche ganz eindeutig im Mittelpunkt des Interesses der Komponisten. Josef Matthias Hauer erscheint in mehrfacher Beziehung – etwa hinsichtlich der Ton-Farbe-Beziehungen, Gruppierung der 12 Halbtöne 2 x 6 u. a. – als eine Art Gegenpol und sogar den Russen näher stehend[119], doch ist sein Denken stärker auf das Christlich(katholisch)e zurück gewendet. Seine bekannte Formulierung *„Gott hat von Ewigkeit her die absolute Musik ein für allemal komponiert, vollkommen vollendet. Wir Menschenkinder bemühen uns im Laufe eines Kulturäons, diese göttliche Vatersprache zu erlernen*" lässt, bei aller Anhäufung von Topoi und allen unterschiedlichen Interpretationsmöglichkeiten, in dieser Hinsicht kein Missverständnis zu. Wohl aber könnte das Festhalten am Verständnis der Musik als einer „absoluten" sogar als ein österreichisches und die beiden oppositionell erscheinenden Lager verbindendes Charakteristikum betrachtet werden. Die Frage lautete gewissermaßen: ob bzw. wie weit man über die romantische Kunstreligion grundsätzlich (also nicht nur hinsichtlich der verwendeten kompositorischen Mittel) hinausgehen wollte. Das beinhaltet auch, dass z. B. Schönbergs *Jakobsleiter* oder *Moses und Aron* allein wegen ihrer Thematik aus der Bibel – wie bereits erwähnt – mit „säkularisiert" nicht mehr angemessen beschrieben wären, da sie in allen zivilisierten Kreisen als Parabeln verständlich sind und keiner darüber hinausgehenden messianischen Funktion oder Immanenz dienen[120]. In ähnlicher Weise ist das (zweifellos religiös besetzte) Wort „Verklärung" in den Titeln der Tondichtungen *Tod und Verklärung* von Richard Strauss oder Schönbergs *Verklärter Nacht* (hier zweifellos mehrdeutig) zu verstehen. Die Rezeption der Werke aber scheint zu zeigen, dass auf dieser Basis trotz al-

---

118 Vgl. z. B. WOLFGANG GRATZER, *Zur „wunderlichen Mystik" Alban Bergs* (Stichwort Musikwissenschaft). Wien–Köln–Weimar 1993.

119 Vgl. RUDOLF FLOTZINGER, *Zur Rezeption russischer Komponisten in Wien um 1900,* in: ALEXANDR W. BELOBRATOW (Hg.), *Jahrbuch der Österreich-Bibliothek in St. Petersburg* 4 (1999/2000), 340–348.

120 ALEXANDER RINGER (*Arnold Schoenberg. The Composer as Jew*, Oxford 1993) und TOMI MÄKELÄ (*Arnold Schönberg – ein religiöser Modernist? Von der Jakobsleiter-Vision zum Überlebenden aus Warschau,* in: DE LA MOTTE-HABER [Hg.], *Musik und Religion* [wie Anm. 5], 235–259) schildern Schönberg in recht unterschiedlicher Weise, jedoch insgesamt als stark religiös motivierten Menschen. Doch weist einerseits gerade die starke Betonung von Schönbergs „Priestertum" stärker auf die romantische Kunstreligion zurück als auf deren Weiterentwicklungen. Andrerseits könnte man bei zahlreichen Einzelmomenten und -aussagen (obzwar von Mäkelä, S. 238 geleugnet) sehr wohl von Säkularisierungen sprechen.

ler Schwierigkeiten und Widerstände[121] auch das große Publikum mehr zu übernehmen bereit war und ist, als auf der betont spekulativen Hauers. Dieses Faktum nicht als Ergebnis der Säkularisierung seit der Aufklärung zu verstehen, fällt schwer.

Als ein Gegenstück dazu kann auch der amerikanische Transzendentalismus des 19. Jahrhunderts gesehen werden, der insgesamt noch stärker kirchlich-religiös geprägt ist, überhaupt zum ersten Mal eine wenn auch nicht unabhängige, so doch typisch amerikanische Ästhetik entwickelte und nicht nur über Charles Ives bis zu John Cage weiter, sondern z. T. (nämlich als solche eher auf die Philosophie als die Musik, in Letzterer aber umso stärker mit John Cage) auch auf Europa zurück gewirkt hat[122]. Wenn Cage (z. B. mit 4'33'') Ansätze von Duchamps bzw. Rauschenberg zur Aufhebung des exklusiven Werk-, wenn schon nicht des Kunstbegriffs vollzog, hat er diese nicht so sehr der Ironie preisgegeben oder nur der Demokratie überantwortet, sondern ging es ihm um eine implikationslose Kunst (d. h. noch immer um *Kunst*). Dieser Gedanke, der in offenen Formen, Aleatorik, Freiheit der Interpretation u. a. korrespondiert, kann ohne weiteres als Konsequenz aus der Autonomie verstanden werden und entmachtet den Künstler nicht grundlegend, sondern verlagert die Verantwortung stärker zu den Interpreten. Entscheidende Funktion kommt aber zunehmend auch dem Hörer selbst zu: auch dieser ist also autonom und Gott-ähnlicher geworden. Nur auf den ersten Blick scheint daher Karlheinz Stockhausen sich (z. B. in seinem musiktheatralischen Schaffen der jüngeren Zeit, besonders ab *Aus den sieben Tagen* [1968] oder mit persönlichen Attitüden des Alters) rückschrittlich zu verhalten, indem er zunehmend vehement die Abgehobenheit des Künstlertums verteidigt. Es fragt sich dabei nicht nur, wie weit hierin Stockhausen überhaupt noch ernst (d. h. einigermaßen wörtlich und nicht als kurios) genommen wird. Man wird einerseits die innere Konsequenz jedes einzelnen Schritts zu sehen haben, die sein Schaffen durchzieht, und andererseits die Verdrängung der Ausdrucks- durch die Mittlerfunktion des Künstlers: sie machte nicht nur die Ausdrucksästhetik endgültig obsolet, vielmehr aus Schöpfern nicht einmal mehr Priester, sondern zunehmend bloße Mediatoren. Auch wenn man darin kein Ent-Thronen oder sonst einen „Abstieg" sieht, wird man diese unbezweifelbare Ent-Sakralisierung endgültig nicht mehr mit Säkularisierung gleichsetzen dürfen.

Insgesamt sind jedenfalls sehr viel weitere Teile der komponierten wie der popularen Musik seit dem 20. Jahrhundert als „Grenzüberschreitungen" in Richtung Metaphysik zu verstehen, als übliche Vorstellungen von *Moderne* und *Postmoderne* suggerieren: nicht nur in Richtung auf die „reine Struktur", auf „universelle Ordnungen" und die (Natur-)Wissenschaften, sondern auch explizit als „Heiligung des

---

[121] Vgl. MARTIN EYBL (Hg.), *Die Befreiung des Augenblicks: Schönbergs Skandalkonzerte 1907 und 1908. Eine Dokumentation* (Wiener Veröffentlichungen zur Musikgeschichte 4). Wien–Köln–Weimar 2004.

[122] WOLFGANG RATHERT, *Der amerikanische Transzendentalismus,* in: DE LA MOTTE-HABER (Hg.), *Musik und Religion* (wie Anm. 5), 261–286.

Profanen", Sicht des „Profane[n] als das Heilige" wenigstens unter bestimmten Bedingungen (z. B. Amerika), „Musik als Gleichnis[123] des Transzendenten", als „transpersonale Objektivität", „das Immaterielle und das Erhabene"[124], als verbreitetes Bedürfnis nach Sinnstiftung durch Resakralisierung inzwischen nicht mehr nur in esoterischen Kreisen gepflegt, sondern in zahlreichen New Age-Events, Treffen und Tagungen angeboten sowie durch eine eigene „Bewusstseinsindustrie" unterstützter „unstillbarer ontologischer Durst"[125] der Postmoderne, ja Grundlage einer neuen Weltreligion[126] – von der Kulthaftigkeit mancher Komponisten-Renaissance im späten 20. Jahrhundert nicht zu reden. Das alles kann keine einfache Rückkehr zu schon einmal durchlebten Formen sein. Von einer Tendenz zu neuerlicher Sakralisierung der Musik selbst aber darf ebenso gesprochen werden wie von noch stärkerer „Zelebrierung" vieler Aufführungen sog. Neuer Musik als das jemals der Fall war. Von Cage ist sie bekanntlich – in seltsamem Widerspruch zur vorgeblichen „Kritik an der ritualisierten Darbietung und Rezeption traditioneller Musik" – letztlich zum einzigen Kriterium von Kunst(-Musik) gemacht worden. Mit einiger Wahrscheinlichkeit ist diese Re-Sakralisierung im Zuge der Postmoderne von New Age-Hintergründen sogar ausgelöst und bildet nicht nur eine Parallele zu ihr[127].

Schließlich noch viel enger aber ist „die Verwandtschaft von Popkonzerten und gottesdienstlichen Handlungen"[128]. Aber auch in den musikalischen Wurzeln spielten – diesfalls eindeutige – Säkularisierungsvorgänge eine entscheidende und längst akzeptierte Rolle: bei der Entstehung von Jazz, Blues, Soul usw. ist nicht nur die afro-amerikanische Akkulturation[129], sondern sind ebenso die eingeflossenen religiösen Ausgangspunkte zu sehen (neben Bereichen, in denen sie – wie z. B. bei Gospel und Spiritual, wenn auch ohne deren liturgische bzw. außerliturgische Wurzeln – zumindest sichtbar geblieben sind). Dass nahezu alle diese Formen auch wieder den Weg zurück in „neue Sekten" fanden und sogar weitere hervorbrachten, ist so gesehen keineswegs verwunderlich.

---

[123] Dieses Wort ließe sich durch zahlreiche andere ersetzen: Symbol, Chiffre, Zeichen, Hinweis, Zeugnis, sinnliche Erfahrung, Spiegelbild u. a.

[124] Vgl. HELGA DE LA MOTTE-HABER, *Grenzüberschreitungen als Sinngebung in der Musik des 20. Jahrhunderts,* in: DIES. (Hg.), *Musik und Religion* (wie Anm. 5), 287–338.

[125] PETER NIKLAS WILSON, *Sakrale Sehnsüchte. Über den „unstillbaren ontologischen Durst" in der Musik der Gegenwart,* in: DE LA MOTTE-HABER (Hg.), *Musik und Religion* (wie Anm. 5), 323–338.

[126] BERND SCHWARZE, *Popmusik und Gnosis. Aus dem „Gesangbuch" einer wieder entdeckten Weltreligion,* in: DE LA MOTTE-HABER (Hg.), *Musik und Religion* (wie Anm. 5), 339–350.

[127] WILSON, *Sakrale Sehnsüchte,* 331, 334, 338.

[128] PETER BUBMANN / ROLF TISCHER (Hg.), *Pop & Religion. Auf dem Wege zu einer neuen Volksfrömmigkeit.* Stuttgart 1992.

[129] ALFONS M. DAUER, *Jazz, die magische Musik. Ein Leitfaden.* Bremen 1961.

V. SCHLUSSFOLGERUNGEN

Trotz der beschränkten Anzahl von Beispielen, die zudem nur selten über den europäischen Raum hinausgriffen, soll ein Versuch gewisser Verallgemeinerungen gewagt werden. Einem Rückblick ist zunächst zu entnehmen, dass *Säkularisierung*, *Entsakralisierung* etc. auf alle Religionen bezogen werden können, Säkularisierung in jeder Art von Musik zu finden ist und vor allem, dass offenbar diese Vorgänge keine linearen geschichtlichen Prozesse darstellen, sondern mehrfach durch gegenläufige unterbrochen und/oder konterkariert wurden. Auch müssen derart herbeigeführte Veränderungen das vorhandene Produkt keineswegs immer vollständig abgelöst haben (d. h. sie blieben – allenfalls nur reduziert oder selbst verändert – weiter erhalten). „Säkularisierung der Welt und Sakralisierung der Kunst" als „gegenläufige Prozesse" zu sehen, ist also bestenfalls in der Tendenz zu rechtfertigen. Die tatsächlichen Verhältnisse sind meist viel komplexer und diffiziler. Auch dass „der Prozeß der Säkularisierung im Abendland die Voraussetzung für eine einmalig erscheinende Sakralisierung der Musik gewesen" sei[130], kann als zutreffend nur hinsichtlich der Vorgänge um 1800 gesehen werden, darf aber *so* nicht verallgemeinert werden.

Ob sie jedoch abwechselnd oder gegenläufig abliefen: das Verhältnis *Säkularisierung* vs. *Sakralisierung* und verwandter Vorgänge war oft mehrmaligem Auf und Ab unterworfen und dürfte manchmal einem Geben *und* Nehmen entsprochen haben. Eindeutig ist auch, dass – den Voraussetzungen zum Trotz (und zumal entgegen der landläufigen Einschätzung) – die von der Aufklärung ausgelöste Säkularisierung im engeren Sinn keineswegs zu ästhetischen Belastungen führen musste[131]. Was sich verändert hat und durch die in dieser Tradition in Europa weitgehend durchgeführte Trennung von Kirche und Staat[132] eher gefördert als behindert wurde, sind lediglich die Formen von Religiosität: sie sind – heutzutage deutlicher sichtbar als früher – nicht mehr an traditionelle Religionsgemeinschaften allein gebunden.

Keineswegs zu unterschätzen sind Beurteilungen der Musik, die sie zu allen Zeiten für das Kultische nicht nur besonders geeignet, sondern geradezu unentbehrlich gemacht hatten und sich bis ins 20. Jahrhundert hielten, ja gegen Ende desselben so-

---

[130] HELGA DE LA MOTTE-HABER, anscheinend ihre eigenen Ansätze von 1987 (Musik als „innerweltliche Erlösung", 40) verallgemeinernd und als Zusammenfassung ihres Sammelbandes *Musik und Religion* (wie Anm. 5, 7, 11), jedoch wohl nicht immer im Sinne ihrer Beiträger und im Übrigen bei völliger Gleichsetzung von Säkularisierung mit Ent- oder Desakralisierung (*dass.*, 289, 293 u. ö.).

[131] Übrigens ist in diesem Fall die oben aufgeworfene Frage bezüglich Pass- bzw. Aktivität klar.

[132] Vgl. UREDILA ALENKA ŠELIH / JANKO PLETERSKI (Hg.), *State and Church. Selected Historical and Legal Issues* (Slovenska Akademija Znanosti in Umetnosti, Classis I: Historia et Sociologia, dissertationes 18). Ljubljana 2002.

gar wieder als stärker herausgestellt erscheinen: ihre Nähe zu Transzendenz und ihre letztendliche Unerklärbarkeit sowie gerade aufgrund ihrer Differenz von der Realität ihre Fähigkeit zur Vermittlung von Metaphysik im Diesseits. Der damit ausgelöste Anschluss gerade an älteste Mythen, die sie in dienender Funktion für besonders Wesentliches darstellen, ist wohl ebenso wenig Zufall wie es gewisse Parallelen zu jüngeren Änderungen des Zeitgeistes sind, den man bereits seit den 1970er Jahren als „neokonservativ" zu bezeichnen pflegt[133]. Wenn also fallweise sogar eindeutig gegenläufige Beispiele und/oder Bewegungen zu beobachten waren, müssen an die Stelle linearer Entwicklungen jedenfalls komplexere Tendenzen treten.

Wie aber könnten diese insgesamt eingeschätzt werden? Gewisse Beziehungen zu allgemeinen Zivilisierungs- und Modernisierungsprozessen, die zuletzt auch mit einer Entchristlichung des Denkens einhergingen, zu sehen, liegt auf der Hand. Vor allem wird man die Parallelen zur zunehmenden Entmystifizierung (Entzauberung) der Natur zu sehen haben, als deren Träger die Wissenschaften und als deren wichtigster Motor die Rationalität angesehen werden. Jedoch auch diese Entwicklung verlief bekanntlich nur scheinbar linear: nämlich bis zu einem gewissen Punkt im frühen 20. Jahrhundert, seit dem sie zunehmend nur mehr Fachleuten verständlich ist. Die Möglichkeiten gar von Laien, insbesondere naturwissenschaftliche Ergebnisse nachzuvollziehen, sind spätestens mit Albert Einsteins allgemeiner Relativitätstheorie (1916) oder Erwin Schrödingers Wellenmechanik (1927) an Grenzen gestoßen[134]; solche besitzen zunehmend nur mehr eine (wohl ebenfalls zunehmend) begrenzte Anzahl von Menschen, die somit abermals in eine gewisse Priester-Rolle geraten sind (und diese auch auskosten)[135].

Davon ausgehend, dürfte ein weiterer Gedankenschritt möglich sein: Offensichtlich haben dem gegenüber Religion und Kunst (hier: Musik) die Vorspiegelung temporärer und (wie wir heute sagen) virtueller „Gegenwelten" zum Zwecke der Lebensbewältigung gemeinsam[136], in denen die *ratio* (der Verstand) keine oder nur eine eingeschränkte Rolle spielen kann, ja soll. Mit der besagten Parallele hinsichtlich allgemeiner Nachvollziehbarkeit der Wissenschaftsentwicklung könnte man in

---

[133] So heterogen Wurzeln wie Erscheinungsformen des Neokonservativismus sein mögen, scheint es dessen Vertretern durchwegs nicht mehr um einen Kampf gegen die Religion im Zeichen von Aufklärung zu gehen, sondern eher um politische Nutzung aller Formen von (oder „Zivilisierung durch") Religion. Dass damit auch gegenteilige Tendenzen wieder verstärkt oder als Reaktionen darauf ausgelöst werden, ist nur zu verständlich.

[134] In ähnlicher Weise als eine Art Wendepunkt sieht DE LA MOTTE-HABER (Musik als „innerweltliche Erlösung", S. 41) den „Zusammenbruch des gesamten Wertesystems nach dem ersten Weltkrieg".

[135] Eine erfreuliche Ausnahmen: HANS GRAßMANN, *Das Top Quark, Picasso und Mercedes-Benz, oder Was ist Physik?* Berlin 1997.

[136] Wie weit die sog. Entmythologisierung der katholischen Kirche eher als ein Sündenfall anzusehen wäre, denn ihre Rettung bedeuten könnte, bleibe Theologen überlassen.

Zusammenhang bringen: vorübergehende Annäherungen der Künste im weiteren Verlauf des 20. Jahrhunderts an die Naturwissenschaften (wie: Übernahme von Grundlagen, Denkformen, ja Fachausdrücken), wiederum gesteigerte Kultmomente in der postmodernen komponierten und popularen Musik, die oftmals irritierende Andersartigkeit gewisser inzwischen entstandener „neuer" (Pseudo-)Religionen u. a. Letztere wollen sich von alten Religionen zumindest absetzen (was auch durch deren Ausbeutung[137] und/oder Übernahme von in bestimmten Kulturkreisen bislang unüblichen Momenten geschehen kann), sind aber ohne deren Erfahrungen – selbst in der Negation – nicht denkbar. D. h. dass die Vorstellungen von Gegenwelten seit den frühesten Kulten als wenigstens latent weiter bestehend zu denken und gewissermaßen nur deren Relevanz als schwankend empfunden anzusehen sind[138]. Unterhalb dieser Ebene aber werden nicht nur die verschiedenen Künste, sondern auch deren Differenzierungen als temporäre Erscheinungen erkennbar, die – stark abstrahiert – darstellbar wären als

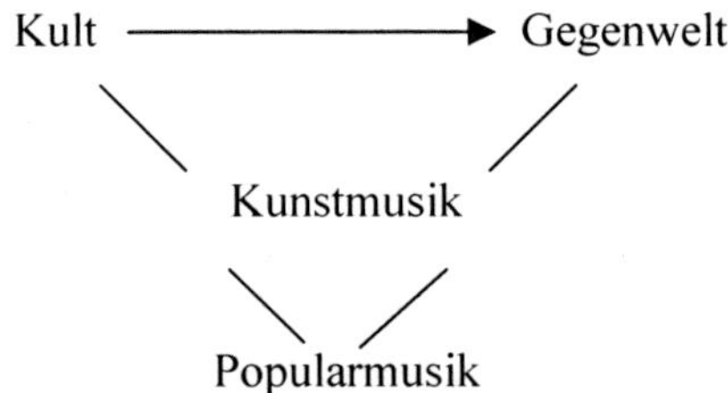

und, entsprechend auch im Sinne einer Zeitachse gelesen, durchaus mit den geschichtlichen Gegebenheiten in Einklang zu bringen sind. Abermals erweist sich Musik somit als von der Lebenswelt des Menschen keineswegs isolierbar, vielmehr – neben seiner Fähigkeit zu Reflexion und Sprache, ja nach neuesten Erkenntnissen sogar stärker noch als die Genome – als zu jenen Kriterien gehörig, die die Menschheit vom Tierreich unterscheiden[139]. Die Fähigkeit, zu dieser Menschwerdung beizutragen, ja notwendig zu sein, ist ihr offensichtlich in allen Reflexionsphasen zugeschrieben worden. Das aber wäre anders, als mit: „erhalten geblieben" wohl kaum zu deuten oder zu beschreiben.

---

[137] Nicht (Wieder-)Entdeckung, z. B. des europäischen Mittelalters, die in der kompositorischen Aneignung durch eine Reihe von Komponisten eine Parallele besitzt; vgl. WOLFGANG GRATZER / HARTMUT MÖLLER (Hg.), *Übersetzte Zeit. Das Mittelalter und die Musik der Gegenwart.* Hofheim 2001.

[138] Kontinuität im eigentlichen Sinn soll damit abermals nicht behauptet werden, wohl aber Zeitgebundenheit.

[139] Vgl. ausgewählte Beiträge zum Symposium in Graz 2003 *„What makes us human?"*, in: *European Review* 12/1 (2004).

Margareta Saary

Musik als Geschäft

1. DEFINITION UND KLISCHEES

Der Begriff „Geschäft“ hat seine Wurzel im mittelhochdeutschen *„gescheft“*, steht mit *„schaffen“* in Beziehung und impliziert landläufig einen Wirtschaftsvorgang, nämlich eine auf „finanziellen Gewinn gerichtete, meist mit Handel verbundene Tätigkeit“[1], wiewohl diese Bedeutung wirtschaftswissenschaftlich längst durch „business“ ersetzt worden ist. Im allgemeinen Sprachgebrauch reicht das Bedeutungsfeld von „Tätigkeit, Pflicht, Obliegenheit, Arbeit, Aufgabe“ über „Vertrag über Kauf bzw. Verkauf einer Sache“, weiters „Unternehmen, Laden für den Kauf und Verkauf (von Waren)“ bis hin zu „Geschäft abschließen“, ein „gutes/schlechtes Geschäft machen“ und letztlich „morgens um 8 Uhr ins Geschäft gehen“, womit der Beginn des Berufsalltags gemeint ist, unabhängig, ob jemand wirklich in einem Geschäftslokal arbeitet oder anderweitig seinem Broterwerb nachgeht. *„Geschäftemacherei“* ist negativ konnotiert und meint, dass eine Person aus allem ein Gewinn bringendes „Geschäft zu machen sucht“, wobei Unlauterkeit unterstellt wird, zumindest aber ein Verhalten am Rande der Ethik, wenn nicht sogar jenseits der Legalität. Es ist konkret diese egoistische, übertriebene Gewinnorientierung, die bislang nicht einmal in die Nähe der makellos lauteren Kunst gerückt werden soll. Kunst steht, so kolportiert es die „öffentliche Meinung“, absolut über jeglichem materiellen Interesse. Selbst wenn Musikerinnen und Musiker im Jargon von *„Geschäft spielen“* sprechen, meinen sie (meist gut honorierte) Auftritte außerhalb „künstlerischen“ Musizierens in regulärer Konzertsituation, womit sogar ein gewisses Maß an Peinlichkeit einhergeht. Die Peinlichkeit resultiert aus dem Umstand, dass bei derartigen Auftritten Musik nur den Rahmen bildet und nicht zum Selbstzweck, also zur geistigen Erbauung der Zuhörerschaft, authentisch interpretiert wird. Das Unbehagen der Musikerinnen und Musiker reicht so weit, dass sie in ihren offiziellen Lebensläufen das *„Geschäft spielen“* tunlichst verschweigen.

Dort, wo der Begriff „Geschäft“ gilt, endet allem Anschein nach die Kunst, ungeachtet der Tatsache, dass Musik, wie sie nun digitalisiert als kompaktes File auf Datenträgern oder im Computer gespeichert erscheint, ohne Geschäftsvorgänge schlichtweg nicht existiert. Die klingende Zeitkunst ist bekanntlich Ergebnis des Zusammenwirkens einer Vielzahl von Faktoren. Ihre „kompakte Verfügbarkeit“ bedingt – wie konventionelle Produkte – gewisse materielle Voraussetzungen und Arbeitsschritte auf real-wirtschaftlichen Grundlagen, mitunter weit in die Historie rei-

---

[1] *Duden – Das große Wörterbuch der deutschen Sprache in 10 Bänden. Aktualisierte Online-Ausgabe.* Mannheim–Leipzig–Wien–Zürich 1999–2004.

chend. Dieses nachgerade triviale Wissen ist allen zu eigen, die mit Musik beruflich konfrontiert sind. Bloß herrscht bis ins Medienzeitalter im letzten Viertel des 20. Jahrhunderts darüber beharrliches Stillschweigen, geschützt durch die bestechende romantische Genieästhetik. Gründe dafür sind ebenso einsichtig wie irrational.

Einerseits wollte die Gesellschaft etwa ab 1800 Leistungen der geistigen Elite als Ergebnis göttlicher Begabung außerhalb der Warenwelt positioniert wissen. Das ist nachvollziehbar, denn hochwertige musikalische Einfälle lassen sich wirklich nicht wie Massenprodukte von irgendjemandem in beliebiger Anzahl und stets gleicher Qualität produzieren. Dazu braucht es spezieller Talente und diese wiederum mussten im hierarchischen Denken des 19. Jahrhunderts ihren Platz finden, schon aus Gründen der Existenzsicherung; wer nämlich damals zu keiner Schicht gehörte, fand weder Anerkennung noch Verdienstmöglichkeit. Besser, als kreative Persönlichkeit irgendwo jenseits der materiellen Welt – recht gut – zu rangieren, als am Rande der Gesellschaft zu vegetieren. Diese Überlegung dürfte die geistige Elite zum kollektiven Understatement über die bekannte Genieästhetik bewogen haben. Andererseits täuschte man materielle Enthaltsamkeit vor, ebenfalls von der Gesellschaft gebilligt, ja sogar postuliert, was am Beispiel österreichischer Eliten stringent dingfest zu machen ist[2]:

> „Österreich pflegt in seiner historischen Tradition sehr liebevoll das Klischee von den armen Genies und verkannten Erfindern. Man ist zwar fest davon überzeugt, dass die Österreicher vieles und alles erfunden und der Welt große Leistungen hinterlassen haben [...]. Andererseits ist man aber auch der fest gefügten Meinung, dass die österreichischen Genies meist nicht verstanden wurden und es nicht verstanden haben, ihre Ideen entsprechend zu vermarkten. Ja, manchmal hat man sogar das Gefühl, dass die Österreicher ihre Genies für umso größer halten, je ärmer sie gestorben und je erfolgloser sie geblieben sind, beziehungsweise dass man ihnen Armut und gesellschaftliche Verkennung andichtet, um sie als Genies einstufen zu können. Das gilt für die großen österreichischen Künstler und Komponisten, denen man gerne viel weniger finanziellen Erfolg zuschreiben wollte, als sie tatsächlich hatten, das gilt auch für die Techniker und Erfinder – und für die Wissenschaftler sowieso. Der Österreicher ist es gewohnt oder sieht es gerne, wenn Leistung nicht oder möglichst wenig entlohnt wird. So wurde das ‚österreichische Erfinderschicksal' geboren: Menschen, die zwar innovative Leistungen hervorbrachten, aber an der Verwertung ihrer Produkte scheiterten oder an der Indolenz der Behörden sowie am Unverständnis der Bevölkerung zerbrachen."

Treffender lässt sich dieses Phänomen kaum darstellen, wiewohl es in gemilderter Form gewiss auch anderen Gesellschaften außerhalb der Donaumonarchie nicht ganz fremd gewesen sein dürfte. Als Beleg dafür mögen Künstlerromane mit dieser Sichtweise gelten, die anderswo entstanden sind und in weltweiten Vertrieb gingen; globalisiert wurde diese Sichtweise mit dem Aufkommen des Tonfilms und seiner

---

[2] JOHANNES JETSCHGO / FERDINAND LACINA / MICHAEL PAMMER / ROMAN SANDGRUBER, *Österreichische Industriegeschichte, 1848 – 1955. Die verpasste Chance.* Wien 2004, 44.

Verbreitung, so dass sich der Eindruck einer Korrelation zwischen Genialität auf immaterieller Ebene und Versagen in „irdischen“ Belangen quasi als schicksalshafte Notwendigkeit gefestigt hatte. Ohne die Globalisierung dieses Klischees wäre die österreichische Haltung für Kunst und Schaffende als harmlose nationale Eigenheit irrelevant, da realistischer Weise niemand an der Notwendigkeit der Honorierung jedweder Leistung zweifelt. Dafür sorgt massiv die Medienwelt, die schon aus dem permanenten Bedarf an Sendematerial immer öfter Einblicke in Produktionsprozesse unterschiedlichster Art in Sendeformaten wie etwa „Abenteuer Leben“ (SAT 1) anschaulich und respektvoll gewährt und es indessen Bestandteil des Allgemeinwissens ist, dass hinter jedem noch so kleinen Produkt eine Reihe logischer und auch teurer Arbeitsprozesse steht. Bloß im Bereich der Musik bleibt der Aspekt des Geschäfts ausgeblendet. Das mutet irrational an und mag – wiederum bezogen auf Österreich – nur mehr mit der Mentalität zu begründen sein, „die mit Vorliebe darauf schaut, wie viel der andere verdient und wie man das fremde Eigentum verringern könnte, statt das eigene zu erhöhen.“[3] Diese ruinöse Haltung impliziert zweifellos eine unfreundliche Grundstimmung, verhindert aber nicht die bekannten großen Leistungen. Real werden in der Tat Höchstleistungen erbracht, in der Darstellung muss damit immer Herabwürdigung einher gehen, so, als ob das Genie seine Begabung mit Missachtung zu bezahlen hätte – eine Art „ausgleichender Gerechtigkeit“.

Wissend um dieses Phänomen, ist zwischen der Faktenlage und der Auslegung der Fakten zu differenzieren. Die Fakten sprechen, wie die Musikgeschichte lehrt, von enormen geistigen Leistungen mit namhaften Gewinnen aus denselben; Letzteres verschweigt die Musikgeschichte allerdings. Daher bleibt in unserem Zusammenhang fortan die prekäre Auslegung der Fakten weit gehend ausgespart; nur dort, wo diese selbst zum Geschäft wird, lohnt sich ein angemessener Seitenblick.

2. PRODUKTE UND MUSIK IN DER GESCHÄFTSWELT – ZWEI BEISPIELE

Bevor der Begriff „Geschäft“ in all seinen Facetten mit Musik in Beziehung gesetzt wird, bedarf es der Veranschaulichung dessen, was man landläufig unter wirtschaftlichen Abläufen versteht. Das erste Beispiel – es hat mit Musik wirklich nichts zu tun – betrifft einen österreichischen Unternehmer, nämlich den aus Perg gebürtigen Josef Manner[4]. Er eröffnete im ausgehenden 19. Jahrhundert als gelernter Kaufmann am Wiener Stephansplatz ein Geschäft für Schokolade und Feigenkaffee, ein lukrativer Laden, bedenkt man, dass der Wert von einem Kilogramm Schokolade damals bei zwei Tageslöhnen eines Arbeiters lag. Bloß entsprach die zugelieferte Ware nicht den Qualitätsanforderungen Josef Manners, der beschloss, selbst bessere Schokolade zu produzieren. So erwarb er mit 25 Jahren von einem Schokoladener-

[3] Ibid.
[4] Homepage der Firma Manner, http://www.manner.at/, 27.12.2004.

zeuger in der Wildenmanngasse im 5. Wiener Gemeindebezirk Konzession, Geschäftslokal sowie Einrichtung und begann am 1.3.1890 mit der Schokoladenerzeugung. Sein guter Geschmack, sein Geschäftssinn und seine Überzeugungskraft begründeten seinen raschen Erfolg, denn er begnügte sich nicht mit der Produktion, sondern verkaufte, warb und belieferte sogar mitunter die Kunden persönlich. Die Doppelbelastung, das Geschäft am Stephansplatz und die Produktionsfirma zu führen, gab er rasch auf, und zwar zugunsten der Erweiterung seiner Produktion. Im Elternhaus im 17. Bezirk (Uniongasse 8, später Kulmgasse 14) fand er ausreichend Möglichkeiten zur Expansion. Um 1897 beschäftigte er 100 Mitarbeiter, und 1898 brachte er die legendäre „Manner-Schnitte" auf den Markt. Sie wurde als „Neapolitaner Schnitte Nr. 239" registriert und verdankte ihren Namen den aus der Gegend um Neapel stammenden Haselnüssen, die neben Zucker, Kokosfett und Kakao der Schnitte ihren charakteristischen Geschmack verleihen. Die Fülle verbindet 5 Lagen Waffel bei einer Größe von 47 x 17 x 17 mm. Die hohe Qualität der Rohstoffe und die aufwändige Herstellung bedingten einen vergleichsweise hohen Preis. Daher verkaufte Manner die Schnitten zunächst einzeln, um allen den Konsum der Köstlichkeit zu ermöglichen. Zur Veranschaulichung des Lohn-Preis-Verhältnisses um 1900 sei erwähnt, dass eine Hilfsarbeiterin mit dem Lohn für 1 Stunde Arbeit 7,5 einzelne Schnitten kaufen konnte. 2004 erlaubte der Mindestnettolohn den Erwerb von ca. 15 Packungen zu je 10 Stück. Um den Absatz durch Preisreduktion zu steigern, war Automatisation angesagt. 1900 traf Josef Manner Johann Riedl als kongenialen Geschäftspartner und automatisierte den Betrieb. Mit dem Slogan „preiswert und gut" avancierte er zum führenden Süßwarenunternehmer der Donaumonarchie bei stetiger Erweiterung seines ursprünglichen Produktsortiments von Tafelschokolade, „Manner-Schokolade", Schokoladenbonbons sowie „reinem Cacao" in Dosen. Wirtschaftliches Geschick und Adaptierungen bei Aufmachung und Verpackung führten zur Präsenz im internationalen Handel über alle Wirren der Geschichte hinweg bis in die Gegenwart. In der jüngsten Vergangenheit entwickelte sich Manner, indessen als Aktiengesellschaft organisiert, durch Fusionierungen und Firmenübernahmen zum größten rein österreichischen Süßwarenhersteller, der 2001 einen Umsatz von 112 Mio Euro verbuchte und an die 50% seiner Produkte exportierte. – Damit ist im Groben der Werdegang von Produkten innerhalb eines Wirtschaftsbetriebs skizziert.

Ähnlich wie Josef Manner agiert eine durchaus namhafte Persönlichkeit aus dem Musikleben, allerdings mehrere Generationen vor dem Wiener Industriellen, nämlich Ignaz Joseph Pleyel (1757–1831): Als Komponist und Kapellmeister reüssierte er im damaligen Europa mit mehreren Musikstücken, siedelte sich in Frankreich an und reagierte auf das vitale Musikleben von Paris, indem er 1797 einen Verlag eröffnete, seine Klavierschule *Nouvelle Methode de Pianoforte, contenant les principes du doigté* und wertvolle Musik seiner Zeit, etwa von Haydn, verbreitete. Nun war Notendruck teuer und so verkaufte er eine Art „Taschenpartituren", damit größere Teile der Bevölkerung zu günstigeren Preisen an den musikalischen Kostbarkeiten partizipieren konnten. Damit nicht genug, gründete er 1807 eine Klaviermanufaktur. Um bei der Firmenübergabe Brüche und Absatzschwierigkeiten zu vermeiden, gab sein Sohn Camille, als sein Nachfolger, am 1.1.1830 ein öffentliches Konzert. Konzerte in der Salle Pleyel sind seitdem ein fixer Bestandteil des Pariser Musiklebens. – Die Parallelen lassen sich unschwer darstellen:

Name	Beruf	Firmengründung	Attraktion	Formatanpassung	Expansion	Institutionalisierung
Manner	Kaufmann	Geschäftslokal	Schnitten	Einzelstücke	Vergrößerung der Firma	Verpackung, Logo
Pleyel	Komponist	Verlag	Klavierschule	Taschenpartituren	Klavierfirma	Salle Pleyel

Zwei Persönlichkeiten realisierten in vergleichbaren Schritten ihre Ideen: sie starteten erfolgreich, bemerkten, dass im gewählten Bereich Defizite vorliegen (schlechte Schokolade, Unzugänglichkeit von Musik), erweiterten ihre Kernkompetenzen (Erfindung neuer Schokolade, neuer Verlag) und überlegten, allfällige Konkurrenz durch neue Produkte zu verdrängen (Schnitten, Klavierschule). Es genügte nicht, die neuen Produkte zu platzieren – sie mussten von vielen gekauft werden. Also passten beide das „Format“ an, indem Schnitten, mundgerecht gestaltet, einzeln verkauft und Musikstücke im Kleinformat angeboten wurden. Die erreichte Marktpräsenz erforderte Expansion: Manner optimierte seine Produktionsmittel, Pleyel lieferte zum Notentext auch noch das passende Instrument – das Klavier. Und beide wussten über die Zeitenläufe hinweg namentlich präsent zu bleiben, nämlich durch Institutionalisierung. Die markante rosa Verpackung der Schnitten und der Stephansdom als Firmenlogo wirkten bei Manner nachhaltig, die Einrichtung eines Konzertsaales erinnerte permanent an den Komponisten, Verleger und Klavierbauer Pleyel. Und beide, das soll nicht unerwähnt bleiben, sind Österreicher mit Weltgeltung, auf die der Mythos vom verkannten Genie realhistorisch wirklich nicht zutrifft. Pleyel hatte mit seinen Musikwerken, dem Verlag, der Klavierschule und dem Klavierbauunternehmen im wahrsten Sinne des Wortes „Geschäft“ gemacht, kurzum: für Pleyel bedeutete Musik „Geschäft“.

Wenn auch die Parallelen frappieren, tut bei den Produkten Differenzierung not. Pleyels Musik nämlich entzog sich nach seinem Tod der internationalen Rezeption, da sie zwar den Zeitgeschmack zu treffen verstand, darüber hinaus aber nicht attraktiv genug geblieben ist. Man kann die einmal gefügte Musik eines Komponisten nicht dem Zeitgeschmack so anpassen wie die Rezeptur von Schokolade, Schnitten oder Schokobananen. Für den musikalischen Zeitgeschmack waren Komponisten und Komponistinnen der jeweiligen Epoche verantwortlich. Ist ein Stil verbraucht, wird er durch einen neuen ersetzt und mag die Kunstauffassung der jeweiligen Vertreter der obsoleten Richtung noch so auf Überzeitlichkeit ausgelegt sein. Zudem ist es nicht selbstverständlich, dass der Komponist selbst – wie Pleyel – alle Belange der Produktion, des Vertriebs und der Reproduktion persönlich umsetzt. Herstellung, Werbung und Vertrieb werden, modern gesprochen, ausgelagert. Diese Aufgabe übernimmt der Verlag, der – wiederum wie Manner – verschiedene, stets zeitgemäße Produkte in seinem Sortiment anbieten kann. Verkauft sich die Musik eines Komponisten schlecht, wird der Verleger zwar nicht selbst das Komponieren beginnen, wie dereinst Manner seine eigene Schokolade kreierte. Aber er wird Ausschau nach einem passenden Zulieferer, hier Komponisten, halten und sein Sortiment vergrößern, um Verluste zu minimieren. Auf dieser Ebene lässt sich eine weitere Parallele zwischen den Abläufen in der Süßwaren- bzw. Musik-Branche ziehen. Abstrahiert und simplifiziert man die konkreten Abläufe, ergibt sich folgendes Bild: sowohl im Süßwaren- als auch Musik-Sortiment wird die Schrittfolge sichtbar: Erfindung – manuelle Vervielfältigung – Steigerung des Prestigewertes – hoher Preis – Einzelverkauf – attraktive Aufmachung – Automatisation – Verbilligung – Export. Oder anders: Alle Schritte, wie sie sich bei Manner rekonstruieren lassen, sind auf die Verbreitung von Musik, selbst noch im Computerzeitalter, so anwendbar, denn andernfalls hätten die Kunstwerke der Weltmusikgeschichte kaum je die eigene Epoche überdauert. Ein Musikstück, das den Weg über Notentext zur Vervielfältigung nicht findet, ist faktisch nicht existent. So lange Musik von Hand kopiert und später kostenintensiv gedruckt wird, ist sie als teure „Kostbarkeit" nur wohlhabenden Personen zugänglich. Damit diese motiviert sind, das Musikstück zu erwerben, braucht Musik ein hohes Image. Dieses wird gezielt erarbeitet, teils durch fulminante Aufführungen, teils durch Mundpropaganda, nicht zuletzt durch das Pressewesen. Einzelausgaben von kurzen Stücken wären den einzelnen Schnitten vergleichbar, die markante Aufmachung der Schnitten korreliert mit den prächtig gestalteten Titelblättern, die Automatisation der Produktion verläuft analog zur industriellen Entwicklung im Notendruck, wodurch in beiden Fällen die Kostensenkung zu einer Preisreduktion und günstigen Exporten führt; man denke hier an die weltweite Rezeption von Musik, auch von historischer Kunstmusik.

Fazit dieses Vergleichs mag die Erkenntnis sein, dass Musik abseits der Genieästhetik – in frappanter Analogie zum Vertrieb jeglicher Produkte – den Prinzipien der Geschäftswelt folgt; in unserem Vergleich wird dies obendrein durch den ähnlichen emotionalen Hintergrund evident. Sowohl Schokolade als auch Musik sind Luxusgüter; man könnte ohne sie problemlos existieren. Ihre Aufgabe besteht in der Verschönerung des Lebens, im Erzeugen von Glücksgefühlen, woraus sie ihre Attraktivität beziehen. Dennoch ist ein großer Aufwand erforderlich, neugierige Interessenten zu „Stammkunden" werden zu lassen. Was aber Musik von allen anderen Waren gravierend unterscheidet, ist der fehlende Produkt-Charakter, vor allem vor dem Tonträgerzeitalter. Der Notentext ist bloß die Materialisierung der flüchtigen Zeitkunst, die der klanglichen Realisierung harrt. Konkret muss der Käufer den Notentext spielen oder spielen lassen, damit Musik entsteht. Dazu sind Musikinstrumente notwendig, weshalb der von Manner abgeleitete Ablauf im Bereich Musik eine Ebene mehr zählt. Und wenn das „Spielen lassen“ durch diverse Abspielgeräte für den jeweiligen Tonträger bewerkstelligt wird, tut sich ein imposanter Industriezweig auf. Im Fortspinnen dieser Überlegung klärt sich rasch, in welchen Dimensionen sich das Geschäft mit Musik bewegt und wie übersichtlich sich dagegen ein noch so großer und erfolgreicher Schokoladenproduzent ausnimmt.

3. GRUNDLEGENDE ASPEKTE DER INFRASTRUKTUR FÜR MUSIK

In den vorangegangenen Beispielen wurde Musik als Ganzes undifferenziert vorausgesetzt, ungeachtet ihrer manifesten Präsenz in verschiedenen Bereichen des Wirtschaftslebens, wo sie bis dato mehreren Berufsgruppen die Existenz sichert. Musik braucht ein hohes Maß an Infrastruktur, beginnend bei Personen, die sich musikalisch qualifizieren möchten. Bereits a cappella-Vokalmusik verlangt neben der Beherrschung der Stimme gewisse musikalische Grundkenntnisse, umso mehr die korrekte Handhabung von Instrumenten. Daher zählen faktisch Musikgelehrte aller Richtungen wohl zur am längsten bestehenden Berufsgruppe, die ihr Können gegen Honorar weitergibt; modern gesprochen sind sie „Dienstleister“ bereits zu Zeiten, in denen dieser Sektor im übrigen Wirtschaftsleben als solcher nicht existiert hatte. Ihre Vorgangsweise entspricht der Geschäftsdefinition im Sinne einer mit Gewinn verbundenen Tätigkeit. Für Musiklehrer aller Zeiten bedeutet Musik ein Geschäft; ob ein gutes oder schlechtes, sei dabei vorläufig ausgeklammert. In der Folge wird davon noch detaillierter die Rede sein.

3.1. INSTRUMENTENBAU

Ein wichtiger Bereich der Infrastruktur ist der Instrumentenbau, der im Gegensatz zur Herstellung konventioneller Produkte nicht durchgehend automatisiert werden kann, mithin nach wie vor dem zeit- und arbeitsintensiven Handwerk zuzurechnen ist. Ausgenommen sind Billiginstrumente der 2. Hälfte des 20. Jahrhunderts, beispielsweise Kunststoffflöten für Kinder, die naturgemäß im Musikbetrieb keine Bedeutung haben. In Anbetracht von Materialwert sowie Herstellungskosten und ihre Benutzbarkeit nähert man sich in dieser Sparte der Vorstellung von Geschäftemacherei. Die lautere Absicht, Eltern unnötige Kosten im Fall des Versagens ihrer Kinder im Musikunterricht zu ersparen, ändert nichts am legitimen Gewinnstreben dieses Wirtschaftszweiges. Im ausgehenden 20. Jahrhundert gliedert sich dieser Wirtschaftsbereich nicht nur in Instrumentenbauer, -meister und -helfer bzw. in diverse Klavier- und Orgelstimmer, sondern wird um den großen Bereich der Restauration und der Kontrolle ergänzt; das Sachverständigenwesen hat etwa in Analogie zur Autobranche auch hier Platz gegriffen. Somit erweitert sich der Kreis derjenigen, die aus Musik Erträge lukrieren.

Gleichgültig, welche Instrumente auch immer hergestellt werden, ihr finanzieller Gegenwert setzt sich zumindest aus Materialkosten einschließlich Werkzeug und später auch Maschinen, den Löhnen für Mitarbeiter, der Miete bzw. aus Errichtungs- und Instandhaltungskosten für Arbeitsplatz und Geschäft, aus Energiekosten, einem gewissen Aufwand für Werbung und Betreuung der Kundenkontakte sowie für Buchhaltung und nicht zuletzt für Entwicklungskosten zusammen. Entwicklungen im Instrumentenbau korrelieren mit den Innovationsschritten in der Materialbearbeitung, das heißt, dass etwa Verbesserungen in der Metallgewinnung und -erzeugung Konsequenzen für Blechblasinstrumente, für Klavierrahmen oder im Orgelbau nach sich ziehen. Genau genommen, hat die Materialinnovation so manche Stilveränderung in der Musik initialisiert. Die Vorstellung, Komponisten hätten technische Möglichkeiten der Folge-Epoche visionär antizipiert, lässt sich gleichermaßen dem unbegrenzten Bereich unreflektierter Phantasmagorien zuordnen wie die Genieästhetik des 19. Jahrhunderts. Kein Komponist der Historie vor der allumfassenden Subventionspolitik des ausgehenden 20. Jahrhunderts hätte Musik angeboten, die erst nach seinem Tod realisierbar sein würde. Er hätte sich mit dieser Haltung um sein „Geschäft" gebracht. Dass aber das Ausloten von technischen Grenzen für Komponisten wie für Ausführende als Herausforderung, ja als Merkmal besonderer Qualifikation bewertet worden ist, und dies Instrumentenbauer zur jeweils möglichen Optimierung ihrer Instrumente motiviert hat, liegt in der Natur der Kunst, ohne allerdings an einem entscheidenden Faktum etwas verändern zu können: Die Grundlage zur Optimierung geht von der industriellen Entwicklung der jeweiligen Epoche aus; Legierungen etwa, deren Herstellung noch nicht möglich ist, können im Instrumentenbau nicht verwendet werden. Daran zeigt sich die massive Verwurzelung der Musik in ganz basalen Bereichen der Rohstoffgewinnung und -verarbeitung und entlarvt die Vorstellung ihrer Abgehobenheit von allem Irdischen einmal mehr als romantisches Klischee. Fazit dieser Überlegung: wo Material beschafft und Arbeitsleistungen eingesetzt werden müssen, liegen Geschäftsvorgänge im klassischen Sinne vor.

Um die Dimension zu veranschaulichen, seien die Export- und Importzahlen für diverse Musikinstrumente der Donaumonarchie in den Jahren 1895 und 1896 zitiert (s. Tabelle)[5]. Der Aufstellung ist leicht zu entnehmen, dass bei Klavieren, Streichinstrumenten, Blasinstrumenten sowie der Kategorie „andere Instrumente" Importsteigerungen vorliegen, was bei fast gleich bleibenden Exportzahlen auf größeren Absatz im Inland schließen lässt, das heißt, dass mehr Personen neue Instrumente erhielten, darauf spielten und dafür Notenmaterial benötigten. Rückläufig zeigen sich die Importzahlen bei Pianinos, dem Harmonium und bei Tasteninstrumenten, wo auch die Exportzahlen dramatisch sanken. An diesen Einbrüchen ist der Trend zu hochwertigen Instrumenten und die Vorliebe für den Originalklang der Zeit zu erkennen.

[5] *Neue Musikalische Presse* 22.8.1897, 6.

Instrument	Jahr	Einfuhr in Gulden	Anzahl der Instrumente	Ausfuhr in Gulden	Anzahl der Instrumente
Claviere	1895	65.600	95	82.320	170
	1896	90.560	127	73.780	154
Pianinos	1895	108.750	307	38.760	114
	1896	102.900	300	42.240	121
Harmonium	1895	78.500	352	10.750	37
	1896	77.250	370	13.975	46
Tasteninstrumente ohne Kirchenorgel	1895	17.200	Nicht ausgewiesen	5.440	Nicht ausgewiesen
	1896	12.800		1.360	
Streichinstrumente	1895	87.600		461.060	
	1896	102.500		684.172	
Blasinstrumente	1895	23.680		925.460	
	1896	23.860		941.900	
Andere Instrumente	1895	968.500		209.220	
	1896	1.293.750		225.720	

Interessant erscheint auch noch die Preisgestaltung der Einzelinstrumente etwa für 1895, die in den ersten drei Kategorien zu errechnen ist. Ein Klavier kostete zwischen ca. 490.– fl im Export und ca. 690.– fl im Import, ein Pianino ca. 354.– fl im Import und 340.– im Export, mithin an die Hälfte eines teuren Importklaviers. Das Harmonium stellt hier mit ca. 220.– fl im Import und 290.– fl im Export die billigste Kategorie der Tasteninstrumente dar. Um die Dimension eines musikalischen Spitzengeschäftsmannes, nämlich Johann Strauß (vgl. w. u.), mit den Preisen der Instrumente in Bezug zu stellen, sei darauf hingewiesen, dass 1890 der Walzer *„Groß-Wien"* op. 440 mit 3.000.– fl honoriert wurde. Er konnte sich damit 4,3 teure Exportklaviere kaufen oder mehr als 10 Harmoniums.

Insgesamt handelt es sich im Sektor Instrumentenbau um ein großes Wirtschaftsvolumen in einer arbeitsintensiven Branche, die zahlreichen Personen die existenzielle Grundlage sicherte. Es verwundert daher nicht, in allen Musikzeitschriften dieser Ära zahlreiche Inserate von Instrumentenbauern aller Art vorzufinden, die mit Referenzlisten wohlhabende Kunden zum Kauf motivieren, etwa die Klavierfirma Ehrbar, die Kaiserhäuser belieferte und alle einzelnen Mitglieder in einem Inserat der *Neuen Musikalischen Presse* z. B. am 12.1.1902 anführte. Dass die Herstellung von Musikinstrumenten zu den gewinnträchtigen Bereichen des Geschäfts mit Musik zählt, bedarf keiner weiteren Beweise.

3.2. Verschriftlichung

Zum Singen und Musizieren mit Instrumenten benötigt man ab einem gewissen Grad an Komplexität den Notentext. Er bildet die Grundlage der Marktfähigkeit von Musik. So lange Musik oral tradiert und nicht eindeutig mit einer Person als „Erfinder" verbunden wird, lässt sich kein Geschäftsvorgang für Musik selbst verifizieren.

Mag sein, dass so manche Mutter auch in der fernen Historie ihren Kindern für geordnetes Schlafengehen ein Lied in Aussicht stellte und eine Art Tauschhandel entstand. Doch diese Variante von „Geschäft" zielt ebenso wenig auf Gewinn ab wie die Anwendung von Musik im religiös-liturgischen Rahmen oder im rein privaten Bereich, weshalb die Hauptbedingung der Definition von Geschäft unerfüllt bleibt. Das gilt allemal noch für die handschriftliche Verbreitung von Musik. Aber sogar auf dieser nicht lukrativen Ebene der Verbreitung zeigt sich, dass neben der Entwicklung einer brauchbaren Notenschrift wiederum die Materialgeschichte eine bedeutsame Rolle spielt, hier das Trägermedium Papier und zum Notieren Tinte. Bis zum Zeitalter der industriellen Massenproduktion, die bei Papier mit der Erfindung der Papiermaschine durch Louis Robert (1799) korreliert, ist die manuelle Papierherstellung teuer und war für wichtige Informationen reserviert, ebenso die Tinte. Ursprünglich verwendete man Eisengallustinte (erwähnt bereits im 3. Jh. v. Chr. in Byzanz), später Dornenrindentinte (ab dem 12. Jh.) oder Rußtusche (Ruß mit Gummi arabicum). Es ist hinlänglich bekannt, dass in der Phase vor 1500 Musik händisch und mit teurem Material von einigen wenigen Spezialisten für einen überschaubaren Kreis von „Nutzern" vervielfältigt wurde. Dieser Kreis von Nutzern lässt sich schwerlich mit den landläufigen Vorstellungen von „Markt" korrelieren, schon gar nicht mit Geschäft, denn der jeweilige Schreiber wird aus seiner Tätigkeit kaum einen namhaften Gewinn erzielt haben, allenfalls vollführte er diese Tätigkeit in einem Anstellungsverhältnis.

Als man aber in der Nachfolge von Gutenberg mit beweglichen Lettern für den Notendruck experimentiert, rückt das Fernziel, nämlich Musik nicht nur der hervorragenden Gelehrsamkeit zu reservieren, sondern der Allgemeinheit zu erschließen, in greifbare Nähe. Ottaviano Petrucci entwickelte bekanntlich den dreifachen Typendruck, wendete ihn 1498 auf die Mensuralnotation an und brachte 1501 seinen ersten Notendruck *Harmonice Musices Odhecaton* auf den Markt. Mithin mag das Jahr 1501 den Beginn der Marktfähigkeit von Musik, in erster Linie von Kunstmusik, markieren: Verfügbarkeit von Papier als Trägermedium, eine adäquate Verschriftlichung des nonverbalen Produkts, Tinte bzw. Druckerfarben, Lettern und Druckmaschinen mit Output in angemessener Zeit sind auf der einen Seite geboten – die Fähigkeit, Notate in klingende Musik vokal und/oder instrumental umzusetzen sowie die Freude daran und ausreichende Mittel, das „Produkt" Musik zu erwerben, auf der anderen Seite.

Wer die Mühen des Erfindens und Optimierens auf sich nimmt und Kapital in den Bau fortschrittlicher Vorrichtungen und Maschinen investiert, verspricht sich davon materiellen Gewinn; auf jeden Fall muss er seine Kosten so kalkulieren, dass er sie aus dem Preis für den Druck decken kann. Also wird er sich um Auftraggeber mit großer Reputation bemühen, indem er anhand von einzelnen, aus seiner Werkstatt stammenden Exemplaren seine Qualifikation unter Beweis stellt. Er wird berechnen, dass ein Nachdruck in großer Zahl die Herstellungskosten senkt, da das Werk ja nicht mehr gesetzt werden muss. Zwar muss der Stückpreis sinken, doch der Ertrag wird in Summe steigen. Somit hat der Drucker ein Geschäft gemacht: eben daran verdient. Nun könnte der gewitzte Drucker der Frühzeit, noch weit entfernt vom Urheberrecht, Druckwerke von sich aus in Umgehung des Komponisten auf dem Markt anbieten und die Einnahmen zur Gänze einbehalten. Zudem kann er Druckwerke der Konkurrenz kopieren und auf den Markt bringen, vielleicht billiger als der Konkurrent. Man sieht, dass das Geschäft mit Musik bereits vorweg in Geschäftemacherei zu eskalieren drohte, wenn rechtliche Rahmenbedingungen fehlen. Diese sind seit Gutenbergs Erfindung unabdingbar. Bereits Petrucci sicherte sich bekanntlich durch das Privileg ab, 20 Jahre lang für das Gebiet der Republik Venedig das ausschließliche Recht zu Druck und Vertrieb von Mensuralmusik sowie von Orgel- und Lautentabulatur-Büchern innezuhaben. Erst dann eröffnete er seine Druckerei und agierte auch als Verleger. Wie groß die Nachfrage bereits in der Frühzeit gewesen sein mochte, lässt sich unschwer am Neudruck aus 1504 erkennen. Es existierte also bereits ein Markt für Musikdrucke und Buchdruck mit der dazu gehörigen Konkurrenz. Wie Petrucci forderten bald auch andere Drucker als Handwerker Schutz gegen unbefugte Raubkopien und erhielten diesen durch das Gewerbemonopol und durch Privilegien einzelner Druckwerke, wodurch der illegale Nachdruck innerhalb der vereinbarten Frist von einem bis zu zehn Jahren des geschützten Werkes unter Strafe gestellt wurde[6]. Bei der Erteilung der Privilegien musste der Drucker die Zustimmung des Autors vorlegen. Somit hatte der Autor die Möglichkeit, diese Zustimmung an die Bezahlung eines Betrags zu binden und bei der Erneuerung des Privilegiums einen weiteren Betrag zu vereinbaren. Zwar war das geistige Eigentum nicht geschützt, wohl aber konnte der Autor auf diesem Weg seine Urheberschaft nachweisen und sich gegen Plagiate schützen. Die ersten Privilegien datieren in Deutschland aus 1501, in Frankreich aus 1507 und in Großbritannien aus 1518.

Die Personalunion von Drucker und Verleger hatte sich nur so lange bewährt, als der Kreis an musikalisch Gebildeten gering war und der hohe Preis für Noten infolge der komplizierten Drucktechnik nur von wenigen Wohlhabenden bezahlt werden konnte. Erst weitere Fortschritte in der Geschichte der Technik führten zur konsequenten Trennung von Druckerei und Verlag: die Lithographie um 1800 und die Eisenbahn um die Mitte des 19. Jahrhunderts. Erstere verbilligte die Herstellung, Letztere sorgte für die Verbreitung von großen Mengen in vergleichsweise kurzer Zeit. Dass diese auch bei Notendrucken gebraucht wurde, liegt am Erstarken des Bürgertums im 19. Jahrhundert. Immer mehr Personen wollten Musik selbst spielen, am Musikleben partizipieren, sich mit Musik vergnügen und auch intellektuell befassen. Um all diese neu entstehenden Bedürfnisse mit entsprechenden Produkten möglichst rasch zu versorgen, müssen Verleger ihre Logistik kontinuierlich optimieren, mehr Personal beschäftigen, Geschäftslokale vergrößern und das Sortiment er-

---

[6] Vgl. Ludwig Gieseke, *Vom Privileg zum Urheberrecht – Die Entwicklung des Urheberrechts in Deutschland bis 1845*. Göttingen 1995.

weitern. Die Aufgaben des Verlages mehren sich, denn es sind die Herstellung von Druckvorlagen und der Druck selbst zu beauftragen und zu kontrollieren, Werbung für die Werke zu veranlassen, Imagepflege zu betreiben, Musikrezensenten zu informieren und nicht zuletzt Veranstalter für Neuerscheinungen zu interessieren. Dass all diese Tätigkeiten von keinem Verleger kostenlos zu bewerkstelligen sind, liegt an der Notwendigkeit zur Beschäftigung von zahlreichen Mitarbeitern: Es sind Kopisten, Schriftsetzer, Drucker, Grafiker, Buchbinder mit diversem Hilfspersonal zu beschäftigen, ein Sekretariat zu unterhalten, für die Buchhaltung zu sorgen und die eigene Infrastruktur zu warten. Analog zum eingangs dargestellten Beispiel des Schokoladenherstellers handelt es sich um die Geschäftstätigkeit einer Firma, die ihre Angestellten je nach Qualifikation entlohnen und daher auf Gewinn ausgerichtet sein muss.

Betrachtet man die Stilgeschichte aus der Perspektive der Geschäftstätigkeit, zeigt sich einmal mehr, wie sehr die Musik von außermusikalischen, ja sogar trivialen Faktoren abhängig ist: Jeder Verleger trachtet danach, möglichst viele Exemplare aus seinem permanent zu erweiternden Sortiment zu verkaufen. Je mehr Exemplare er von einem Werk verkaufen kann, umso geringer werden die Druckkosten bei wachsender Gewinnspanne. Dieses geradezu triviale Vorgehensmodell führt aber dazu, dass der geschäftstüchtige Verleger genau prüft, welche Musikstücke sich gut verkaufen und welche nicht. Gleichfalls trivial ist das Faktum, dass schwer spielbare Musik von weniger Musikliebhabern erworben wird als Musik, die geringere Anforderungen an die musikalischen Fertigkeiten stellt. Beginnend bei der Art der schriftlichen Fixierung lässt sich unschwer nachvollziehen, dass Musik in Mensuralnotation subtiles Wissen erfordert, während die Fixierung von Musik in Generalbassnotation übersichtlicher ist. Diese Übersichtlichkeit erleichtert Komponieren und Spielen und bleibt fast 400 Jahre bestimmendes Prinzip; das damit verbundene Akkordsystem existiert bis in die Gegenwart, besonders kontinuierlich in der Populärmusik. Diese Art der Notation in zwei Systemen mit Bezifferung reduziert den Aufwand des Setzens und steigert die Produktionsgeschwindigkeit – aus der Sicht von Verlegern optimal. Die Komplexität in Satztechnik und Faktur nimmt erst mit der technischen Vereinfachung des Druckes durch das Verfahren der Lithographie wieder zu und erreicht im ausgehenden 20. Jahrhundert durch digitale Technologien, die zusätzlich die Bindung an konkrete Instrumente aufheben, ihren vorläufigen Höhepunkt. Diese Stilwenden bloß dem Genie einzelner Komponisten an den jeweiligen Schnittstellen der Historie, ungeachtet der technischen und geschäftlichen Rahmenbedingungen zuzuschreiben, wäre – wie beim Instrumentenbau – irrational und wissenschaftlich nicht haltbar. Geschäftliche Interessen haben zu allen Zeiten die Art der Musik bestimmt, und wie das funktioniert, zeigen zwei unterschiedliche Beispiele:

Damit die Verkomplizierung der Musik im 19. Jahrhundert nicht den Absatz beeinträchtigt, werden entsprechende Maßnahmen gesetzt, nämlich die Simplifizierung von Virtuosenstücken, die Herstellung von Klavierauszügen großer Werke sowie deren Bearbeitung für jedwede Besetzung. Parallel dazu forciert man Miniaturen mit dem Gestus des Kunstwerks bei geringeren technischen Anforderungen, berühmt berüchtigt als „Salonmusik". Ihr schlechter Ruf darf aber nicht darüber hinwegtäuschen, dass der große Absatz von Salonmusik dem Verleger das Risiko ermöglicht, neue Kunstwerke in das Sortiment aufzunehmen, von denen sich erst nach Jahren zeigt, ob sie in der Musikwelt ihren Platz finden oder nicht. Dieses Beispiel führt vor Augen, dass Musik mit geringem Kunstwert durchaus ihre Berechtigung hat und sei es nur zur Finanzierung von Werken mit hohem Kunstwert aber geringen Absatzzahlen in ihrer authentischen Gestalt. Nur auf Kunst und Authentizität zu bauen, so wie es das Kunstideal aller Epochen will, hätte in letzter Konsequenz wohl zum Zusammenbruch des Verlagswesens geführt.

Das zweite Beispiel veranschaulicht, wie rasch sich Verleger von einst gewinnträchtigen Komponisten trennen, wenn die Geschäftsinteressen in Gefahr geraten: Im Jahr 1924 nahm die Wiener *Universal Edition* Musikstücke von Kurt Weill in ihr Verlagsprogramm auf. Spätestens vier Jahre danach errang Weill mit seiner *Dreigroschenoper* einen fulminanten Erfolg, sowohl in künstlerischer als auch in materieller Hinsicht, wovon der Verlag zweifellos profitierte. Als 1933 seine Werke in Deutschland durch das NS-Regime verboten wurden, stellte der Verlag umgehend die vertraglich festgelegten Zahlungen ein. Weill erhob per eingeschriebenem Brief am 3.9.1933 Protest: „Nachdem Sie mir seit fünf Monaten die Monatszahlungen, zu denen Sie nach den zwischen uns bestehenden Verträgen verpflichtet sind, nicht gezahlt haben, muß ich Sie nun bitten, mir bis zum 15. September 1933 die ausstehenden Summen zu zahlen und mir gleichzeitig die Zusicherung zu geben, daß Sie Ihre Zahlungsverpflichtungen jetzt einhalten werden." Der Verlag argumentiert am 21.9.1933 kühl mit der nunmehr fehlenden Verwertungsmöglichkeit seiner Musik: „Nachdem aber, wie Sie sehr gut wissen, die Einnahmen aus Ihren Werken so gut wie vollständig weggefallen sind, die Aufführung Ihrer Werke in Deutschland (aus welchem Lande der allergrößte Teil Ihrer Einnahmen gekommen ist) unmöglich gemacht wurde, dann können Sie von uns nicht verlangen, dass diese Zahlungen weiter aufrechterhalten bleiben. […] es gibt außerhalb Deutschlands daher für diese Werke so gut wie gar keine Verwertungsmöglichkeit, die irgendwie ins Gewicht fällt."[7] Es kam zu einem Treffen zwischen Alfred Kalmus und Kurt Weill in Paris, wo als Kompromisslösung die Bezahlung der ausständigen Monatsbezüge nur nach Ausscheiden Weills aus dem Vertrag gefunden wurde. Ab 31.10.1933 stand Weill mit dem Pariser Verlag Heugel in einem neuen Vertragsverhältnis; hier hatte man keine Sorge, dass sich Weills Musik nicht auch anderswo vermarkten ließe.

Deutlicher können Geschäftsinteressen nicht mehr zutage treten: Musik, die im gewohnten Rahmen nicht mehr verkauft werden kann, ist „wertlos"; Überzeitlichkeit, Kunstanspruch, Qualitätskriterien – all die hehren Ideale sind mit einem Schlag

---

[7] Beide Briefe in: LYS SYMONETTE / KIM H. KOWALKE (Hg.), *Sprich leise, wenn Du Liebe sagst. Der Briefwechsel Kurt Weill/Lotte Lenya.* Köln 1998, 109.

hinfällig. Man kann bei diesem Beispiel den Druck durch die menschenverachtende NS-Politik entgegen halten. Ob dies aber die schroffe Ablehnung gegenüber einem auch in materiellem Sinn gewinnträchtigen Spitzenkomponisten, an dem man jahrelang gut verdient hatte, rechtfertigt, möge dahin gestellt bleiben.

Fazit aus dem Bereich Druck- und Verlagswesen: Sobald Musik in Gestalt eines Druckwerkes käuflich erworben werden kann, verkörpert sie einen materiellen Gegenwert, der sich in der Frühzeit aus den konkreten Druck- und sonstigen Nebenkosten sowie den Abgaben für den Komponisten zusammen setzt und sich im Verlauf der Geschichte mit den technischen Errungenschaften verbilligt. Massenabsatz beginnt ab dem frühen 19. Jahrhundert zu zählen. Wenn mehr nachgefragte Musik verfügbar ist, erhöht sich die Verbreitung. Das wiederum bedeutet eine Steigerung der Aufführungszahlen, die Werke können von mehr Kunden gespielt und gehört werden. Die Steigerung der Aufführungszahlen bedingt mehr Engagements für Musiker bzw. eine höhere Zahl an Musikern und Personen, die aus Musik Gewinne lukrieren. Musik aber, die aus irgendwelchen Gründen keine Gewinne abwirft, findet keinen Verlag bzw. wird aus dem Sortiment eliminiert, bleibt vor der Öffentlichkeit verborgen, gelangt nicht in die Rezeption und ist damit nicht existent.

4. KOMPONIST UND GESCHÄFT

4.1. DAS POSTHUME GESCHÄFT MIT DEM „ARMEN GENIE“

Ohne diese Grundvoraussetzungen wäre an einen konkreten Geschäftsgang zwischen Komponist[8] und Auftraggeber, global zwischen Komponist und Interessent, nicht zu denken, auch nicht an die Negation dessen in Romanen und Filmen, da sich die meiste Musik nicht tradiert hätte. Ihr Nimbus als eine von Gott begnadete Kunst, verbunden mit Inspiration, Schaffensrausch und Weltentrücktheit – wegen seiner allumfassenden Präsenz vorweg betrachtet – verschaffte nur RomanautorInnen und Filmproduzenten namhafte Gewinne. Abgesehen von ungewöhnlichen Lebensgeschichten mit dramaturgischem Potential boten Komponisten-Sujets den Vorteil, hochwertige und absolut wirkungsvolle Musik anstelle von neu komponierter Gebrauchsmusik „im Stile von ...“ verwenden zu können. Alle namhaften Komponisten der Historie fanden Eingang in die Filmindustrie; besonders schlimm traf es Franz Schubert, dessen früher Tod ihm – sachlich betrachtet – die Möglichkeit zur Sondierung der eigenen Schriften nahm, weshalb bloß überliefert wurde, was posthum seinem Umfeld opportun erschien. Nun fiel die Wiederentdeckung Schuberts in jene Ära des Bildungsbürgertums, als Geld in Zusammenhang mit kreativen Prozessen tabuisiert wurde, als Künstlerromane der Frühzeit längst die Vorstellung von

[8] Dort, wo Komponisten der Historie Beachtung finden, wird an der männlichen Form festgehalten. Wo von Phänomenen die Rede ist, die den Berufsstand bis in die Gegenwart betreffen, wird die Schreibweise „KomponistInnen“ gewählt.

Weltfremdheit als Epitheton jeglichen Schaffens in der Gesellschaft fixiert hatten. So passte der bei und von Freunden lebende Schubert perfekt ins Klischee und wer die nur wenigen Quellen, die Honorare thematisieren, als Belege für alle seine Einkünfte bewertet, fühlt sich in diesem Klischee sogar bestätigt; dass die Quellen vielleicht anders zu lesen sein könnten, wäre vielleicht den aus den Klischees resultierenden Einkünften abträglich.

Hans Rudolf Bartsch[9] ging einen Schritt weiter und formte überlieferte Fakten mit passend erdachten Begebenheiten zu einer stringenten Lebensgeschichte. Schubert begegnet hier als unglücklich liebender, von der Gunst der Freunde gänzlich abhängiger und wenig lebenstüchtiger Künstler. An der Wende zum 20. Jahrhundert nahmen sich Operettenlibrettisten mit Vorliebe der Biedermeierzeit an und so verwandelte sich Bartschs Roman in die Operette *Das Dreimäderlhaus*. Heinrich Berté brachte dieses aus Schubert-Melodien kompilierte Bühnenwerk am 15.1.1916 im Raimundtheater in Wien zu Uraufführung und schuf damit quasi den Prototyp für das Schubert-Klischee im 20. Jahrhundert, denn das Stück gelangte in 60 Länder und wurde in 22 Sprachen übersetzt. Bereits 1918 erschien der erste Schubert-Film nach diesem Libretto, das 40 Jahre danach erneut Grundlage für einen Spielfilm werden sollte: *Das Dreimäderlhaus* (Ö 1958). Regisseur Ernst Marischka zog außerdem nochmals den Roman von Bartsch „zu Rate" und ließ Schubert, personifiziert von Karlheinz Böhm, sein düsteres, unabwendbares Schicksal filmisch wirksam erdulden. Nicht genug damit, die eminente Wirkung von Schuberts Musik ließ es – 45 Jahre später – geboten erscheinen, anlässlich des 15. Todestages von Gustav Knut („Vater Tschöll") den Film zu restaurieren und am 21.5.2003 am deutschen Heimatkanal (Pay-TV) zu senden. Die Bewertung in der Zeitschrift tv-Movie als *„Schmonzette mit Schubert-Melodien*"[10] und 1 Stern in der Rubrik „Spannung" ändert nichts an der Breitenwirkung des unhaltbaren Schubert-Klischees. Bereits 1953 suggerierte Walter Kolm-Veltée die Tragik der Schubert'schen Vita mit Untertitel „Ein unvollendetes Leben" und 1978 nahm sich Titus Leber in seinem Film *Fremd bin ich einzogen* dieses Komponisten an. Die Verwendung von Liedtiteln als Synonyme für Schuberts Schicksal hat Tradition: Auch Willi Forst wusste 1933, in Antizipation der sich deutlich abzeichnenden Ideologie des Dritten Reiches, Schubert im Licht des Versagens und materiellen Unvermögens mit dem Lied-Titel *Leise flehen meine Lieder* dramatisch zu vermarkten. Dass er in seinem Überläufer-Werk *Wiener Mädeln* (1944/49) Elemente der Schubert-Biografie in den Film-Lebenslauf von Carl Michael Ziehrer integrierte, um das Defizit an Fakten durch Sentimentalität zu ersetzen, demonstriert die in der Musik liebenden Gesellschaft vorherrschende Sichtweise von Musik als materiell uneinträgliche Kunst nur zu deutlich. Ziehrers reale Vita gab zu wenig Anhaltspunkte für eine rührselige Geschichte; also nahm Forst Anleihen bei Schubert und Mozart.

---

9 RUDOLF HANS BARTSCH, *Schwammerl*. Leipzig 1912.

10 http://www.tvmovie.de/tv-programm/sendung.html?SendungID=2788129

Biografische Lücken schlichtweg durch eigene Phantasien zu ersetzen, mag nicht einmal durchgehen, so lange wissenschaftlich gesicherte Fakten fehlen – was im Fall von Schubert nicht gegeben ist, denn eine brauchbare Ausgabe von Quellen hatte Otto Erich Deutsch bereits 1914 vorgelegt. Bloß diente diese bestenfalls als Lieferant für grundlegende Fakten und nicht zur Korrektur von Klischees. Lässt sich das Phänomen am „Fin de Siècle" noch mit der Genieästhetik erklären, so hat diese in den 1980er Jahren ihre Berechtigung verloren. An ihre Stelle trat die „Psychologisierung", ein Trend, Komponisten aus der Perspektive der gerade obwaltenden Psychologie zu „analysieren". Und so mutierte Schubert in Fritz Lehners Film *Mit meinen heißen Tränen* (1986) vom unglücklich-niedlichen Biedermeier-Künstler in einen psychisch kranken, isolierten und schaffensunfähigen Versager mit brutal-dominantem Vater. Die Reduktion der Ausstattung auf das Notwendigste und die für einen Komponistenfilm atypische Stille tun ein Übriges, den Eindruck permanenter Tristesse und Unbeholfenheit beim Fernsehpublikum zu festigen. Schubert erfuhr hier nicht etwa die Erlösung vom Biedermeierklischee, sondern geriet in eine noch tragischere Konstellation, der er – weil von innen kommend – nicht entrinnen kann; mehr noch: die Kumulation von Biedermeier-Engstirnigkeit und psychischer Krankheit verdüstert das Bild zur Unerträglichkeit, abseits jeglichen Realitätsgehalts.

All diesen Filmen eignet Kurzsichtigkeit in der Bewertung von Quellen, beruhend auf der Unkenntnis gesellschaftlicher Rahmenbedingungen der jeweiligen Ära und der Unfähigkeit, sich den Tagesablauf eines Komponisten mit einem Output im Ausmaß von Schubert zu imaginieren: Es lässt sich kein nachhaltiger Konflikt zwischen Schubert und dem Elternhaus verifizieren, längere Schaffenskrisen sind in Anbetracht des großen Œuvres nicht vorstellbar und äußere Isolation ist eher ein Tatbestand einer Großstadt des ausgehenden 20. Jahrhunderts als Symptom der Biedermeierzeit. Mit besonderer Vorliebe bemächtigte man sich seiner Musik, im Irrtum, sie sei Abbild seines psychischen Zustands beim Komponieren oder – ganz allgemein – seines Charakters. Bloß wer sich immer in jenen düsteren Gefühlslagen befindet, die Schuberts Musik zu suggerieren versteht, wäre als Opfer seiner Stimmungen nicht in der Lage, auch nur ein einziges sinnvolles Werk zustande zu bringen, da Charakterisierung und Handlungsaufbau ein Krankheitsbild mit Handlungsunfähigkeit nahe legen. Zwar wissen Komponisten sehr wohl um die Untiefen menschlichen Empfindens, verfügen aber über ein hohes Abstraktionsvermögen, diese in Musik zu fassen, ohne darunter zu leiden. Die Verwechslung von bewusst evozierter Stimmung als Beruf mit der eigenen Befindlichkeit führte letztlich zum Bild des ewigen Versagers Schubert, der nur in seiner Musik brillierte.

Was in unserem Zusammenhang besonders interessiert, ist Schuberts Entscheidung, als schaffender Künstler seinen Unterhalt zu verdienen. Man muss davon ausgehen, dass er den Lehrer-Beruf so lange ausgeübt hat, bis er sicher war, ausreichende Einnahmen zu erhalten, denn ein Leben ohne irgendeine Absicherung führte in Zeiten ohne Sozialsysteme unweigerlich in die existenzielle Katastrophe. Diese Einnahmen stellten sich aber nicht einfach ein, sondern erforderten ausdauernde Präsenz in Musikzirkeln sowie die Gabe, sich unter einer Vielzahl sehr begabter Dilettanten Gehör zu verschaffen, sei es durch Intervention Dritter oder durch eigene Aktivitäten. Dies gelang ihm verhältnismäßig rasch, denn mit 19 Jahren verbuchte er seinen ersten Kompositionsauftrag[11]: „17. Juny 1816. An diesem Tag componirte ich das erste Mahl für Geld. Nähmlich eine Cantate für die Nahmensfeyer des Hrn. Professors Wattrot von Dräxler. Das Honorar ist 100 fl. W.W." Verglichen mit dem Jahresgehalt eines Schulgehilfen von 70–80 fl. W. W. nimmt sich das Honorar fürstlich aus und das umso mehr, als Schubert erst am Beginn seiner Karriere stand[12]. Er hatte mit einem einzigen Werk 20–30% mehr verdient, als er in seiner Lehrer-Position in einem Jahr hätte erzielen können, mithin im landläufigen Sinn des Wortes ein „gutes Geschäft". Auch war er sich der Bedeutung dieses Ereignisses bewusst, denn er hatte das Ereignis als Beginn seiner Komponistenkarriere minutiös notiert. Wie viele derartiger Geschäfte er insgesamt verbuchen konnte, wird sich nicht mehr eruieren lassen; doch wie hoch seine Einnahmen auch gewesen sein mochten: er kehrte nie mehr in den erlernten Beruf zurück, sondern fand offenbar mit den Honoraren sein Auslangen. Unbestritten bleibt hingegen, dass die Unterhaltungsindustrie ein Vielfaches von Schuberts Lebenseinkommen für die Filme lukrieren konnte und Schubert für sie sowie für alle posthumen Konzertveranstalter ein richtig „gutes Geschäft" darstellt.

Fehlende Quellen in Geldangelegenheiten bei sonst geordneten Verhältnissen werden ganz allgemein als Indiz für schlechte Finanzgebarung, eben als wirtschaftliche Untüchtigkeit bewertet. Dass hier in den zu respektierenden Bereich der Privatsphäre eingedrungen wird, wo jeder individuell entscheidet, welche Unterlagen er aufbewahrt und welche nicht, dass vielleicht Vorsichtsmaßnahmen gegenüber der Gesellschaft oder Konventionen der Zeit wahrgenommen werden, fällt sichtlich aus den wohl zu eng gesetzten Grenzen des Denkmöglichen. Zwar lässt sich keine lückenlose Darstellung des Wertes einer Symphonie, eines Konzerts, einer Oper oder einer Messe von Anbeginn bis zur Gegenwart eruieren; dennoch geben einzelne Quellen Aufschluss über die Art der Geschäftsbeziehung zwischen Auftraggeber und Komponist, zumal die meisten Auftraggeber mit Repräsentationspflichten ihre Ausgaben sehr genau verbuchen, mitunter sogar bei Geschenken. Letzteren eignet naturgemäß der Beigeschmack des Beliebigen, der so gar nicht in die konventionelle Vorstellung von „Geschäft" passen mag. Bei genauerer Betrachtung erweisen sich allerdings manche Geschenke als lukrative Geschäfte, denn im Gegensatz zu einem festgesetzten Preis kann der Komponist mitunter einen höheren Wert für ein Werk erzielen und das bei finanziellen Zuwendungen ebenso wie bei Wertgegenständen. Der Usus, einem Interessenten ein Musikstück ohne konkreten Auftrag zu widmen, stellte die materielle Bewertung dem Widmungsträger frei. Aber auch hier lohnte es

---

11 Otto Erich Deutsch (Hg.), *Franz Schubert. Die Dokumente seines Lebens.* München 1914, 45.

12 Vgl. Herwig Knaus, *Franz Schubert. Vom Vorstadtkind zum Compositeur.* Wien 1997.

sich, im Vorfeld die Bereitschaft zur Annahme der Widmung auszuloten, ganz analog zur Anbahnung einer konventionellen Geschäftsbeziehung.

4.2. Willkür in der Honorierung – Mäzenatentum vs. Auftrag

Im Geschäft mit dem Komponieren agierte der Käufer lange Zeit nach freiem Ermessen. Musik wurde vom Auftraggeber oder Käufer, wenn es sich um ein ohne Auftrag gewidmetes Werk handelt, nach seinem Gebrauchswert, auch dem Effekt nach – d. h. seiner Wirkung anlässlich eines repräsentativen Anlasses – materiell entlohnt. Bezüglich der Höhe hatte man sich an den Leistungen guter Interpreten, allen voran an Sängern, orientiert, nachweisbar im geistlichen Bereich des 16. Jahrhunderts. Bischof Urban Sagstetter[13] aus Gurk bezahlte dem Musiker und Komponisten Leonhard Pamminger in Passau für einen Gesang 1 fl 1 kr, am 1.1.1563, als sich Sagstetter in Enns aufhielt, für eine ihm vom dortigen Organisten gewidmete Messe 1 fl 6 kr. Gesang und Messe, gewiss im Aufwand unterschiedlich zu bewerten, erhielten nahezu das gleiche Honorar. Dass aber nicht allen Messen, obwohl liturgisch identisch, der gleiche materielle Wert eignete, zeigt wiederum Sagstetters Honorierung, denn er legte für eine ihm zugesandte Messe 4 fl 6 kr aus, also etwa das Dreifache. Ob diese Messen hinsichtlich Einfall, Qualität in der Satztechnik oder Klangschönheit tatsächlich so krass divergierten, ist nicht verifizierbar. Rechnungsbücher zeigen allenthalben Unterschiede in der Bezahlung vergleichbarer Leistungen, was die Komponisten wohl auch aus Konkurrenzgründen motiviert haben mochte, Geld nicht zu erwähnen, manchmal um nicht durch allzu freizügiges Plaudern den Auftraggeber bloßzustellen. Dass diese Imponderabilien den Blick auf das Geschäft mit dem Komponieren verstellen, ist bereits bei oberflächlicher Recherche nachvollziehbar. Deshalb kann eine lückenlose Darstellung von Preisentwicklungen etwa einer Symphonie oder einer Oper, von Gewinnmargen im Laufe der Komponistenkarriere oder von Wertsteigerungen durch zahlreiche Aufführungen nicht geboten werden. Daraus allerdings den Schluss zu ziehen, dass Komponieren etwa kein „Geschäft“ sei, ist unhaltbar.

Ein entscheidender Irrtum durchzieht die Literatur über vergangene Epochen geradezu stereotyp, jedenfalls undifferenziert und unreflektiert: nämlich die pauschale Verwechslung zwischen Auftrag, Mäzenatentum und Angestelltenverhältnis. In Zusammenhang mit dem Untergang der Adelsgesellschaft an der Wende zum 19. Jahrhundert wird gerne auf deren Aktivität im Dienst der Kunstförderung verwiesen, deren Verschwinden man bedauernd zur Kenntnis nimmt. Dem ist entgegen zu halten, dass Adelige nicht durchwegs als Mäzene auftraten und dass nicht jede Zahlung als Förderung im Sinne eines Mäzens verstanden werden kann. Bestellt ein Adeliger bei

---

[13] Vgl. Jakob Obersteiner, *Aus einem alten bischöflich-gurkischen Raitbuche des 16. Jahrhunderts*, in: *Carinthia* I/160 (1970), 844.

einem Komponisten ein Musikstück, vereinbart er einen Preis und bezahlt diesen bei Lieferung; nichts unterscheidet diesen Vorgang von der Bestellung eines Kleidungs- oder Möbelstückes oder von bestimmten Waren – also ein „Geschäft" in der landläufigen Wahrnehmung. Folglich agiert der Adelige als Käufer und der Komponist als Hersteller und Verkäufer. Schickt ihm ein Komponist aufs Geratewohl ein Stück, kann er es annehmen und nach individueller Einschätzung bezahlen oder ablehnen und nichts bezahlen. Auch dieser Vorgang gehört in die „Geschäftswelt": Der Komponist unterbreitet dem Adeligen eine Art „Warenprobe", wie dies oft mit anderen Waren gehandhabt wird, etwa ein Vorabdruck des zu erwartenden Inhalts einer Monatszeitschrift in der Gegenwart, der öffentlich verteilt wird.

Mäzenatentum äußert sich im Gegensatz dazu dort, wo ein Komponist materielle oder immaterielle Zuwendungen erhält, ohne dafür eine konkrete Gegenleistung erbringen zu müssen. Als berühmtes Fallbeispiel der Musikgeschichte sei die Vita von Hugo Wolf in Erinnerung gerufen. Wolf hatte sich 1887 entschlossen, seine Tätigkeit als Musikkritiker des *Wiener Salonblatts* aufzugeben und fortan nur mehr dem Schaffen zu leben. Dies ermöglichte ihm u. a. die Juwelier-Firma Köchert, die über ausreichende Mittel verfügte, den Komponisten zu unterstützen. Bloß lehnte Wolf direkte Geldgeschenke ab und so entlastete die Familie sein oft wohl knappes Budget durch kostenloses Wohnen und Verpflegung. Wirtschaftlich gesehen, müsste man die Mieten in guten Gegenden, die Kosten für Hauspersonal sowie für das Speisen im Gasthaus berechnen, um zu veranschaulichen, in welcher Höhe diese Förderung anzusetzen war. Auch hier ist entscheidend, nicht von der Möglichkeit der „Single-Existenz" um 2005 auszugehen, wo zahlreiche technische Einrichtungen den Alltagsaufwand minimieren, sondern von den Lebensumständen jener Zeit, die im Wesentlichen als bekannt vorauszusetzen sein dürften. Familie Köchert verlangte von Wolf keine Komposition, er wurde auch während seiner Schaffenskrisen nicht aus der Wohnung geworfen, und als er unheilbar erkrankte sorgte man gemeinsam mit zahlreichen anderen Freunden für die bestmögliche Betreuung. Daraus folgt, dass Mäzenatentum uneigennützige Unterstützung ohne konkrete Gegenleistung meint, die auch in länger zurückliegenden Epochen Wohlhabende vor allem aufstrebenden KünstlerInnen zuteil werden ließen – aber eben nicht ausschließlich.

Bleibt noch die Anstellung, am besten zu veranschaulichen bei Adelskapellen, konkret im Fall von Joseph Haydn: 1760 wirkte er als Musikdirektor bei Graf Morzin, der seine Kapelle auflösten musste, danach bis an sein Lebensende bei den Fürsten Eszterházy in Eisenstadt als „Haus-Offizier", mit einem Vertrag[14], worin Rechte und Pflichten genau geregelt waren. Sein Gehalt betrug zunächst 400,– fl, seine Aufgaben bestanden nicht nur in der Orchesterleitung, sondern in der Obsorge über Musikalien und Instrumente, in der Wahrung der Disziplin unter den Musikern sowie im Komponieren. Kopien seiner Werke durfte er nicht weitergeben und Aufträge nur mit Zustimmung des Fürsten annehmen. Für die Verpflegung wurde gesorgt,

[14] Vgl. LUDWIG FINSCHER, *Joseph Haydn und seine Zeit*. Laaber 2000.

denn er speiste an der Offizierstafel. Als Fürst Paul Anton Eszterházy 1762 starb, ging Haydn mit dessen Bruder Nikolaus, dem Nachfolger, einen neuen Dienstvertrag ein, der Haydns Gehalt um 200,– fl, also um 50%, erhöhte. Nach dem Tod von Gregor Joseph Werner im Jahr 1766 rückte Haydn in die Position des 1. Kapellmeisters vor; gleichzeitig erwarb er das Haus Klostergasse 82, worin sich bereits sein Geschick in finanziellen Angelegenheiten manifestiert, noch mehr 1778, als er dieses Haus um 2.000,– fl verkaufte und davon 1.000,– fl mit 5% Verzinsung anlegte. Der Wert des Hauses betrug mithin um die 3 Jahresgehälter, was Aufschluss über die Kaufkraft seines Gehalts gibt. Zwölf Jahre später, 1790, löste nach dem Tod von Fürst Nikolaus I. sein Nachfolger Paul Anton II. die Kapelle auf und kündigte – wie in einer Firma – Musiker, Opern- und Theaterpersonal. Bloß Haydn verblieb, wie Konzertmeister Luigi Tomasini, ohne Verpflichtung im Amt. Ihm wurde aus dem Vermächtnis von Nikolaus I. eine Jahrespension von 1.000,– fl und eine zusätzliche Jahrespension von Paul Anton II. auf Lebenszeit ausbezahlt. Haydn konnte sein Leben unabhängig in materieller Sicherheit gestalten.

Diesem Beispiel ist klar zu entnehmen, dass für den Kapellmeister und die Ausführenden konkrete Anstellungsverhältnisse geschaffen wurden, dass Komponieren in bestimmtem Ausmaß als Teil der Dienstpflichten galt und dass im Einzelfall eine Art „Firmenpension" vorgesehen war. Adelige sahen sich in diesem Zusammenhang nicht als „Förderer" der Kunst, sondern deckten ihren Bedarf an Musik – sei es aus Kunstliebe, aus Prestigegründen oder wegen gesellschaftlicher Verpflichtungen – mit der eigenen Kapelle. Komponisten und Ausführende arbeiteten für sie wie dereinst Mitarbeiter einer Firma: Im ersten Fall ist Musik das Produkt, im anderen eine konventionelle Ware. Da die Faktizität von Anstellungsverhältnissen der fast zur Norm geronnenen Vision vom „freien Künstler" widerspricht, bedauerte die Nachwelt heftig mitfühlend das Schicksal dieser „Angestellten". Mag sein, dass Dienstverhältnisse immer wieder als Last empfunden wurden. Das liegt im Wesen dieses Status. Doch Alternativen standen nur im Wechsel des Adelshauses zur Verfügung oder im Berufswechsel. Andernfalls war ein Leben am Rande des wirtschaftlichen Ruins zu erwarten, denn ohne Kontakte zur Oberschicht – die sich bei Negierung der vorgegebenen Ordnung zwangsläufig abwendete – durfte niemand auf lukrative, Kosten deckende Aufträge hoffen.

Der sog. „freie Künstler", abseits der Vorstellung demütigender Dienstverhältnisse, hatte in Wirklichkeit ein hohes Maß an Geschäftstüchtigkeit und strategischer Planung an den Tag zu legen. Allein der Start bedurfte der Fürsprache im Establishment, sowohl in der Adelsgesellschaft als auch im Bürgertum des 19. Jahrhunderts, verifizierbar in allen Lebensläufen erfolgreicher Freischaffender. Wer nicht wie Mozart als Wunderkind von den Kontakten des Vaters profitieren konnte, musste sich innerhalb der stets präsenten und unerbittlichen Konkurrenz profilieren. Zwei Beispiele veranschaulichen dies ganz klar: zum einen nochmals Joseph Haydn, zum anderen Johann Strauß Sohn.

4.3. Haydn als Geschäftsmann

Haydns Strategien, erworben durch jahrzehntelange Erfahrung im Kontakt mit dem Adel, basierten auf seinem hervorragenden Ruf als Komponist sowie der hohen Qualität seiner Werke und kamen erst in seinem Ruhestand ab 1790 zum Tragen, was sich in der Korrespondenz zwischen Georg August Griesinger und dem Verlagshaus Breitkopf & Härtel unverkennbar mitteilt. Sein hochwertiges „Produkt“ lockte Interessenten aus Adel und Bürgertum an, Verlage witterten hohe Erträge aus dem Verkauf gedruckter Werke und Aufführungen versprachen großen Publikumszuspruch. Allerdings bestand Haydns erster Schritt bei Breitkopf & Härtel darin, eine Anfrage im Frühjahr 1799 nicht zu beantworten. Griesinger erhielt bei einem persönlichen Besuch zwar die Genehmigung, Haydns Werke zu publizieren; im Detail konterte Haydn mit Taktiken: Für den Verlag neue Sonaten zu komponieren, lehnte er wegen Überlastung an Aufträgen ab; seine Präsenz in der Verlagswelt verdeutlichte er mit verschiedenen Projekten, etwa von Sonnleithner, das er sofort als Wucher diskreditierte; er konkretisierte seine Geschäftsbeziehung zu England in Zahlen; er führte Van Swieten als Berater ein und bewies wirtschaftliche Kompetenz in der Edition der Schöpfung mit Absicherung, wie Griesinger am 3.7.1799 ausführte[15]. Dahinter standen nämlich 409 Subskribenten, die 507 Exemplare der Schöpfung zum Preis von 3 Dukaten bzw. 13 fl und 30 kr abnehmen wollten. Nichtsdestoweniger beabsichtigte der Verlag, die *Schöpfung* in sein Programm zu integrieren; doch nun eskalierten Haydns Forderungen für die Druckplatten. Eile entstand durch ein Angebot von Pleyel, Haydns Schüler[16], der ihm dafür 50 bis 60 Louisdor bot. Da Pleyel scheinbar in Ungnade gefallen war, forderte Haydn 100 Louisdor, wie Griesinger am 15.11.1800 kolportierte. Psychologie schwingt mit, wenn Verärgerung eine Preissteigerung um 40% bis 50% bewirkt!

Noch trickreicher gestaltete sich die Edition der *Vier Jahreszeiten*. Zunächst sollten drei Verlage in Deutschland, England und Frankreich das Werk gemeinsam herausbringen; dann konkurrierte ein Angebot von André in Offenbach, das Werk gegen ein Honorar von 1000 Dukaten als Lithografie zu edieren[17], denn André erkannte die einmalige Gelegenheit, die neue Drucktechnik mit der Erstausgabe eines Meisterwerks einzuführen und Haydn sagte zu. Mitte Juni lagen Haydn zwei Offerte vor, wozu er lapidar meinte: „wer zuerst komme, der mahle zuerst.“ Am 24.6.1801 akzeptierte Griesinger Haydns Angebot. Der große Druck durch André und Haydns sofortige Zusage veranlassten den Verlag zu einer Aufbesserung des

---

[15] Otto Biba (Hg.), *„Eben komme ich von Haydn“. Georg August Griesingers Korrespondenz mit Joseph Haydns Verleger Breitkopf & Härtel 1799 – 1819.* Zürich 1987, 31ff.

[16] Ibid., 49f.

[17] Ibid., Brief vom 16.6.1801, 81.

Honorars um 500,– fl[18]. Haydn verlangte 2.000,– fl Vorauszahlung, erhielt sie und schickte das Werk.

Seine *„Bedenklichkeiten"* sind Taktiken, resultierend aus dem Umstand, dass – so Haydn nach Griesinger[19] – „man den Musikern nicht Gerechtigkeit widerfahren lasse, wenn man sie für unnütze Mitglieder der Gesellschaft halte, da doch nur von seinen Werken so viele Menschen leben." Er gab sich keiner Illusion hin, sondern handelte. Dass man seine Vorgangsweise durchschauen würde, kalkulierte er genau, indem er plötzlich neuen Angeboten besondere Aufmerksamkeit beizumessen schien. Er reizte die Geduld seiner Geschäftspartner sowie ihrer finanziellen Belastbarkeit bis an die Grenzen aus und wenn diese erreicht waren, konkretisierte er seine Bedingungen in Zahlen und Leistungen und kam zum Vertragsabschluss, der seitens der Geschäftspartner bei all den Mühen als Erfolg verbucht wurde.

4.4. Johann Strauss Sohn als Geschäftsmann

Die Geschäftstätigkeit von Johann Strauß zeigt deutliche Parallelen zu jener Haydns: beide leiteten eine Kapelle, beide starteten nach Beendigung einer ersten Karriere eine zweite als Komponisten. Johann Strauß Sohn hatte – nun im Gegensatz zu Haydn – auch für die Aufträge der Kapelle zu sorgen und agierte vorweg in mehreren Bereichen: im Geschäftsbereich mit Kontaktieren von Etablissements und Aushandeln von Spieldauer und Gagen, Organisation von Tourneen, Pressearbeit – im Orchesterbereich mit dem Zusammenstellen von Programmen und der Obsorge über das Stimmenmaterial, Probenarbeit und Aufführungen, mit dem Akquirieren von Musikern und Substituten für erkrankte Musiker, Erstellen von Arbeitsverträgen und Auszahlung der Löhne – im kreativen Bereich mit dem Bearbeiten von neuen Werken, dem Komponieren eigener Werke, wobei er Schreibarbeiten delegierte, den Verlags-Verhandlungen und nicht zuletzt mit dem Einstudieren der Programme, da er ja als Stehgeiger sein Ensemble leitete und die Stücke in allen Details beherrschen musste.

Seinen Start in das Operettengeschäft begleitete seine Gattin, die alle Vorbereitungen für den ersten Vertrag mit dem Theater an der Wien, geschlossen am 26.5.1870 über *Indigo und die vierzig Räuber,* getroffen hatte[20]: Abgesehen von der Berücksichtigung aller Eventualitäten und Benefizaufführungen, lukrierte Strauß als Einreichhonorar 18.000,– fl, vom Verlag Spina zusätzlich 10.000,– fl für die aus der Operette zu erstellenden Walzer und 10 % Tantiemen für jede Aufführung über die Vertragsdauer hinaus. Im Vergleich dazu trug ihm ein Abend in seiner Funktion als Hofballmusikdirektor bloß 9,– fl ein. Als er 22 Jahre später seine Oper *Ritter*

[18] Ibid., Brief vom 1.7.1801, 84.

[19] Ibid., Brief vom 1.7.1801, 83.

[20] Franz Mailer (Hg.), *Johann Strauß, Leben und Werk in Briefen und Dokumenten* 2. Tutzing 1986, 151f.

Pázmán am 1.1.1892 in der Wiener Hofoper zur Uraufführung brachte, erhielt er 200,– fl Einreichhonorar und nur 5% Tantiemen, während er etwa für den Walzer *Groß-Wien* op. 440 aus 1890 umgehend 3.000,– fl verbuchen konnte. 22 Jahre zuvor verdiente er – ungeachtet der Inflation – 90-mal mehr mit seinem Erstlingswerk als mit der Oper.

Ein namhafter Unterschied zu Haydn bestand, abgesehen von rechtlichen Fortschritten, im Verhältnis Gattung zu Publikumsinteresse: Kunstmusik hatte sich von konventioneller Unterhaltung distanziert, wobei der materielle Gegenwert proportional zum elitären Anspruch sank. Das Massenpublikum garantierte Gewinne, und zwar auf allen Ebenen:

Auftrag	Öffentliche Aufführung	Publikation		
Einzelperson oder Veranstalter	Theater, Veranstalter	Partitur	Klavierauszug	Einzelabdruck der „Hits“
Honorar	Pauschalabgeltung oder Tantiemen und Benefizvorstellungen am Theater			

Dieses System hatte sich im Laufe des 19. Jahrhunderts etabliert und endete mit dem Verschwinden der solcherart zu vermarktenden Gattungen; Klavierauszüge von Opern des 20. Jahrhunderts scheitern an der Komplexität der Werke und Operetten wurden durch Musicals verdrängt, die ihrerseits im einfachen Klaviersatz ohne Showeffekte selten wirkungsvoll klingen. Da perfekte Aufnahmen dem privaten Klavierspiel den Boden entzogen, schrumpfte der Markt für die populären historischen Werke auf einen kleinen Kreis von Interpretinnen und Interpreten sowie einzelnen Musikliebhabern. Für Komponisten der Gegenwart mag es zwar immer wieder Aufträge für Bühnenwerke geben, bloß werden diese staatlich subventioniert und entziehen sich bewusst einer breiten Öffentlichkeit.

4.5. Zum Marktwert der musikalischen Gattungen

Bleibt schließlich die Frage nach dem Verkaufswert der Gattungen, eben der Produktpalette, die sich im Laufe der Zeit bekanntlich änderte. Für den Verleger des späten 18. und frühen 19. Jahrhunderts stellten Klaviersonaten den „Hit“ dar, denn man musste nicht auf die Uraufführung warten oder Rechte von Textdichtern einholen und konnte sie einfach so übernehmen, wie sie erfunden wurden. Bei der großen Nachfrage hatten Musikalienhändler keine Absatzschwierigkeiten. Geht man beispielsweise im Fall von Haydn davon aus, dass sowohl ein Oratorium als auch eine Sonate beauftragt und naturgemäß unterschiedlich, den jeweiligen Zeitaufwand kalkulierend, honoriert wurden, so empfand der Auftraggeber die Sonaten als sein persönliches Eigentum, das Oratorium nicht. Da sie in kleinerem Rahmen oder überhaupt privat zur Aufführung gelangten, blieb dem Komponisten nur das Honorar für den Auftrag, allenfalls eine einmalige Abfindung durch den Verlag. Tantiemen für Aufführungen fielen weg. Sonaten waren demnach ein rasches, aber kein besonders gutes Geschäft für den Komponisten. Zudem erforderten sie eine gute Beherrschung des Klaviers, die – betrachtet aus der Perspektive des Massengeschäfts – nicht von allen Musikliebhaberinnen und -liebhabern erreicht werden konnte.

Kleine Stücke ohne komplexe Satztechniken, versehen mit pseudo-virtuosen Elementen, erwiesen sich demgegenüber ab der Mitte des 19. Jahrhunderts als Verkaufsschlager; immerhin galt es, den wachsenden Bedarf an effektvoller, leicht zu erlernender Musik zu decken, denn das Klavierspiel an sich – mittlerweile ein äußeres Zeichen für die Zugehörigkeit zum Bürgertum – trübte durchaus die bürgerliche Kindheit und es bedurfte stets kleiner Erfolgserlebnisse, die anspruchsvolle Werke nicht schnell genug vermitteln konnten. So übernahm das Salonstück die Funktion der Sonaten und trug vor allem den Verlagen gute Gewinne ein. Daran lässt sich ermessen, dass musikalische Gattungen nicht nur geniale Einfälle abbilden, sondern der Markt ihre Verbreitung begünstigte oder unmöglich machte. Mit Salonstücken konnte man als Schüler erste Erfolge verbuchen, mit Sonaten zeigte man allenfalls Ansätze zur Professionalität.

Die nächste Gattung, die sich gut verkaufen ließ, war das Lied, in Wien ein „Massengeschäft“ erst ab der Biedermeierzeit, denn Lieder, die davor entstanden waren, folgten den Ansprüchen der zumeist adeligen oder hoch gebildeten großbürgerlichen Auftraggeber und entsprachen nur teilweise den Anforderungen des „gewöhnlichen“ Musikliebhabers. Schubert traf hierin nicht nur den Geschmack der Zeit, sondern prägte die Vorstellung von „Lied“ aller Folgegenerationen; immerhin werden sie bis in die Gegenwart favorisiert. Analog dazu fanden Couplets aus Theaterstücken und Operetten reißenden Absatz, wobei vor allem bei Operetten, wie in Zusammenhang mit Johann Strauß ausgeführt wurde, der geschäftstüchtige Komponist und – bei erfolgreichen Werken – alle Beteiligten, vom Kopisten bis zur Theaterdirektion, reichlich Geld verdienen konnten. Opern hingegen verbuchten nur dann Erfolge, wenn sie wie Operetten bei Publikum und Presse Anklang fanden und im Repertoire blieben. Von allen Bühnenwerken konnte man Klavierauszüge anbieten, Einzelnummern gesondert oder in Alben drucken und sie außerhalb ihres genuinen Rahmens erfolgreich darbieten, denn als Programmpunkte in populären Konzerten waren sie im Sinne von heutigen „The Best of“ stets willkommen.

Wie oben ausgeführt, galten Werke des Musiktheaters als die einträglichsten Kompositionen mit maximaler Breitenwirkung. So finden sich auf diesem Markt nicht nur Opern und Operetten, sondern auch Werke im Grenzbereich, etwa Liederspiele, Singspiele und Stücke des Sprechtheaters mit Bühnenmusik. Ehe sich die Operette als große Gattung mit tragender Musik durchsetzte, existierten vor allem in Wien Werke dieser Gattung mit geringem Anspruch, aber hoher Aktualität, geschrieben von kompositorisch begabten Kapellmeistern mit der Verpflichtung, innerhalb eines bestimmten Zeitraums Bühnenwerke zu „liefern“. In diesem Bereich zählte nicht etwa der hohe Kunstwert; Überzeitlichkeit wäre fehl am Platz gewesen.

Es handelte sich für den angestellten Kapellmeister um ein Geschäft, das so lange funktionierte, als seine Einfälle in Verbindung mit dem Theaterstück das Publikum zum Besuch verlockten. Ein Komponist, der nur durch die Zusammenarbeit mit Johann Strauß namentlich bekannt blieb, ist Richard Genée. Seine Stücke ließen sich schwerlich gegenwärtigen Erwartungen angleichen; sie erfüllten in der Entstehungszeit die Erwartungshaltung des Publikums und sind damit symptomatisch für den Betrieb: Ganz realistisch lebte diese Gruppe von Schaffenden für die Gegenwart und war ein Stück „abgespielt", ersetzte man es durch ein neues mit anderer Musik; der Einfachheit halber und bei Zufriedenheit engagierte man wieder den Hauskomponisten. Seine Komposition wurde gemäß seiner Reputation honoriert, er durfte – wie schon im Vertrag mit Johann Strauß zu sehen war – etwa den Erlös der 25. oder 50. Aufführung für sich verbuchen oder erhielt ab einer gewissen Aufführungszahl eine Provision. Da es keine festgesetzten Preise gab, lag es am Verhandlungsgeschick des Komponisten oder seines Vertreters, ein „gutes Geschäft" zu machen. Delegierte ein Komponist diese Aufgabe an seinen Verleger oder eine juristisch gebildete Person seines Vertrauens, hatte er beim Zustandekommen eines Auftrags einen gewissen Prozentsatz an Provision zu bezahlen. Es zeigt sich einmal mehr die Verwurzelung der Musik in Branchen des alltäglichen Lebens und darüber hinaus eine Professionalität in der Geschäftstätigkeit, die einem konventionellen Wirtschaftsbetrieb um nichts nachsteht.

Große Vokalwerke mit Orchester, konzipiert für das Konzertpodium, hatten im Verlauf des 19. Jahrhundert ihre Publikumswirksamkeit allmählich verloren; sie benötigte man für Feste, zur Suggestion des Erhabenen, Überzeitlichen. Weder lassen sie sich in Gestalt des Klavierauszugs effizient vermarkten, da sie ihre Wirkung durch differenzierten Orchesterklang und Chor-Massen entfalten, noch sind Einzelnummern besonders attraktiv für den Salongebrauch. Wer über kein Ensemble wie Fürst Eszterházy verfügte, musste teure Aufführungen veranstalten. Folglich räumten Auftraggeber dem Komponisten Druck- und Aufführungsrechte ein. Dies betrifft Oratorien, Kantaten, Passionen und alle geistlichen Werke, ausgenommen die bekannten Einzelkompositionen von Beethoven, Berlioz, Brahms, Verdi etc. Aufträge zu diesen Werken erfolgten im 19. Jahrhundert vermehrt von Vereinen im kunstsinnigen Bürgertum, um Honorare und Aufführungskosten für den Einzelnen gering zu halten.

Bei Publikationen von derlei Werken manifestierte sich Zurückhaltung, denn dem hohen Aufwand der Produktion standen erfahrungsgemäß geringere Absatzzahlen gegenüber. Selbst Haydn hatte z. B. mit seinen Messen, modern gesprochen, Absatzschwierigkeiten: Als der Verlag Breitkopf & Härtel mit Haydn ins Geschäft kommen wollte, bot Haydn von sich aus im ersten halben Jahr seine Messen an. Die knappe Formulierung Griesingers vom 7.12.1799 lässt die Aversion des Verlags beinahe physisch spüren[21]: „Ich will Herrn Haydn mit seinen Messen so höflich als

[21] BIBA, a. a. O., 37.

möglich zurückweisen.“ Dass sie später in die Gesamtausgabe aufgenommen wurden, verdankt sich mehr dem Streben nach Vollständigkeit als dem Bedarf an Messen in der Gesellschaft. Zudem führten die Maßnahmen des Cäcilianismus im Kampf gegen Verweltlichung des Geistlichen zum Desinteresse seitens der Komponisten an Messen für den liturgischen Gebrauch. Dem Trend zur Verweltlichung konnte dadurch nicht Einhalt geboten werden, vielmehr fand sich in religiös anmutenden Darbietungen im Konzertsaal, beispielsweise die Konzerte der Wiener Gesellschaft der Musikfreunde am Sonntagvormittag, Ersatz für vorenthaltenen Kunstgenuss im Rahmen der Liturgie.

Bleibt die Symphonik als anspruchsvolle Instrumentalgattung, die sich in dem Maß einer musikalisch sinnvollen Klavierfassung entzog, als sich Komponisten zur Abgrenzung gegenüber der trivialen Salonkultur an Komplexität in Satztechnik und instrumentaler Fertigkeit steigerten. Selbst vierhändige Klavierauszüge ließen sich nur von sehr gut ausgebildeten Dilettanten bewältigen und fanden daher geringeren Absatz als Salonmusik. Wirtschaftlich betrachtet, bezahlten so genannte ernsthafte Komponisten ihr Streben nach höchster Kunstfertigkeit mit materiellen Einbußen, schließlich mit der Entkopplung vom Musikgeschäft, gerieten in Abhängigkeit von Verwertungsgesellschaften und ab der Zwischenkriegszeit des 20. Jahrhunderts in jene des Staates, der – je nach politischem System – Einfluss auf Art und Weise förderungswürdigen Schaffens nahm; hier sei bloß an die Vorliebe der „Kulturpolitik“ des sog. Dritten Reichs für Programmmusik hingewiesen, wodurch zahlreiche im Land verbliebene Komponisten eine bereits obsolete Gattung reanimierten und sie mediengerecht als „Symphonische Unterhaltungsmusik“ via Rundfunk zu vermarkten suchten. Umgekehrt unterstützte der Staat nach 1945 mehr als Mäzen denn als Auftraggeber (s. o.) die Entwicklungen der musikalischen Avantgarde, was allerdings nur bedingt mit der Vorstellung von Geschäft in Einklang zu bringen ist.

Am Ende des 19. Jahrhunderts hatten alle Gattungen einen festen Platz in der Hierarchie, sie standen in einem ziemlich klaren prozentuellen Verhältnis zueinander, verifizierbar an Preisgeldern im Rahmen eines Preisausschreibens anlässlich der Millenniumsfeier 1896 in Ungarn. Um das Schaffen junger ungarischer Komponisten zu forcieren, forderte man Werke in den Gattungen Oper, Symphonie, Kammermusik, Orchesterouvertüre, Klaviersonate, Ungarische Rhapsodie, Kunstlied über einen ungarischen Text und Lied für eine Originalvolksliedgruppe mit folgenden Preisgeldern[22] (s. Tabelle):

[22] Vgl. *Neue Musikalische Presse* 6.6.1897, 23

Gattung	Gulden
Oper	2.000
Symphonie	1.000
Kammermusik	500
Orchesterouvertüre	500
Klaviersonate	300
Ungarische Rhapsodie	200
Kunstlied mit ungarischem Text	100
Volkslied für Chor mit ungarischem Text	100

Es ist nur zu deutlich, dass der Oper der höchste Geldwert zugemessen wurde, nur mehr 50% davon der Symphonie, 25% der Kammermusik und der Orchesterouvertüre, 15% der Klaviersonate, 10% der Ungarischen Rhapsodie und 5% dem Lied. Wenn auch das Preisgeld nicht dem realen Einkommen eines arrivierten Komponisten entsprach, so zeigen die prozentuellen Anteile ein gewisses Verhältnis der Gattungen zueinander, wohl auch den von der Jury, vor allem aber den von der Musikgesellschaft zu veranschlagenden Zeitaufwand: Die Komposition eines Liedes benötigt kaum 5% der Zeit einer Oper, eine Symphonie die Hälfte. Wie in der konventionellen Geschäftswelt lässt sich der Zeitaufwand mit dem Produkt in Relation setzen, man könnte einen Stundensatz errechnen, ja sogar die Qualität fand ihren Niederschlag in der Bilanz: Bei gut komponierten und beliebten Opern erhöhte sich auf lange Sicht der Stundensatz, unwirksame Opern trugen dem Komponisten bestenfalls den Herstellungswert ein, was am Beispiel von Johann Strauß deutlich wurde, und Massenprodukte im Bereich Musiktheater – etwa Singspiele und „Kapellmeister-Operetten“ – rechneten sich für den Komponisten in der Menge. Er benötigte dafür bloß einige Monate und kompensierte den geringeren Ertrag durch rasch produzierte, ähnliche neue Stücke.

4.6. Preisregelung am Fin de Siècle

Da nicht allen Komponisten die Geschäftstüchtigkeit von Haydn oder Johann Strauß zu Eigen war, herrschte Unzufriedenheit über die Willkür in der Vertragsgestaltung bei Aufführungen. Dem allgemeinen Trend zu Vereinsgründungen zwecks Wahrung bestimmter Gruppeninteressen folgend, konstituierte sich am 17.10.1897 in der Generalversammlung im Saal des wissenschaftlichen Clubs in der Wiener Eschenbachgasse die Gesellschaft der Autoren, Komponisten und Verleger[23]. Es verwundert nicht, Johann Strauß unter den ersten Mitgliedern zu finden, neben Dominik Ertl, den Erben Fahrbach, Richard Heuberger, Carl Michael Ziehrer u. v. a.

[23] vgl. *Neue Musikalische Presse* 10.10.1897, 17.10.1897 und 24.10.1897.

Stimmenmehrheit für die Funktion des Präsidenten erhielt Josef Weinberger, Vizepräsident wurde Eduard Kremser, Schriftführer Victor Léon und Schatzmeister Vinzenz Kratochwill. In der ersten Phase mussten die Mitglieder noch von der Sinnhaftigkeit eines Beitritts überzeugt werden, wofür sich die materielle Situation etwa von Erben nach dem Beitritt zur Exemplifikation des Nutzens am Beispiel Frankreichs anbot. Josef Weinberger führte in seiner Antrittsrede aus[24]: „Frau Fahrbach, die Witwe nach dem verstorbenen Dirigenten und Komponisten Ph. Fahrbach jun. erklärte uns, dass ihre Bezüge im Verlauf von vielen Jahren bescheidenere geworden seien, jedoch immer noch 4000 frcs. per anno betragen." Danach zitierte Weinberger Zahlen der französischen Verwertungsgesellschaft, die im 1. Jahr (1851) 14.400,– Francs verbucht hatte, 1896 aber bereits 1,700.000,– Francs. Wem die Zahlen nicht überzeugend genug erschienen, der konnte vielleicht durch andere Regelungen beeindruckt werden. So sollte etwa die öffentliche Wiedergabe jedes Musikstücks jener eines Bühnenwerks gleichgestellt werden, wobei allerdings nicht die Musiker Tantiemen an die Gesellschaft zu entrichten hätten, sondern die Veranstalter[25]: „Niemals und unter keinen Umständen hat der concertirende Musiker Honorar zu bezahlen; also immer nur der Unternehmer oder vielmehr derjenige, in dessen Locale die Aufführung veranstaltet wurde. – Ebensowenig wie der Sänger auf der Bühne oder der Capellmeister im Theater Honorar bezahlt, ebenso wenig darf der concertirende Musiker herangezogen werden." Das mochte die Zweifler beruhigen, denn Musikerhonorare waren zu gering, als dass man mit derlei Ansinnen auf Erfolg hoffen durfte.

Demnach musste jeder Veranstalter mit der Verwertungsgesellschaft einen Vertrag abschließen, um die Werke der Mitglieder aufführen zu können. Er hatte monatlich Originalprogramme und eine Liste der Zugaben abzuliefern und entsprechende Tantiemen zu bezahlen. Um den Komponisten gegenüber Gerechtigkeit widerfahren zu lassen, hatte man ein Punktesystem entwickelt, demzufolge kurze Stücke im Ausmaß eines Marsches, einer Polka u. ä. mit 1 Punkt, eine Walzerpartie mit 2 Punkten, eine Ouvertüre oder ein Potpourri mit 3 Punkten taxiert wurde[26]. „Die Gesammtzahl aller Punkte, welche die Componisten erhalten haben, wird summirt und durch diese Summe der Betrag der von dem Unternehmer geleisteten Gesammtgebühren dividirt." Davon wurden Verlegeranteil und Verwaltungsgebühren abgezogen. Bezahlte beispielsweise ein Veranstalter 6,– fl pro Abend, so resultierte daraus ein Monatsbetrag von 180,– fl. Bei einer Punkteanzahl für alle Programme von 360 Einheiten ergibt sich als Werteinheit pro Punkt 50 kr. Dabei handelte es sich um keinen absoluten Wert, sondern um einen relativen im Verhältnis zu den Einnahmen der Veranstalter, denn alle Veranstalter richteten ihre Preisgestaltung nach der Finanzkraft des Publikums. So konnte es geschehen, dass eine Walzerpartie von

[24] Ibid. 24.10.1897, 3.
[25] Ibid.
[26] Ibid.

Strauß bei einer Aufführung in einem Wiener Außenbezirk nur 30 kr pro Punkt, derselbe Walzer im Musikvereinssaal 70 kr pro Punkt eintrug.

Immerhin war damit ein erster Schritt zu einer Art „Preisregelung" geschaffen, die – wie die Historie zeigt – stets nachjustiert werden musste, da manche Gattungen verschwanden, andere hinzukamen und sich insgesamt die Verhältnisse mit dem Eintreten der Massenmedien, in Österreich ab 1924 mit der Gründung der RAVAG, gravierend veränderten. Der Walzer schreibende Komponist und die an öffentlichen Plätzen auftretenden Kapellen sind der Tonträgerindustrie gewichen, die hier angeführte Populärmusik existiert nur mehr als historische Gattung und die aktuelle Populärmusik des ausgehenden 20. und beginnenden 21. Jahrhunderts nennt den Urheber nicht mehr. Der Berufsstand des Komponisten hat sich dort, wo wirklich das Geschäft mit musikalischen Ideen stattfindet, durch Arbeitsteilung marginalisiert. Nichtsdestoweniger lässt sich für KomponistInnen in den Medienbereichen abseits der Avantgarde mit Musik Geschäft machen.

5. DAS GESCHÄFT MIT DER VERBREITUNG VON MUSIK

5.1. Publikation von Musik

Ein wesentlicher Geschäftspartner der KomponistInnen ist der Verlag, der Ausführende und Privatpersonen gleichermaßen wie Konzert- und Theater- und Operndirektionen mit seinen Produkten versorgt. Er verstand sich in der Historie als Mittler zwischen den Schaffenden, den Ausführenden, den Veranstaltern, der Kritik und dem Publikum. Präsenz im Musikleben, Kontakte zu Publikum und Kritik, Geschäftsbeziehungen zum Produktionsbereich und zu den Händlern vor Ort zählten ebenso zu seinen Aufgaben wie die Werbung, die sich vor allem auf Insertion in einschlägigen Musikzeitschriften konzentrierte. Dabei achtete der Verleger wie jeder andere Geschäftsmann darauf, das gesamte Sortiment zu platzieren, Novitäten ganz besonders, da man etwa im 19. Jahrhundert auf neue Werke namhafter Komponisten durchaus gespannt wartete, ältere Werke phasenweise, da der Verlag bei bereits gedruckten Werken mit geringen Herstellungskosten weitere Gewinne lukrieren konnte und den Komponisten mitunter nicht mehr beteiligen musste. Wertvolle historische Musik hielt sich auf diese Weise, kombiniert mit Neuem, länger in der aktiven Rezeption, man denke beispielsweise an Alben für Klavier, Ariensammlungen und Liederbücher. Jener Bereich, der – wie zu ersehen war – für Komponisten die größten Beträge abwarf, ist die Bühne. Partituren, Stimmen, Klavierauszüge und Textbücher wurden in großer Zahl benötigt, wobei sich in manchen Fällen das Vermieten von Aufführungsmaterial als sinnvoll erwies. Vor allem in der 2. Hälfte des 19. Jahrhunderts hüteten sich manche Bühnen davor, in ein Erstlingswerk allzu viel zu investieren. Große Konkurrenz zwang vor allem kleine Provinzbühnen zu äußerster Ökonomie, worauf Verlage rasch reagierten, denn besser aus Bühnenmaterial Leihgebühren zu erlösen, als Ladenhüter zu produzieren.

Die Gewinnspannen im Einzelnen sind schwer zu rekonstruieren, denn wenn der Verlag seinem Starkomponisten etwa für eine Sonate am Beginn der Laufbahn einen bestimmten Betrag bezahlte, so ist dieser Betrag bloß für ein Werk und einen Komponisten gültig, nicht für alle Sonaten und alle Komponisten über die Existenz des Verlages hinweg. Zu erheben, wie viele Exemplare besagter Sonate abgesetzt wurden, wie viele Neuauflagen der Markt forderte, bedürfte umfassender Untersuchungen, da die Kosten für Korrekturen, für Satz, Papier und Farbe, für Gestaltung und Werbemaßnahmen ebenso kalkuliert werden müssten wie die Personalkosten für alle innerhalb des Verlagsbereichs Beschäftigten. Nimmt man die Klagen vieler Komponisten über den „Geiz" der Verleger ernst und zieht die Jahrzehnte überdauernde Existenz namhafter Verlagshäuser in Betracht, gelangt man zu dem Schluss, dass Musik für Verlage – zumindest in der Historie – durchaus ein „Geschäft" darstellte.

5.2. Aufführung von Musik im Theater

Aus der Perspektive der Theaterunternehmer stellte sich das große Geschäft mit den Werken nur dann ein, wenn opulente Inszenierungen geboten wurden, wenn erstklassige Ausführende mitreißende Musik wirkungsvoll realisierten, wenn das Publikum lachen konnte oder erotisch stimuliert wurde. Spitzeneinnahmen garantierte in Wien die Anwesenheit von Mitgliedern des Kaiserhauses oder die Leitung einer Aufführung durch den Komponisten, auch Auftritte von Skandal umwitterten Sängerinnen und Sängern. Musik wurde hier im wahrsten Sinne des Wortes verkauft – konkret mit visuellen Attraktionen, wie sie der Phantasie gefielen, wofür die Barockoper stehen mag, und was im 19. Jahrhundert etwa an Meyerbeers Monumentalopern zu exemplifizieren wäre. Der große Erfolg dieser publikumswirksamen Opern veranlasste bereits in den 40er Jahren des 19. Jahrhunderts auch Provinzbühnen, diese in ihr Repertoire aufzunehmen, wofür allerdings meistens zu wenig Musiker zur Verfügung standen und Bearbeitungen sowie Kürzungen an den Originalen vorzunehmen waren. Diese Aufgabe besorgte der Kapellmeister, dem dort allerdings kaum Mitspracherecht eingeräumt wurde, denn ihm oblag bloß die Aufgabe, mit den ihm unterstellten Musikern für Unterhaltung zu sorgen. Ob Ausführung einer Meyerbeer-Partitur oder Begleitung einer Zirkus-Darbietung, war für die Direktion einerlei, sofern die maximale Auslastung des Theaters gegeben war – allerdings nicht für die Musiker, wie der anonyme Cellist einer nicht näher bezeichneten österreichischen Provinzbühne über die 40er Jahre retrospektiv berichtete[27]:

> „Eine rührende Episode waren unter Anderem die Vorstellungen einer Akrobaten-Gesellschaft, die auf den Brettern, ‚welche die Welt bedeuten', ein Dutzend Vorstellungen geben durfte. Dieselben mußten natürlich mit Musik begleitet sein, und dem Orchester

[27] *Deutsche Musik-Zeitung*, 17.3.1860, 90.

war aufgetragen, die Bein= und anderen Künste dieser Leute entsprechend zu illustrieren. Märsche, Polkas, Walzer und Galopps mussten in einer vom Anführer der Bande festgestellten Ordnung aufgespielt werden. [...] Der Seiltänzer begehrte vom Orchester, welches einen Walzer spielte, daß es im Takt sich nach seinen Sprüngen richten sollte, eine Unmöglichkeit, da die Schnelligkeit seiner Sprünge auf das äußerste variierte."

Die Ausführung belegt, dass von Musik in der Praxis höchste Flexibilität, also das Gegenteil von Authentizität, gefordert wurde und Musiker in diesem Milieu als Subalterne galten. Ihr Einkommen, 20 fl CM pro Monat, langte gerade, die Zimmermiete zu bezahlen. Deshalb verdienten Musiker Teile ihres Lebensunterhalts in anderen Berufen[28],

> „und zwar waren der Contrabassist und der erste Oboist zugleich magistratische ‚Mistaufseher'. Der erste Sekundarius bei der Violine war ‚Mehlhändler', und konnte in außerdienstlichen Stunden vor oder hinter seiner Ladenthüre in einem langen, von oben bis unten mehlbestaubten Schlafrocke gesehen werden. Der Paukenschläger, ein Böhme, war zugleich Inhaber der ‚Theaterkneipe', eines unterirdischen Locales, wohin sich die Orchestermusiker während der Akte bei Schauspielen u. dgl. zurückzogen, [...] und von wo sie wieder mittelst eines Glockenzuges ins Orchester zurückberufen wurden, wenn der Akt zu Ende ging. Diese Einrichtung wird, in Berücksichtigung des Winters, plausibel erscheinen, wenn man bedenkt, daß es kein besonderes Vergnügen war, in einem ungeheizten, überaus zugigen Theater bei manchmal 20 Grad Kälte drei Stunden lang fast unthätig im Orchester zu sitzen."

Man fühlt sich an Beschreibungen der Arbeitsverhältnisse der vorgewerkschaftlichen Zeit erinnert, als Unternehmer ihre Lohnempfänger unter unwürdigen Bedingungen arbeiten ließen. In unserem Fall agierte die Theaterdirektion exakt so wie die inkriminierten Unternehmer in der „Warenwelt" und scheute sich nicht, auch Anrüchiges zu bieten, um das Haus an allen Spieltagen ausgelastet zu sehen. Unser Zeitzeuge, dem Vernehmen nach ein deutscher Musiker, geriet angesichts der Derbheit Nestroy'scher Stücke, gegeben des „Geschäfts" wegen, richtiggehend in Rage über Stücke[29],

> „mit ihren tausend und aber tausend Gemeinheiten in Gedanke, Text und Musik, mit ihren unerhörten Zoten und schmutzigen Couplets, mit ihrer himmelschreienden Herabwürdigung der Kunst zur Anreizung der Lachmuskeln und Ertödtung alles edleren Sinnes: dieser saubere Auswuchs aus dem gesunden und kräftigen Banne Raimund'scher Volkspoesie!"

Dass das Theater-Geschäft naturgemäß nur dann funktionieren konnte, wenn man dem Publikum immer wieder Gelegenheit zum Lachen bot, manifestiert sich in allen Berichten und Programmen in einem Atemzug mit massiven Hinweisen auf den Wertverfall. Die Diskrepanz zwischen Anspruchslosigkeit etwa einer durch-

[28] Ibid., 3.3.1860, 76.
[29] Ibid., 17.3.1860, 89.

schnittlichen Bühnenmusik und dem handwerklich perfekten Können vor allem junger Musiker, dem man mit der Entlohnung nicht gerecht wurde, führte bei längerer Berufstätigkeit – wiederum analog zur Arbeiterschaft im 19. Jahrhundert – zu Alkoholismus, beobachtet von unserem Zeitzeugen beim Kontrabassisten des Theaterorchesters[30]:

> „Schon bei der ersten Probe, die ich mitmachte, und die um 9 Uhr morgens begann, bemerkte ich, daß der gute Mann mitunter wunderliches Zeug zusammenspielte, falsche Saiten erwischte u. dgl. mehr noch! Er schwankte mitunter so bedenklich und streifte so seltsam an mir an, daß ich schier fürchtete, der Mann mit seinem schweren Instrumente werde auf mich fallen; ich hätte nicht gewusst, was ich davon halten soll, wenn nicht ein gewisses Odeur von ‚geistigem Getränk' […] mich belehrt hätte. Noch mehr erstaunte ich dann, daß es dem Capellmeister gar nicht in den Sinn kam, die falschen Töne und sonstigen Fehler zu rügen. Ich verhielt mich mäuschenstill, und erst bei der zweiten oder dritten Probe, als das Ereigniß sich wiederholte, fragte ich den auf der anderen Seite neben mir sitzenden Herrn Musikdirektor, ob ihm Dieses oder Jenes nicht auffalle. Mit leiser Stimme antwortet er mir, dergleichen komme bisweilen vor, […] der Herr Kontrabassist sei sonst ein gar braver Mann und sehr taktfest..."

Die Solidarität der Musiker untereinander, verbunden durch materielle Zwänge und stets bestrebt, ein besseres Engagement zu finden, institutionalisierte sich am Ende des 19. Jahrhunderts in Musikerverbänden (s. w. u.). Um das schlechte Einkommen aufzubessern, eröffnete sich für begabte Kapellmeister oder einzelne Interpreten die Möglichkeit, die dargebotenen Stücke in Bearbeitungen dem Publikum zu offerieren, denn „was man im Theater hörte, wollte man auch zu Hause klimpern, und ein Musikmeister, der nicht fleißig Potpourris, Transkriptionen usw. über Norma, Liebestrank und Robert den Teufel für Klavier, oder wenn er Singmeister war, die Arien selbst ins Haus gebracht hätte, wäre von vornherein geächtet gewesen." [31] In diesem Fall wurde Musik auch für den Ausführenden zum „Geschäft", während die Anstellung am Theater aus begabten und enthusiastischen jungen Musikern subalterne und gedemütigte Lohnempfänger machte – ein Aspekt des Geschäfts, der Musik wieder sehr nahe an die Warenwelt ihrer Zeit rückt.

Das Ideal vieler Rezensenten, dem Theater permanent Bildungsfunktion zuzuordnen und ihm nur Hochwertiges abzuverlangen, divergiert gegenüber der Kostenrealität, denn alle Bühnen, ausgenommen die Hofbühnen, finanzierten sich über den Kartenverkauf und dort wo Amüsement oder berühmte Namen fehlten, blieb das Publikum weg. So entbrannte etwa zwischen den Bühnen in Frankfurt/Main und Darmstadt ein Kampf um zahlungskräftiges Publikum, das auch die Mühen einer Zugsfahrt nicht scheute, um für sein Geld mit Vergnügen versorgt zu werden, wie ein anonymer Leser 1860 in der *Deutschen Musik-Zeitung* ausführt[32]:

---

[30] Ibid., 76.

[31] Ibid., 17.3.1860, 89.

[32] *Deutsche Musik-Zeitung*, 24.3.1860, 101.

„Aber das hiesige Theaterpublikum, dem es, nebenbei gesagt, nicht unbekannt ist, daß das Institut keine Subventionen von Hunderttausenden zu beanspruchen hat, verlangt für sein Geld auch noch andere Kost, und eine Ablenkung von falscher Geschmacksrichtung wird nicht plötzlich erfolgen können, – der entwöhnte Opernmagen wird nur successive einfachere und gesündere Nahrung wieder aufnehmen, zumal auch noch der modernen Lüsternheit durch die Verlockungen nach der, mittelst der Eisenbahn nur eine Stunde entfernten Hofbühne in Darmstadt Vorschub geleistet wird, wo jetzt Verdi und R. Wagner als Idole aufgestellt sind, und zu welchen Vorstellungen man in den [...] hiesigen Localitäten einladet, auch die Verkündigung der Anordnung von Extrazügen zur Rückfahrt nicht versäumt."

Tatsächlich orientierte sich der Abendfahrplan bestimmter Zugsverbindungen nach dem Ende der Theatervorstellungen; man beförderte also zusätzliche Fahrgäste, die ohne Theaterbesuch gewiss nicht nächtens Zugsfahrten unternommen hätten. Was vielleicht auf den ersten Blick erstaunt, findet in der Gegenwart durchaus sein Äquivalent in Wien, wo von den Wiener Verkehrsbetrieben die sog. „City-Night-Line" eingerichtet wurde, damit Besucher länger dauernder Events mit einem öffentlichen Verkehrsmittel nach Hause fahren können. Ob Bahngesellschaft oder Verkehrsbetrieb – beide partizipieren damals wie heute am Geschäft mit Musik.

Die Konkurrenz der Bühnen verschärfte sich, wenn mehrere ebenbürtige Theater in einer Stadt dasselbe Publikum ansprachen und sich gegenseitig mit Attraktionen überboten, besonders in Wien. Hier existierten bereits im frühen 19. Jahrhundert mehrere Bühnen und zahlreiche andere musikalische Einrichtungen für ein Publikum, das innerhalb des heutigen ersten Bezirks und in einigen Vorstädten lebte, zudem selbst zu musizieren verstand und daher höchste Anforderungen an die Ausführenden stellte. Ein anonymer Referent beklagt in der Zeitschrift *Cäcilia* das Schicksal reisender Künstler, die in Wien faktisch ignoriert würden[33]:

„In Wien wird bekanntlich schon lange öffentlich und privatim unbeschreiblich viel Musik gemacht. Schon lange schien hier die Musicomania auf das Höchste gestiegen zu sein, allein man kann in Wahrheit versichern, dass die Lust an Musik, und die Zahl der Musiklernenden und Musiktreibenden noch immer im Zunehmen ist. Ob dabei die Kunst selber gewinne, ist eine schwer zu beantwortende Frage, denn die grossen Heere haben wie die Geschichte lehrte, oft am wenigstens ausgerichtet; dass aber dabei diejenigen, welche Musik für Geld geben, sowohl Theater, als Concert-Anstalten, so wie einheimische und aus der Fremde ankommende Tonkünstler, darunter leiden, das ist gewiss. Man kann jetzt in Wien so viel Musik und zum Theil sehr gute Musik, unentgeltlich hören, dass wenige dafür Geld ausgeben mögen. Jeder, welcher seinen Winterabend nicht zu Hause zubringen will, findet so leicht angenehme Zirkel, in welchen Musik und Deklamationen oft recht überraschende, selbst den Wiener überrasche Genüsse bieten, dass er das Theater und den eigentlichen Concertsaal weit seltner besuchet. Fremde Tonkünstler müssen grossen Ruf und dementsprechende Talente mitbringen, wenn sie hier ihre Concert-Spesen decken

33 ANONYM, *Musikzustand und musikalisches Leben in Wien*, in: *Cäcilia – Eine Zeitschrift für die musikalische Welt* (1824), 193.

wollen. Mit ihren Talenten pekuniären Gewinn zu machen, ist nur wenigen glücklichen Auserlesnen beschieden."

Wenn also Musikliebe und Musikkenntnisse innerhalb des Publikums bühnenreife, hochwertige Dilettanten-Aufführungen ermöglichen, muss die Qualität der Berufsmusiker exorbitant steigen, andernfalls werden sie nicht registriert. Diese Problematik tauchte über zwei Generationen später sogar am k. k. Hofoperntheater unter der Leitung von Wilhelm Jahn auf: 1897 manifestierte sich infolge von Fehlkalkulationen eine veritable Krise mit schweren Einbrüchen der Besucherzahlen. Der Rezensent Gustav Schönaich veranschaulichte in der *Neuen Musikalischen Presse* nachvollziehbare Gründe für die Krise[34]:

„Freilich ist die Erwerbung – wie unschwer zu erkennen war und sich nunmehr eclatant herausgestellt hat – äussert bildsamer und stimmbegabter Talente des Wiener Conservatoriums verabsäumt worden. Dazu hätte es nicht einmal einer Reise – sondern nur der Übersetzung der Ringstrasse bedurft. Spricht man immer vom Sparen und jammert man über die grossen Kosten eines Instituts, das – im Falle es zielbewusst und von einem höheren Standpunkte aus geleitet würde – von grosser cultureller Bedeutung sein könnte, so ist das frühzeitige Erkennen und baldige Erwerben starker Talente umso wichtiger."

Die fehlende Kooperation zwischen dem Unternehmen „Konservatorium" und dem Unternehmen „Hofoper" hätte das Engagement teurer arrivierter Interpretinnen und Interpreten aus dem Ausland notwendig gemacht, während gute Absolventinnen und Absolventen des Konservatoriums der Gesellschaft der Musikfreunde ihr Glück im Ausland versuchten. Schönaich plädierte für bewusste Selektion Erfolg versprechender „Zöglinge" und ihre Integration in den Opernalltag am Ring zu einem Zeitpunkt, wo sie noch billig engagiert werden können, aber stimmlich unverbraucht sind. Man hatte aber nicht nur diese Chance vertan, sondern auch das Engagement namhafter, teurer, aber arrivierter Sängerinnen und Sänger verabsäumt – für Schönaich keine Frage der Kosten, sondern des wirtschaftlichen Weitblicks[35]:

„So auch ist im Personalstand eines Theaters keine Gage theuer oder billig. Die Summe, welche das Publicum um der fraglichen Person willen ins Theater trägt – macht sie erst theuer oder billig. Durch eine Anzahl schlecht bezahlter Mittelmässigkeiten ein oder zwei grosse Gagen zu ersparen – ist unter allen Umständen das schlechteste Geschäft. Das Publicum wird stets der Aufführung und nicht dem Werke nachgehen und mit Recht. Ein schlecht aufgeführtes, ausgezeichnetes Werk erscheint dem Publicum naturgemäss matter und weniger anziehend als ein mittelmässiges, welches gut aufgeführt wird – also sprechend und wirkungsvoll zur Erscheinung kommt."

---

[34] GUSTAV SCHÖNAICH, *Die Krise in der Wiener Hofoper*, in: *Neue Musikalische Presse* 4.4.1897, 2.

[35] Ibid.

Ganz im Sinne der Erkenntnisse aus der Marktforschung des späten 20. Jahrhunderts, dass nämlich jeglichem Produkt gute Marktchancen nur bei optimaler und positiver Präsentation zuteil werden können, agierte man bereits im ausgehenden 19. Jahrhundert im Bereich Musik. Versagte ein Künstler, so durfte er nur nach jahrelangen Spitzenleistungen auf Mitgefühl hoffen; andernfalls verlor er sein Engagement, im schlimmsten Fall war die Karriere beendet.

Versagte eine ganze Truppe etwa im Rahmen eines Gastspiels, wurden wie im alltäglichen Geschäftsleben Regressansprüche geltend gemacht: Angelo Neumann engagierte für Mai 1908 das Ballett der Großen Oper Paris, wissend, dass Ballette beim Publikum äußerst beliebt waren. Indessen blieben die Leistungen der Truppe an mehreren Abenden hinter den Erwartungen zurück, mit Unmutskundgebungen und Publikumsschwund als Folge. Neumann reagierte rasch und verpflichtete das Petersburger Ballett umgehend zur Gestaltung im Rahmen der dafür reservierten Zeit. Diese Truppe gefiel und das Publikum quittierte das Entgegenkommen des Direktors mit regem Besuch. Da für Neumann die Leistungen der Pariser Balletttruppe nicht erbracht waren, behielt er den Betrag von 28.700,– Franken ein, was die Leiterin der Gastspieltournee Emma Sandrini veranlasste, den ausständigen Betrag durch ein Gerichtsurteil zu erstreiten. Neumann argumentierte mit dem Nichteinhalten[36] „der vertragsmäßigen Qualitäten der Tänzerin und ihres Ensembles", eine Formulierung, die in anderem wirtschaftlichem Zusammenhang gleichermaßen überzeugt hätte. Obendrein führte er sämtliche Prager Musikkritiker, Angestellte des Theaters und namhafte Persönlichkeiten aus dem Publikum, etwa den Präsidenten des Landesgerichtshofes als Zeugen des Desasters an. Er konnte die Qualitätsmängel solcherart beweisen und erhielt Recht. Die künstlerische Freiheit war damals noch nicht so weit gesteckt, dass auch Fehlleistungen unter ihrem Deckmantel auf Toleranz hoffen konnten.

Stets erwartete das Publikum für sein Eintrittsgeld eine Darbietung von passabler Qualität. Blieb diese aus, zog man sich zurück, mit der Konsequenz, dass die Bühne ihr Defizit kompensieren musste; gelang dies nicht, kam es zur Schließung, da keine Instanz wirtschaftliche Fehlentwicklungen durch Subventionen zu korrigieren imstande gewesen wäre. Dass derlei vorkam, zeigt die Sanierungs-Maßnahme der Leitung des *Deutschen Volkstheaters in Wien* im Mai 1902, wie H. Geisler in der *Neuen Musikalischen Presse* ausführt[37]:

> „Hat man je erlebt, dass irgendwo viel Aufhebens davon gemacht worden wäre, wenn irgendwo Musiker brotlos wurden? Und doch wurde es zum Stadtgespräch und wurde in allen Zeitungen abgehandelt, als der Plan der Direction des Deutschen Volkstheaters ruchbar wurde, das Orchester auf-, und die Musiker zu entlassen. Die gesprochene und geschriebene öffentliche Meinung lehnte sich einmütig dagegen auf, trotzdem kein Orchester ersten Ranges in Frage kam."

---

[36] ANONYM, „*Prag*", in: *Allgemeine Musik-Zeitung* 26.3.1909, 278.

[37] H. GEISLER, *Theatermusiker*, in: *Neue Musikalische Presse* 4.5.1902, 269.

Um den wirtschaftlichen Ruin vom *Deutschen Volkstheater* abzuwenden, beabsichtigte man, die zur Aufführung von Theaterstücken notwendige Musik quasi „auszulagern", also freie Ensembles für eine bestimmte Produktion zu engagieren. Dadurch konnte zwar das Theater gerettet werden, aber zahlreiche, vor allem ältere Musiker waren einer dauerhaften Arbeitslosigkeit preisgegeben, da sie den Anforderungen außerhalb der Theaterpraxis nicht mehr gewachsen waren. Die Vielzahl an verfügbaren Musikern in Wien drückte ihren Marktwert, ließ findige Kapellmeister neue Ensembles gründen, die zu Dumpingpreisen an Bühnen wirkten. Nur wer die höchsten Qualitätsanforderungen erfüllen konnte, hatte Chancen, bei einer guten Bühne unterzukommen.

Auf der andern Seite hatten Theaterdirektionen in ganz Europa eine große Auswahl an professionellen Musikern und konnten die besten für ihre Bühnen verpflichten: Man informierte sich bei Zöglingskonzerten, veranstaltete Probespiele und da in Österreich erheblich mehr Personen über eine hochwertige musikalische Ausbildung verfügten, als Posten vorhanden waren, steigerte sich die Zahl österreichischer Bewerberinnen und Bewerber im Ausland, die auch Engagements erhielten. Nun sahen sich alsbald deutsche Musiker in ihrer Heimat diskriminiert und im Frühjahr 1897 forderte der *Allgemeine Deutsche Musikerverband* Schutzzölle auf Musiker, denn[38] „es ist selbstverständlich, [...] dass die Production des Landes eines ganz besonderen Schutzes bedarf." Der angebliche Überschuss an österreichischen Musikern in deutschen Orchestern sei auf die Vielzahl an österreichischen Kapellmeistern zurückzuführen, die österreichische Musiker holen.

> „Dies ist ein großer Krebsschaden im deutschen Musikerstand, und es muss endlich dagegen Front gemacht werden. Es verbittert viele deutsche Musiker, welche sich öfter an Probespielen betheiligen, wenn sie sehen, dass immer wieder Österreicher bevorzugt werden, während deutschen Musikern Lebensstellungen im Auslande verschlossen oder überaus erschwert werden. Der kolossale Überschuss, den Österreich an Musikern nach Deutschland abgibt, ist sehr weittragend, denn sie machen theilweise eine eigenthümliche Concurrenz."

Robert Hirschfeld, der in der *Neuen Musikalischen Presse* vom 6.6.1897 darüber einen Artikel publizierte, konterte, indem er Briefe österreichischer Kapellmeister aus Deutschland zitierte, etwa jenen von Hugo Röhr aus München:

> „Die ganze Angelegenheiten kann sich – falls man mich angreift – nicht auf München beziehen, wo ich seit Herbst thätig bin, sondern höchstens auf meine Thätigkeit am Hoftheater in Mannheim (1892–1897). Ein Angriff ist überhaupt ungerechtfertigt, auch bei Mannheim. An dem dortigen Theater wirken fünfzig Hofmusiker, worunter drei Österreicher (2 Bläser, 1 Streicher). Letztere waren aber bereits vor mir dort engagirt. Unter meiner Leitung wurden in Mannheim sieben Musiker neu angestellt, sämmtlich Reichsdeut-

[38] ROBERT HIRSCHFELD, *Schutzzoll auf Musiker in Deutschland,* in: *Neue Musikalische Presse* 6.6.1897, 2.

sche. Im Übrigen bin ich der Ansicht, dass es bei Neuengagements nicht auf die Nationalität, sondern auf die Leistung ankommt. Bewirbt sich ein Ausländer um eine ausgeschriebene Stellung, so hat er, wenn er die beste Leistung bietet, ebensoviel Anrecht auf ein Engagement wie ein Inländer. Ist eine musikalische Leitung anderer Ansicht, so darf sie eben keine Ausländer (d. h. Österreicher inclusive) zu einem Probespiel zulassen."

Hugo Röhrs Darstellung deckte sich bezüglich der Musikerzahlen mit jener von Ernst Schuch, der in Dresden unter 120 Orchestermitgliedern nur 3 Österreicher, und von Felix Mottl, der 8 Österreicher beschäftigte. Felix Weingartner hatte keine Österreicher engagiert, ebenso wie Reznicek und Nikisch. Dass die Ursache für eine Überschwemmung von Österreichern in deutschen Orchester auf österreichische Kapellmeister zurückzuführen wäre, konnte Hirschfeld falsifizieren, was die Faktizität einer namhaften Zahl von Österreichern in Deutschland allerdings nicht widerlegt, da ja nicht alle Orchester untersucht wurden, sondern nur jene unter der Leitung eines österreichischen Kapellmeisters. Zur Veranschaulichung der realen Situation stellt Hirschfeld die Situation in Österreich vor: „Diesen Ziffern, die eigentlich keine sind, steht in Österreich das einzige Hoftheater, die Hofoper gegenüber, welche nur einen Concertmeister sich aus Deutschland holte, nebstbei aber auch ein Dutzend Reichsdeutsche in das Orchester aufgenommen hat."

Genau genommen manifestiert sich hier der Usus der „gewöhnlichen" Warenwelt, wo Unternehmen die bestmöglichen Arbeitskräfte zu akquirieren suchen, unabhängig von ihrer Herkunft, mit dem Ziel, den Ertrag zu steigern.

Dass am Theater eine Vielzahl von Personen außerhalb des künstlerischen Personals Arbeit fand, zeigt der Zusammenbruch des Theaterbesuchs nach dem Ringtheaterbrand in Wien. Ein Redakteur der *Neuen Freien Presse* berichtete[39]:

> „im Ringtheater ist kurz vor 7 Uhr Feuer ausgebrochen, und während die Flammen das Haus verzehrten, hauchten Hunderte von Menschen, welche sich nicht mehr aus dem Theater retten konnten, ihr Leben aus. […] Die Passanten des Schottenringes sahen, wie plötzlich die elektrischen Sonnen vor dem Portale erloschen und ein Blitz über den First des Hauses fuhr, dem eine Rauchsäule folgte. Das Feuer war im Bühnenraume ausgebrochen, während ein Theaterdiener die Soffitenlampen entzündete. Die Künstler konnten sich noch retten. Mit fürchterlicher Raschheit griffen die Flammen um sich; das Theater füllte sich mit Rauch und ein Entsetzensschrei der Zuschauer ging durch das Haus, während Alles hinausdrängte. In diesem Schreckensmomente erloschen die Gasflammen, und nach wenigen Minuten ist das glänzende Theater eine Stätte der Trauer, ein Sterbehaus, in welchem auf den Corridors und auf den Treppen erstickte Frauen und Männer, zermalmte und zertretene Menschen liegen. Man hat mehr als einhundertzwanzig Leichen aus dem Theater geschafft; die Mehrzahl mögen Galerie-Besucher gewesen sein, während das Publikum aus Logen und Parquet rascher ins Freie gelangen konnte."

---

[39] ANONYM, *Brand des Wiener Ringtheaters, Wien, 8. Dezember 1881,* in: *Neue Freie Presse* 9.12.1881, 2.

Das Ereignis führte umgehend zur Sperre aller Bühnen bis zum Abschluss der feuerpolizeilichen Überprüfungen. Mehrere Häuser mussten bautechnische Veränderungen vornehmen, ehe sie wieder bespielt werden durften. Doch im Publikum herrschte Panik; die wenigen Unerschrockenen konnten das Desaster bei den Einnahmen nicht kompensieren und so manche Bühne entließ das Personal, das seinerseits aktiv wurde und mit Hilfe der Presse massiv die neue Sicherheit ins Treffen führte. Sogar konkurrierende Theaterunternehmer fanden sich in ungewohnter Eintracht zu gemeinsamen Maßnahmen bereit, um die Finanzmisere zu beenden[40]:

> „Die Direktoren der Wiener Privattheater werden heute eine Konferenz abhalten, um sich darüber zu berathen, ob und welche gemeinsamen Maßregeln im Interesse der schwer heimgesuchten Wiener Theater zu unternehmen, ob namentlich eine gewisse Solidarität anzubahnen wäre. In der That ist es eine schwierige Situation, welche das unsägliche Elend des Ring-Theater-Brandes nicht blos für die Theater Wiens, sondern auch für viele andere Bühnen heraufbeschworen hat. Die Wiener Theater sind natürlich am schmerzlichsten und bedenklichsten betroffen."

Geschlossenes Vorgehen gegen die berechtigte Angst des Publikums war deshalb unabdingbar, weil – genau genommen – ein ganzer Wirtschaftszweig mit einer namhaften Zahl an Personal durch den Unglücksfall ins Wanken geriet. Kaiser Franz Joseph setzte ein deutliches Zeichen, indem er alle Bühnen persönlich inspizierte[41]: Am 19.12. überzeugte er sich im Hofoperntheater von den Sicherheitsvorkehrungen, am 20.12. im Burgtheater, in der Folge galt seine Aufmerksamkeit den Privatbühnen. Am 22.12.1881 empfing er die Theaterdirektoren Bukovics, Steiner, Tewele und Fuchs, die in wohlgesetzter Rede ihre wirtschaftliche Not zum Ausdruck brachten[42]:

> „Die Einnahmen sind seit jenem Unglücktage fast auf den zehnten Teil der früheren gesunken. Die Einstellung der Nachmittagsvorstellungen entzieht uns an Sonn- und Feiertagen eine Summe von 8.000 bis 14.000 fl., und die Kommissionsbeschlüsse vermindern durch die Kassirung von Sitzplätzen die Ertragsfähigkeit der Theater. All diesen Ausfällen gegenüber haben sich die Lasten gesteigert. Es ist nicht abzusehen, wann sich der Theaterbesuch hinreichend bessern wird, um unseren Etat aus den Einnahmen decken zu können, und wir stehen somit möglicherweise vor der traurigen Nothwendigkeit, unsere Theater in nicht zu ferner Zeit schließen zu müssen."

Die Direktoren versicherten dem Kaiser, alle erforderlichen Schutzmaßnahmen getroffen zu haben und baten um Hilfe im Interesse von „Tausenden von Menschen, die bei den Theatern einen sicheren Erwerb finden. Die Schließung der Schauspielhäuser würde über zahlreiche Familien neues Elend heraufbeschwören."[43]Gleich-

---

[40] Anonym, *Vom Theater*, in: *Fremdenblatt* 18.12.1881, 12.

[41] Vgl. Anonym, *Zur Katastrophe im Ring-Theater*, in: *Fremdenblatt* 20.12.1881, 2.

[42] Anonym, *Die Theaterdirektoren beim Kaiser*, in: *Fremdenblatt* 22.12.1881, 4.

[43] Ibid.

wohl wurde auch der Nutzen der hohen künstlerischen Qualität an den Wiener Bühnen für den Fremdenverkehr ins Treffen geführt[44]: „Die Theater bilden einen wichtigen Anziehungspunkt für die Fremden. Sie sind also mit ein wichtiges Instrument für die Belebung jener lokalen Industrie und des Handels, welche mit dem Zuströmen ausländischer Gäste in die Hauptstadt verknüpft sind."

Der klare Zusammenhang zwischen großer Kunst und wirtschaftlichen Interessen überzeugte und die Bemühungen aller Betroffenen führten allmählich zur Verbesserung des Theaterbesuchs. Die Problematik blieb allerdings noch lange im Bewusstsein der Künstler, denn während Theaterhandwerker wie Architekten, Kostümbildner, Maskenbildner, Dekorateure und Maler sowie das nicht künstlerische Personal in Wartung und Verwaltung auch anderweitig – je nach Profession – in Tischlereien, Schneidereien, Malereibetrieben, bei Friseuren und in der Innenarchitektur eingesetzt werden konnten, brauchte das künstlerische Personal Spielstätten, sei es das Podium, sei es die Bühne. Man denke an Solo-Stars, Chöre, an das Corps de ballet, an Orchestermusiker, Statisten u.v.a. Nie wird der Kontext von Musik und Wirtschaftsleben offenkundiger als bei Katastrophen, wo mit einem Schlag eine große Gruppe an Beschäftigten um ihre Existenz bangen muss. Wenn hier auch nur von Sprechbühnen die Rede zu sein scheint, so bedeutet das nicht, dass Musik davon nicht betroffen gewesen wäre. Die Wiener Bühnen boten im Allgemeinen ein Mischprogramm, eben auch das „Ring-Theater", das am betreffenden Abend Offenbachs Oper *Hoffmanns Erzählungen* zeigen wollte. In der Folge organisierten zahlreiche Veranstalter Musikabende und Programme mit Musik zum Benefiz für die Hinterbliebenen der Brandkatastrophe sowie zum Vorteil des am Ring-Theater wirkenden künstlerischen Personals, das mit einem Mal arbeitslos war und noch lange bleiben sollte, da alle Wiener Bühnen Personalabbau betrieben und keinesfalls weitere Künstler aufnehmen konnten. Der Erlös aus diesen Veranstaltungen war beachtenswert, was wiederum gewisse Rückschlüsse auf die Höhe der Einnahmen in dieser Branche zulässt.

5.3. Konzertbetrieb und Öffentlichkeit

Wenn die Theaterbranche mitunter am Rande der Akzeptanz seitens seriöser Künstlerkreise agierte, so gab es in Wien eine Instanz, die gleichsam den höchsten geistigen Wert der Musik repräsentierte, Musik – so wie sie der Komponist erfunden hatte – mit einem hervorragenden Orchester unter der Leitung namhafter Dirigenten kontinuierlich erlebbar werden ließ: die *Gesellschaft der Musikfreunde* in ihrem „Goldenen Saal". Allerdings wird sich die Betrachtung dieser Einrichtung unter dem Aspekt des „Geschäfts" sehr kurz halten, denn die Synthese aus einer hervorragenden Bildungseinrichtung, bei der die Förderung wirklich Hochbegabter im Vorder-

44 Ibid.

grund stand, und einer maximalen Ansprüchen genügenden Konzerttätigkeit führte immer wieder in Finanzkrisen – faktisch zum Gegenteil von „Geschäft". Man versuchte längere Zeit, die musikalische Hochkultur durch hochwertige Unterhaltungskultur zu stützen; so gab die Strauß-Kapelle unter der Leitung von Eduard Strauß an Sonntagnachmittagen Konzerte in brechend vollem Saal. Das führte zu Divergenzen mit den Puristen der Gesellschaft, welche allerdings die wirtschaftliche Notwendigkeit zur Kenntnis nehmen mussten. Als Beispiel für den realen wirtschaftlichen Status sei der Rechenschaftsbericht der Gesellschaft der Musikfreunde über das Verwaltungsjahr 1895/96 herangezogen[45]: „In finanzieller Beziehung ist vor allem der hochherzigen Spende eines Freundes der Gesellschaft zu gedenken, welcher durch Intervention des Directions-Mitgliedes Johannes Brahms der Gesellschaft 6.000,– fl zugewendet hat. Der hochsinnige Förderer wollte nicht genannt sein. Genug, dass er Brahms sehr nahe steht." Dennoch wies der Geschäftsbericht ein Defizit von 11.650,– fl aus, zurückführen auf Mindereinnahmen bei den Gesellschaftskonzerten (1.313,– fl), der Saalvermietung (318,– fl), der Garderobe (1.085,– fl), auf Verbesserung der Lehrergehälter, Erweiterung der Chorschule, Substitutionskosten wegen Erkrankung der Lehrer und Beamten (4.669,– fl) etc. Die Instandhaltungskosten für die Klaviere übernahm ohnedies die Firma Bösendorfer, die dem besten Abiturienten ein Klavier schenkte. Man plante die Gründung eines Garantie-Syndikats zum Zwecke der Ausfallshaftung. Schließlich konnte das Defizit durch Sponsoren gedeckt werden und auf lange Sicht distanzierte man sich vom Schulbetrieb und übergab das Konservatorium 1908 in die Obhut des Staates.

Daraus den Schluss zu ziehen, dass bestmögliche Aufführungen von hochwertigster Kunst a priori defizitär sein müssen, wäre ebenso falsch, wie hohe Gewinne stets im Trivialbereich zu vermuten. Da an der Wende vom 19. zum 20. Jahrhundert in der Donaumonarchie ein Musikerüberschuss herrschte, traten immer wieder Kapellmeister mit neu gegründeten Orchestern in traditionellen Spielstätten, etwa in den Sälen der Gesellschaft der Musikfreunde, auf, natürlich auf der Basis einer entsprechenden Miete. Im November 1897 organisierte das neue „Budapester Symphonieorchester" im Großen Musikvereinssaal bei Preisen unter 1 fl pro Platz eine Veranstaltung, der der Kritiker Robert Hirschfeld mit Skepsis begegnete[46]:

> „Dieses Publicum sagt sich: ‚Nun zahle ich freilich für eine Entrée-Karte um die Hälfte weniger als bei den Philharmonikern, das Orchester ist aber auch höchstens halb so viel werth als das philharmonische. Wenn ich mich also herablasse, auch von diesem Orchester die c-moll-Symphonie oder die Euryanthe-Ouvertüre entgegenzunehmen, so bin ich eigentlich ein grossmüthiger Förderer dieses ohne meine Hilfe vielleicht brodlosen Orchesters. Aber ich sage Euch – so spricht der protzige Gulden-Mäcen der volksthümlichen Concerte: Wenn ein einziges Mal noch ein Fehler vorkommt oder ein Horn gickst oder ich

[45] *Neue Musikalische Presse* 14.3.1897, 2.

[46] ROBERT HIRSCHFELD, in: *Neue Musikalische Presse* 7.11.1897, 4.

bei meinem Leibkritiker lese, dass ein Tempo vergriffen war, dann lasse ich Euch wieder im Stich und kehre zu den Philharmonikern zurück."

Genau dies geschah, wie Hirschfeld am 5.12.1897 mit Genugtuung zu berichten wusste[47]:

> „Das Symphonie-Orchester ist nicht mehr... Gegen zweitausend Menschen besuchen jeden zweiten Sonntag die Concerte der Philharmoniker. Mehr Musikenthusiasten sind unter denjenigen Wienern, welche knapp um das Musikvereinsgebäude wohnen, nicht aufzutreiben. Sind doch schon zwei Drittel von diesen Zweitausend mehr Modemensch als Musikmensch. Höchstens ein Drittel von diesen Zweitausend ist wahrhaft kunstfreundlich und dazu berufen, für eine Kammermusikproduction und andere Concerte im Saale Bösendorfer oder im Kleinen Musikvereinssaal das zahlende Publicum zu bilden. Dieses Publicum ist musikmüde bis zur Erschöpfung. Nichts kann dieses Häuflein mehr interessieren. Schreiende Reclame reizt sie nicht mehr, Bescheidenheit freut sie nicht mehr. Sie lassen die Concertsäle leer. Künstler, welche einst im vollen Saale concertirten, sagen so unauffällig wie möglich ihre Concerte ab, andere führen vor einem mühsam zusammengelesenen Freipublicum [...] ihre Programme durch."

Besser ließ sich die Situation des Überdrusses nicht beschreiben, die dadurch zustande gekommen war, dass im Verlauf des 19. Jahrhunderts immer mehr Personen mit praktischer Musik in Berührung kamen, mehr, als der ohnedies große Staat für sein vitales Musikleben benötigte und daher eine namhafte Zahl den Musiklehrerberuf als letzten Ausweg ergriff. Nicht wenige Musikerinnen und Musiker landeten auch in dem von der Hochkultur diskreditierten Graubereich des „Geschäftespielens", was private Auftritte bei Familien- und Firmenfesten, schlichtweg die musikalische Umrahmung diverser gesellschaftlicher Ereignisse meint. Dabei handelte es sich um Einzelauftritte, für welche die Honorare „unter der Hand" vereinbart wurden und wo Mundpropaganda unter Veranstaltern und Musikern den Musikbetrieb in halbprivater Öffentlichkeit aufrecht erhielt. Hier hatte sich der Usus, quasi für ein „Trinkgeld" zu spielen, der im frühen 19. Jahrhundert bei Wirtshausmusikern üblich war, noch erhalten.

Der Blick in diese Welt weniger begabter Musiker, die in kleinstem Rahmen ihrem Broterwerb nachgehen, bringt durchaus Misserfolge und Unzufriedenheit an den Tag. Musik, die sich in Gaststätten, Etablissements und ins Kaffeehaus verirrte, war häufig jene, auf der sich die hohe Kunstauffassung konstituierte, aber nicht an sich genossen wurde, sondern der Werbung für das Etablissement diente. Wer im ersten Teil die besten Nummern aus aktuellen Opern hörte, wollte zur Musik im zweiten Teil vielleicht tanzen und überbrückte die Wartezeit durch vermehrten Konsum. Die erhalten gebliebenen Programme der Strauß-Kapelle[48] belegen diesen Brauch. Der Stellenwert der Musik galt in diesem Milieu zu Beginn des

---

[47] Ibid. 5.12.1897, 8.

[48] Vgl. PETER KEMP, *Die Familie Strauß*. Stuttgart 1987.

19. Jahrhunderts als nachgeordnet. Dementsprechend gering taxierte man die Musiker; man unterstellte ihnen, dass sie durch die Auftritte ja auch ihr Geschäft machen können, und zwar so lange, bis sich das System zu verselbständigen begann: Sammelte der Ensembleleiter in den Spielpausen zunächst mit dem Hut das Geld von den Gästen ein, änderte sich diese ans Betteln grenzende Art des Geld Verdienens mit Johann Strauß Vater. Seine Kapelle war alsbald berühmter als die Betreiber der Lokale, Strauß konnte aus Engagement-Angeboten wählen und schloss mit dem jeweiligen Betreiber einer Spielstätte Verträge für die Auftritte ab. Es handelte sich um die Erfüllung eines Auftrags im wirtschaftlichen Sinne und beide Beteiligten gingen aus diesem Geschäft erfolgreich hervor.

Wenn sich auch die Strauß-Kapelle vor allem in der zweiten Generation längst aus dem Umfeld der „Trinkgeld"-Praktik entfernt hatte, so existierten noch lange größere und kleinere Formationen, die froh waren, an irgendwelchen Geschäften der Musikbranche partizipieren zu können: Kaffeehausmusiker, später Kinomusiker und -kapellen oder Barmusiker in der Zwischenkriegszeit. Die großen, im öffentlichen Raum wirkenden Orchester hatten nach dem Ersten Weltkrieg ihr Terrain endgültig verloren, denn zur Jahrhundertwende brach der Markt durch die wachsende Vorherrschaft der preisgünstigen Militärkapellen ein und erholte sich nicht wieder.

Das Geschäft mit dem Konzertieren gestaltete sich nur für Virtuosen und Solisten ertragreich, nicht für Orchester- und Ensemblemusiker, die – wie Fabriksarbeiter – überhaupt das Bestehen des Unternehmens garantierten, aber infolge der großen Anzahl von „Arbeitslosen" unter Druck gerieten, austauschbar wurden und wenig verdienten. Bald hatten nur noch jene Musiker Chancen, die mehrere Instrumente beherrschten, zumeist einige Blasinstrumente und ein Streichinstrument. Die prekäre Situation, einerseits von Kindheit an trainieren zu müssen und eine immense Begabung mitzubringen, andererseits wie ein ungelernter Arbeiter leicht ersetzt werden zu können und wenig zu verdienen, eskalierte in Musikerkreisen am Fin de Siècle. Man gründete in der Donaumonarchie den „Österreichisch-ungarischen Musikerverband", der eine Art verbindliches Grundgehalt bei den Unternehmungen durchsetzen wollte und dabei in der Tat basale Lebensbedürfnisse kalkulierte:

> „Es ist dringend nothwendig, die Berufsstatistik in allen die materielle Lage der Musiker betreffenden Existenzbedürfnisse durchzuführen, um eine Einsicht in die Lebenslagen der Musiker an den verschiedenen Orten zu erhalten und darnach einen den örtlichen Verhältnissen entsprechenden Gagentarif feststellen zu können. Diese Statistik soll in drei Hauptabschnitte getheilt werden, die wieder in Subtitel zerfallen:
>
> Orchesterstatistik: 1. Art des Orchesters, 2. Spieldauer, 3. Personalstand
> Gagenstatistik: 1. Durchschnittsberechnung der Gagen, 2. der Einzelverdienst
> Lebensmittelstatistik: 1. allgemeines, 2. Gesammtdarstellung der durchschnittlichen Miethzins und Lebensmittelpreise an den verschiedenen Orten."

Dass die Musik für den Musiker kein Geschäft war, sondern ein Mehrgewinn nur nebenbei durch „Geschäftspielen" erzielt werden konnte, zeigt auch die Entwicklung im 20. Jahrhundert. Die Freiheit in der Geschäftsgebarung mutierte angesichts der massiven Konkurrenz zu einem permanenten Überlebenskampf, wo man ab einem gewissen Lebensalter darauf angewiesen war, was Jüngere an Jobs übrig ließen. Im Prinzip ging es – analog zur Arbeiterschaft – um das Erwirken eines ortsüblichen Gehaltes, das weniger als Geschäft denn als eine materiell sichere Anstellung richtiggehend ersehnt wurde. Wer also ein Orchester gründete, hatte sich als Unternehmer an diesen Usus zu halten, was in der Folge bis in die Gegenwart als Prinzip erhalten blieb.

6. MUSIKUNTERRICHT UND KÜNSTLERVERMITTLUNG

6.1. MUSIKUNTERRICHT

Jegliche Form von Musikunterricht zählt zu den sensiblen Bereichen der Pädagogik, geht es dabei doch nicht etwa um den Erwerb von alltagstauglichem Wissen und nutzbringenden Fertigkeiten, sondern um einen begabungsspezifischen Lernprozess, bei dem sich erst nach geraumer Zeit zeigt, ob die Ausbildung zu einem Beruf oder nur zu Liebhaberei führt. Fasziniert vom Wirken und Schaffen der Künstlerinnen und Künstler in der Historie und im Eifer, Ähnliches für ihre Kinder zu erreichen, zumindest aber das Musizieren für privaten Gebrauch zu erlernen, suchten Eltern Ausbildungsstätten und Lehrer. Die Ungewissheit des Erfolgs stets vor Augen, trachtete man, den finanziellen Aufwand in Relation zum Ergebnis zu stellen, was die Schulinhaber und Lehrer geschickt zu nutzen verstanden. Ein Beispiel aus 1836 verdeutlicht die Subtilität der Werbung in dieser Zeit. Musikdirektor Wilke in Dessau veröffentlich einen – wohl fiktiven – Brief an einen Freund, in dem er die hohe Qualität von Ausbildung und Instrumentarium des Schneider'schen Instituts preist[49]: „wahrlich, es ist empfehlenswerth, und wer es empfiehlt, wird dem Institute sowie der musikalischen Welt nützlich. Zu bemerken ist noch, dass der Aufenthalt dasselbst durchaus nicht kostspielig, also auch für wenig Bemittelte zugänglich ist."

Lob eines arrivierten Künstlers vermochte damals mehr potentielle InteressentInnen zu überzeugen, als sie vielleicht der Misserfolg des Nachbarkindes abschreckte. Da konnte man allemal Begabungsmängel ins Treffen führen, weniger einen Mangel an pädagogischer Eignung durch Lehrer der Schule, die ja immerhin einen Musikdirektor als Fürsprecher aufweisen konnte. Das Geschäft mit dem Musikunterricht mutet im Verlauf des 19. Jahrhunderts durchaus unseriös an, wobei unzufriedene Schüler allerdings leicht wechseln konnten, da MusikerInnen, die den Weg in die Öffentlichkeit selbst nicht beschreiten konnten oder aus dem Musikbetrieb aus gesundheitlichen Gründen ausscheiden mussten, Unterricht anboten.

Bestimmungen für die Zulassung zum Musiklehrerberuf existierten lange Zeit nicht, denn wer sein Instrument oder den Gesang leidlich beherrschte, konnte Unter-

---

49 *Cäcilia* (1836), 158.

richt erteilen, zumeist so lange, bis die SchülerInnen den Lehrer oder die Lehrerin an Qualifikation übertraf. Entweder die Studierenden begnügten sich mit dem erreichten Niveau oder man suchte Lehrer mit weiterführender Kompetenz, zumeist einen Berufsmusiker. Obwohl das Niveau der Lehrenden in Ermangelung eines Qualifikationskatalogs nicht messbar war, entstand rasch eine Hierarchie: Für alle Bereiche und Abstufungen der Musik figurierte jeweils eine Persönlichkeit an der Spitze, gestützt durch pädagogische Erfolge, aber auch gefolgt von MusikerInnen, die gleichermaßen ihre Dienste anboten. Es entstand ein pädagogischer Markt, der im Verlauf des 19. Jahrhunderts in Wien und in manchen deutschen Städten unkontrollierbar ausuferte.

Konkret funktionierte das Ausbildungssystem wie ein Handwerksbetrieb. Wird eine Leistung besonders nachgefragt, muss das Angebot steigen. Folglich setzt der Meister besonders begabte Schüler als Assistenten ein, um nach seinem System Anfänger zu unterweisen. Handelt es sich nicht um Klavierunterricht, sind Korrepetitoren vonnöten. Um den Meister von leidigen Terminvereinbarungen zu dispensieren, erledigt ein Büro die Verwaltungstätigkeiten einschließlich Inkasso des Schulgeldes. Der Schüler bezahlt, um professionelles Singen oder ein Instrument zu erlernen. Nun macht es einen Unterschied, ob etwa ein Gesangslehrer ursprünglich als Chorsänger tätig war oder als Solist und auf dieser Ebene wiederum, ob er Hauptrollen oder Nebenrollen verkörpert hat, ob er in großen Städten oder nur in der Provinz reüssieren konnte. Solcherart formte sich die Hierarchie und damit die Höhe des Honorars: Das höchste Honorar bezahlte der Schüler dem international gefeierten Star, eine Stufe darunter lag der regionale Star, wiederum eine Stufe tiefer der Darsteller von Nebenrollen auf großen Bühnen, billiger ist jener, der Nebenrollen auf Provinzbühnen sang, noch billiger der Chorsänger – wiederum in Abstufung Großstadt/Provinz – und am günstigsten waren Gesangspädagogen mit geringer oder fehlender Bühnenerfahrung.

Eines vereint die Lehrenden, nämlich der permanente Zwang, Fortschritte bei den SchülerInnen zu erzielen, was von den Eltern leicht, nämlich durch simples Zuhören, kontrolliert werden konnte. Wurde diese Dienstleistung nicht erbracht, verloren die Lehrenden ihre Kunden; erwies sich ein Lehrer, eine Lehrerin, nicht qualifiziert genug, hochbegabte SchülerInnen bis zur Konzertreife auszubilden, wandten sich diese an arrivierte Künstler. Diese konnten überdies ihr eigenes Netzwerk zum Start anbieten, ohne das eine Karriere nicht möglich war (und ist). Materiell zumeist durch die eigene Karriere abgesichert, war der Star nicht auf großen Zulauf angewiesen, sondern konnte seine Kunden nach Potential auswählen. Ab einer gewissen Reife, jedenfalls aber so früh als möglich, vermittelte der Star kleine Auftritte, stellte Kontakte zu Konzertdirektionen und Künstlervermittlungsagenturen her. So rechtfertigte weniger die pädagogische Befähigung des Stars das hohe Honorar, sondern die Aussicht auf eine lukrative Karriere als Absolvent/in einer berühmten Persönlichkeit.

Wer etwa bei der Sängerin Rosa Papier-Paumgartner sein Studium vollenden durfte, dem erschlossen sich beste Chancen auf eine internationale Karriere, was der Lebenslauf der Sängerin Anna Bahr-Mildenburg beweist. Die berühmte Lehrerin Rosa Papier, deren Karriere eine schwere Erkrankung vorzeitig beendete, verfügte über Kontakte zu namhaften Veranstaltern, auch zu Dirigenten und obendrein zu Kritikern, denn sie war mit dem Kritiker Hans Paumgartner verheiratet. Sie und viele renommierte Kollegen präsentierten ihre Schüler häufig in sog. „Zöglingskonzerten". Dazu wurde ein namhafter Saal gemietet, aufgeschlossene Veranstalter auf der Suche nach neuen Stimmen, Konzertdirektoren, Kritiker und interessiertes Publikum prüften die Qualität des Dargebotenen und Rezensenten berichteten über Verlauf und Erfolg der Auftritte. Mit dem Versagen eines Zöglings hätte auch der Ruf des Lehrers Einbußen erlitten. Daher durften an solchen Abenden nur potentielle Künstlerinnen und Künstler auftreten. Gelang es einem Pädagogen über längere Zeit nicht, brauchbare InterpretInnen hervorzubringen, verlor er seinen Marktwert, denn Eltern überlassen ihre Kinder kaum einem Versager; und das mit gutem Grund: Die Ausbildung musste privat finanziert werden und war wegen der langen Dauer für den Einzelnen teuer. Die Studiendauer musste im 19. Jahrhundert mit etwa 10–15 Jahren veranschlagt werden, beginnend mit Klavierunterricht im Alter von ca. 6 Jahren und endend mit einer Spezialausbildung, je nach Ausrichtung, im Alter von 18–20 Jahren. Rechnet man mit nur einer Unterrichtseinheit pro Woche, dann ergibt sich, abzüglich der Ferialzeiten im Ausmaß von etwa 2 Monaten pro Jahr, bis zur Vollendung der Ausbildung eine Anzahl von etwa 400 Einheiten. In der Abschlussphase der letzten beiden Jahre wurden LehrerInnen zumeist mehrfach pro Woche konsultiert, was die Zahl der Einheiten auf etwa 450 bis 480 steigert. Die Ausgaben errechnen sich je nach Preis pro Einheit. Hinzu kam gegebenenfalls der Erwerb eines Instruments sowie des Notenmaterials.

Für MusiklehrerInnen wurde die Weitergabe von musikalischen Techniken in der Tat zum lukrativen Geschäft, das vielleicht nicht alle ambitionierten SchülerInnen finanzieren konnten. Diesen standen Schulen und Konservatorien zur Verfügung, wo sich durch Gruppenunterricht und kürzere Einheiten im Einzelunterricht der Preis für den Kunden reduzierte; Einrichtungen wie Zöglingskonzerte wurden ebenfalls angeboten, persönliche Vermittlung von Engagements blieb hingegen Ausnahme. Trotzdem konnten nicht alle Kinder der Gesellschaft Musikunterricht erhalten; so entstand 1897 eine öffentliche Diskussion über einen allgemeinen Musikunterricht in der Schule[50]:

> „Wenn man in der Kunst, hier insbesondere der musikalischen, mehr als eine Luxussache ‚zur Verschönerung des Lebens' erblickt, wenn man ihr thatsächlich einen veredelnden und geistbildenden Einfluss einräumt, so wird man zugestehen müssen, dass noch blutwenig geschieht, um dem Volke deren Segnungen zu vermitteln. […] Was die höheren Ge-

[50] *Neue Musikalische Presse* 10.1.1897, 2.

sellschaftsclassen anbelangt, so muss zugestanden werden, dass sie der Musik enorme Opfer an Zeit und Geld bringen, Opfer, die erwiesenermaßen mit dem durchschnittlichen musikalischen Bildungsgrade derselben Kreise in keinem befriedigenden Verhältnis stehen. [...] Die Kinder der Arbeit haben weder Zeit noch Mittel, in jahrelangen Mühen sich instrumentale Fertigkeit anzueignen. Gott sei Dank sind solche auch nicht nöthig, um Empfänglichkeiten für die Schönheiten der Tonkunst zu erwecken. [...] Das Fabrikmädchen ist von Natur aus sicher genau so musikalisch veranlagt, wie die höhere Tochter."

Der Verfasser empfahl, Musik in der Schule verbindlich als Fach einzuführen, um allen Begabungen zur Entfaltung zu verhelfen und zwar abseits gewinnorientierter PädagogInnen, die mitunter in jeder Nummer der Musikzeitschriften mit Inseraten präsent waren. Manche PädagogInnen verfügten über mehrere Schulstandorte, so die Musikschulen Kaiser im 1., 7. und 8. Wiener Gemeindebezirk oder die Musikschulen von Ottilie Leischner und P. Lakomy, die Klavierschulen Horaks u. v. a. Um gegen die Konkurrenz bestehen zu können, bot etwa die Musikschule Kaiser einen weiteren Freiplatz per Inserat an[51]: „Derselbe gelangt im September des Jahres zur Verleihung. Bewerber muss mittellos und talentirt sein, mindestens die Bürgerschule absolvirt, das 18. Lebensjahr nicht überschritten haben und die Aufnahmsprüfung in eine Ausbildungsclasse für Clavier oder Violine ablegen. Der Genuss des Freiplatzes währt bei entsprechender Verwendung bis zur Vollendung des Studiums." Dass ein weiterer Freiplatz gewiss Hoffnungen in manchem Zögling geweckt haben mochte, lässt sich nachvollziehen, wiewohl die Maßnahme eher dazu diente, den Ruf zu verbessern und dafür Sorge zu tragen, dass die Lehrenden dieser Schule ausgelastet blieben.

Bei aller Lukrativität gab es immer wieder Probleme mit der Zahlungsmoral der Schüler, mit der Abgeltung von Fehlstunden, den Absagepraktiken u. a. m. 1902 unternahmen konkret Pädagoginnen ähnliche Maßnahmen wie Komponisten, indem sie sich zum „Verein der Musiklehrerinnen" zusammenfanden. Als Präsidentin fungierte Frau Schneider-Grünzweig, weiters traten Rosa Papier, Marie Baumeyer oder Lucilla Tolomei bei, allesamt erfolgreiche Lehrerinnen. Grund waren krasse Fehlentwicklungen im System[52]:

> „Den mannigfachen Übelständen im Musiklehrwesen, den unwürdigen Verhältnissen, in welchen der Musiklehrstand versunken ist, rückt man in neuerer Zeit endlich näher an den Leib. Noch sind die Rettungs- und Hebungsversuche ziemlich vereinzelt und setzen sich die Lösung einzelner, aus dem Komplex herausgegriffener Fragen zum Ziele. [...] Der Eifer und das Geschick, womit in Deutschland die Angelegenheit in den Vordergrund der Erörterung gestellt wurde, nämlich die staatliche Lehrbefähigungsprüfung und die Ordnung des Honorierungsmodus, die in diesen Fragen nachdrücklich begründete Forderung dürfte ihren Eindruck auf massgebliche Kreise nicht verfehlt haben, sodass die Erfüllung berechtigter Wünsche nunmehr erheblich näher gerückt sein dürfte."

---

[51] Ibid. 28.8.1897, 5.

[52] Ibid. 20.7.1902, 384 f.

Ob man zur Einführung der neuen Ordnung, die allen Mitgliedern des Vereins auf einer gedruckten Karte ausgehändigt wurde, das deutsche Modell zu Rate gezogen hatte, lässt sich nicht mehr eruieren, wohl aber das Reglement[53]:

> „Fr. [...] erteilt Unterricht in [...] zu nachstehend von der Musiklehrerinnen Wiens aufgestellten Bedingungen:
>
> Das Honorar beträgt bei [...] Stunden in der Woche [...] Kronen monathlich. Bei Kursen dauert das Schuljahr von [...] bis ...
> Die durch Schuld des Schülers versäumten oder abgesagten Stunden, ebenso die auf gesetzliche Feiertage fallenden Stunden sind zu honorieren, ohne Ersatzpflicht der Lehrerin. Krankheitsfälle in der Dauer von mehr als [...] Wochen sind ausgenommen.
> Die durch Schuld der Lehrerin entfallenen Stunden müssen nachgegeben oder vom Monathshonorar abgerechnet werden.
> Eine längere Unterbrechung (mehr als [...] Wochen) oder Beendigung des Unterrichts ist der Lehrerin 1 Monath vorher anzuzeigen. Ist dies nicht möglich, so läuft die Honorarverpflichtung 14 Tage nach Schluss des Unterrichts weiter.
> Das Honorar ist am 1. (15.) jeden Monats prä (post) – numerando zu erlegen."

Was der Verein nicht festlegte, sind die konkreten Zahlen der Honorare, die wohl aus Konkurrenzgründen nicht publiziert wurden. Dass hier Frauen die Initiative ergriffen, lag an den allgemeinen Berufsmöglichkeiten, da ihnen Anstellungen in Orchestern verwehrt waren, dass sie als Damenkapelle nur dann reüssierten, wenn sie entweder berühmt waren oder ihre jugendliche Schönheit zur Schau stellen konnten und dass die Gesellschaft keine leitenden Positionen für sie bereit hielt. Ihre musikalische Begabung konnten sie nur im Schulbereich zur Entfaltung bringen. Nun wurden Frauen damals prinzipiell schlechter entlohnt und wirkten nur in Ausnahmefällen als Respekt gebietende Instanz; folglich erlaubten sich Schülerinnen und Schüler unentschuldigtes Fernbleiben vom Unterricht, da infolge der Abhängigkeit der Lehrerinnen vom Kunden wegen drückender Konkurrenz keine Konsequenzen drohten. Diese Informations-Karte sollte den Lehrerinnen geregelte Arbeitsbedingungen verschaffen.

Abgesehen von PädagogInnen lukrierten Autoren und Verleger Gewinne aus dem Unterricht durch Lehrbehelfe. Bereits 1836 wurde im *Allgemeinen Musikalischen Anzeiger* eine Neuausgabe der Cramer'schen Klavierschule folgendermaßen angekündigt[54]:

> „Neueste ganz umgearbeitete und verbesserte, mit vielen Beispielen vermehrte Pianoforte=Schule von J. B. Cramer, in welcher die Anfangsgründe der Musik deutlich erklärt, und die vorzüglichsten Regeln der Fingersetzung in Beyspielen ausgegeben, nebst zweckmäßig ausgewählten Übungsstücken in den gebräuchlichsten Dur- und Moll-Tonarten. Rechtmäßige Originalausgabe für Deutschland, Wien, Haslinger. Preis 3 fl C.M."

---

53 Ibid., 385.
54 *Allgemeiner Musikalischer Anzeiger* (1836), 17.

Man hatte rasch auf den sich ändernden Markt reagiert und all jene Schülerinnen und Schüler berücksichtigt, deren Status im Klavierspiel noch keine „ungewöhnlichen“ Tonarten zuließ. Das Ideal der Perfektion ist der Praktikabilität und der Optimierung der Absatzzahlen gewichen. Die Auspreisung korreliert mit dem Hinweis auf Authentizität; mochten noch alte Cramer-Ausgaben existieren, so galt diese nun als zeitgemäß und pädagogisch erprobt.

Anders am Beginn des 20. Jahrhunderts, nachdem sich die Musikwissenschaft als musikalische Instanz der Gesellschaft etabliert hatte: Man reflektierte öffentlich, welche Lehrbücher im Fach Musiktheorie wohl am besten geeignet wären, den neuesten Entwicklungen der Harmonik gerecht zu werden. An der Universität Wien wurden zwei diesbezügliche Vorträge gehalten, der eine von Cyrill Hynais, der quasi empirisch die Lehrbücher der Konservatorien und Musiklehranstalten prüfte und für Harmonielehre die Bücher von Richter, Jadassohn, Brosig u. a. als Standard eruieren sollte. Er beurteilte sie als rückständig und unbrauchbar für gegenwärtige Musik, da der Kontakt zum „lebendigen Kunstwerke“[55] fehlt. Er schlug vor, Simon Sechters *Lehrbuch der Fundamental-Theorie* heranzuziehen, zu erweitern und mit Zitaten aus Werken *„großer neuer Meister“* auszustatten. Das Prinzip war bereits bei der Cramer'schen Klavierschule 1836 begegnet und fand bei Guido Adler naturgemäß keinen Anklang, denn er wünschte eine Ausbildung in Harmonielehre und in Kontrapunkt, wobei es nicht angehe, „Alles und Jedes auf Grund der Sechter'schen Fundamentaltheorie zu erklären; er müsse aufmerksam machen, dass solche Versuche, welche in den Vorschlägen des Vortragenden enthalten sind, bereits in Angriff genommen wurden, wobei insbesondere auf Riemann hinzuweisen sei; gleichwohl mögen aber diese Versuche fortgesetzt werden, weil hiedurch möglicherweise die Harmonielehre eine Erweiterung erfahren könne.“

Dass Adlers Vorschlag in vielfacher Weise aufgegriffen wurde, ist hinlänglich bekannt. Das berühmteste Beispiel in seinem Umfeld findet sich in der Schönberg'schen *Harmonielehre*, die zudem eines klar macht: dass wohl jeder mit Musiktheorie beauftragte Lehrer letztlich seine eigene Sichtweise harmonischer Zusammenhänge zu vermitteln suchte. Dieser Usus blieb ebenfalls bis in die Gegenwart erhalten. Das Erstellen von Lehrbüchern für pädagogische Zwecke mochte aber nicht in allen Bereichen ein „Geschäft“ für die jeweiligen AutorInnen gewesen sein.

Wie auf allen anderen Gebieten der Musikbranche zeigt sich auch in der Pädagogik ein Trend zur Systematisierung am Fin de Siècle sowie die Abkehr vom Unternehmertum hin zum Angestelltenverhältnis.

---

55 *Neue Musikalische Presse* 9.3.1902, 146f.

6.2. Künstlervermittlung

Die Agentur, vornehm „Konzert-Direktion“ genannt, bildete so lange die Schnittstelle zwischen Künstlern und Veranstaltern, bis sie von sich aus den Veranstaltungsbetrieb massiv zu beeinflussen begann, denn die steigende Zahl an „Ruhmesaspiranten“, wie aufstrebende Künstler als Vertragspartner von Agenturen despektierlich in der Presse genannt wurden, verlangte nach mehr Auftrittsmöglichkeiten. Da jeder junge Künstler, jede junge Künstlerin hohe Beträge bloß dafür bezahlte, um in die Vermittlungskartei aufgenommen zu werden, erwarteten sie sich regelmäßige Engagements, wodurch die Agenturen Handlungsbedarf hatten und kurzerhand mehr Veranstaltungen initialisierten. Ergab sich nämlich für die zahlende Klientel keine Auftrittsmöglichkeit, wechselten die Betroffenen zu einer anderen Agentur und die vorige Konzertdirektion verlor nicht nur einen Kunden, sondern musste eine Verschlechterung des Rufes in Kauf nehmen. Da der Konzertbetrieb der natürlichen Grenze der verfügbaren Zeit pro Besucherin und Besucher unterliegt, kam es seitens zurückgesetzter KünstlerInnen zu massiver Kritik. So geriet die Künstlervermittlung und mit ihr die Inflation im Veranstaltungswesen nach 1900 etwa in Berlin in den Brennpunkt der Kritik, der Ruf nach Reformen wurde laut[56]:

> „Wer nicht Reform-Fanatiker ist und einen tieferen Einblick in die Sache genommen hat, wird gewiss zugeben, dass bei der gegenwärtigen Ausdehnung des öffentlichen Musiktreibens kommerzielle Methoden nicht mehr zu umgehen sind. Daher verlangen ja auch jene Reform-Fanatiker ohne weiteres allgemeine Einschränkung dieses öffentlichen Musiktreibens. [...] Man kann doch eine solche Einschränkung nicht einfach dekretieren [...]. Selbst in dem Nachweis, dass bei einem gewissen Geschäftsverfahren einzelne Künstler benachteiligt worden sind, braucht doch nicht notwendiger Weise ein Beweis für die Gemeinschädlichkeit des ganzen Verfahrens zu liegen.“

Beklagt wurde die „Sintfluth überflüssiger, für die Kunst gänzlich wertloser Konzerte, die zur Zeit der Übel größtes in unserem Musikleben ist.“ In Anbetracht der Geschäftstätigkeit der Agenturen würde allerdings beherztes Einschreiten wohl nur dazu führen, dass sich nur den reichsten Anwärtern auf eine musikalische Karriere Chancen eröffneten. Das Blatt wolle aber erst dann die Problematik der Öffentlichkeit vorstellen,

> „wenn selbst angesehene Konzertinstitute sich das Auftreten eines Virtuosen oder Sängers, der sich erst einen Namen erwerben will, mit schwerem Gelde bezahlen lassen, dann ist es gewiss an der Zeit, den Vorhang zu heben und womöglich dem Publikum einen Blick hinter die Kulissen zu gestatten. Der Redaktion der „Signale“ sind besonders in der letzten Zeit so viele Klagen von Künstlern zugegangen, die sich zurückgesetzt, übervorteilt glauben und nun an die Öffentlichkeit flüchten möchten, dass Stillschweigen falsch gedeutet werden könnte. Aber mit aller Entschiedenheit muss darauf gehalten werden, dass diese Beschwerden auch eine Beweisunterlage haben.“

---

[56] Anonym, *Beweise verlangt*, in: *Signale für die musikalische Welt* 10.2.1909, 200.

Wiewohl den Ausführungen die Konkretisierung fehlt, lässt sich ermessen, mit welcher Verve der Geschäftsgang der Agenturen forciert wurde, denn neben der genannten Gebühr hatte der Künstler von jedem Honorar aus einem vermittelten Engagement einen bestimmten Prozentsatz an die Agentur zu entrichten und von den Veranstaltern, welche die Dienste der Agenturen beanspruchten, wurde eine Vermittlungsgebühr eingehoben. Allerdings bestand die Leistung der Agenturen nicht bloß darin, sich zufällig einfindende KünstlerInnen zu vermitteln. Vielmehr galt es, bei Zöglingskonzerten und vergleichbaren Veranstaltungen hochbegabte Persönlichkeiten aufzuspüren und sie als Attraktion anzubieten. Da keine Künstlerin und kein Künstler mit dauerhaften Engagements an einem Haus rechnen konnte, blieben manche bis zum Ende ihrer künstlerischen Karriere unter Vertrag. Als Beispiel sei Gustav Mahler erwähnt, der seine fulminante Karriere als Kapellmeister und Operndirektor mit der Wiener Agentur Gustav Lewy realisieren konnte.

Dass die Vermittlung von KünstlerInnen nicht immer von Seriosität getragen war, zeigen um die Jahrhundertwende erbitterte Klagen der Eltern junger Mädchen, die als Musikerinnen in Damenkapellen zu durchaus guten Gagen verpflichtet und vom Veranstalter bei ihren Tourneen nach Russland plötzlich zur Prostitution genötigt wurden. Das Geschäft mit der Musik wurde zum Geschäft mit den Musikerinnen, das Agenturen als eine Art „Mädchenvermittlung“ missbrauchte. Diese Versuche endeten zwar nach Ruchbarwerden; möglicherweise änderte man aber bloß die Taktik und fand Mittel, die Musikerinnen zum Schweigen zu bringen. Umgekehrt benützten attraktive Künstlerinnen die Bühne, um durch Kontakte zu Herren der Oberschicht den eigenen Aufstieg zu schaffen. Dass über diese Form von Geschäft keine Quellen eruierbar sind, versteht sich von selbst.

Alternativen boten zahlreiche Musikzeitschriften mit der Einrichtung von sog. Künstlertafeln an. Schaltete jemand regelmäßig ein Inserat mit Bekanntgabe von Instrument, Ausbildung und bisheriger Karriere, erwartete er naturgemäß positive Rezensionen seiner Auftritte durch den Musikkritiker der betreffenden Zeitschrift. Erlaubte sich dieser ein weniger gefälliges Urteil, kam es im schlimmsten Fall zur Aufkündigung des Insertionsvertrages, was folgendes Beispiel zeigt: Die *Allgemeine Musikzeitung* sah sich als Forum für alle mit Musik befassten Personen und bot solche „Künstlertafeln“ zur Insertion der eigenen Qualifikation. Einer der Inserenten war der Pianist Anton Foerster, der Ende Februar 1909 bei seinem Klavierabend das Missfallen des Kritikers erregt hatte und in einem offenen Brief dagegen massiv Protest einlegte[57]:

> „Die Besprechung meines Klavierabends in der heutigen Nummer der ‚Allgem. Musik-Zeitung' ist mit ihren Unwahrheiten und impertinenten Bemerkungen […] etc. eine Beleidigung meiner künstlerischen Reputation. Lesen Sie die Besprechungen der Herren Ertel, Taubmann, Taubert etc., die doch bewährtere Vertreter ihres Faches als Ihr Korrespondent

[57] Leserbrief von ANTON FOERSTER in: *Allgemeine Musik-Zeitung* 26.2.1909, 189.

sind und Sie müssen die Ungerechtigkeit der Besprechung Ihres Blattes zugeben. / Um ein für allemal dieser gehässigen Anremplung Ihrer Korrespondenten aus dem Wege zu gehen, werden meine sowie meiner Schüler eigene Veranstaltungen in Ihrem Blatte nicht mehr annonciert. Mein Name in Ihrer Adressentafel darf nicht mehr weiter geführt werden und die Zeitung soll mir nicht mehr ins Haus gesandt werden. Das mir zufolge dessen von den letzthin eingesandten 42 Mk. zukommende Gelde bitte mir zu retournieren. Hochachtungsvollst! Ergebenster Anton Foerster."

Die Kündigung des Pianisten scheint akzeptiert worden zu sein, da er fortan nicht mehr aufscheint. Ob er sein Abonnement auch stornieren konnte, lässt sich nicht nachweisen. Dass die Musikkritik ebenfalls regen Anteil an der Bildung des Musikgeschmacks, am Aufstieg und Fall von InterpretInnen und somit am Marktwert von Musik und Darbietung hatte, braucht nicht exemplifiziert zu werden; nur wenn über eine Darbietung berichtet wird, hat sie stattgefunden. Solcherart bewertete man etwa Hanslicks Anwesenheit bei einer Opern- oder Operettenaufführung als gutes Zeichen, selbst wenn hinterher Negatives kolportiert wurde. Als tragisch empfand man die Absenz der Kritik und so gehörte es zu den Aufgabengebieten der Agenturen, den einflussreichen Kritikern regelmäßig die Aufwartung zu machen, um überhaupt wahrgenommen zu werden oder um den Versuch einer positiven Beeinflussung zu unternehmen – bei Hanslick übrigens zwecklos. Wer allerdings meint, dass Kritiker am Geschäft mit der Musik partizipieren konnten, irrt, denn sie arbeiteten entweder auf Honorarbasis oder – wie in den meisten Fällen – als Angestellte einer Zeitung bzw. Zeitschrift und verfügten über ein regelmäßiges Salär.

Aus alledem ist ersichtlich, wie sensibel Geschäftsbeziehungen sind und Kritik an der künstlerischen Qualifikation – und sei sie noch so berechtigt – mitunter auch für die Zeitung kostspielig war. Kam der geschlossene Rückzug eines angegriffenen Künstlers und seiner Schüler öfter vor, musste der Herausgeber der Zeitung wohl neue Kundenkreise für seine Inserate akquirieren. Da auch Künstleragenturen die Einrichtung der „Künstlertafel" nützten, um ihrerseits InteressentInnen und Veranstalter anzusprechen – d. h. Werbung zu betreiben –, konnte so manche Zeitschrift namhafte Gewinne verbuchen.

Insgesamt handelte sich um ein verzweigtes Netz an wechselseitiger Geschäftstätigkeit. Der Veranstalter suchte einen Künstler mit genau definierter Kompetenz in einer für ihn vertretbaren Bandbreite an Kosten, die sich wiederum an den zu erwartenden Einnahmen orientierten, und wendete sich an die Agentur zur Vermittlung einer passenden Persönlichkeit, natürlich gegen Honorar. Derjenige, dem solcherart ein Engagement verschafft wurde, hatte bereits für die Aufnahme in die Kartei einen Betrag geleistet und zahlte Provision entweder vom einmaligen Honorar, wenn es sich um einen speziellen Auftritt handelte, oder gab einen bestimmten Prozentsatz von seinem Gehalt ab, sofern ihm die Agentur einen Anstellungsvertrag vermittelt hatte. Das hohe Risiko der Agentur kompensierte sich also durch ein ausgeklügeltes System an Honoraren; es ist im Detail nicht nachvollziehbar, zumal eine Reihe von nicht quantifizierbaren Tätigkeiten in den individuellen Geschäftsbeziehungen übernommen wurden, etwa das Aushandeln von guten Verträgen mit Veranstaltern, Jobwechsel, die minutiös geplant waren u.v.m. Für die Art der finanziellen Abgeltung dieser Leistungen existieren zumeist keine Unterlagen, weil manches im Graubereich der Salonkultur mit ihren subtilen Beziehungsnetzen abseits der Öffentlichkeit und einer korrekten Rechnungslegung ablief.

7. DAS GESCHÄFT MIT DER MUSIK IM MEDIALEN ZEITALTER

Ein abschließender Aspekt soll der Tonträgerindustrie gelten, aus der sich in letzter Konsequenz die Medienindustrie entwickelt hat. Ohne hier auf die wechselvolle Entwicklungsgeschichte der Tonaufzeichnung einzugehen, sei nur erwähnt, dass deren vorerst schlechte Qualität in der um 1900 musikalisch sehr gut gebildeten Dilettantenschicht nicht jene Euphorie auslöste, die man erwarten würde. Man benötigte diese Einrichtung nicht, da man mit den Veranstaltungsangeboten und dem eigenen Musizieren das Auslangen fand, ja – wie die Quellen zeigen – des neuen Angebots sogar überdrüssig war. Mit der Vergrößerung des Sortiments an vertrauter Musik, die allmählich von den Stars der Zeit interpretiert wurde, verringerten sich die Ressentiments und der Absatz an Tonträgern führte zum einträglichen Geschäft, dessen Dimension eine eigene Studie rechtfertigte. Die Tonträgerindustrie liefert Musik in ihrer genuinen Gestalt als akustisches Ereignis im Gegensatz zum Notenmaterial, das erst zum Klingen gebracht werden muss.

Gleichzeitig aber liegt die Produktion der Tonträger am weitesten vom Musizieren entfernt, denn nach der Aufnahme, der Aufzeichnung von Musik auf Trägermaterial, verschwinden alle Insignien der Musik aus dem Fertigungsprozess und der Produktionsverlauf gleicht strukturell jenem der eingangs erwähnten Schokoladenfabrik. Ab diesem Zeitpunkt ist es unerheblich, welche Art von Musik vom Master reproduziert wird. Dazu sind keine musikalischen Fähigkeiten notwendig, sondern das Wissen um die Handhabung der technischen Einrichtungen. Was zählt, ist die Stückzahl pro Minute, danach die Aufmachung, die Platzierung im Handel und die Werbestrategie – alles analog zur Schnitten-Erzeugung bei Manner. Der Unterschied resultiert aus der Notwendigkeit eines vorgelagerten Prozesses: der Aufnahme, in dessen Vorfeld eine Reihe von ebenfalls wirtschaftlich zu Buche schlagenden Vorgängen ablaufen wie Auswahl der Stücke sowie der Künstlerinnen und Künstler, Einstudierung, Probenarbeit, Beschaffung von Informationen über die Intentionen des Komponisten, das Werk und die Stars, Übersetzung in die Sprachen der Absatzmärkte, grafische Gestaltung für die Verpackung etc. Auf der Geschäftsebene sind neben den Kosten zu den genannten Produktionsschritten Honorare für die Interpretinnen und Interpreten zu kalkulieren sowie ein prozentueller Anteil für diese aus dem Verkaufserlös, analog zu den Agenturen. Bei Werken aktiver Komponistinnen und Komponisten fallen zusätzliche Honorarkosten und Abgaben an die Verwertungsgesellschaften an. Die Käufer wiederum benötigen Abspielgeräte, hergestellt in eigenen Fabriken, auf jeden Fall abseits von Musik, die dort nur zu Testzwecken erklingen mag.

Musik auf Tonträgern kann fortan be(ge)handelt werden wie Schokolade. In kompaktem, handgerechtem Format nimmt sie sich im Regal des Geschäftslokals wie jedes andere Produkt aus. Der Vergleich mag auf den ersten Blick erneut befremden, doch bei genauer Prüfung der weiteren Verwertung zeigen sich die Parallelen rasch: Schokolade ist mitunter Ausgangsprodukt für Süßspeisen und Getränke; Musik ist Ausgangsprodukt zur weiteren Verwendung in verschiedenen Bereichen: im Rundfunksender, zur emotionalen Stimulation von Fernsehsendungen und Filmen oder zur Verlängerung der Verweildauer in Kaufhäusern und nicht zuletzt zur Suggestion subtiler Gefühle in der Werbebranche, sie erzielt dadurch einen Mehrwert für musikferne Produkte und Dienstleistungen.

Für den Hörfunk stellt sie seit Beginn des Radios das Kerngeschäft dar. Radio ohne Musik zu betreiben, ist schier unmöglich und auch das Fernsehen kommt ohne Musik nicht aus. Für Musikindustrie und Medienwirtschaft ist Musik in der Tat ein gutes Geschäft. Wenn man der Musik landläufig zubilligt, gewinnträchtig zu sein, dann gegenwärtig nur in Zusammenhang mit diesen Bereichen. Die Aufschlüsselung aller Kosten und Einnahmen aus dem Medienbereich vor dem Hintergrund der historischen Entwicklung ist in diesem Rahmen nicht möglich und wenig sinnvoll, da niemand an der Finanzkraft der mit Musik befassten Medienwelt zweifelt. Das Fazit aus diesem Sektor könnte klarer nicht sein: *Wenn* jemand mit Musik in großem Stil Geschäfte macht, dann sind es die Tonträger- und Filmindustrie sowie die Massenmedien.

Was vielleicht befremdlich anmutet, ist – über die Musik hinausgehend – die mediale Nutzung der Musikwissenschaft. Das Betreiben von Klassiksendern mit moderierten Sendeformaten wäre ohne Aufbereitung der Musik und ihrer Historie seitens der Musikwissenschaft unmöglich. Bloß lukriert daraus das Fach keinen Gewinn, denn wie zum Zeitpunkt des Eintritts des Rundfunks in das Alltagsleben, als Musik in der Gesellschaft bestens verankert war und per se zum Allgemeingut zählte, werden Fakten und Recherchen aus diesem Bereich nicht etwa zitiert, sondern Inhalte je nach Bedarf ohne Quellenangabe übernommen. Niemand käme auf die Idee, eine literarische Sendung ohne Literaturangaben auszustrahlen oder über medizinische Erkenntnisse ohne Quellenangaben zu berichten; bei Fakten aus dem Bereich Musik fehlt derlei, ohne dass jemand daran Anstoß nimmt. Mit der Zahlung der Tantiemen an die Verwertungsgesellschaften ist zwar die Musik „bezahlt“, nicht aber die Wissenschaft, was spätestens dann untragbar wird, wenn – wie heutzutage – alle Wissenschaftsrichtungen Gewinn orientiert vorgehen müssen.

Im digitalen Zeitalter, gerechnet ab der allgemeinen Verbreitung von PCs in den 1990er Jahren, erreicht das Geschäft mit Musik eine völlig neue und unkontrollierbare Dimension durch Digitalisierung und Distribution via Internet. Das einst klare Bezugssystem zwischen Tonträgern und Kunden, die an einer realen Kassa den Preis für das klanglich und optisch aufbereitete Produkt „Musik“ bezahlten, wurde vor allem im Sektor der aktuellen Populärmusik durch billige, mitunter kostenlose Downloads ersetzt. Der Preis, mehr Garant für den Fortbestand von Plattenfirmen als Einkommen für KomponistInnen, verlor mithin seine Selbstverständlichkeit: Was kostenlos angeboten wird, kauft nur der im regulären Handel, der die Mühen digitaler Nutzung scheut oder nicht beherrscht. Zudem verringert Digitalisierung die Grenze zwischen dem Schaffenden – auch Popsongs resultieren letztlich aus Autorenschaft – und dem Publikum, denn digitale Files sind mit entsprechenden Programmen leicht zu kompilieren und zu modifizieren. Dem solcherart entstandenen Musikprodukt eignet das Flair des Kreativen, vergleichbar den Potpourris im Salon des 19. Jahrhunderts. Der Unterschied besteht nur im Handling: Anstelle des Aufschreibens von Noten steht die Handhabung des entsprechenden Musikprogramms, anstelle des realen Spielens tritt die digitale Wiedergabe. Konkret werden die Medien „Papier" und „Instrument" durch das Medium Computer ersetzt und hatte der Komponist dereinst an der Zusammenstellung von Potpourris verdient, so partizipiert nun die Computerindustrie mit Hard- und Software am Geschäft mit Musik. Dass dieses Geschäft zur Kompensation fallender Einnahmen aus dem Kernsektor der Computerbranche dient, zeigt der Absatz von iPods des US-Konzerns „Apple Computer", wie Smarthouse Media GmbH im Internet am 13.7.2005 ausführt[58]:

> „Der US-Computerkonzern Apple Computer Inc. (ISIN US0378331005/ WKN 865985) hat am Mittwoch nach US-Börsenschluss die Zahlen für sein drittes Fiskalquartal 2005 bekannt gegeben und verzeichnete erneut aufgrund guter Verkäufe seiner iPod-Geräte einen deutlichen Umsatzanstieg. Allein der Umsatz der iPods stieg im Jahresvergleich um über 600 Prozent. Demnach konnte der Konzern einen Gewinn von 320 Mio. Dollar bzw. ein EPS von 37 Cents erzielen, nach einem Gewinn von 61 Mio. Dollar bzw. einem Gewinn je Aktie von 8 Cents im vergleichbaren Vorjahresquartal. Der Umsatz für die letzten drei Monate wurde seitens Apple mit 3,52 Mrd. Dollar angegeben, ein Anstieg von 75 Prozent im Vergleich zum Vorjahresquartal. Analysten hatten wiederum im Vorfeld mit einem EPS von 31 Cents und Erlösen von 3,34 Mrd. Dollar gerechnet. Für das laufende Quartal gehen sie bisher von einem Umsatz in Höhe von 3,59 Mrd. Dollar und einem Gewinn von 0,33 Dollar je Aktie aus. Die Aktie von Apple schloss am Mittwoch bei 38,35 Dollar und gewinnt nachbörslich knapp 1 Prozent hinzu." (Quelle: Finanzen.net/ Aktiencheck.de AG)

Die Steigerung um 600 % verdankt sich weniger der perfekten Technik und dem trendigen Look, sondern primär der Attraktivität von Musik an sich, deren neue, digitale Erscheinungsform hier bloß ihr optimales Äquivalent gefunden hat, vorbei an den Urhebern der Musik gleichermaßen wie an der Trägerindustrie, ohne deren Infrastruktur Musik schwerlich digital verfügbar wäre.

Demgegenüber mutet die Haltung der Verwertungsgesellschaften, hier der AKM, in Bezug auf den digitalen Bereich befremdlich an, denn die Verwunderung

[58] Anonym, *Apple-iPod-Umsatz boomt weiter, Analystenschätzungen wieder übertroffen*, in: www.aktienresearch.de/news/news_detail.asp?NewsNr=320066, 13.07.2005.

über unerwartete Gewinne aus digitaler Nutzung von Musik ist unverkennbar[59]: „Zunehmend fallen auch im Bereich der Nutzung von Musik über Netze (z. B. Internet, Mobilfunk, etc.) Lizenzverträge an. Die Lizenzerträge für Online-Nutzung verzeichneten im Berichtsjahr (2004) einen sehr großen relativen Zuwachs gegenüber dem Vorjahr. Der Großteil der Erträge fällt auf Handy-Klingeltöne". In der Folge verzeichnet die Grafik den Wert für 2001 von 128.000 Euro, für 2022 von 129.000 Euro, 2003 von 190.000 Euro und 2004 von 406.000 Euro. Ab diesem Zeitpunkt wird Musik dann für die KomponistInnen wieder zum „Geschäft", wenn sie exakt das Gewünschte produzieren, wie seinerzeit, in der Historie.

FAZIT

Der Dimension des Geschäfts mit Musik ist innerhalb einer Einzeluntersuchung nur durch Exemplifikation auffälliger Phänomene beizukommen, ein umfassendes Bild entzieht sich ob seiner Berührungspunkte mit zahlreichen Wirtschaftszweigen der komprimierten Darstellung. Eines hat der Streifzug durch verschiedene Gebiete des Musikgeschäfts im historischen Verlauf deutlicher gezeigt, als anzunehmen war: dass am Ende des 19. Jahrhunderts eindeutig der Höhepunkt an Freiheit in der Geschäftsgestaltung für alle Bereiche, nämlich Komponieren, Verlegen, Vermarkten, Unterrichten, Aufführen und Vermitteln, erreicht war. Der Mangel an exakter gesetzlicher Regelung ermöglichte geschäftstüchtigen Persönlichkeiten all dieser Bereiche Spitzengewinne, während diesbezüglich weniger Begabte den Gesetzgeber nach vergleichbaren Zahlen und Kriterien anriefen und erste Versuche, Gerechtigkeit zu erwirken, durch Vereinsgründungen unternahmen. Daraus entwickelten sich die Regelungen in der Musikbranche, die in allen Bereichen eher Angestelltenverhältnisse kennt, als freies Unternehmertum, das konzentriert in der Medienwelt agiert.

Alle Annahmen, dass Komponisten vorweg zu wirtschaftlichem Misserfolg verdammt waren, sobald sie hochwertige Musik erfunden hatten, sind Schimären, verbreitet eher durch gewinnorientierte Romanverleger und Filmproduzenten. Das Gleiche gilt für Veranstalter der Historie, für Ausführende und das große Gebiet der Distribution. Wie in anderen Wirtschaftszweigen ist phasenweise aus Gründen, die hier nicht ausgeführt wurden, weil sie das Gegenteil von Geschäft bedeuteten, der Niedergang einer Karriere ebenfalls denkbar. Aber kein namhafter Komponist der Historie wäre auch nur entfernt über seinen Tod hinaus tradiert worden, hätte er zu *seiner* Zeit als Versager gegolten.

Musik ist für alle stets ein Geschäft, wenn sie sich an die jeweiligen Marktmechanismen halten und phantasievoll sowie sensibel Trends der Zeit aufnehmen, für das eigene Gebiet adaptieren und bisweilen neue setzen.

---

[59] www.akm.co.at/, 12.10.2005.